Mia Couto

Asche und Sand

Mia Couto

Asche und Sand

Roman

Aus dem Portugiesischen von
Karin von Schweder-Schreiner

Unionsverlag

Deutsche Erstausgabe
Die Originalausgaben erschienen 2016 *(A Espada e a Azagaia)* und 2017 *(O Bebedor de Horizontes)* bei Editorial Caminho, Alfragide.
Zweiter und dritter Band des Imani-Zyklus *(As Areias do Imperador)*.
Die Übersetzung wurde gefördert durch DGLAB/Cultura und das Instituto Camões, IP – Portugal.

REPÚBLICA PORTUGUESA
CULTURA
DIREÇÃO-GERAL DO LIVRO, DOS ARQUIVOS E DAS BIBLIOTECAS

CAMÕES
INSTITUTO DA COOPERAÇÃO E DA LINGUA
PORTUGAL
MINISTÉRIO DOS NEGÓCIOS ESTRANGEIROS

Der Auszug aus Fernando Pessoas *Meeresode* wurde von Inés Koebel ins Deutsche übertragen.

Im Internet
Aktuelle Informationen, Dokumente und Materialien zu Mia Couto und diesem Buch
www.unionsverlag.com

Diese Ausgabe erscheint in Vereinbarung mit der Literarischen Agentur Mertin, Inh. Nicole Witt e. K., Frankfurt am Main
Originaltitel: A Espada e a Azagaia (Band 2) und O Bebedor de Horizontes (Band 3)

Neptunstrasse 20, CH-8032 Zürich
Telefon +41 44 283 20 00
mail@unionsverlag.ch

Umschlagfoto: Gavin Mather (Alamy Stock Foto)
Umschlaggestaltung: Peter Löffelholz
Satz: Greiner & Reichel, Köln
Druck und Bindung: GGP Media GmbH, Pößneck
ISBN 978-3-293-00569-3

Der Unionsverlag wird vom Bundesamt für Kultur mit einem Verlagsförderungs-Strukturbeitrag für die Jahre 2021–2024 unterstützt.

Auch als E-Book erhältlich

Inhalt

BAND III

Band I: »Imani«
Was bisher geschah

Ende des 19. Jahrhunderts nimmt der Staat Gaza den größten Teil des Südens der portugiesischen Kolonie Mosambik ein. 1895 startet die portugiesische Kolonialregierung eine militärische Offensive, um ihre uneingeschränkte Herrschaft über die auch von anderen europäischen Staaten begehrte Kolonie zu festigen. Der König des Staates Gaza ist zu diesem Zeitpunkt Ngungunyane (den die Portugiesen als Gungunhana kennen).

In dieser Kriegssituation wird der junge portugiesische Sargento Germano de Melo auf einen Militärposten in einem Dorf namens Nkokolani geschickt, das sich in dem Gebiet der VaChopi befindet (ein Volk, das die Portugiesen als Chopes kennen). Die VaChopi haben sich, da sie von den VaNguni unterdrückt und massakriert werden, mit den Portugiesen militärisch verbündet.

In Nkokolani verliebt sich Germano in Imani, eine junge MuChope, die eine katholische Missionsschule der Portugiesen besucht hat, geleitet von dem aus Goa stammenden Priester Rudolfo Fernandes.

Der Krieg führt zu dramatischen Ereignissen in Imanis Familie; innerhalb weniger Monate kommt ihr Bruder Dubula ums Leben, und ihre Mutter erhängt sich am heiligen Baum auf ihrem Grundstück. Zurück bleiben Imanis Vater Katini Nsambe, ein Musiker, und der geistig gestörte Bruder Mwanatu, den Germano aus Mitleid als Wachmann für seinen Militärposten einsetzt.

Um der Einsamkeit zu entfliehen, schreibt der Sargento

Germano eine Reihe von Briefen an den Tenente Ayres de Ornelas. Eine gute Bekannte des Sargento, die Italienerin Bianca Vanzini Marini, kommt zu Besuch nach Nkokolani. Wenige Tage später werden Germanos Hände von einem Schuss getroffen, als er sich gegen eine Meute verteidigen will, die, von Imanis geistesschwachem Bruder Mwanatu angeführt, auf den Militärposten zumarschiert. In der äußerst angespannten Situation hat Imani auf den Sargento geschossen, um ihren Bruder zu verteidigen. Imani, ihr Vater Katini, Bianca und Mwanatu transportieren den verletzten Sargento zum Rio Inharrime, an dessen Ufer sich das einzige Krankenhaus der ganzen Region befindet.

BAND II

»Verschwinde, du Aasgeier, der du unsere Hennen dezimiert hast«, rief das Volk, als Gungunhana vom portugiesischen Militär gefangen genommen wurde.
Raul Bernardo Manuel Honwana, zitiert von Adelino Timóteo, in: Canal de Moçambique

Der Herrscher

Sie nahmen ihn mit über das Meer,
wo die Körper Korallen gleichen.
So dachte er nicht mehr
an die Knochen, die ihn plagten.

Beim Aufbruch
setzte er keinen Fuß auf den Strand.

Eine Welle wird ihn zurückbringen, sagten sie.
Hilflos erzitterten die einen.
Erleichtert seufzten die anderen.

Sie streuten Salz auf seinen Namen,
damit wir auf sein Andenken spuckten.

Doch der Speichel
blieb in der Kehle stecken.

Mit diesem Verbannten
entfernten wir uns von
dem, der wir waren.

Jener Tote
waren wir.

Und ohne ihn
wären wir
weniger einsam geboren.

Dunkles Wasser

Ich sage nicht,
dass Stille mich erstickt und knebelt.
Ich schweige still, werde stillschweigen,
denn die Sprache, die ich spreche, ist anderer Art.
José Saramago, Poema à boca fechada

An jedem Anfang steht ein Abschied. Diese Geschichte beginnt mit einem Ende: dem Ende meiner Jugend. Mit fünfzehn Jahren ließ ich in einem kleinen Boot mein Dorf und meine Vergangenheit hinter mir. Und doch sagte mir etwas, dass ich erneut auf frühere Sorgen stoßen würde. Das Boot trug mich von Nkokolani fort, brachte mich aber meinen Toten näher.

Vor zwei Tagen waren wir in Nkokolani aufgebrochen, flussaufwärts bis zur Quelle in Richtung von Manjankhazi, das die Portugiesen Manjacaze nannten. Mein Bruder Mwanatu saß im Bug und mein alter Vater im Heck. Außerdem befanden sich Germano de Melo und seine italienische Freundin Bianca Vanzini im Boot.

Die Riemen schlugen ohne Unterlass in den Fluss. Und das musste sein, denn wir brachten Germano de Melo zu dem einzigen Krankenhaus im gesamten Gaza-Gebiet. Dem Sargento waren bei einem Unfall, für den ich verantwortlich war, die Hände zerfetzt worden. Ich hatte auf ihn geschossen, um Mwanatu zu retten, als er eine Menge anführte, die den allein von Germano verteidigten Militärposten stürmen wollte.

Wir mussten unbedingt schnell Manjankhazi erreichen, wo der einzige Arzt in unserem ganzen Land arbeitete, der

Missionar Georges Liengme. Die Schweizer Protestanten hatten den Standort für das Krankenhaus klug gewählt: in der Nähe vom Hof des Herrschers Ngungunyane und weit weg von den portugiesischen Staatsvertretern.

Die ganze Fahrt über quälte mich mein Gewissen. Der Schuss hatte die Hände des Sargento fast vollständig zerfetzt, ebenjene Hände, die ich so oft aus seinen Wahnvorstellungen in die Wirklichkeit zurückgeholt hatte. Die Männerfinger, von denen ich so oft geträumt hatte, waren hinüber.

Während der Fahrt ließ ich meine Füße auf dem Boden des Bootes stehen, wo sich das angesammelte Wasser rot verfärbt hatte. Es heißt, dass wir sterben, wenn wir Blut verlieren. Es ist umgekehrt. Wir sterben darin ertrinkend.

Unser Boot glitt mit der gemächlichen Stille eines trägen Krokodils dahin. Das Wasser des Inharrime lag so ruhig, dass es mir einen Moment lang vorkam, als bewegte sich nicht das Boot, sondern der Fluss. Die silbrige Spur, die wir mit dem Kielwasser zogen, schlängelte sich wie ein Riss durch das Gebiet der VaChopi. Ich beugte mich über die Bordwand und betrachtete die flimmernden Reflexe auf dem Sand im Flussbett, ruhelose Lichtfalter.

»Das sind die Schatten des Wassers«, sagte mein Vater und legte sich den Riemen über die Schultern.

Er ruhte seine Arme auf dem improvisierten Balken aus. Mein Bruder Mwanatu tauchte die Hände ins Wasser und gab nuschelnd verschiedene Laute von sich, die ich so übersetzte: »Mein Bruder sagt, dass dieser Fluss Nyadhimi heißt. Aber die Portugiesen haben ihn umbenannt.«

Mein Vater Katini Nsambe lächelte nachsichtig. Er sah die Dinge anders. Die Portugiesen zivilisierten unsere Sprache, sagte er. Außerdem könne man von denen, die dem Wasser Namen geben, keine Klarheit verlangen. Denn selbst wir, die VaChopi, änderten unsere Namen im Laufe des Lebens. So war es auch bei mir, als ich von Layeluane zu Imani wurde. Ganz zu schweigen von meinem Bruder Mwanatu, über den sie heiliges Wasser laufen ließen, um ihn von seinen drei vorherigen Namen reinzuwaschen. Dreimal haben sie ihn getauft: gleich nach der Geburt auf den »Namen der Knochen«, der ihn mit den Vorfahren verband; mit dem »Namen der Beschneidung«, als er die Initiationsriten durchlaufen musste; und mit dem »Namen der Weißen«, den er zum Beginn des Schulbesuchs erhielt.

Mein Vater kam auf das Thema zurück. Da es sich um einen Wasserlauf handelte, warum fiel es uns dann so schwer, den Willen der Portugiesen zu akzeptieren? Für den Rio Inharrime, schloss er, hatten sie zwei Namen gewählt, weil zweierlei Wasser im selben Flussbett lief. Je nach Licht wechselten sie sich ab, ein Tagesfluss und ein Nachtfluss. Aber niemals flossen sie zusammen.

»So war es schon immer, jeder zu seiner Zeit. Jetzt, wegen des Krieges, sind sie durcheinandergeraten.«

Wo der Inharrime und der Nhamuende zusammenfließen, liegt eine kleine Insel voller Bäume und Felsen. Dort machten wir Rast. Mein Vater wies uns an, das Boot zu verlassen. Ich wartete nicht, bis das Boot am Ufer anlegte. Ich sprang in das warme Wasser, ließ mich vom Fluss umfangen und von der Strömung mitreißen. Die Worte meiner verstorbenen Mutter Chikazi Makwakwa kamen mir in den Sinn: »Im Wasser bin ich ein Vogel.«

Man sagt von den Toten, sie würden beerdigt. Aber niemand kann je ihre Stimme begraben. Die Worte meiner Mutter blieben lebendig. Vor wenigen Monaten hatte sie sich von einem Baum gestürzt, sich nur mit dem eigenen Gewicht umgebracht. Dann hing sie an einem Seil, gleichsam im Rhythmus eines ruhig schlagenden Herzens pendelnd.

Die Insel, an der wir anlegten, diente nicht nur als Rastplatz, sondern auch als Zufluchtsort. Um uns herum setzte der Krieg die Welt in Brand. Auf seine italienische Freundin Bianca gestützt, bat der Portugiese um einen Platz im Schatten. Man gab ihm taktvoll zu verstehen, dass die Sonne sich schon vor langer Zeit versteckt habe. Er machte ein paar Schritte, dann fiel er auf die Knie.

»Die da hat mich umgebracht!«, schrie er und wies auf mich. »Die da, dieses Luder.«

Er solle seine Kräfte schonen, sagte man ihm. Die Italienerin gab ihm zu trinken und erfrischte ihm das Gesicht mit etwas Wasser. Zu meiner Überraschung verteidigte Bianca mich. Voller Überzeugung behauptete sie, die unselige Kugel sei nicht von mir, sondern von den Schwarzen abgeschossen worden, die den Posten stürmen wollten. Der Portugiese hielt unbeirrt an seiner Beschuldigung fest – ich hätte es getan, er habe ja direkt vor mir gestanden. Worauf die Italienerin erwiderte: Ja, ich hätte geschossen, doch auf etwas anderes gezielt. Und dann fügte sie hinzu: Hätte ich das nicht getan, wäre der Sargento von der rasenden Menge niedergemetzelt worden und befände sich nun nicht mehr unter den Lebenden. »Imani hat dich gerettet. Du solltest ihr dankbar sein.«

»Es wäre besser gewesen, sie hätten noch einmal geschossen und besser gezielt.«

Gleich darauf wurden seine Worte undeutlich, das Fieber übermannte seine Sinne. Bianca half ihm, sich hinzulegen. Dann gab sie mir ein Zeichen, ihren Platz einzunehmen. Ich zögerte. Doch ich hörte Germano fast kraftlos flehen: »Komm, Imani. Komm her.«

Widerstrebend gehorchte ich, während Bianca sich zurückzog. Der rasselnde Atem des Portugiesen übertönte das Rauschen des Flusses. Ich nahm ein altes Heft aus meinem Beutel und legte es als Kopfkissen auf den Boden. Seit langer Zeit schon benutzte der Sargento kein Kopfkissen. Mal bettete er seinen Kopf auf seine alte zerfledderte Bibel, mal auf herausgerissene Seiten aus dem Heft, das er zum Schreiben nutzte. Jedenfalls bescherte ihm nur ein Stück Papier den Schlaf.

Dieses Mal jedoch lehnte er das improvisierte Kopfkissen ab. Er sah mich befremdet an und knurrte, dass er mich nicht in der Nähe haben wolle. Als ich weggehen wollte, strampelte er mit den Füßen wie ein bockiges Kind. »Bleib bei mir«, bat er. Wieder gehorchte ich. Und dann legte er den Kopf auf meine Beine. Regungslos, fast ohne zu atmen, ließ ich mich von ihm betrachten. Ich spürte, dass sein fiebriger Blick auf meiner Brust, meinem Hals, meinen Lippen ruhte. Schließlich stammelte er fast unverständlich: »Gib mir einen Kuss, Imani. Gib mir einen Kuss, ich will sterben. An deinem Mund sterben.«

Viele Jahre wiederholte sich das immer Gleiche: In der größten Trockenheit säte mein Großvater Maiskörner, immer drei zusammen, in die ausgetrocknete, tote Erde. Meine Großmutter rief ihn zur Vernunft, als könnte es Vernunft geben in einem Leben, das noch karger ist als die Wüste. Ihr Mann antwortete: »Ich säe doch den Regen.«

Mein Vater, ein exzellenter Marimba-Spieler, hatte sich nie mit Feldarbeit angefreundet. Auf der kleinen Insel, auf der wir rasteten, taten seine Finger, was sie immer machten, sie trommelten im Sand, als sehe er in allem Klangtasten. Aber es war eine Melodie, die nur aus Stille bestand, eine verzweifelte Botschaft an jemanden am Flussufer, der die Sprache des Erdbodens verstand.

Doch inzwischen horchte niemand mehr am Erdboden, in der gesamten Region bereiteten sich Portugals und Ngungunyanes Soldaten auf die entscheidende Schlacht vor. Nicht der Sieg war ihr größtes Ziel. Sondern das, was danach folgen würde. Das wie durch Zauber bewirkte Verschwinden derer, die zuvor ihre Feinde gewesen waren, die Berichtigung eines Fehlers im göttlichen Werk. Mein Großvater säte nutzlose Saat. Mein Vater spielte mit den Fingern Wiegenlieder für jene, die in der Erde schlafen.

Dies war die traurige Ironie unserer Zeit: Während wir verzweifelt versuchten, einen weißen Soldaten zu retten, wurde wenige Kilometer von uns entfernt ein Blutbad an Tausenden von Menschen vorbereitet. Wo der blinde Zorn von beiden Seiten aufeinandertraf, waren wir, die VaChopi, am stärksten gefährdet. Ngungunyane hatte geschworen, unser Volk auszurotten, als wären wir Tiere, die Gott bereute, geschaffen zu haben. Wir waren auf den Schutz der Portugiesen angewiesen, aber dieser Schutz hing von befristeten Abkommen zwischen Portugal und den VaNguni ab.

Der Sargento Germano de Melo war einer von jenen, die von der anderen Seite der Welt gekommen waren, um mich zu beschützen. Als Kind glaubte ich, Engel wären weiß und hätten blaue Augen. Die wässrige Färbung bedeutete für uns, dass sie blind waren. Pater Rudolfo, erst vor Kurzem nach Afrika gekommen, hatte zurückhaltend geantwortet, als ich ihn fragte, was er über die himmlischen Wesen wisse.

»Ich kenne die Engel im Diesseits nicht. Alle behaupten, sie hätten Flügel, aber das sagt nur, wer sie noch nie gesehen hat ...«

In einem Punkt war ich mir sicher: Mein Engel wäre weiß und hätte blaue Augen. Wie dieser Sargento, der sich Jahre später auf meinem Schoß abstützte. Die Tücher um seine Arme waren seine zerfetzten Flügel. Er war ein Nachtbote. Nur im Dunkeln fiel ihm wieder ein, welche Botschaft er überbringen sollte. Dieser göttliche Auftrag ruhte nun zwischen seinen Lippen. Ich befolgte seine flehentliche Bitte. Und beugte mich über seinen Mund.

Germano löste sich aus seiner Benommenheit, schien wieder klarer, klagte weniger und flüsterte mir ins Ohr: »Reiß die Blätter aus dem Heft und verteil sie rings um uns. Wir machen uns ein Bett.«

Langsam riss ich einige Seiten heraus, aber als ich Anstalten machte, sie auf dem Erdboden zu verteilen, hielt ich inne: »Und worauf werden Sie die Briefe an Ihre Vorgesetzten schreiben?«

»Ich habe keinen Vorgesetzten. Ich bin der letzte Soldat einer Armee, die nie existiert hat.«

Es sei alles nur Einbildung, angefangen bei dem Posten in Nkokolani. Selbst mein Bruder Mwanatu mit seiner falschen Uniform und seinem falschen Gewehr sei eher ein echter Soldat als er.

»Ich glaube, man hat Sie vergessen«, wollte ich ihn trösten.

»Ich habe schon vor langer Zeit den Befehl erhalten, nach Lourenço Marques zurückzugehen.«

»Und warum sind Sie nicht gegangen?«

»Ich bin nicht in Afrika, weil man mich vergessen hätte«, sagte Germano. »Ich bin hier, weil ich sie vergessen habe.«

»Das verstehe ich nicht.«

»Ich bin deinetwegen hier.«

Ich hörte Schritte im Gras. Man suchte nach mir. Und ich hörte, wie mein Vater seine Begleiter wegschickte: »Imani versorgt den Portugiesen, lassen wir sie in Ruhe.«

Stimmen und Lachen entfernten sich und verstummten allmählich in der Dunkelheit.

Schließlich kehrten wir zum Boot zurück, wo man schon auf uns wartete. Bianca tadelte mich mit einem langen, geräuschvollen Seufzer. Dann machten wir uns auf den Weg Richtung Sana Benene. Dieser Ort am Ufer des Inharrime war eigentlich kein Dorf. Seit Beginn des Krieges hatten sich Dutzende von Flüchtlingen rings um die Kirche niedergelassen, die die Portugiesen dort vor langer Zeit gebaut hatten.

An der ersten Flussbiegung ließ ein furchtbarer Schrecken unsere Fahrt beinah scheitern. Mit der Strömung kam uns ein riesiges, glänzendes Ungeheuer entgegen. Das kolossale Ungetüm pflügte geräuschlos und flammend wie ein Stück Sonne durch das Wasser. Langsam näherte es sich, gleich einem metallenen Krokodil, und bannte zuerst unsere Augen und dann unsere Herzen.

»Das ist der Nwamulambu!«, flüsterte unser Vater entsetzt. »Keiner sagt etwas, keiner sieht ihn direkt an!«

Denn wenn man das mythische Wassergeschöpf ansah, bestand die Gefahr, dass die Augen austrockneten und das

Gehirn schmolz. Der Gott der Flüsse, der die Erdbeben ruft und den Regen bringt, durfte nicht gestört werden. Mein Bruder bekreuzigte sich, mein Vater ruderte unendlich vorsichtig, um auch noch das geringste Geräusch zu vermeiden.

Früher waren die Flüsse unsere Brüder, sie webten ein Wassernetz, das uns schützte. Nun hatten sie sich mit unseren Feinden verbündet. Sie waren zu Wasserschlangen geworden, zu gewundenen Wegen, auf denen sich Engel und Dämonen bewegten.

Die gespenstische Begegnung war kurz. Doch in mir blieb eine unheilvolle Vorahnung. Zum Glück hatte uns niemand gesehen, unser Boot blieb unbemerkt. Der Sargento lag im Boot, die weiße Bianca schlief unter einer *capulana*. Sichtbar waren nur wir, die drei Schwarzen. Ich beruhigte mich. Im Zweifelsfall waren wir ein Boot mit Fischern aus der Gegend. Nichts konnte Verdacht wecken, nichts konnte die Flussgeister aufschrecken.

Als ich es wagte, den Blick wieder zu heben, war der Nwamulambu im Nebel verblasst, und wir atmeten auf. Bianca wachte noch rechtzeitig auf, um ihn in der Ferne zu sehen. Sie versuchte zu erkennen, ob an der Reling des seltsamen Flussungeheuers der charismatische Mouzinho de Albuquerque zu erahnen war. Doch das Boot folgte einer Flussbiegung, und die Italienerin lachte laut auf: »Das da, ein Ungeheuer? Das ist ein *blocausse*.«

Was uns so sehr erschreckt hatte, war nichts anderes als eines der Flöße mit befestigen Aufbauten, wie die Portugiesen sie zum Befahren der Flüsse im Süden benutzten. So erklärte es Bianca. Der Aufbau glänzte so, weil er aus Blechen auf einem Holzgerüst bestand. So schützten sich die weißen Soldaten vor Angriffen der aufständischen Schwarzen aus dem Hinterhalt. Aus ihrem Versteck in der Vegetation am Flussufer schossen die afrikanischen Krieger auf die Boote. Der dichte Wald war für die Portugiesen undurchdringlich. Nur die Einheimischen kannten sich aus im Schlick und zwischen den mächtigen Wurzeln, die wie umgekehrte

Aufbauten aus den Baumstämmen ragten. Diese Pfade öffneten sich, wenn die Götter es wollten, und schlossen sich wieder nach jedem Hinterhalt.

Unser Boot durchfurchte nicht die Wasserfläche, sondern durchschnitt eine tiefe Stille. Man hörte nur die Fliegen rings um den Sargento, diese zu früh gekommenen Klageweiber.

Dann sahen wir am Ufer einen Mann die Arme schwenken. Unser Vater zögerte. Es konnte eine Falle sein, in dieser Zeit konnte man niemandem trauen. Der Mann winkte mit einem Briefumschlag in der Hand und rief den Namen des Sargento Germano. Als wir ihn ansprachen, gab er sich zu erkennen. Er war ein Bote vom Militärposten in Chicomo. Und er brachte einen Brief für Germano de Melo.

Erster Brief des Tenente Ayres de Ornelas

Die Waffe – ohne Abzug – über der Schulter, auf der Mauer einer verfallenen Festung, mit einem Zollamt und einem Palast, wo schlechtes und schlecht bezahltes Personal dahinvegetiert, mit verschränkten Armen dem Handel zusehen, den die Fremden treiben und wir nicht treiben können; tagtäglich auf die Angriffe der Schwarzen warten und jederzeit hören, mit welchem Hohn und welcher Verachtung sie über uns alle sprechen, die wir durch Afrika reisen, das, ehrlich gesagt, lohnt sich nicht.

Oliveira Martins,
O Brasil e as Colónias Portuguesas, 1880

Militärposten Chicomo, 9. Juli 1895

Werter Sargento
Germano de Melo,

wundern Sie sich nicht, mein werter Sargento, wer Ihnen hier schreibt, ist Tenente Ayres de Ornelas, womit er, wenn auch nicht mit gebührender Pünktlichkeit, der Pflicht nachkommt, auf Ihre zahlreichen Briefe zu antworten. Ich habe erfahren, dass Sie bei einem Attentat auf den Militärposten Nkokolani schwer verletzt wurden. Auch wurde ich darüber informiert, dass man Sie zu der Kirche von Sana Benene transportiert, von wo man Sie vermutlich zu dem Krankenhaus des Schweizers Georges Liengme bringen wird. Sie müssen wissen, dass wir gegenüber diesem Liengme, der eher Arzt als Missionar ist, die größte Abneigung hegen. Dieser Arzt, der vermutlich Ihre Verletzung versorgen wird, hat die Eingeborenen zum Aufruhr angestiftet und hätte schon vor langer Zeit aus dem portugiesischen Afrika ausgewiesen werden müssen.

Vergessen Sie nicht, Sargento: In Sana Benene sind Sie in den Händen der Kaffern, die sich als unsere Freunde ausgeben. Aber Sie sind ein portugiesischer Soldat. Sie hätten zur Kaserne in Chicomo gebracht werden sollen, wo wir über einen Arzt und ein Lazarett verfügen. Jeder andere Vorgesetzte hätte Sie schon längst bestrafen lassen. Ich drücke beide Augen zu, aber nur vorübergehend. Sie werden die richtige Entscheidung über Ihren Verbleib treffen, sowie Sie im Vollbesitz Ihrer Kräfte sind. Ich habe den Überbringer dieses Briefes angewiesen, der Route, die Sie zurückgelegt haben, in umgekehrter Richtung zu folgen, das heißt, von der Quelle bis zur Mündung des Inharrime. Auf diese Weise kann ich dessen gewiss sein, dass mein Schreiben Ihnen direkt und ohne Verzögerung ausgehändigt wird.

Mit diesen wenigen Zeilen will ich Ihnen in erster Linie etwas versprechen: Ich werde dafür sorgen, dass Sie, werter Sargento, so schnell wie möglich ins Vaterland zurückkehren! Sie haben dies verdient – so wie ich verdiene, unter den höchsten Rängen der Militärhierarchie genannt zu werden. Ich bin für Führungsränge bestimmt, und nur eine traurige Verschwörung hat mich von meiner Bestimmung ferngehalten. Andere, wie Paiva Couceiro und Freire de Andrade, wurden unter dem Vorwand befördert, sie hätten lange Afrikaerfahrung. Für António Enes bin ich in Sachen Kriegsführung ein Anfänger. Portugal wird mit dem Ultimatum gedemütigt, unsere Regierung steckt in einem Sumpf aus politischen und Finanzskandalen, und ein erdrückender Alltag lastet auf unserem Volk. Was bedeutete das alles? Das bedeutet, dass Portugal Helden braucht. Ich verstehe nicht, warum man einem, der in seiner kurzen, aber intensiven militärischen Laufbahn bereits so viel Talent bewiesen hat, diese Chance nicht gibt.

Wie gesagt, sobald ich befördert bin, werde ich unverzüglich für Ihre Versetzung nach Portugal sorgen. Doch eines schicke ich voraus: Sie werden allein fahren müssen. Die schwarze Frau, die Sie in Ihren Briefen so preisen, wird in Mosambik bleiben müssen. Unzählige Male habe ich mich schon gefragt, welche Eigenschaften Sie in dieser Kafferin sehen mögen. Doch dies ist eine Randbemerkung, ein Stoßseufzer ohne weitere Folgen. Sie können beruhigt sein, wir werden die Frau nicht fallen lassen. Mit ihren Kenntnissen unserer Sprache kann sie uns sehr nützlich sein. Nach Abschluss der Befriedungskampagnen werden wir sie in unserem Posten in Nkokolani unterbringen. Dort wird sie fraglich weniger Sehnsucht nach Ihnen haben. Denn das Gebäude – halb Ladenkneipe, halb Militärposten – ist ein wenig, wie wir alle sind: Zwitter aus Ente und Pfau. Aber es ist auch so etwas wie eine der steinernen Säulen, die unsere Seefahrer überall an den afrikanischen Küsten aufstellten, als ein Zeichen der Zivilisation in einem Kontinent, auf dem Finsternis herrschte.

Und schließlich möchte ich Ihnen sagen, wie froh ich darüber bin, mit Ihnen, mein werter Sargento, zu korrespondieren. Dieses glückliche Zusammentreffen verdanken wir einer Ironie des Schicksals. Ursprünglich waren Ihre Briefe ja für den Conselheiro José d'Almeida bestimmt. Nun hegt unser Conselheiro eine rigorose Abneigung gegen Briefe und Telegramme. Mit seinen zwei Meter Größe zuckt er die Achseln, kneift die hellen Augen, die mit dem dunklen Bart kontrastieren, zusammen und verkündet: »Ich lese nichts!« Und das rechtfertig er so: »Niemand kann mich überraschen. Aus Lourenço Marques erreichen mich nur Ermahnungen; und aus dem Landesinnern kommt nur ärgerliches Zeug.«

Aus diesem Grund erhielt ich den Auftrag, die an ihn gerichteten Schreiben zu beantworten, auch die Korrespondenz mit dem Königlichen Kommissar, der bis heute glaubt, es sei der Conselheiro Almeida, der auf seine Gesuche antwortet. Und so kam ich durch Zufall in Berührung mit Ihren Briefen, die von so großer Sensibilität sprechen, wie ich sie – Sie entschuldigen meinen unverblümten Kommentar – von einem Sargento aus der tiefen Provinz nicht erwartet hätte. Nach und nach offenbarten Sie sich mir als ein Mensch, mit dem ich den Kummer teilen konnte, mich so fern von meinem Heimatort und meiner geliebten Mutter zu befinden. Unsere Korrespondenz ist kein Versehen. Vielmehr die schicksalhafte Begegnung von zwei Seelenverwandten. Und auf diese Weise habe ich auch Ihre Reisegefährten kennengelernt: Imani, in die Sie verliebt sind, mit ihrer so portugiesischen Seele; den Vater des Mädchens, diesen Katini Nsambe, ein unserer Fahne so getreuer Musiker; Imanis Bruder, von der Natur so wenig bedacht und dennoch der lusitanischen Präsenz so ergeben; und schließlich diese verwunderliche Italienerin Bianca Vanzini, die ungeachtet aller Ethik und der katholischen Sitten unseren Truppen so liebevolle Dienste erwiesen hat. Sie alle leisten mir inzwischen in dieser kargen afrikanischen Steppe Gesellschaft.

Zwar bestehen zwischen uns profunde Unterschiede. Mit meinen neunundzwanzig Jahren bin ich überzeugter Monarchist. Sie sind ein halbes Dutzend Jahre jünger als ich und wurden wegen Ihrer republikanischen Gesinnung nach Afrika verbannt. Kuriose Diskrepanzen: In Afrika liegen wir in denselben Schützengräben; in Portugal stehen wir jeweils auf der anderen Seite der Barrikaden. Ich gestehe Ihnen, mein werter Sargento: Sollte die Republik sich durchsetzen, reiche ich meinen Abschied von der Armee ein und kehre nicht nach Portugal zurück. Sie wurden von der Monarchie ins Exil geschickt. Ich werde dann die Monarchie im Exil sein.

Ich habe jedoch gelernt, dass die Politik nicht der Maßstab für Anfang oder Ende von Freundschaften sein kann. Ich habe in den Reihen meiner Partei Leute, deren ich mich sehr schäme. Und in den gegnerischen Truppen habe ich

Menschen kennengelernt, an denen ich gewachsen bin. Die Grenzen zwischen den Menschen sind anderer Natur. Welcher, weiß ich nicht, aber ganz fraglos anderer Art. Tatsache ist, dass wir beide, dank großer Missverständnisse und kleiner Lügen, diese Grenzen überwinden. Unsere Korrespondenz zelebriert den Sieg über die Unterschiede. In einem Land, durch das große Flüsse strömen, ist jeder Brief wie ein Boot, das weite Strecken zurücklegt. Wäre ich ein Dichter, würde ich sagen: Durch das Wort wird das Ufer zum Gestade. Leider klingen alle diese Einfälle für mich affektiert und lassen mich lächerlich wirken.

PS: Ich erwarte Sie hier in Chicomo, sobald es Ihnen möglich ist. Lassen Sie keine Gelegenheit, zu Ihrer Natur, Ihrer Bestimmung zurückzukehren, ungenutzt verstreichen. Etwas liegt in der Luft, in Kürze wird sich etwas Entscheidendes ereignen, und dann wäre es gut, Sie bei mir zu haben. Sie befänden sich fraglos in besserer Gesellschaft als bei dem perfiden Schweizer.

Eine Kirche unter einer anderen Kirche

Geh nicht auf Reisen, denn du wirst nie zurückkommen. Heim kehrt nur, wer schon glücklich war.
Sprichwort aus Sana Benene

Nicht nur Land durchqueren die Flüsse. Dieser Fluss, auf dem wir fuhren, zog sich durch Feuergebiete, geprägt durch Hunger und Blut. Und es gab noch eine andere Entfernung, die unser Boot überwand – während wir zwischen dichten Wäldern dahinfuhren, kam es uns vor, als wäre der Krieg weit weg und hätte mit uns nichts zu tun.

Bis wir schließlich eine kleine Bucht erreichten, wo die Strömung sich beruhigte. Wir befanden uns in Sana Benene. Am Ufer stand eine alte Kirche, deren Mauern im Mittagslicht wirkten, als wären sie aus Wasser. Mühsam im Wasser watend, schob Mwanatu das Boot zu einer Holzplattform.

Am Saum der Bucht reihten sich Holzstangen, an deren Spitzen Fischernetze hingen. Das Boot hielt schließlich an, und die Bordwand rieb sich quietschend an den Bohlen des morschen Anlegers. Mein Vater lachte; das war kein Geräusch, das war der Anfang einer Melodie. Er streichelte eine Bohle des Anlegers mit der gleichen verträumten Miene, mit der er die Stäbe seiner Marimba liebkoste. »Hörst du das Ächzen der Hölzer, Imani? Das ist der Baum, der nach seinen Kindern ruft.«

Auf seine italienische Freundin gestützt, bemühte sich Sargento Germano de Melo, möglichst schnell aus dem Boot zu steigen. An Land wankte er benommen hin und her, er hatte noch den Fluss und seine Wellen vor Augen. Mutlos betrachtete er den Pfad, der zu den wenigen Häusern führte. Die Kirche, von Wurzeln und Baumstämmen umrahmt, schien noch vor dem Fluss entstanden zu sein. »Hier ist das Krankenhaus?«, fragte der Portugiese mit tonloser Stimme.

Wir befanden uns noch ziemlich weit weg von Georges Liengmes Hospital in Manjankhazi. Die Nacht sollten wir in den Nebengebäuden der Kirche verbringen und frühmorgens den Weg zu unserem endgültigen Ziel antreten.

Der geschwächte Sargento schleppte sich, von Mwanatu gestützt, den Pfad entlang. Auf halber Höhe des Hügels lagen die Reste dessen verstreut, was einmal die Kirchentreppe gewesen war. Der Regen und die Zeit hatten die Stufen aus dem Gebäude gerissen. Es sah aus, als wollten die Steinplatten zu dem Boden zurückkehren, aus dem man sic herausgeschnitten hatte. Am Kircheneingang klatschten wir in die Hände, wie es sich gehört. Wir klopfen nicht an die Tür, so wie die Weißen. Die Tür ist schon Hausinneres, das Haus fängt an der Grundstücksgrenze an.

Es dauerte nicht lange, da tauchte aus dem Halbdunkel Pater Rudolfo Fernandes auf. Ich hatte ihn seit Jahren nicht gesehen. Meine ganze Kindheit hatte ich bei ihm in der Kirche von Makomani verbracht. Beim Pater hatte ich gelernt, die Sprache der Portugiesen zu sprechen und zu schreiben. Und bei ihm habe ich auch gelernt, kein schwarzes Mädchen vom Volk der VaChopi mehr zu sein.

Rudolfo Fernandes war alt geworden, der Bart weiß, das Haar ergraut, lang und ungekämmt. Er wischte sich die Hände an der zerrissenen, schmutzigen Soutane ab. Als er begriff, wer ich war, blickte er gen Himmel und umarmte mich bewegt: »Gott sei gelobt, Imani, meine Imani! Sieh mal an! Was für eine schöne Frau du geworden bist!«

Nachdem wir in die Kirche hineingegangen waren, stellte ich ihm meine Reisegefährten vor. Der Pater gab jedem einen kräftigen Händedruck, nur meinen Bruder Mwanatu nahm er in den Arm. Als Letzten begrüßte er den Sargento. Germano de Melo war weiß, ein Mann und ein Militär. Er verdiente eine besondere Begrüßung. Rudolfo streckte ihm den Arm entgegen, und da erst stellte er fest, dass der Portugiese es ihm nicht gleichtun konnte.

Germano winkte mit seinen Armstummeln und stammelte: »Hände habe ich nicht mehr.«

Draußen wären die Worte gar nicht zu hören gewesen. Innerhalb der vier Wände klang die schwache Stimme des Sargento kräftig wie ein Echo: »Ich habe sie nicht mehr, meine Hände.«

Der Pater bemühte sich spontan um Trost: »Hierher kommen verwundete Weiße und Schwarze. Man denkt, es sei ein Gotteshaus. Aber es ist ein Krankenhaus.«

Die Kirche roch muffig, die Wände schwitzten klebrig.

»Beim letzten Hochwasser hat das Wasser bis hier gestanden«, sagte der Pater und wies auf einen Schimmelfleck an einem Holzbalken. Und da er unserem Schweigen einen gewissen Vorwurf entnahm, lachte er: »Mir gefällt das, eine Kirche, die vom Fluss gewaschen wird.«

Auf dem Altar standen aus altem Holz geschnitzte Heiligenfiguren. Während er Farbsplitter zerbröselte, die von den Skulpturen abblätterten, erklärte der Pater: »Holz stirbt nie, es bleibt immer lebendig.«

Und mein Vater lächelte zustimmend. Mwanatu verdrehte und wand sich, um sich zu bekreuzigen, wobei er Finger und Hände umständlich ineinanderschlang. Er sprach Gott mit »Ihre Exzellenz« an.

Tauben flatterten zwischen den Dachbalken hin und her, als Pater Rudolfo zur seitlichen Tür hin rief: »Bibliana, komm mal her! Sieh dir an, wer gerade eingetroffen ist!«

Im Vorraum waren gemächliche, schwere Schritte zu hören; die Person, die da kam, war nicht barfuß. Mit einem Ruck öffnete der Pater die Türflügel und verkündete überschwänglich: »Hier ist meine Bibliana! Komm näher, meine Tochter.«

Im Gegenlicht erschien eine große, schlanke schwarze Frau in einem roten Seidenmorgenrock. Militärstiefel machten sie noch imposanter.

»Bibliana ist eine Wunderheilerin, die allerbeste Zauberkundige. Es gibt kein Leiden, das sie nicht behandeln kann.«

Die Frau ging einmal um den Sargento herum und sprach in einer Mischung aus Portugiesisch, Txitxope und Txishangana. Ihre Stimme war tief, fast männlich: »Dieser Mann kommt mit mir. Er ist gebrochen, sein Herz ist tief gesunken.«

Germano hatte wohl etwas verstanden, denn er folgte ihr taumelnd in den Hinterhof. Ich ging hinterher, um ihn zu stützen und beim Übersetzen zu helfen. Als Bianca gewahrte, dass sie unter den Männern allein bleiben sollte, schloss sie sich uns an.

Draußen auf dem Hof musterte die seltsame Gastgeberin mich von oben bis unten, richtete den Blick auf meine Schuhe und schüttelte den Kopf: »Hältst du dich für eine Weiße?«

Ich antwortete nicht. Bibliana erwartete auch keine Antwort. Auf Txitxope knurrte sie: »Ich habe mal eine Frau in Schuhen gekannt, der haben sie die Füße angezündet.«

Und dann existierte ich nicht mehr, denn sogleich sorgte sie dafür, dass der Portugiese sich in der Hofmitte auf einen Stuhl setzte. Dann strich sie ihm lange mit den Händen über die Schultern und beschnupperte sein Gesicht und seinen Hals. Dabei atmete sie tief ein und spuckte wiederholt aus. Angeekelt drehte Bianca sich weg.

Bibliana nahm Frauenkleider aus einem Beutel und zog sie dem Sargento an. Die Italienerin schüttelte missbilligend den Kopf. Ich fand das Ganze merkwürdig. Anfangs dachte ich, Bibliana wolle den Kranken einfach in weite, leichte Bekleidung stecken. Aber das war es nicht, wie sich Biblianas Worten entnehmen ließ: »Mag sein, dass die Männer über das Land gebieten. Aber über das Blut gebieten die Frauen.«

Auf sich selbst und Germano weisend, wiederholte sie: »Wir Frauen.«

Der Sargento nickte schon fast ein, als die Wunderheilerin einige Jungen anwies, zum Fluss zu gehen und das Boot zu holen, mit dem wir gekommen waren. »Das Boot wird das Bett dieses Mannes«, erklärte sie.

Bald darauf wurde Germano de Melo in einer Art Trauerzug in dem Boot in die Kirche hineingetragen. Auf den Schultern der Jungen schwankte das Boot, ein wenig wie ein Sarg.

Entsetzt hob der Portugiese den Kopf, vermutlich hatte ihn die gleiche Beunruhigung erfasst wie mich, denn nahezu kraftlos fragte er: »Holen sie mich schon?«

Sie setzten das Boot auf der Altarplatte ab. Wieder gab die Wunderheilerin den Jungen leise eindringliche Anweisungen. Flinke Hände tasteten die Winkel des Gebäudes ab und trugen aus dem Halbdunkel Kauzfedern zusammen. Damit legte die Frau den Boden des Bootes aus.

»Bring mich von hier weg, Bianca«, flehte Germano. »Ich verblute.«

»Morgen kommst du nach Manjacaze«, sagte die Italienerin beruhigend.

Aber den Sargento konnte nichts mehr beruhigen. Die Ellbogen auf die Bordwand des Bootes gestützt, die Augen weit aufgerissen, als wollten sie eine Dunkelheit durchdringen, die nur er sah, sagte der Portugiese: »Auf diese Weise bringen die Neger unsere Pferde um: Sie schneiden ihnen die Ohren ab und lassen sie über Nacht verbluten.« Erschöpft verstummte er. Er legte sich auf den Boden des Bootes, und so, im Liegen, sprach er weiter: »So töten sie sie, die armen Pferde. Am nächsten Morgen dringen ihnen die Fliegen zu Tausenden in die Ohren, kriechen durch die Adern und fressen sie von innen auf, sodass ein einziger Mann genügt, das Tier wegzuschaffen.«

Die Italienerin fuhr ihm mit den Fingern durch das zerzauste Haar, zupfte den Kragen des Kleides zurecht und flüsterte nah an seinem Gesicht: »Morgen, Germano. Morgen sind wir im Krankenhaus der Schweizer.«

Bibliana sprach höhnisch die Worte der Europäerin nach: »Morgen, morgen, morgen.« Sie lachte verächtlich, hob das Kinn und wies mich an zu übersetzen: »Dieser Weiße bleibt hier, bis er zu Kräften gekommen ist. Dann erst geht er nach Manjankhazi. Der Ort hat einen Blutnamen. Das bedeutet Manjankhazi: die Kraft des Blutes.«

»Sobald es hell wird, machen wir uns auf nach Manjacaze«, widersprach ihr Bianca, und zu mir gewandt, verlangte sie: »Erklär das dieser verrückten Negerin.«

»Vorsicht, Dona Bianca«, bat ich. »Die Frau versteht Portugiesisch.«

»Genau das will ich, dass sie versteht.«

Bibliana tat, als hätte sie nichts gehört. Das Gesicht gen Himmel gewandt, schloss sie die Augen halb und verkündete: »Der Weiße bleibt hier!« Sie stieß die Finger in die Luft, wie Pfeile, die sich in den Boden bohren.

In ihrer Verzweiflung griff Bianca sich in die Haare und wandte ein, ohne das Ende meiner Übersetzung abzuwarten: »Wir sollen ihn hier zurücklassen, ohne geeignetes Essen und ohne ein Mindestmaß an Hygiene?«

»Ich gebe ihm zu essen«, erwiderte Bibliana. »Und wir haben den Fluss, der wäscht alle Wunden.«

»Sag dieser Negerin«, verlangte die Italienerin von mir, »dass ich sie nicht mag. Sag ihr, dass ich keiner Hexe vertraue, die im roten Morgenrock herumläuft. Und sag ihr auch, dass wir morgen sehen werden, wer hier das Sagen hat.«

Doch die Italienerin redete ins Leere. Ungeachtet der Wut der Europäerin beugte die schwarze Bibliana sich über den Sargento und nahm ihm den Verband ab. Vorsichtig ließ sie das Blut in eine weiße Schüssel laufen. Wäre ein einziger Tropfen auf den Boden gefallen, wäre das eine Einladung für den bösen Blick gewesen.

»Es gibt kein fremdes Blut. In jedem, der blutet, bluten wir alle«, murmelte die Wunderheilerin.

Als sich die Schüssel rot färbte, nahm ich den Blutgeruch wahr, einen scharfen Geruch nach Rost. Der Sargento lag mit geschlossenen Augen da, während Bibliana eine Prise Asche mit einer Salbe aus Saft und Öl des Mahagonibaums vermengte. Mit dieser Mischung rieb sie die Wunden des Sargento ein.

Nach der Behandlung riss sie zwei Schlitze in ihren roten Morgenrock, wirbelte durch den großen Raum und trat die Stühle und Bänke aus dem Weg. Als der Raum leer war, ging sie in den Hof, kam mit zwei brennenden Holzscheiten von ihrem Feuer zurück und legte sie auf den Steinfußboden der Kirche.

Erschrocken rief die Italienerin: »Die Frau ist verrückt! Sie steckt die Kirche in Brand!«

Bibliana stellte sich breitbeinig über das Feuer, als wollte sie ihre Eingeweide wärmen. Langsam hob sie die Arme und stimmte eine Melodie an. Ihr Gesang schwoll an, während sie energische Tanzschritte ausführte, die Knie hoch anhob und anschließend kräftig auf den Boden stampfte. Sie zog den Rücken hoch und presste ihn zusammen, als läge sie in den Wehen. Die Hände rieben über den Fußboden, damit Staubwolken aufstiegen. Irgendwann nahm sie aus dem Tuch, das sie um den Kopf trug, eine Handvoll Pulver und warf es in das Feuer. Ihr hartes Gelächter begleitete das Knallen des Pulvers über den Flammen. Dann dehnte sie ihre Stimme, sprach noch heiserer als zuvor: »Dieses giftige Pulver hat sich in der Welt ausgebreitet. Es zerreißt die Kehle, verschlingt die Brust und führt schließlich zum Erblinden der Völker. Und die Blindheit heißt Krieg.«

Die Hände auf den Hüften, den Körper aufgerichtet, den Kopf erhoben, stieß sie kriegerische Befehle aus. Es war klar: Ein Geist war in sie gefahren. Die männliche Stimme, die aus ihr sprach, gehörte einem alten Krieger. Der tote Soldat sprach auf Txitxope, meiner Muttersprache. Aus Biblianas Mund predigte der Tote: »Ich bitte euch, meine Vorfahren: Zeigt mir eure Wunden! Zeigt mir die offene Ader, zeigt mir den gebrochenen Knochen, die zerrissene Seele. Euer Blut ist dasselbe, das sich hier, rot und lebendig, in der Schüssel befindet.«

Und wieder drehte Bibliana sich durch den Raum in einer Mischung aus Tanz und militärischem Marsch. Dann brach sie ihren Tanz ab und trat mit den Stiefeln das Feuer aus. Sie ging an den Altar, versenkte die Finger im Haar des Sargento, drehte sich zu uns um und flüsterte: »Dieser weiße Mann ist fast fertig.«

»Was soll das heißen?«, fragte ich aufgeregt.

»Er verliert schon die Arme, danach wird er die Ohren verlieren und anschließend die Beine. Zum Schluss wird er ein Fisch. Und kehrt dann zu den Booten zurück, die ihn nach Afrika gebracht haben.«

So dachte man über die Portugiesen: Sie seien Fische und aus fernen Meeren gekommen. Alle, die an Land gingen, seien jung, vorausgeschickt von den Älteren, die an Bord blieben. Diejenigen, die zu uns kamen, hätten noch alle Gliedmaßen am Körper. Nach einiger Zeit würden sie erst die Hände, dann die Füße, die Arme und die Beine verlieren. Und dann kehrten sie zum Ozean zurück.

»Mach dich bereit, meine Schwester, schon bald wird dieser Weiße nicht mehr bei dir sein«, sagte sie und kniff mich in den Arm.

Ich schlief ein und träumte, ich sei auch ein Fisch und streife an der Seite von Germano durch endlose Meere. Der Ozean war unser Zuhause. Ich hätte in sanftem Schaukeln aufwachen können. Doch dazu kam es nicht. Aufgeregtes Geschrei riss mich aus dem Bett und rief mich an die Tür. Eine kleine wütende Menschentraube drängte sich neben der Kirche. In ihrer Mitte befand sich ein nackter, gefesselter Mann, den man offenbar geschlagen hatte. »Das ist einer von Ngungunyanes Soldaten«, riefen sie.

Manche behaupteten, er sei ein Spion, aber die Mehrheit versicherte, er sei ein *passa-noite*, einer der Zauberkundigen, die ihre Dienste verkauften. Der angebliche Zauberkundige war über und über mit rotem Sand beschmiert, er sah aus wie ein Stück Erde in menschlicher Form. Vielleicht tat es mir deshalb weniger leid, wie er mit Fußtritten traktiert wurde.

Der Pater hob die Arme und gebot Einhalt. Dann fragte er den Mann, was er vorgehabt habe. Worauf der Fremde sagte, er sei gekommen, um »Frauen zu sehen«. Lautes Geschrei übertönte den Rest der Erklärung. Wieder hagelte es Schläge und Tritte, und der Unselige hatte keine Kraft mehr, sich zu verteidigen. Nun war er nicht mehr Erde. Nun war er nur noch Staub.

Da erschien Bibliana und nahm die Sache in die Hand. Sie führte den Fremden zum Fluss und gab Anweisung, ihn an einen gefällten Baumstamm zu binden. Der Mann ließ es schweigend geschehen, dass man ihn brutal an den Stamm band wie ein Tier, das gevierteilt werden soll. Er schloss nicht einmal die Lider, obwohl die Sonne ihm ins Gesicht schien. Auf Anweisung der Heilkundigen – die alle Sangoma nannten – wurde der Baumstamm mit dem daran angebundenen Mann ins Wasser geworfen. Als die Strömung ihn mitriss, herrschte tiefe Stille. Dann rief Bibliana: »Du wolltest Frauen sehen? Dann mach im Wasser die Augen gut auf.«

Erster Brief des Sargento Germano de Melo

Gott hat die Menschen nicht erschaffen. Er hat sie lediglich entdeckt. Er hat sie im Wasser gefunden. Alle Lebewesen lebten wie Fische unter Wasser. Gott schloss die Augen, um unter Wasser sehen zu können. Da erblickte Er Geschöpfe, die so alt waren wie Er. Und Er beschloss, sich sämtliche Wasserläufe anzueignen. Also bündelte Er die Flüsse in seinen Adern und barg die kleinen Seen in seiner Brust. Als Er in die Savanne gelangte, befreite Er sich von seiner Last. Männer und Frauen fielen zu Boden. Sie wälzten sich auf der Erde, machten den Mund auf und zu, als wollten sie sprechen, aber die ersten Wörter wären noch nicht erfunden. Außerhalb des Wassers konnten sie nicht atmen. Sie verloren das Bewusstsein. Und träumten. Im Traum lernten sie atmen. Als sie die Lungen zum ersten Mal füllten, brachen sie in Tränen aus. Als wäre ein Teil von ihnen gestorben. Und so war es auch: Ihr Fisch-Teil war gestorben. Sie beweinten die Fluss-Geschöpfe, die sie nicht mehr waren. Und wenn sie nun singen und tanzen, zelebrieren sie diese Sehnsucht. Gesang und Tanz vereinen sie wieder mit dem Fluss.

Sage aus Sana Benene

Sana Benene, 14. Juli 1895

Sehr verehrter Senhor
Tenente Ayres de Ornelas,

als Erstes möchte ich Ihnen dafür danken, dass Sie sich die Mühe gemacht haben, mir zu antworten, und noch dazu einen Boten geschickt haben, der Meilen und Meilen zurückgelegt hat, um mir Ihr so wohltuendes Schreiben auszuhändigen.

Vielleicht ist meine Schrift schlecht lesbar. Ich weiß nicht, wie ich es fertigbringe, diese kläglichen Zeilen zu schreiben. Meine Hände sind verkrüppelt, und ich verfüge über keine Erinnerung an die Qualen, die ich durchlitten habe. Schreiben ist für mich so lebensnotwendig, dass ich meine Schmerzen nicht mehr spüre, wenn ich eine Feder in die Hand nehme. Ich weiß nicht, verehrter Senhor Tenente, woher unser unheilbarer Lebenswille kommt. Ich spreche für mich, denn ich sterbe lediglich aus Taktgefühl nicht.

Um dieses Schreiben zu Papier zu bringen, muss ich mich so anstrengen, dass ich blute, denn wenn es schon im Alltag schwierig ist, die Hände zu benutzen, erweist es sich als praktisch unmöglich, mit verbundenen Händen zu schreiben. Meine Schrift ist miserabel, aber ich musste diese Zeilen ohne fremde Hilfe schreiben. Denn ich möchte persönlich und eigenhändig meinen unendlich großen Dank dafür ausdrücken, dass Sie versprechen, meine Rückkehr nach Portugal zu veranlassen. Meine Freude, das gestehe ich, und bitte sehen Sie mir nach, dass ich es so offen ausspreche, wäre uneingeschränkt, wenn ich meine geliebte Imani mitnehmen könnte. In mir kämpfen zwei Wünsche. Wenn ich ans Leben denke, siegt Imani; wenn ich ans Sterben denke, entscheidet Portugal.

Ich weiß nicht, ob ich ohne diese Frau von hier fortgehen will. Erst wollte ich Ihnen unumwunden, aber nicht brüsk mitteilen: Ohne Imani gehe ich nirgendwohin. Doch jetzt zögere ich. Meine größte Sorge ist nicht, Sie zu kränken, verehrter Senhor Tenente. Es ist vielmehr die Sorge, mir selbst gegenüber nicht wahrhaftig zu sein. Dieses Mädchen ist jetzt mein Schicksal, meine Heimat. Wird sie es aber morgen auch sein? Ist die Liebe dieser Schwarzen zu mir vollkommen uneigennützig? Bin ich für sie womöglich nur ein Freibrief, ihren Platz und ihre Vergangenheit hinter sich zu lassen?

Das sind die Fragen, die mich beschäftigen. Es sind meine Dilemmas, und nur ich kann sie lösen. Ich bin davon überzeugt, dass die Auflage, allein zurückzukehren, nicht auf eine Laune oder Mangel an gutem Willen Ihrerseits zurückzuführen ist. Sie können ganz einfach nicht anders handeln. Und ich verstehe das sogar. Wie soll man mitten in einem so grausamen Krieg mit Liebesproblemen umgehen? Wie an die Liebste eines namenlosen Sargento inmitten einer ganzen Armee denken?

Sie fragen sich vielleicht, verehrter Senhor Tenente, wieso ich so sehr an einer jungen Frau hänge, die auf mich geschossen und mich für immer verstümmelt hat. Das kann ich nicht beantworten. Hat sie es wirklich getan? Erinnere ich mich genau daran, was geschehen ist?

Bianca Vanzini will mir unbedingt beweisen, dass Imani unschuldig ist. Die Italienerin war anwesend, und sie versichert, dass die aufständischen Kaffern auf mich geschossen haben. Tatsache ist, dass ich keine deutliche Erinnerung an den tragischen Augenblick habe. Und ich gestehe: Die Wahrheit spielt für mich keine Rolle mehr. Ich akzeptiere gern die Version der Italienerin. Denn ich suche nicht mehr nach Erinnerungen. Mir genügen Geschichten. Vielleicht sind diese Briefe lediglich eine Möglichkeit, auf der anderen Seite des Papiers jemanden zu erfinden, der sich meine einsamen Fantastereien anhört.

Bei so vielen Fieberwahnvorstellungen weiß ich nicht, ob ich mich wirklich erinnere oder es mir einbilde, aber ich meine, dass wir, die schöne Imani und ich, uns unterwegs während einer Rast am Ufer hingelegt haben. Sie sah mich mit ihren großen Augen an, so groß sind sie, dass sie alle Nächte der Welt enthalten. Dann riss ich aus einem alten Heft ein paar Seiten und breitete sie auf der Erde aus. »Komm«, sagte ich, »leg dich auf diese Blätter.« Sie wollte mich davon abhalten, das Heft zu zerreißen. »Worauf wollen Sie dann die Briefe an Ihre Vorgesetzten schreiben?«, fragte sie. Und halb herausfordernd, halb schelmisch flüsterte sie: »Oder bin ich vielleicht wichtiger als Ihre Vorgesetzten?«

Ich kann nicht anders, ich muss Ihnen sagen, wie sehr dieses Mädchen meinem Leben einen Sinn gibt. Vor Kurzem erst musste ich wegen starker Schmerzen in den Händen meinen Brief unterbrechen. Wieder war es Imani, die mir zu Hilfe kam. Bei allem, was sie sagte, hielt sie den Blick gesenkt. Sie streichelte meine verstümmelten Hände und murmelte dabei sanft, aber bestimmt: »Mehr als aus Knochen und Fleisch bestehen Hände aus Leere. Der Raum zwischen den Fingern, die Muschel über der Handfläche, in dieser Leere formt sich die Geste. Hände«, sagte Imani, »sind das, was ihnen fehlt. Gäbe es nicht diese Leere, könnten wir nichts tasten oder anfassen. Wir könnten nicht liebkosen«, fügte sie scheu hinzu. Und fast unhörbar sagte sie zum Schluss: »Jetzt, da Sie nur noch wenige Finger haben, werden Sie die Dinge besser fühlen als vorher mit den unversehrten Händen.«

Beschämt über ihre lange Rede, beeilte sie sich, mir die Handgelenke mit Tüchern zu umwickeln, die vom Fluss gewaschen und von der Sonne gereinigt waren. »Es geht Ihnen viel besser«, sagte sie zu mir. Und ihr jugendlicher Optimismus half mir, meine Hilflosigkeit zu akzeptieren.

Es sind diese kleinen Vorkommnisse, von denen ich Ihnen berichten wollte. Sie mögen für Sie belanglos sein. Für mich bekommen sie nur einen Sinn, wenn jemand daran Anteil nimmt, der auf diese Nachrichten ebenso staunend reagiert, wie ich sie erlebt habe.

PS: Ich möchte den Brief nicht beenden, ohne Ihnen Folgendes zu versichern: Ich kann nicht verhindern, zum Hospital des Schweizers in Manjacaze zu reisen. Betrachten Sie die Angelegenheit von der positiven Seite. Vielleicht ist es für die portugiesischen Interessen nützlich. Ich werde von dem Schweizer Liengme erfahren, was am Hof von Gungunhana vor sich geht. Und natürlich werde ich berichten, was ich gesehen und was ich nicht gesehen habe, was man mir gesagt und was man mir verheimlicht hat.

Tanzende Götter

Am Anfang der Zeit gab es keine Flüsse und kein Meer. Ein paar Lagunen, vergängliche Abkommen des Regens, sprenkelten die Landschaft. Angesichts der dürstenden Pflanzen und Tiere beschloss Gott, den ersten Fluss zu erschaffen. Doch geschah es, dass sein Bett sich weiter als bis zum Ufer ausdehnen wollte. Zum ersten Mal fürchtete Gott, die Schöpfung könnte den Schöpfer herausfordern. Und ihm kam der Verdacht, der Fluss habe zu träumen gelernt. Wer träumt, kostet den Geschmack von Ewigkeit. Doch das ist das alleinige Vorrecht der Gottheiten.
Mit seinen langen Fingern hob Gott den Fluss hoch, dann kürzte er ihm die Gliedmaßen und beschnitt ihn an der Quelle und der Mündung. Väterlich behutsam legte er das Rinnsal in die passende Erdrinne zurück. Ohne Anfang und ohne Ende, schob der Fluss die Ufer auseinander und dehnte sich im Grenzenlosen aus. Die beiden Ufer entfernten sich so weit voneinander, dass sie das Verlangen nach Träumen noch stärker nährten. So wurde das Meer ersonnen, der Fluss aller Flüsse.
Sage aus Nkokolani

Man sagt, das Leben sei ein ewiger Lehrmeister. Mir wurden die großen Lehren durch das erteilt, was ich nicht erlebt habe. Und es waren Einsichten, die nicht dem Denken entsprangen, sondern der Benommenheit beim morgendlichen Aufwachen. Heute weiß ich, dass jedes Erwachen des neuen Tages ein Wunder ist. Die erstaunliche Rückkehr des Lichts, der Duft der Träume, der noch der Schlafstatt anhaftet, all dies belebt in uns einen namenlosen Glauben. Vor zwei Tagen geschah dieses Wunder, in der Gestalt eines weißen Soldaten. Er hieß Germano und wartete auf mich so ergeben wie die Brut der Vögel auf ihre Eltern. In dieser Situation erfüllte ich Mutterpflichten: Ich fütterte ihn mit Maisbrei und einem Püree aus bitteren Blättern. Während ich ihm den Löffel an den Mund führte, wurde mir bewusst, zu welcher Abhängigkeit Germano lebenslang verurteilt war.

Am Ende der Mahlzeit bat er mich, die Handgelenke vom Verband zu befreien. Er wollte Luft an die Wunden lassen, wie er sagte. Der wahre Grund war ein anderer. Er wollte die Verstümmelung sehen. Als der Verband herunterfiel, verließ mich meine Zuversicht: Er besaß nur noch fünf Finger, vorausgesetzt, dass einige noch gerettet werden konnten. Fünf Finger. Drei an der rechten Hand, zwei an der linken. In dieser Situation stellte er eine etwas unsinnige Frage: »Imani, wie soll ich mich jetzt bekreuzigen?« Dann schlief er ein, so wohlig erschöpft, wie man vom Weinen wird.

Am Nachmittag stürmten ein paar Männer in die Kirche. Sie kamen auf Biblianas Geheiß, und wieder trugen sie den Sargento in dem Boot hinaus. »Setzt mich ab«, verlangte der Portugiese. Aber die Wunderheilerin hatte die Anweisung gegeben, der Kranke dürfe keine Fußspuren auf dem Boden hinterlassen.

»Wohin bringt man mich?«, fragte Germano schlaftrunken, während sie ihn vorsichtig hinunter zum Fluss trugen.

»Es wird eine Messe zelebriert«, antwortete Pater Rudolfo.

»Warum bleiben wir nicht in der Kirche?«, fragte Germano ängstlich.

»Dies ist eine andere Messe«, erklärte der Pater.

Die Männer setzten das Boot in das ruhige Wasser des Inharrime. Der Portugiese saß im Boot und sah mit weit aufgerissenen Augen, dass sich Hunderte von Bauern in weißen Tüchern näherten. Bibliana, Pater Rudolfo und mein

Vater nahmen unter der mächtigen Krone eines Feigenbaums auf den wenigen Stühlen Platz, die sie aus der Kirche mitgebracht hatten. Die Italienerin Bianca Vanzini ging ein Stück näher zum Fluss und setzte sich auf eine Stufe der verfallenen Treppe. Während ihres langen Aufmarschs stimmten die Bauern einen wunderschönen Gesang an, den ich aber nicht verstand.

In einer roten Tunika, um die Taille weiße Tücher, kniete Bibliana sich in die Mitte, umrahmt von der Menschenmenge. Als sie die Vorfahren anrief, trat absolute Stille ein. Sie nannte jeden einzeln, eine nicht enden wollende Liste, als empfinge sie Gäste an ihrer Haustür. Mir wurde klar, dass Schwarze und Weiße sich wesentlich darin unterscheiden, wie sie mit den Verstorbenen umgehen. Wir, die Schwarzen, sprechen zu den Toten. Die Weißen sprechen vom Tod. Diesen Unterschied hatte Germano erlebt, als der Ladenwirt Francelino Sardinha begraben wurde. Mit der Abschiedszeremonie wurde der Tod um Erlaubnis gefragt, den Toten zu vergessen.

Nach der ausführlichen Anrufung der Ahnen setzte Bibliana sich eine mit blütenweißen Bändern umwickelte Gipsfigur der Jungfrau auf den Kopf. Die Menschen warfen sich schweigend zu Boden. Bibliana ging den Hang hinunter, hielt die Statuette fest und stieg mit ihr zusammen in den Fluss. Dann warf sie ein Hüfttuch, eine gemusterte *capulana*, auf das Wasser und verkündete: »Nicht wir waschen uns im Fluss. Es ist umgekehrt: Der Fluss wäscht sich in uns.« Anschließend legte sie dem Portugiesen die nasse *capulana* um die Schultern. Er schauderte, schien sich dann aber zu entspannen.

Plötzlich bahnte sich die Italienerin barsch einen Weg durch die Menge. Neben dem Priester blieb sie stehen und schrie ihn an, er solle dafür sorgen, dass der »schwarze Karneval« aufhörte. Pater Rudolfo beruhigte sie, die Zeremonie unterscheide sich nicht sehr von den christlichen Riten. Sie möge sich ein wenig gedulden, nachher würde die

Zeremonie interessanter. Widerstrebend, in ihrer Muttersprache brummelnd, kehrte Bianca Vanzini auf die zerbrochenen Treppenstufen zurück.

Bibliana kam wieder die Böschung zur Lichtung herauf, wo die schweigende Menge sie erwartete. Die Kleidung klebte ihr am Körper, sie rollte mit den Augen, dann schaukelte ihr Körper hin und her, wie in einem seltsamen Tanz. Ihre Füße traten immer energischer auf, schließlich stampften sie so kräftig wie bei einem militärischen Marsch. Von ihrem Rhythmus angesteckt, fing der Pater an, auf einem dicken Buch zu trommeln.

»Was für ein Buch ist das?«, fragte Bianca.

Ohne sein Trommeln zu unterbrechen, erklärte der Pater, es sei eine Bibel, die von den Schweizern in die Sprachen der Eingeborenen übersetzt worden sei. Die Einheimischen nannten sie »Buku«.

Bianca reagierte so aggressiv, dass ihre Stimme sich überschlug: »Jetzt dient die Heilige Schrift also als Trommel?«

»Musik ist die Muttersprache Gottes«, erwiderte Rudolfo. Und das, fügte er hinzu, hätten weder Katholiken noch Protestanten je begriffen: dass in Afrika die Götter tanzen. Und alle hätten denselben Fehler begangen und die Trommeln verboten. Er, der Pater, bemühe sich seit langer Zeit, den Fehler gutzumachen. Denn wenn man uns nicht auf unsere Trommeln schlagen lasse, würden wir, die Schwarzen, den Körper zur Trommel machen. Oder schlimmer noch, wir würden mit den Füßen auf der Erde trommeln, und dann würden in der ganzen Welt Risse aufbrechen.

Die dünne, nun vollkommen durchtränkte Tunika schmiegte sich an Biblianas Körper. Es wurde deutlich, warum der Pater sich hatte verführen lassen. Bibliana fiel auf die Knie und sprach mit solcher Inbrunst, dass ihre Stimme von allen Seiten widerhallte. Sie rief uns die Sage von der Erschaffung der Flüsse und der Menschen in Erinnerung. »Am Anfang der Zeit gab es keine Flüsse und kein Meer …« Sie endete schließlich mit der Prophezeiung: »Dieser Weiße wird zu den allerersten Gewässern zurückkehren und darin zu träumen lernen.«

Die Priesterin hatte ohne Unterlass gesprochen. Erschöpft schleppte sie sich zum Fluss und ging bis zur Taille hinein. Sie legte die Hände auf die Bordkante des Bootes und tauchte mehrmals unter, bis sie außer Atem war. Dann goss sie dem Sargento Wasser über den Kopf, wie man es bei der christlichen Taufe macht. Als sie ans Ufer zurückkehrte, hob sie die Arme und vollführte abermals Tanzschritte. Das war ein Zeichen. Plötzlich erklangen die Trommeln von Neuem, und die Menschen liefen hüpfend und tanzend zum Kirchplatz.

Völlig überraschend schloss Bianca sich dem Tanz an und wirbelte um Bibliana herum. Dann legte sie ihr die Hände auf die Hüften, und so tanzten die beiden Frauen zu der Musik. Der Pater sah sprachlos zu. »Jetzt tanzen Sie also auch, Dona Bianca?«, fragte er schließlich.

Die Italienerin schüttelte den Tränen nahe den Kopf. Nein, sie tanzte nicht. Sie versuchte, die Wunderheilerin festzuhalten. Sie wollte der Blasphemie ein Ende setzen. Doch schon bald gab sie auf und kehrte atemlos zu ihrem Platz zwischen den anderen zurück. Als sie in Tränen ausbrach, beruhigte der Pater sie: »Sie verstehen nicht, Dona Bianca. Dieses Ritual, an dem Sie sich so stören, bewahrt Sie davor, lebendig aufgefressen zu werden.« Und er fügte hinzu: »Noch wichtiger als Brot ist es für die Hungernden dieser Welt, Schuldige zu finden.«

In diesem Augenblick kehrte Bibliana zum Boot zurück und hob die Arme des Sargento an, sodass sie wie Masten mit schlaffen Fahnen aussahen. Dann nahm sie ein paar Blätter Papier aus dem Boot und warf sie ins Wasser. Die Blätter trieben mit der Strömung fort, bis sie nicht mehr zu sehen waren. Niemand bemerkte es, aber was da davonschwamm, war, wie ich später erfuhr, ein Brief des Tenente an den Sargento. Die lusitanischen Worte des Ayres de Ornelas lösten sich im Rio Inharrime auf wie Schatten.

Schließlich stieg Bibliana die Uferböschung hinauf und legte sich bäuchlings auf den feuchten Erdboden. Die Menge drängte sich aufgeregt, alle wollten sehen, wie die Frau die Erde küsste. Doch sie küsste sie nicht, sie pickte wie ein Huhn. Ihre über dem Rücken erhobenen Arme ließen sie noch mehr wie ein Vogel erscheinen. Da erst begriffen wir, Bibliana schrieb. Mit der Zunge zog sie Furchen in die feuchte Erde und schrieb Buchstaben. Sie führte vor, dass Germano seine Hände nicht benutzen konnte. Hin und wieder hob sie den Hals an und betrachtete ihr Werk, so wie ein Maler vor seiner Leinwand zurücktritt. Sie spuckte die Sandkörner aus, die an ihrer Zunge klebten. Endlich richtete sie sich auf und wies auf das Ergebnis ihrer Bemühung. Auf der Erde stand ein Name. Germano.

Zweiter Brief des Tenente Ayres de Ornelas

Jemand hat gesagt, die zahlreichen Stämme des Vátua-Reiches auf dem Kriegsfuß seien eine Bedrohung angesichts unserer Schwäche. Jemand, der im Kraal des Gungunhana verkehrt hatte, berichtete, er habe eine Parade von fünfzehntausend Kriegern imposanter Erscheinung erlebt. Aber jene, die sich darüber ausließen, vergaßen, dass eine bewaffnete Menge keine Armee ist und dass der Zusammenhalt, den militärische Institutionen verlangen, sich nicht mit dem mangelnden Bewusstsein von Wilden verträgt.
General José Justino Teixeira Botelho, História Militar e Política dos Portugueses em Moçambique, 1936

Chicomo, 18. Juli 1895

Werter Sargento
Germano de Melo,

man wird Ihnen sicherlich gesagt haben, dass ich mich, auf Anweisung des Königlichen Kommissars, mit einem nahezu unmöglichen Auftrag vorübergehend in Chicomo befinde. Ich soll Gungunhana überreden, auf die Bedingungen unserer Herrschaft einzugehen. Besagte Bedingungen sind, wie Sie wohl wissen, verschiedener Art: die Auslieferung von zwei aufständischen Häuptlingen, die jährliche Zahlung eines Tributs von zehntausend Pfund in Gold und die Zulassung von weißen, indischen und maurischen Händlern in seinem Herrschaftsgebiet. Außerdem verlangen wir von ihm, die Einrichtung von Telegrafenleitungen zwischen den Militärposten zu genehmigen. Gungunhana sagt, die modernen Kommunikationsmittel verletzen den Geist seines Vaters und seines Großvaters, die beide dort in dem heiligen Erdboden begraben sind. Dass wir auf diese Genehmigung warten, ist ein gutes Beispiel für unsere naive Duldsamkeit. Wir hatten akzeptiert, den Aberglauben der Eingeborenen nicht zu missachten. Doch dann haben wir erfahren, dass der schlaue Häuptling sich lediglich unsere Naivität zunutze gemacht hat. Er war nicht wegen der Geister besorgt. Es ging ihm um militärische Strategie. Gungunhana weiß genau, wie wertvoll die schnellen Fernmeldeeinrichtungen sind.

Sie können sich nicht vorstellen, wie sehr ich bedauere, von meinem militärischen Dienst für eine Mission diplomatischer Art abgeordnet worden zu sein. Zu meiner Ehrenrettung gebe ich zu, dass die Aufgabe eines Offiziers in erster Linie darin besteht, einen Krieg um jeden Preis zu verhindern, statt ihn zu führen. Und alles weist darauf hin, dass der König von Gaza ebenfalls einer Auseinandersetzung aus dem Weg gehen will, seit wir unsere Präsenz in der Region, in der er sein Lager aufgeschlagen hat, verstärkt haben. Gungunhana wird sich, dessen sind wir sicher, auf alle unsere Bedingungen einlassen, mit Ausnahme der für uns Wesentlichen – die Auslieferung der Rebellen Mahazul und Zixaxa, die vor ein paar Monaten gewagt haben, Lourenço Marques anzugreifen.

Der Einsatz in diplomatischer Angelegenheit wird mir bei der Beförderung auf Führungsposten, die mir vom Schicksal bestimmt sind, zugutekommen. Aufgrund dieser Überzeugung habe ich eingewilligt, Conselheiro José d'Almeida zu den Verhandlungen mit dem Löwen von Gaza zu begleiten. Wegen seiner langjährigen diplomatischen Erfahrung und dem Vertrauen, das er gegenüber Gungunhana aufgebaut hat, wird der Conselheiro José d'Almeida der Wortführer der Verhandlung sein. Eine Wahl, die von dem in Chicomo versammelten Kommando nicht einvernehmlich begrüßt wurde. Die energischsten Einwände kamen von Capitão Mouzinho de Albuquerque, der so weit ging, in aller Öffentlichkeit zu sagen, »von Conselheiro José d'Almeida ist nur Beschämendes zu erwarten«. Derselbe Mouzinho beklagte in einem Schreiben an António Enes, dass nicht er dazu ausgewählt worden sei, mit dem König von Gaza zu verhandeln. Wörtlich sagte er in dem Brief, zu dem ich auf Wegen, die ich nicht nennen darf, Zugang hatte: »… tausendmal lieber alles und jeden in einer Katastrophe untergehen lassen, als uns tatenlos zurückzuziehen.« Und weiter schrieb er: »Ich biete mich an, diese Mission zu leiten, so aberwitzig riskant die Unternehmung auch sein mag.« Traurig, solche Uneinigkeiten. Als genügten uns die Konflikte mit den Vátuas nicht. Die internen Streitigkeiten scheinen mir noch gravierender. Dafür gibt es nur eine Lösung: Neid und die Geltungskonkurrenz ignorieren. Ein darüber erhabener Geist, wie der meine: Das ist es, was man von einer den aktuellen Herausforderungen gewachsenen Führung erwartet.

Mit diesem Sendungsbewusstsein machte ich mich bereit, Almeida nach Manjacaze zu begleiten. Für unsere Unterkunft war bestens gesorgt, die Residenz unseres Conselheiro befindet sich wenige hundert Meter von Gungunhanas Hof entfernt.

Der Königliche Kommissar hatte darauf bestanden, uns von Soldaten eskortieren zu lassen. Wir missachteten die Anweisung. Die Pseudosicherheit einer Eskorte macht nicht den Ärger wett, der aufkommt, wenn die Soldaten sich mit den eingeborenen Frauen einlassen. Und so traten wir auf zwei schönen Pferden reitend den Weg von Chicomo nach Manjacaze an. Immer wenn wir unterwegs Rast machten, kam mein Pferd dicht an mich heran, als wollte es mir etwas sagen. Seine dunklen Samtaugen sahen mich verwirrend eindringlich an. Ich entwickelte so tiefe Zuneigung zu ihm, dass ich, als wir unser Ziel erreicht hatten, trotz meiner

Erschöpfung mitten in der Nacht aufstand, nur um seine fast menschlichen Augen noch einmal zu sehen.

Nachdem wir in der Residenz des Conselheiro abgestiegen waren, mussten wir länger warten, als uns lieb war. Der König von Gaza kam der ersten Aufforderung nicht nach. Ein Bote richtete uns aus, Gungunhana sei bei einer Beerdigung. Conselheiro Almeida erkundigte sich, wer gestorben sei, worauf der Bote antwortete, es handele sich um »eine der Mütter« des Königs. Ich musste mich beherrschen, um nicht zu lachen. Eine der Mütter? Typisch Neger, dachte ich.

Schließlich übermittelte der Bote Gungunhanas Einladung an den König von Portugal, er möge den Staat Gaza besuchen kommen und seine vielen Frauen mitbringen. Der Conselheiro stellte schroff richtig: »Der König hat nur eine Gemahlin.« Worauf der Kaffer verkündete, afrikanische Gastgeber seien bereit, dem König zu helfen, solchen Mangel zu beheben. Ein neuerlicher Grund zu lachen. Ich erwähne diese exotischen Begebenheiten, um Sie wegen Ihrer Liebschaft mit dem Mädchen zu warnen, die Ihnen anscheinend den klaren Verstand geraubt hat, sodass Sie nicht begreifen, welche Konsequenzen eine Verlobung mit dieser Imani hätte. Durch die Heirat mit einer Negerin bekommen Sie den dicksten Schwager, den es gibt, nämlich ganz Afrika. Wenn Sie eine Schwarze heiraten, heiraten Sie eine ganze Rasse, mein lieber Freund. Und nun genug damit, denn dieses Thema bedrückt mich sehr, und mir reicht bereits die harte Wirklichkeit, mit der ich mich auseinandersetzen muss. Ich nehme den Bericht über meine Unannehmlichkeiten in Manjacaze wieder auf.

In den folgenden Tagen erwies sich, dass es richtig war, José d'Almeida zum Unterhändler zu bestimmen. Am dritten Tag erschien der König von Gaza persönlich in unserer Residenz in Manjacaze. José d'Almeida ist der einzige Portugiese, dem gegenüber der König auf sein Privileg verzichtet, der Besuchte zu sein. Das königliche Gefolge zählte so viele Köpfe, dass sie sich in einem Kreis von mehr als fünfzig

Meter Durchmesser um das Zelt herum verteilten, in dem die Gespräche stattfinden sollten. Das Zelt wurde neben dem Haus des Conselheiro errichtet, was mir einen gewissen Komfort vorgaukelte. Die über viertausend Soldaten, die weder Schilde noch Wurfspeere mitführten, bildeten einen Menschenrahmen, so weit das Auge reichte. In den vorderen Reihen saßen die Ranghöchsten: der König, die Onkel, die wichtigsten Berater oder »Indunas«.

Eine merkwürdige Sitte: Der König sagte keinen einzigen Ton. Ein namenloser Redner ergriff das Wort, um uns zu begrüßen und uns zum Zeichen ihres Wohlwollens ein Stück Vieh zu schenken. Es war noch keine Verhandlung. Nur ein Willkommensritual. Aber es war auch eine Machtdemonstration. Doch erreichten sie diesen Eindruck nicht allein durch die Anzahl der Krieger. Der Gesang, den sie alle zusammen anstimmten, beeindruckte mich weit mehr als jede kriegerische Demonstration. So verknüpften die Kaffern sehr geschickt Drohung mit Umgänglichkeit.

Irgendwann sprang ein Mann in die Zeltmitte, den die Vátuas als den »Hund des Königs« bezeichnen. Er war von kleiner Statur, hatte sich ein Leopardenfell umgewickelt und trug Federschmuck auf dem Kopf. Eine ganze Weile lang lief er nur hin und her und bellte und jaulte dabei wie ein Hund.

Diese ihrem Menschsein so entrückte Figur beunruhigte mich derart, dass ich die ganze Nacht kein Auge zutun konnte. Ich hatte schon in einem Bericht des Schweizer Arztes Georges Liengme von diesen Pantomimen gelesen. Er hatte mehrfach versucht, einen solchen Hund-Mann zu fotografieren. Doch die Platte seines Fotoapparats hatte das Bild nie aufgenommen. In dieser Nacht ging mir der Anblick des bellenden Narrs nicht mehr aus dem Kopf. Der Mann hatte das Wesen eines Tiers. Und den großen Vorteil, dass er nicht unter den Übeln der Welt und der Menschheit litt. Nur Hunger und Durst quälten ihn. Während ich so wach lag, kam mir der Gedanke, genau das wäre ich gern: ein Hund. Dafür geboren, zusammengerollt zu Füßen eines

Herrn zu schlafen. Oder vielleicht ein Pferd, um von einem fürsorglichen Reiter gestreichelt zu werden.

Am nächsten Morgen saßen wir vier Stunden ohne Unterbrechung in einer Versammlung, von den Kaffern, wie Sie wissen, *banja* genannt. Und da bestätigte sich die gewiefte Intelligenz unseres Gegners. Meine Kollegen verfluchen das unzivilisierte Verhalten von Gungunhana. Doch ich muss zugeben, dass er ein außergewöhnlich kluger Verhandler ist. Weder lehnte er ab noch entgegnete er etwas auf unsere heikelste Forderung, nämlich die Rebellen Mahazul und Zixaxa an uns auszuliefern. Stattdessen schlug er vor, gemeinsame Anstrengungen zu unternehmen, um die beiden Flüchtigen zu suchen. Sollte die Suche fehlschlagen, wäre es nicht seine alleinige Schuld. Und er kritisierte den Mangel an Intelligenz unsererseits. Wenn wir die beiden so unbedingt ergreifen wollten, warum machten wir dann so viel Aufhebens davon? Wer ein heimliches Ziel verfolgte, müsse noch heimlicher vorgehen. Sodann führte Gungunhana ein weiteres Argument ins Feld, das mir unschlagbar schien: Wenn wir keinen Krieg wollten, wie wir so sehr betonten, warum zogen wir Tausende von Soldaten und Artillerie an der Grenze zu seinem Reich zusammen? Selbst die Mutter des Königs, Impibekezane genannt – sie war bei den Verhandlungen immer anwesend –, erklärte, es sei merkwürdig, diesen riesigen Aufwand zu betreiben, nur um zwei Geflohene zu fangen. Ich muss sagen, dass diese Königinmutter enorm großen Einfluss auf ihren Sohn ausübt und damit eine der mächtigsten Personen des Reiches ist. Deshalb nennen die Kaffern sie Nkossicaze, die große Frau.

Nach Beendigung der Gespräche, als wir uns bereits verabschiedeten, näherte sich plötzlich mein Pferd aufgeregt dem Zelt, in dem wir uns noch befanden. Es hustete laut, und Schaum trat ihm aus den Nüstern und dem Maul. Es geiferte so stark, dass die Anwesenden mit Speichelfetzen bespritzt wurden. Das Pferd neigte seinen großen Kopf zu mir, als wollte es mir seine fürchterlich geschwollenen Augen zeigen und damit den Tod, der sich in ihnen ankündigte. Dann sank es fast wie ein Mensch auf die Knie – es hatte mich erwählt, ihm in seiner Sterbestunde beizustehen. Der König und seine Berater reagierten befremdet, hielten sich aber andächtig zurück. Sie müssen wissen, mein Freund, dass Pferde diesen Schwarzen fast unbekannt sind. Ihre Bezeichnung für Pferde ist dem englischen Wort »horse« nachgebildet. Bei besagter Versammlung beugte sich ein von oben bis unten geschmückter Kaffer – fraglos ein Zauberkundiger – über mein Pferd, legte ihm die Hand auf die Mähne und hielt eine lange Rede auf Zulu. Ein Mann neben mir übersetzte seine Worte: »Als du hierherkamst, hatten wir keinen Namen für dich. Du brachtest Reiter mit funkelnden Schwertern mit. Aber du bist ein lebender Wurfspeer, läufst schneller als der Wind und springst über die höchsten Bäume. Wo du hintrittst, hinterlässt du eine Feuerspur.«

Bevor er seine Ansprache beendete, hatte das Pferd seinen letzten Atemzug getan. Ich ertrug es nicht, im Zelt zu bleiben. Mit tränennassen Augen zog ich mich zurück, denn der Tod meines Reittiers war auch ein wenig mein eigener. Darf ein Offizier in der Öffentlichkeit weinen? Und dann noch wegen eines Pferdes?

Das Militärkommando von Lourenço Marques hat angeordnet, dies mögen die letzten Unterredungen mit den Anführern der Vátuas sein. Die Zeit arbeitet gegen uns. Die europäischen Nationen mit kolonialistischem Ehrgeiz liegen auf der Lauer. Und deshalb, während wir unter glühender Sonne Gespräche führen, während ein Pferd mit menschlichen Augen stirbt und während ein kleiner Mann bellt und jault, bereiten sich die beiden Armeen voll Eifer auf den Krieg vor. Zum Schluss möchte ich Sie darum warnen: Sie sind nicht mehr sicher, wenn Sie sich ohne ordentlich ausgebildete Eskorte bewegen. Und Sie sollten keine Flussfahrten mehr unternehmen. Wenn schon das Land uns nicht gehört, dann gehören uns erst recht nicht die Flüsse. Die *angolas*, die uns begleiten, sprechen von riesigen Wasserschlangen, die Boote zum Kentern bringen. Unsere Informanten versichern, es handele sich dabei um eine neue Form von Hinterhalt. Die Einheimischen legen Leinen quer über den Fluss, und wenn ein Boot kommt, ziehen sie die Leinen stramm. All diese Gefahren legen äußerste Vorsicht nahe. Bleiben Sie dort, wo Sie sich befinden, bis wir Ihre Befreiung mit der erforderlichen Sicherheit vorbereiten können.

Zum Schluss sende ich meine Wünsche für rasche Genesung. Bei besserer Gesundheit werden Sie, davon bin ich überzeugt, die Welt mit anderen Augen sehen. Unsere Seele ist nichts anderes als ein Gesundheitszustand.

PS: Einen Rat möchte ich Ihnen geben, mein Lieber: Verwöhnen Sie die schwarze Imani nicht mit Komplimenten. Sonst besteht die Gefahr, dass ihre ursprüngliche Reinheit und Bescheidenheit verloren gehen. Es fällt mir schwer, dies zuzugeben, doch mit den Schwarzen ist es so: Man darf Ihnen nicht vertrauen, denn vor lauter Eile, uns ähnlich zu werden, verlieren sie den Verstand. Es gibt keine Lösung: Wir verachten sie, weil sie so sind, wie sie sind. Wir verabscheuen sie, wenn sie wie wir werden. Gott sei Dank und im Vertrauen darauf, dass ich Ihren Worten glauben kann, ist diese Imani auf dem Weg, ihr Negersein abzulegen. Hoffen wir also, dass es nicht mehr ist als eine zufällige, vorübergehende Geschichte in Ihrem langen Leben.

Die leuchtenden Früchte des Nachtbaums

Niemand ist ein Mensch, wenn er nicht die ganze Menschheit ist.
Sprichwort aus Nkokolani

Germano lag schlafend da, doch nicht im Boot, das ihm auf dem Altar der Kirche als Lager gedient hatte. Er hatte eine Blutung gehabt, der Verband war vollkommen durchweicht. Um ihn herum Blätter mit Blutflecken. Anscheinend hatte er sich damit säubern wollen. Bei näherem Hinsehen erwies sich, dass auf den Blättern etwas geschrieben stand, es waren Briefanfänge. Der Sargento hatte geblutet, während er schrieb.

Er schlief so tief, dass ich mich vergewissern musste, ob er noch am Leben war. Ich streichelte ihm das Gesicht, um seine Wärme zu spüren, betrachtete seine Brust, um sicher zu sein, dass er atmete. Schließlich bekreuzigte ich mich vor dem Altar und verließ rückwärts gehend die Kirche.

Ich begab mich zu dem provisorischen Schlafraum, den ich mit der Italienerin teilen sollte. Sie stand im Eingang und kämmte ihr langes Haar. Ohne innezuhalten, sagte sie: »Germano ist verwirrt, er weiß nicht mehr, was geschehen ist. Ab jetzt gilt nur meine Version: Geschossen haben die Aufständischen. Du hast keinerlei Schuld, Imani.«

»Ich weiß nicht, Dona Bianca. Ich will nicht lügen.«

»Man kann keinen belügen, der sich an nichts erinnert.«

»Aber ich erinnere mich.«

Der für uns vorgesehene Schlafraum war ein Militärzelt, in dem hinten ein einziges Bett stand. Eine Petroleumlampe beleuchtete den Eingang. Eine zweite Lampe auf dem Fußboden ließ Schatten auf den Zeltwänden tanzen.

Die Italienerin legte Kamm und Spiegel weg und erklärte: »Dein Vater hat mich gebeten, dich nach Lourenço Marques mitzunehmen.«

Die Nachricht traf mich wie ein Schlag, mir kamen die Tränen. Doch ich tat, als hätte ich es erwartet und vor allem, dass es mir gleich sei. Meine gespielte Ergebenheit klang durch, als ich sagte: »Wenn mein Vater das möchte …«

»Es wird dir gefallen, Imani. Oder möchtest du lieber hier in der Wildnis bleiben?«

Angesichts meiner Niedergeschlagenheit fügte sie hinzu: »Anfangs wird es dir fremd sein. In meinen Lokalen wird nachts gearbeitet. Du wirst eine Nachtfrau sein. Aber daran gewöhnst du dich schnell.«

Die Petroleumlampe erlosch wie von einem mysteriösen Lufthauch getroffen. Nicht das mir bestimmte nächtliche Dasein bedrückte mich. Ich dachte an Germano. An unsere Trennung. Bianca bemerkte den Schatten in meinem Blick.

»Jetzt möchte ich dich um etwas bitten. Zieh dich aus.«

»Ich bin schon fast nackt, Dona Bianca.«

»Zieh alles aus, wir sind allein, niemand sieht uns.«

Widerstrebend schälte ich mich aus der Bluse und dem Kleid.

Die Italienerin trat einen Schritt zurück, griff nach der Lampe am Kopfende und hielt sie hoch, um mich besser betrachten zu können. »Die Männer werden verrückt werden, bevor sie dich überhaupt anfassen.«

Sie setzte die Lampe ab, dann streichelte sie mir die Hüften und den Leib. Während sie mich weiter liebkoste, erklärte sie, sie möchte wissen, was die weißen Männer an schwarzen Frauen so fasziniert. Dann setzte sie sich, listig lächelnd. Sie wüsste zu gern, was für ein Gesicht andere machen würden, wenn man uns beide nackt im selben Bett sähe. »Überleg mal. Zwei Frauen, und dazu noch eine Weiße und eine Schwarze!«

»Mir gefällt nicht, was Sie da sagen, Dona Bianca.«

Sie rückte die Träger ihres Unterrocks zurecht und betrachtete sich in meinem Blick wie in einem Spiegel. »Am liebsten hätte ich keinen Körper mehr. Manche Männer finden mich attraktiv, aber nur, weil ich die einzige weiße Frau bin. Und du, meine Liebe, wie hast du das angestellt, dass du so viele Reize hast und so wenig von deiner Rasse?«

»Ich bin schwarz, Dona Bianca«, antwortete ich achselzuckend. Aber ich wusste, wie man die Merkmale meiner Herkunft gelöscht hatte. Während meiner ganzen Kindheit fern von meinen Eltern hatte der Pater noch beim Wecken meine Träume kontrolliert und damit die nächtlichen Botschaften meiner Vorfahren zunichtegemacht. Außerdem korrigierte Pater Rudolfo Fernandes meine Aussprache, so wie man einem Hund die Nägel schneidet. Ich war schwarz, ja. Aber das war nur ein Missgeschick der Haut. Weiß sein war die einzige Bestimmung meines Wesens.

Dann waren vom Fluss her die Trommeln zu hören. Menschen kamen in Gruppen vorbei. Ich ging an die Tür. Jemand erzählte mir, dass etwas Außergewöhnliches geschehen war: Der Baumstamm, an den man den VaNguni-Spion gebunden hatte, war zum Anleger von Sana Benene zurückgekommen. Er war gegen die Strömung geschwommen, ohne den an ihm festgebundenen Körper. Eindeutige Spuren in der Rinde verrieten, was aus dem Spion geworden war. Er hatte sein Ende zwischen Krokodilszähnen gefunden. All das konnte nur Bibliana bewirkt haben. Das war der Grund für die Unruhe – man feierte die göttlichen Mächte, die uns beschützten.

Die Italienerin schloss die Augen und knurrte: »Diese Hexe!« Ich sagte ihr, dass wir diesen Ausdruck nicht verwendeten. Und dass wir erst recht nicht abends über solche Dinge sprachen. Doch die Italienerin redete weiter: »Mich nennen aber alle Hexe. Ich bin eine Frau, ich habe keinen Mann, ich reise allein durch die Welt.«

Sie als Hexe könne sehr wohl erkennen, ob eine andere

Frau eine Hexe sei. Als Bibliana draußen tanzte, habe sie, die Italienerin, sofort gespürt, dass der Dämon anwesend sei. Und als sie die Tunika der Schwarzen festhielt, hielten andere Hände sie fest. Es waren Frauenhände. Sie erkannte die Gesichter der Frauen. Es waren Prostituierte, die in den Bars, die ihr gehörten, umgebracht worden waren. Aber sie sah auch andere Hände. Die Hände von Leuten, die ihr das überreichten, was sie als »schmutziges Geld« bezeichnete.

»Ich habe allen erzählt, ich hätte diese weite Reise aus Liebe auf mich genommen. Ich habe von meiner Liebe zu Mouzinho gesprochen. Nichts davon ist wahr. In Wirklichkeit bin ich hier, um die Schulden des Ladenwirts Sardinha einzutreiben.«

Ich musste an Francelino Sardinhas letzte Minuten denken, daran, wie freundlich er mich nach Hause begleitet hatte, an die Geschichte, die er mir über den Besuch von Ngungunyane erzählt hatte, der nach dem Murre'mbava-Gift gefragt hatte, weil er wegen einer verbotenen Liebe am Boden zerstört war. Und schließlich sah ich den Ladenwirt von Nkokolani wieder vor mir, wie er mit der Verzweiflung eines Ertrinkenden an ein Gewehr geklammert zuckend in einer Blutlache lag. So, sein altes Gewehr im Arm, war er jeden Abend eingeschlafen.

»Sie haben ihm vorgeworfen, mit den Engländern Waffenhandel zu betreiben? Ich habe mit allen Handel getrieben, mit den Portugiesen, den Vátuas, den Engländern, den Buren. Die Leute sagen, ich hätte goldene Hände? Wenn es doch so wäre, Gott verzeih mir.«

Sie reichte mir ein blaues Band und bat mich, ihre Haare zusammenzubinden, die ihr über den Rücken hingen. Während meine Finger in ihr parfümiertes Haar griffen, drehte sie die Flamme der Petroleumlampe herunter, und ihre Stimme wurde dunkler, als sie sagte: »Die wahre Zauberin ist nicht Bibliana, sondern du. Germano ist vollkommen von dir verzaubert. Und das muss aufhören.«

»Aufhören? Wieso aufhören?«

»Dort, wohin ich dich mitnehme, darf es keine Ehefrauen oder Ehemänner geben, keine Liebschaften und keine Hochzeiten.«

Sie griff in ihre Tasche und holte ein Foto heraus. Obwohl das Bild verknittert und verblasst war, zeigte es deutlich die Gestalt eines großen, hageren Mannes und im Hintergrund ein Schiff. »Das ist Fábio, mein Mann«, sage sie so leise, als befände sie sich auf einer Totenwache. Sie griff abermals in die Tasche und zog ein halbes Dutzend Briefumschläge heraus. »Das sind die Briefe, die er mir geschrieben hat. Fábios Briefe.«

Sehr behutsam steckte sie die Fotografie wieder ein und beklagte sich auf Italienisch: »Sono tutti uguali, gli uomini sono tutti uguali.« Anfangs hatte sie noch geglaubt, ihr Verlobter habe wirklich Sehnsucht nach ihr, wie er immer klagte. Die Sehnsucht sei so echt wie die Tränen, die sie in einem fernen Dorf in Italien vergoss, wenn sie die traurigen Zeilen ihres Geliebten aus der afrikanischen Fremde las. Sie täuschte sich. Wie die anderen Weißen war auch ihr Fábio mit anderen Reizen beschäftigt. Mit anderen Freuden der Fremde. Dann nahm Bianca Vanzini in verändertem Ton die Erörterung meiner Zukunft wieder auf: »Ich werde aus dir eine Königin machen. Die Weißen werden dir zu Füßen liegen.«

»Aber wenn ich das nicht will, Dona Bianca?«

»Du wirst es wollen, Imani. Du bist intelligent, du weißt, welche Zukunft dich mit einem verstümmelten Mann erwartet, der mehr Kind als Ehemann sein wird.«

»Und wenn ich mich weigere?«

»Dann werde ich den Sargento Germano daran erinnern, wer geschossen hat, wer ihn für immer zu einem Krüppel gemacht hat.« Sie legte sich hin, und mit geschlossenen Augen sagte sie, nun auf Portugiesisch: »Die Männer sind alle gleich, in Afrika, in Italien oder in der Hölle.«

Ich dachte, sie sei schon eingeschlafen, doch dann hörte

ich, wie sie wieder mit den Briefumschlägen raschelte. Als sie mich an der Schulter berührte, sah ihre Hand im Licht der Petroleumfunzel noch weißer aus: »Lies mir diesen Brief vor. Sag nicht, dass du die Sprache nicht kennst. Du kennst sie, es ist ein Liebesbrief.«

Ich entzifferte die Worte Buchstabe für Buchstabe. Ich übersprang, was ich nicht verstand, schmückte aus, was ich verstand. Aber ich las leise und schnell, aus Furcht, man könnte mich durch die Zeltwände hören. Vielleicht ist es in Italien anders. Aber bei uns dürfen Geschichten erst am Abend erzählt werden. Nur so wird die Dunkelheit erträglich. Zum Glück schlief die Italienerin schnell ein.

Von meiner eigenen Stimme eingelullt, glitt auch ich hinüber in den Schlaf. Und ich träumte von dem Baum, den Großvater hinter unserem Haus gepflanzt hatte. Bei Tag war er dürr und gab wenig Schatten. Doch wenn es dunkel wurde, verwandelte er sich in ein mächtiges Gewächs mit üppiger Krone. Im Mondlicht schimmerten funkelnd seine Früchte. Er war ein Nachtbaum. Niemand sonst sah ihn je leuchten. Nur der Mond und ich.

Dritter Brief des Tenente Ayres de Ornelas

[…] jedes geringste Nichtbefolgen oder einfach nicht sofortiges Befolgen eines Befehls von mir wurde auf der Stelle und streng, um nicht zu sagen barbarisch mit der Flusspferdpeitsche bestraft, und ein als Spion überführter Schwarzer wurde erschossen und seine Leiche verbrannt, dies vor den Augen von rund dreihundert Mabuingelas und Mangunis, die sich auf meinen Befehl versammelt hatten. Nicht dass es mir Freude machte mit anzusehen, wie Eingeborene kaltblütig getötet werden oder wie sie sich unter den Peitschenhieben krümmen, aber ich hatte erkannt, dass Gungunhana noch immer sehr geachtet und gefürchtet wurde, zum Teil wegen der vielen, die er täglich töten ließ, und deshalb wollte ich möglichst ebenso große Angst einflößen, wie der Vátua-König sie um sich verbreitete.

Mouzinho de Albuquerque, zitiert von António Mascarenhas Gaivão, Mouzinho de Albuquerque: Do Sertão de Moçambique ao Fausto das Cortes Europeias, 2008

Inhambane, 29. Juli 1895

Werter Sargento
Germano de Melo,

Gott sei Dank konnte ich zu meiner militärischen Aufgabe zurückkehren. Ich erhielt den Befehl, die diplomatische Tätigkeit einzustellen und mich an den Vorbereitungen für eine mächtige militärische Offensive zu beteiligen, die in den Ebenen von Magul stattfinden soll. Auch war der Aufenthalt in Manjacaze inzwischen unerträglich geworden. Nicht nur wegen der fruchtlosen Warterei, Gungunhana möge seine Haltung ändern, sondern auch, weil alles dort düster und verkommen war.

Sie beklagten sich, dass Ihr Militärposten in Nkokolani mehr Kaufladen als Kaserne sei? Nun, die Residenz von José d'Almeida in Manjacaze war zu einer Kneipe geworden, in der zügellos Alkohol ausgeschenkt wurde. Die Würdenträger von Gungunhanas Hof, die Gemahlinnen des Königs oder auch seine militärischen Führer, alle taten, als hätten sie einen Anlass für eine offizielle Audienz. Und dann sah man sie wenig später mit Flaschen in der Hand davonschwanken. Trinken allein genügte nicht. Wesentlich war, dass derjenige, der trank, sich in den Augen der anderen sichtbar auszeichnete. Denn der Zugang zum Alkohol der Europäer bedeutete sozialen Aufstieg.

Ich habe in Manjacaze so großen Hunger gelitten, dass selbst ich, der sonst nur sparsam trinkt, schließlich allein, um den Mangel an Nahrung zu vergessen, über die erforderliche Mäßigung hinaus Wein trank. Es kam so weit, dass wir Georges Liengme um Essen für unsere Leute und Mais für die Pferde bitten mussten. Der Schweizer brachte uns vier Säcke Getreide. »Das Schlimmste ist nicht«, sagte der Arzt, »dass wir Lebensmittel bringen müssen. Sondern dass wir nicht wissen, ob diese Lebensmittel für Menschen oder Tiere bestimmt sind.«

Gibt es Beschämenderes als eine solche Bemerkung aus dem Mund eines Europäers?

Ich lasse Sie an diesen ersten Eindrücken teilhaben, muss aber schon jetzt darauf hinweisen, dass dies kein richtiger Brief ist. Es ist vielmehr ein Aufruf, den ich während einer Unterbrechung meiner neuen Aufgaben in dieser angenehmen Stadt Inhambane verfasse. Wie ich eingangs schrieb, befinden wir uns am Vorabend einer großen Offensive in Magul. Diese wird entscheidend für meine Karriere sein. Die militärische Führung hat mich im Blick, und ich darf mir die Gelegenheit zu glänzen nicht entgehen lassen.

Um es ohne Umschweife zu sagen: Ich brauche Sie dringend als Informanten vor Ort. Dies ist keine Bitte. Es ist ein Befehl von Ihrem Vorgesetzten. Es hat nichts mit dem Versprechen zu tun, Sie nach Portugal zurückzuschicken, das wäre eine künftige Gefälligkeit, die hier nicht zur Diskussion steht. Für mich wäre entscheidend, als Erster Informationen strategischer Natur zu erhalten. Am wichtigsten sind solche, die sich auf Gungunhanas Bewegungen oder auf die beiden flüchtigen Häuptlinge beziehen. Wenn ich früher als jeder andere portugiesische Offizier – und vor allem früher als Mouzinho de Albuquerque – davon erfahre, verfüge ich über einen wertvollen Trumpf, um mich vor meinen Vorgesetzten hervorzutun. Unsere Korrespondenz erhält damit eine offizielle und sachliche Note. Dennoch können und sollen Ihre Briefe weiterhin von Ihren persönlichen Gefühlen berichten. Das werden Randbemerkungen sein. Das Wichtigste ist, dass Sie mir Trümpfe liefern, die zu meinen Gunsten und zu Ungunsten meiner politischen Gegner sprechen. Ich werde mich erkenntlich zu zeigen wissen. Sowie ich befördert worden bin, werden Sie, mein Freund, umgehend nach Portugal zurückgeschickt. Sie haben mein Wort.

Ein zeitloses Alter

Die Geschichte der Welt ist ein Bericht über drei Tage und drei Todesfälle. Am ersten Tag gab es eine Überschwemmung, und alle Lebewesen wurden zu Fischen. So kam es, dass meine beiden Töchter im Fluss ertranken. Am zweiten Tag verschlang ein Feuer die Wälder, und wo Wolken gehangen hatten, blieb nur Staub und Rauch. Die Brunnen versiegten, die Flüsse trockneten aus. Da verwandelten sich alle Lebewesen in Vögel. Das ist auch mit deiner Mutter geschehen, erinnerst du dich noch an sie am Baum? Am dritten Tag fegte ein heftiges Unwetter über den Himmel, und die geflügelten Lebewesen verwandelten sich in Landtiere und liefen auseinander in die Täler und Berge, bis sie sich selbst nicht mehr erkannten. Das ist das, was mit uns geschieht, den Überlebenden des Krieges.

Katini Nsambe, der zu seiner Tochter Imani spricht

So etwas freut den Koch: den Teller blank geputzt, als hätte eine Katzenzunge ihn abgeleckt. So, vom Hunger gesäubert, präsentierte sich der Aluminiumteller, mit dem Pater Rudolfo sich Luft zufächelte. Unvermittelt hielt er den provisorischen Fächer still und sprach ein Gerücht an, das ihm zu Ohren gekommen war. Es hieß, die Königin Impibekezane sei in der Nähe von Sana Benene gesehen worden. »Ich hoffe, sie hat nicht vor hierherzukommen«, bemerkte der Pater halblaut.

Denn ein so hoher Besuch war nicht nur eine Ehre, sondern weit mehr noch Anlass zu Beunruhigung. Der Pater wollte das Gotteshaus aus der Politik und den Kriegen heraushalten. Die Kirche mochte zur Krankenstation werden. Doch niemals zu einem Ort für Asche und Tod.

»Da stimme ich Ihnen zu«, sagte Bianca. »Manchmal ist das Schlimmste, was in einem Krieg geschehen kann, dass man eine Schlacht gewinnt. Die Portugiesen haben in Marracuene gewonnen, aber zwei Dutzend Tote zurückgelassen. Jetzt kommt die Rache.«

Zu dieser Tageszeit herrschte große Hitze, doch mehr noch bedrückte uns die Aussicht auf eine drohende Tragödie. Der Krieg hielt uns in seinen unsichtbaren Klauen gefangen. Meine Sorge war, wie wir inmitten so vieler Gefahren Germano zu dem Schweizer Krankenhaus bringen konnten.

»Reg dich nicht auf, meine liebe Imani«, sagte Pater Rudolfo. Und fügte hinzu: »Dein Weißer wird hier noch eine ganze Weile festgehalten.«

Unsere Weiterreise nach Manjankhazi war vertagt. Dr. Liengme war von António Enes nach Lourenço Marques gerufen worden. Und niemand wusste, wann er zurückkehren würde.

Wir schwiegen, während Bibliana die Teller und das Besteck einsammelte, um sie in eine Schüssel mit Wasser zu legen. Immer wenn sie vorbeikam, streckte Bianca ihr die Beine in den Weg. Da es ihr nicht gelang, sie zu Fall zu bringen, schimpfte sie: »Geh hinter den Leuten vorbei. Hat der Pater dir keine Manieren beigebracht?«

Als Bibliana sich schließlich unter das schattige Vordach der Küche zurückzog, bemerkte Bianca in strengem Ton: »Die Kleidung, die diese Frau trägt, ist zum Schlafen gedacht.«

»Dona Bianca, hier wird in jeder Kleidung geschlafen«, bemerkte der Pater.

»Frauen tragen so etwas im Haus.«

»Sie verstehen nicht, Senhora: Für diese Menschen ist alles hier ihr Haus.«

Die Europäerin betrachtete das Chaos ringsum, während der Priester sprach: »Eigentlich, Dona Bianca, ist es so, dass

Sie sich vor Bibliana fürchten. Sie sehen in ihr nicht den Menschen, Sie sehen eine Schwarze, eine Hexe.«

»Nicht Bibliana, sondern Sie machen mir Sorgen. Haben Sie schon vergessen, dass Sie Priester sind, haben Sie schon vergessen, dass dies ein heiliger Ort ist?«

»Ein heiliger Ort? Wollen Sie wissen, warum ich hier bin? Man hat mich nach Sana Benene geschickt, weil das hier überhaupt kein Ort ist. Als Strafe. Ich habe schmutzige Geschäfte angezeigt, Geschäfte von angesehenen Leuten.«

»Was für Geschäfte?«

»Sklaven.«

»Ach was, hören Sie, Senhor Padre, das gibt es doch schon lange nicht mehr!«

»Genau das ist das Problem, Dona Bianca. Es ist noch nicht vorbei. Und Sie wissen genau, wovon ich spreche.«

Als Pater Rudolfo am Nachmittag die Kirche betrat, saßen zu seiner Überraschung in der ersten Reihe der wenigen Stühle drei fremde Männer. Sie stellten sich vor. Es waren Manhune, General und Berater von Ngungunyane, und zwei Leibwächter, beide in Zivil. Wenn ein Besucher sofort seine Absichten kundtut, gilt dies als unhöflich. Doch Manhune stand über diesen Regeln und teilte ohne Umschweife den Grund für seinen Besuch mit. Er wolle die Frauen holen.

»Welche Frauen?«, fragte der Pater zitternd.

»Bibliana und die Weiße, die jetzt gekommen ist.«

Sie würden nicht ohne die Frauen wieder gehen. Der Nkossi wolle sie beide haben. Die Schwarze wegen der Fähigkeiten, über die sie verfüge. Die Weiße, weil seine Macht durch eine europäische Ehefrau gesteigert würde. Den Tränen nahe flehte der Priester sie an: »Bitte, nehmt mir nicht meinen Ehemann.«

Die Männer lachten lauthals auf. Seinen Ehemann? Sie gaben sich nachsichtig: Der Mischling sprach in einer Sprache, die nicht seine Muttersprache war. Sie korrigierten ihn freundlich. Der Vorfall bewirkte, dass sie vorläufig von ihrem Vorhaben abließen. Der Sendbote Manhune lenkte ein. Der Pater solle sich vorbereiten, in ein paar Tagen kämen sie zurück. Dann sollten die Frauen zur Stelle sein, um sie mitnehmen zu können. Nach diesen Worten verabschiedeten sie sich und lösten sich zu Schatten in der Landschaft auf.

Weder Bianca Vanzini noch Bibliana befanden sich auf dem Kirchplatz, also nutzte Pater Rudolfo die Gelegenheit und unterrichtete meinen Vater und mich über den Besuch des Nguni-Häuptlings und über Ngungunyanes Wünsche. Er forderte uns auf, Stillschweigen zu bewahren. Es sei nicht sinnvoll, die bedrohten Frauen zu ängstigen. Dann senkte sich tiefes Schweigen über uns, nur durch das Gluckern des Schnapses unterbrochen, den mein Vater sich begierig eingoss.

Gereizt nahm der Pater ihm die Nsope-Flasche aus der Hand und fragte: »Wo ist Ihr Sohn Mwanatu?«

Katini blickte auf das weite Land ringsum, als suchte er nicht nach seinem Sohn, sondern nach Worten für eine Antwort. »Irgendwo hier …«

»Was heißt ›irgendwo hier‹? Die Zeiten sind nicht danach, ›irgendwo hier‹ unterwegs zu sein …«

Mein Vater antwortete nicht, weil er nicht falsch verstanden werden wollte. Man sagte über seinen Sohn, was man über alle Verrückten sagt: Er sei in der Nacht unterwegs, um den wilden Tieren den Schlaf zu bringen. Er beschwichtige den Hunger und die Erschöpfung der Tiere. So gewinne er ihre Seele.

»Der Junge ist zurückgeblieben. Das ist die traurige Wahrheit«, stellte der Pater bedrückt fest.

Katini Nsambe setzte sich über den Respekt, den er einem Priester schuldete, hinweg und überwand seine Ängste gegenüber einem Weißen. »Wir sprechen hier von meinem Sohn.«

Die Nerven erlaubten ihm nicht, sitzen zu bleiben. Er lief

um den Baum herum und riss die alten Borkenstücke ab, bis ihm die Finger bluteten.

Der Pater sprach zu mir, als wäre Katini nicht anwesend: »Dein Vater ist glücklich, weil er dich zu den Weißen bringt. Willst du das sein, eine Schwarze in der Welt der Weißen?«

Mein Vater beugte sich über den Pater, und sekundenlang glaubte ich, er wolle ihn attackieren. Und auch Rudolfo schien das zu befürchten, denn er hielt sich die Arme vors Gesicht. Katini Nsambe jedoch nahm nur die Schnapsflasche wieder an sich, drückte sie an die Brust und wandte sich ab.

»Weißt du, dass Gungunhana Alkohol verboten hat? Nachdem sein Sohn im letzten Monat an einer Alkoholvergiftung gestorben ist, hat er das Gesetz erlassen.«

»Ngungunyane hat mir nichts zu sagen«, erklärte Katini. Und fügte hinzu: »Der Erste, der gegen das Gesetz verstößt, wird er selbst sein.«

Der Pater vergaß für einen Augenblick die schmale Gestalt meines Vaters und wandte sich an mich: »Ich höre immer wieder, was die anderen Weißen über dich sagen. Und ich gestehe dir, meine Tochter: Es wäre besser, du wärst weiß.«

Ich gehöre weniger zu einer Rasse als zu einer verfluchten Spezies, denn ich sei eine Freundin der Weißen. Das würde man mir ins Gesicht sagen, so wie man Verrückten und Leprakranken ihr Anderssein ins Gesicht sagte. »Irgendwann«, sagte er, »wirst du noch deinen beschränkten Bruder darum beneiden, dass man ihn verachtet.«

Und es gebe noch eine Lehre, vielleicht die letzte, die er mir erteilen wolle. Unser Land sei wie eine Insel, wer hierherkomme, wolle nicht bleiben. Und wenn wir ihnen noch so sehr zugetan seien, dürften wir uns nicht mit Herz und Seele an sie binden. »Wer an unsere Tür klopft, ist auf der Durchreise. Öffne ihm dein Haus, aber nicht deine Seele.«

Der Pater spielte auf meine Zuneigung zum Sargento an. Aber er sprach auch von sich selbst. Ein Mann zwischen zwei Welten, zwischen den Grenzen. Für die Weißen war er ein Freund der Neger. Für die Schwarzen war er nur ein Portugiese zweiter Klasse. Für die Inder, deren Hautfarbe er hatte, war er ein Niemand. Er sprach die Sprache der Europäer, hatte ihren Glauben und ihre Umgangsformen. Ein richtiger Verräter war er nicht. Er existierte einfach nicht.

»Das ist das traurige Gesetz der Welt: Wer nur zur Hälfte existiert, wird letztlich doppelt gehasst.«

Eine leere Flasche fiel vor mir auf die Erde. Mein Vater hatte sich wieder zu uns gesellt und setzte sich wortlos. Zu schweigen war eine Form, um Entschuldigung zu bitten. Eine ganze Weile rieb er seine Hände an den Knien, um sich Mut zu machen: »Sagen Sie mal, Senhor Padre. Ihre Frau … diese Frau, diese Bibliana, die spricht unsere Sprache, aber sie ist keine von uns, von den VaChopi, oder?«

»Verdammt, was für eine Frage, Katini! Haben Sie auch gefragt, von welchem Volk der portugiesische Sargento ist?«, fragte der Pater zurück. Und fügte hinzu: »Bibliana ist vom Volk der Frauen. Das würde sie Ihnen antworten, wenn Sie sie fragten.«

Aus der Ferne waren Detonationen zu hören. Dann Schüsse. Und Hufgetrappel. Danach nichts mehr.

»Wer schießt da wohl?«, fragte der Pater.

Niemand wusste die Antwort. Wie viele Kriege gibt es in einem Krieg? Wie viel Hass wird kaschiert, wenn ein Land seine Söhne in den Tod schickt? Ich ahnte die Schreie, die in der Ferne verstummten. Gewiss waren es Frauen, die da schrien und die niemand hörte, weil sie sich weit weg befanden, immer zu weit weg. Der Pater seufzte gleichsam widerwillig: »Das gibt wieder Beerdigungen!«

Die beiden Männer tranken. Immer wenn sie die Gläser nachfüllten, verfluchten sie den König von Gaza: »Mögen seine Söhne und Töchter sterben! Und nicht begraben, sondern von den Hyänen gefressen werden.«

Betrunkene sind wie Häftlinge – sie erschaffen eine Zeit,

die nur zwischen ihnen besteht. Da ich davon ausgeschlossen war, bat ich um Erlaubnis, mich zurückzuziehen. Doch der Pater verlangte, ich solle bleiben. Es gebe eine Angelegenheit, die er mit meinem Vater klären wolle.

»Der Krieg steht vor unserer Tür, Bruder Katini. Meinen Sie nicht, es ist an der Zeit, dass Imani die Wahrheit über den Tod der beiden erfährt?«

»Lassen Sie die Vergangenheit ruhen«, sagte mein Vater.

»Nicht der Fluss hat deine beiden Schwestern umgebracht«, sagte der Pater. »Nein, sie haben aus einem vergifteten Brunnen getrunken.«

»Vergiftet von wem?«, fragte ich erstaunlich gelassen.

»Vom Teufel«, antwortete der Pater.

Und mein Vater bestätigte es mit einem Kopfnicken. In der angespannten, tiefen Stille, die darauf eintrat, bekamen die kleinsten Einzelheiten das Gewicht von Vorzeichen: das Fallen der ersten Regentropfen, der Geruch, der scheinbar aus der Erde aufstieg, aber tatsächlich aus einem versunkenen Winkel unserer Seele kam. Und wieder war der stumme Schrei von Frauen aus weiter, weiter Ferne zu erahnen.

»Das ist vorbei, uralt«, sagte der Pater zur Besänftigung der Seele.

»Uralte Dinge gibt es keine«, stellte Katini fest. »Leere Dinge gibt es, so wie diese Flasche.«

Zweiter Brief des Sargento Germano de Melo

[...] zwar erobern die Portugiesen große Gebiete, nutzen diese jedoch nicht, sondern begnügen sich damit, wie Krebse am Meeressaum entlangzukriechen.
Frei Vicente do Salvador, História do Brasil, 1627

Sana Benene, 8. August 1895

Sehr verehrter Senhor
Tenente Ayres de Ornelas,

Sie haben mir den Befehl erteilt, Ihnen als Spion zu dienen. Ich habe diesen Auftrag sofort angenommen und setze Sie mit vorliegendem Schreiben in Kenntnis über ein merkwürdiges Ereignis in Sana Benene. Gestern geschah, dass die Königin Impibekezane, Mutter des Gungunhana, in dieser Kirche erschien. Die Grande Dame der Vátuas traf am Nachmittag ein, in ihrer Begleitung eine kleine, unauffällige Delegation. Zu diesem Zeitpunkt lag ich in tiefem Schlaf, selbst die Aufregung holte mich nicht aus meiner Siesta. Der Pater brachte den königlichen Besuch in einer Holzhütte mit Wellblechdach unter, die von Buschwerk verborgen wird. Hier sind ein paar Worte über besagte Kammer angebracht. Ursprünglich hatte Rudolfo Fernandes die Absicht, darin eine Druckerei zur Vervielfältigung religiöser Texte einzurichten. Von einer alten Setzmaschine und einer Presse lagen nur noch Einzelteile verstreut herum, und es gab noch den Setzkasten mit ein paar Typen, wie Soldaten zur Parade aufgereiht. Damit hatte der Pater die Bibel in der Sprache der Chopes drucken wollen, aber es war bei dem guten Vorsatz geblieben.

Man rüttelte mich wach, um mich über den Besuch zu informieren. Schlaftrunken ging ich, von Imani und dem Pater gestützt, langsam über den Kirchplatz, begierig, die alte Dame kennenzulernen, die auf Gungunhana und seinen Hof so großen Einfluss hatte. Wie Sie fraglos wissen, ist die Königin Impibekezane nicht die leibliche Mutter des Monarchen. Die echte Mutter ist kürzlich verstorben und auf ausdrücklichen Wunsch ihres Gemahls Muzila in die portugiesische Flagge gehüllt bestattet worden.

Der Anlass für den überraschenden Besuch war, stellen Sie sich das vor, meine Person! Impibekezane hatte gehört, dass ein weißer Soldat nach Sana Benene gekommen sei, und wollte den Portugiesen persönlich kennenlernen. Vor dem Schuppen standen zwei Vátua-Soldaten, die der Königin als Eskorte dienten. Am Eingang untersuchten sie die um meinen Arm gewickelten Tücher. Dann gestatteten sie mir mit einer Kopfbewegung einzutreten. Dem Pater und Imani jedoch verwehrten sie den Eintritt.

Hinten im Raum saßen zwei Frauen. Die Königinmutter zeichnete sich durch die hochgetürmte Frisur, die zahlreichen Glasperlenketten sowie durch den Schmuck an Handgelenken und Fesseln aus. Wie man mir empfohlen hatte, richtete ich einen Gruß an sie, der nur einem König gegenüber gestattet ist.

»Bayete!«, sagte ich und bückte mich zu einer wenig überzeugenden Verbeugung.

Ich gestehe, sehr verehrter Senhor Tenente, dass ich mich zu der anderen, wesentlich jüngeren Frau von ungewöhnlich edler Schönheit hingezogen fühlte. Mir fehlen die Worte, sie zu beschreiben: Hautfarbe mit rötlichem Ton, ein makelloser Körper und ein Gesicht mit feinen Zügen. Diese Schwarze faszinierte mich so sehr, dass die Königin meine Verwirrung wahrnahm und ihr befahl, sich weiter nach hinten zu setzen, in den dunkleren Teil des Raums. Ich sprach auf Portugiesisch, in der vergeblichen Hoffnung, sie würden Imani als Dolmetscherin hereinholen. Zu meiner Überraschung antwortete mir das schöne Mädchen in meiner Muttersprache. Die Angelegenheiten, um die es hier gehen solle, unterlägen größter Geheimhaltung. Dann teilte sie mit, sie heiße Mpezui, sei eine Schwester des Königs von Gaza und habe in ihrer Kindheit eine von den Portugiesen in Manjacaze erbaute Schule besucht. Dabei sah sie mich mit ihren tiefen dunklen Augen an, die eines Mannes Seele gefangen nehmen können.

Die Königinmutter war beunruhigt wegen der angespannten Lage in unserer Region. Die beiden Armeen hätten Tausende von Soldaten in der Ebene von Magul zusammengezogen. Sie wollte wissen, welchen Rang ich in der militärischen Hierarchie einnehme. Ich nannte meinen Dienstgrad, Sargento, worauf die beiden Frauen sich nach einem kurzen Wortwechsel mit verschiedenen Zeichen der Ehrerbietung verbeugten. Begeistert erklärte Mpezui, der König von Gaza habe ebenfalls den Dienstgrad eines Sargento der portugiesischen Armee und deshalb verdiene meine Person höchsten Respekt. Ein Irrtum. Sie verwechselten Sargento mit Coronel, dem Dienstgrad eines Obersts, den unser König Dom Carlos Gungunhana verliehen hatte. Ich widersprach nicht. Doch die Ungewöhnlichkeit dieses Besuchs zerrte so sehr an meinen Nerven, dass sich ein weiterer Schüttelfrostanfall anbahnte. Mein Herzschlag pochte in den Handgelenken, das Blut sickerte durch den Verband. Ich versteckte die Hände hinter dem Rücken.

»Mein kürzlich verstorbener Ehemann Muzila war ein großer Freund von Portugal«, verkündete die Königinmutter. Doch der Vátua-Herrscher war enttäuscht gestorben – die Portugiesen hatten einen Teil ihrer Versprechungen niemals eingelöst. Allerdings gilt dies für beide Seiten – auch der afrikanische Monarch war seinen Verpflichtungen nicht nachgekommen. Sie, Senhor Tenente, werden ihnen die Unterlassungen sicherlich nachsehen. Sie wissen ja, so ist die menschliche Natur: Wir haben ein Gedächtnis, damit wir unsere Fehler vergessen können.

Die Königinmutter richtete einen prüfenden Blick auf mich, dann empfahl sie mir, sie niemals, wirklich niemals zu enttäuschen. Ich senkte den Kopf, nicht zum Zeichen von Unterwürfigkeit, sondern weil ein Schwindelanfall mir die Sicht trübte.

»In Zeiten wie diesen bezahlt man für Enttäuschungen mit dem Leben«, warnte die Königinmutter.

Der Erdboden, auf den ich meine Füße setze, sei heilig, erklärte sie. Darin wohnten ihre Toten. In übertriebenen Einzelheiten beschrieb sie die Begräbniszeremonie für Muzila. Da mir das Gehör hin und wieder versagte, vernahm ich den düsteren Bericht nur aus der Ferne und in Bruchstücken. Der Leichnam des verstorbenen Muzila war an einem Baum aufgehängt worden, um die Körperflüssigkeiten in einer großen Schale aufzufangen. Später sollten sie als Dünger verwendet werden.

»Im Tod werden wir zu Saat«, sagte sie zum Abschluss und ordnete ihre Frisur, wobei es den Anschein hatte, dass sie ihr Haar kaum berührte. Bevor sie weitersprach, holte sie tief Luft.

»Ich bin Königin. Aber in erster Linie bin ich Mutter. Männer werden dazu erzogen, Krieg zu führen. Doch sie wissen nicht, dass keine Armee stärker ist als eine Mutter, die ihren Nachwuchs verteidigt.«

Obwohl nicht ihr leiblicher Sohn, ist Gungunhana – oder Umundungazi, wie sie ihn nennt – ihr Lieblingssohn. Und sie ist fest entschlossen, ihn um jeden Preis zu verteidigen. Deshalb war sie hergekommen. Sie hatte einen Plan entwickelt, ihn zu retten. Dieser Plan soll gleichzeitig das Leben und die Ehre der Portugiesen bewahren, und in den Augen der Welt würden sie als einzige Sieger dastehen. Die Einzigen, die diesen Sieg niemals anerkennen würden, wären die

Besiegten. Deshalb würden sie im Laufe der Jahrhunderte ihren Sieg auf andere Weise feiern.

Die Königinmutter beugte sich über mich, als wollte sie mir ein Geheimnis anvertrauen. Die schöne Mpezui tat es ihr nach und streifte mit ihren Lippen mein Ohr, während sie Impibekezanes geflüsterte Worte übersetzte: »Hören Sie mir zu, als wären Sie mein Sohn.«

In diesem entscheidenden Augenblick spürte ich, dass ich stark blutete, stärker noch als zuvor. Ich hörte noch, dass sie von Sanches de Miranda sprach und davon, wie sie ihn in ihrer Sprache nennen, den Mafambatcheca, jener, der beim Marschieren lacht. Doch inzwischen ergoss sich mein Blut aus meinen Handgelenken auf den Boden. Ich wollte um Hilfe bitten, aber mein Mund fand nicht zu den Worten. Die Welt war schon dunkel, als ich in mein eigenes Blut fiel.

Ich kann Ihnen, Senhor Tenente, nicht mit Gewissheit sagen, was während meiner vorübergehenden Bewusstlosigkeit geschah. Jemand muss mich fortgeschafft haben, denn ich kam, geweckt von infernalischem Lärm vom Kirchhof her, auf meinem Lager wieder zu mir.

An dieser Stelle muss ich enden, um den Boten nicht zu verpassen, der jeden Moment aufbrechen wird. In Kürze gebe ich neue Nachricht.

Der Raub des Metallworts

Dieses sagt man uns schon vor unserer Geburt: dass die große Tugend der Frau darin bestehe, immer anwesend, aber niemals ganz präsent zu sein.
Bianca Vanzini

Ich erwachte von großem Lärm und sah vom Fenster der Sakristei aus ziellos durcheinanderlaufende Menschen. Mein erster Gedanke war, wir würden angegriffen. Es konnten unsere eigenen Leute sein, die VaChopi, bei dem Versuch, die Königinmutter zu entführen.

Draußen klärte Rudolfo mich schließlich darüber auf, was vor sich ging. Nachdem das königliche VaNguni-Gefolge weitergezogen war, stellte sich heraus, dass die Besucher alles gestohlen hatten, was sich an Metall in dem Schuppen befunden hatte. Die Werkbänke waren leer. Aus den Vorlagen für die Verbreitung von Gottes Wort sollten nun Kugeln werden.

In diesem Augenblick trat Sargento Germano auf den Hof. Er ließ sich kurz darüber informieren, was geschehen war, und erklärte dem Pater, dass er einen Bericht über den Vorfall erwarte. Er führte sich auf, als wäre die Kirche sein Eigentum. Der Pater überhörte den Befehl. Welche Rolle spielte es, dass ein paar Bleistangen verschwunden waren, angesichts der guten Nachricht von dem überwältigenden Sieg der Portugiesen in Magul?

»Feierst du nicht die Siege deiner Armee?«, fragte Rudolfo.

Die Nachricht vom Sieg der Portugiesen schien den Sargento nicht zu berühren. Dass sechstausend Krieger, befehligt von dem verhassten Zixaxa, vor ein paar hundert portugiesischen Soldaten kapituliert hatten, interessierte ihn kaum. Auch dass die Maschinengewehre seiner Landsleute in der Ebene von Mogul vierhundert Tote zurückgelassen hatten, machte ihm nichts aus. Einzig über den Diebstahl des Metalls wollte er sprechen.

Rudolfo blickte ihm in die Augen und sagte: »Ich sehe Angst in deiner Seele, mein Sohn.«

Der Pater wandte sich zum Gehen, doch der Sargento folgte ihm und redete auf ihn ein; der Pater solle nicht vergessen, dass er, Germano, zwar verletzt sei, aber seine Pflichten habe. Und dass er über den Vorfall Bericht erstatten müsse.

»Bericht erstatten? Wem?«, fragte der Pater.

»Ich habe Vorgesetzte.«

Der Pater nahm einen Eimer, um Wasser aus dem Fluss zu holen. »Geh mit Imani, mein Sohn. Du brauchst jetzt dringend Trost.«

In diesem Augenblick ging Bibliana an uns vorbei und warf, ohne stehen zu bleiben, dem verwirrten Sargento auf Txitxope entgegen: »Wie viele Bibeln gibt es, Herr Soldat? Eine für Engländer und eine für Portugiesen? Eine für Weiße und eine für Schwarze? Dieser Gott, der angeblich ein Einziger ist, welche Sprache spricht der?«

Germano verstand offensichtlich kein Wort. Als er sich mir näherte, merkte ich, wie durcheinander er war. Sein Blick war wirr, als er einen Arm zu meinem Gesicht hob: »Dein Haar, Imani …«

»Was ist mit meinem Haar?«

»Kannst du es nicht glätten?«

»Ist es krumm?«

»Ab jetzt musst du es glätten. Ich will kein Kraushaar, das tut mir an den Fingern weh, diese verdammten Kringel kriechen in meinen Verband, meine Wunden entzünden sich davon.«

Er fiebert wieder, dachte ich. Aber es war kein Rückfall. Sein Gesicht war verzerrt, noch nie hatte ich ihn so gesehen. Schüchtern strich ich ihm durchs Haar. Er stieß mich brüsk zurück. Misstrauisch blickte er sich um, als wollte er sich vergewissern, dass uns niemand hören konnte. Dann stellte er mir eine überraschende Frage: Konnten wir Rudolfo vertrauen? Angesichts meiner Verwunderung hakte er nach: »Steckt der nicht mit den Negern unter einer Decke?«

»Den Negern?«, fragte ich fassungslos zurück.

Der Sargento war sich der Wahl seiner Worte nicht bewusst. Dann bezweifelte er auch noch, dass Rudolfo wirklich ein Pater war.

»Kennst du die Geschichte von diesem Kerl?« Die sei in Sana Benene allgemein bekannt. Jeden Morgen betrachtete der Pater sich im Spiegel. Er glaubte, seine braunen Augen würden von Tag zu Tag immer blauer. Er könne sich wie eine Schlange häuten, seine Rasse abstreifen. Und dann würde er seiner portugiesischen Erzeugerin, die er nur aus Erzählungen kannte, immer ähnlicher.

»Ich glaube nicht, dass der Kerl eine portugiesische Mutter hat. Ehrlich gesagt, weiß ich nicht, ob er überhaupt eine Mutter hat«, erklärte Germano.

»Aber ich weiß es. Ich kenne die Geschichte des Paters.«

Die Mutter von Rudolfo Fernandes war eine »Waise des Königs«. Sie wurde aus einem Waisenhaus in Lissabon geholt und vom portugiesischen Monarchen nach Goa geschickt. In Indien sollte sie einen der wenigen Portugiesen ehelichen, die dort Dienst leisteten. Damit sollte die »Rassenreinheit« erhalten werden. Im Fall von Rudolfos Mutter gelang dies nicht. Sie entschied sich nicht für einen Weißen, sondern für einen sehr dunkelhäutigen Inder. Der Sohn aus dieser Verbindung wurde dem Priesterseminar von Goa übergeben, dort erhielt er seine religiöse Ausbildung. Nachdem er das Seminar absolviert hatte, wurde er nach Mosambik geschickt, denn im gesamten Territorium der Kolonie gab es nicht mehr als ein halbes Dutzend Priester, die das Evangelium in einer zivilisierten und zivilisierenden Sprache verkündeten: auf Portugiesisch. Die anderen Christen,

Schweizer Calvinisten, verbreiteten das Wort Gottes in irriger Form. Sie ermutigten die Schwarzen, in ihrer eigenen Sprache zu schreiben. Sie lehrten sie, Afrikaner zu sein.

Mit dem Auftrag, diesen Einflüssen entgegenzuwirken, gelangte Pater Rudolfo nach Makomani, dem Dorf an der Küste. Und so gelangte er in meine Kindheit. Anfangs war er begeistert – am Sonntag war die Kirche zur Messe brechend voll. Die »Eingeborenen« ließen sich die Fibeln, mit denen sie lesen lernen sollten, mit Freuden schenken. Der Missionar glaubte, die Afrikaner bemühten sich, die Buchstaben zu entziffern. Argloser Pater. Die Erwachsenen nahmen die Hefte, rissen die Seiten heraus und zündeten damit Feuer an, um ihren Fisch zu braten.

Mein Vater aber sah in der Katechese mehr als eine Bekehrung, für ihn war es eine Tür zur Welt der Weißen. Auch ich sollte meine Herkunft ablegen. Mich aus mir selbst lösen, hin zu einem anderen Schicksal, ohne Weg zurück, ohne Rasse, ohne Vergangenheit.

Um dem Einfluss der Protestanten entgegenzuwirken, beschloss Rudolfo, die Bibel zu übersetzen. Monatelang half ich ihm bei der Übertragung aus dem Portugiesischen in Txitxope. In dem Metall, das die VaNguni gestohlen hatten, steckte auch ein wenig von mir.

Einmal hatte ich gewagt, Zweifel daran zu äußern, ob das Buch wirklich heilig sei. Wer es geschrieben, es gedruckt hatte, waren das nicht normale Sterbliche?

»Bücher sind niemals fertig geschrieben. Wenn wir sie lesen, schreiben wir sie selbst«, hatte Rudolfo geantwortet.

Möglich, dass dieses Buch nicht heilig war. Aber es machte die Menschen heilig. So erteilte der Pater uns Religionsunterricht. Ihm jedoch halfen weder das Buch noch sein Glaube, rechtschaffend und bei klarem Verstand zu bleiben. Fern von Goa und den Seinen verlor der junge Pater den Sinn für die Realität. Etliche Frauen schliefen mit ihm in der Kirche. Er verteidigte dies mit dem Argument, das sei die beste Form, die Erstkommunion zu zelebrieren.

Seine Verderbtheit beschränkte sich jedoch nicht auf die körperlichen Freuden. Am Strand häuften sich Dutzende von geleerten Weinflaschen. Das Meer umschlang sie, und da schaukelten sie wie einsame Tänzerinnen auf dem Kamm der Wellen davon. Den Worten des Paters zufolge zurück zu den Stränden von Goa. Leer, so leer wie der Mann, der sie geleert hatte.

Irgendwann sagte er, ich solle die Arbeit an der Übersetzung einstellen und ihm die Bibel zurückgeben.

»Wir brauchen keine Übersetzung mehr. Wir brauchen überhaupt kein Buch mehr.« Er wies auf den Fluss, die Dünen und das weite Meer und erklärte: »Das ist meine Bibliothek.«

Dritter Brief des Sargento Germano de Melo

Das Schlimmste ist nicht, besiegt zu werden.
Es ist, nicht kämpfen zu können.
Sprichwort aus Nkokolani

Sana Benene, 9. September 1895

Sehr verehrter Senhor
Tenente Ayres de Ornelas,

ich weiß, dass Sie nach der Schlacht von Magul nach Inhambane zurückgekehrt sind, und denke mir, dass Sie im Hochgefühl der großartigen Nachrichten nicht von den Ereignissen erfahren haben, von denen ich im Folgenden berichte. Alles begann in der vergangenen Nacht, als die Hunde wegen eines Eindringlings anschlugen. Menschen kamen aus ihren Häusern, um nach dem Rechten zu sehen. Ein Schwarzer vom Volk der Vandaus war torkelnd in das Dorf gekommen. Er war verwundet, blutete am Oberkörper und an den Beinen. Stellen Sie sich vor, sehr verehrter Senhor Tenente, der Mann hatte eine Exekution in Chicomo überlebt. Nachdem er zu Boden gefallen war, hatte er sich tot gestellt. Die Soldaten hatten sich über ihn gebeugt, um sich zu vergewissern, dass sie ihn erschossen hatten, da war eine riesige Schlange aus der Dunkelheit aufgetaucht, und alle hatten die Flucht ergriffen. Schwer verletzt hatte der Mann sich in ein Boot gerettet und mit der Strömung nach Sana Benene treiben lassen.

Mouzinho de Albuquerque hatte ihn zum Tode verurteilt, weil er ihn für einen Spion von Gungunhana hielt. Der Mann hatte sich vollkommen ausziehen müssen, weil sie wissen wollten, ob er die traditionellen Stammesnarben unserer Feinde hatte. Doch damit war das Urteil nur aufgeschoben. Ob er die Narben trug oder nicht, er war in jedem Fall verurteilt, allein die Tatsache, dass er sich in der Nähe des Militärpostens bewegte, genügte als Beweis.

Es war ein Wunder, dass der Kaffer Sana Benene lebend erreicht hatte. Als Bibliana dazukam, stellte ich fest, dass sich zwischen dem Fremden und ihr etwas Besonderes abspielte. Bibliana erstarrte bei seinem Anblick, und plötzlich warf sie sich ihm in die Arme. »Das ist mein Schwager Manyara«, verkündete sie unter Tränen. Dann betraten sie Arm in Arm die Kirche. Jeder wusste, was er zu tun hatte. Imani ging Wasser heiß machen und Bianca holte Verbandmaterial und gewaschene Kleider. Der Pater blieb sitzen, den Blick fest auf mich gerichtet. »Was ist los, mein Sohn?«, fragte er mich in provozierend väterlichem Ton. Ich wandte ein, der Verwundete sei ein bereits verurteilter Gefangener und müsse nach Chicomo gebracht und der Justiz übergeben werden. »Damit sie ihn noch einmal erschießen?«, fragte der Pater.

Dann gab ich zu bedenken, dass wir auf diese Weise zu Komplizen eines Kriminellen würden. Rudolfo reagierte unerwartet aggressiv: »Dieser Mann ist niemals hier gewesen, verstanden? Bibliana wird ihn versorgen, wie sie Sie versorgt hat, und dann wird er seines Weges ziehen, so wie Sie Ihres Weges ziehen werden.«

Ich betrat die Kirche und verspürte den mir so vertrauten Duft der Aufgüsse. Der verletzte Kaffer befand sich auf dem Lager, auf dem zuvor ich mich erholt hatte. Ich befahl ihm, zu berichten, was in Chicomo geschehen war. Ich wollte wissen, ob er im Verhör gestanden hatte, ein Spion zu sein. Bibliana mit ihrem gebrochenen Portugiesisch übersetzte die gestammelten Erklärungen ihres Schwagers: »Mein Schwager sagt, er hat in seiner Sprache Xindau gesprochen und die Portugiesen haben kein Wort verstanden.« Und dazu bemerkte sie, bei den Weißen wie den Schwarzen gebe es dasselbe Missverständnis: Der, dessen Sprache wir nicht verstehen, gestehe schon seine Schuld.

Ihre neuen Anweisungen, Senhor Tenente, gingen mir nicht aus dem Kopf. Deshalb bestand ich ungeachtet Bibilianas Widerstand darauf, dass der Verwundete berichtete, unter welchen Umständen er festgenommen worden und dann geflohen war. Stöhnend und mit schmerzverzerrtem Gesicht beschrieb er die Hölle, durch die er in Chicomo gegangen war. Als sie ihn zu der Wand schleppten, ließ Mouzinho de Albuquerque die Soldaten innehalten und erinnerte sie daran, dass das Erschießungskommando nur aus Weißen bestehen dürfe. Nachdem sie geschossen hatten, glaubte der Kaffer, er sei wirklich tot. »Ich musste mich nicht verstellen, ich bin hier, weil ich wiederauferstanden bin«, flüsterte er. Und mit einem nur angedeuteten Lächeln fügte er hinzu: »Dank meiner Schwägerin.« Zwei Tage lang habe er sich über beschwerliche Wege geschleppt, um Bibiliana, der Witwe seines Bruders, zu danken. Mit der Kunst ihrer Magie hatte sie ihn gegen die Kugeln gefeit. Und mithilfe der Hände dieser Sangoma – so nennen sie hier die Zauberkundigen – würde er von den schweren Verletzungen genesen.

Erschöpft und schmerzgeplagt verlangte der Mann, wir sollten ihn allein lassen. Doch bevor wir uns zurückzogen, stammelte er noch etwas, und Bibiliana übersetzte es. Er warnte mich, ich müsse von hier fliehen. Der Krieg werde uns bald erreichen. Und hier sei niemand in Sicherheit, weder die Weißen noch sein Volk, die Vandaus. Wir seien alle Gespenster und fielen in dieser Leere ins Gewicht.

Dona Bianca stimmte dem zu und wedelte mit den Händen, als müssten wir ihre Worte nicht nur hören, sondern mehr noch sehen: »Der Mann hat recht. Lauf weg aus der Armee, Germano.«

»Sie wissen, was man mit Deserteuren macht«, warf der Pater ein.

»Ach, Senhor Padre, wer weiß denn in diesem ganzen Chaos, dass dieser Mann hier existiert?«, fragte Bianca. »Wenn es vorher, als er auf seinem Posten war, noch keiner gemerkt hat, wer merkt es jetzt?«

Bianca und Rudolfo sprachen, als wäre ich nicht da. Ich suchte Imanis Blick, doch sie wandte den Kopf ab. Ich verstand. Wenn ich selbst mich schon nicht mehr erkannte!

Ich kehrte in mein Zimmer zurück und begann damit, dieses Schreiben zu verfassen. Den Rest des Vormittags verbrachte ich in einem unerklärlichen Schwächezustand. Ich gestehe, dass ich mich zutiefst nach Imani sehnte. Gegen Mittag wurde mir berichtet, Biblianas Schwager habe seine Verletzungen nicht überlebt. Als letzten Wunsch hatte er geäußert, jemand möge ihm etwas in seiner Muttersprache vorsingen. Ich wohnte noch den Vorbereitungen für das Begräbnis bei. Der Pater nahm mich zur Seite, um mir zu sagen, während der letzten Ölung – was für die Kaffern eine Taufe ist – habe der Mann ihm gestanden, dass man ihn zu Recht beschuldigt habe. Seit Wochen habe er sich als Spion betätigt und Gungunhana Informationen geliefert, als Gegenleistung dafür, dass seine am Gaza-Hof als Sklaven gehaltene Familie verschont bleibe.

Und dann verriet der Pater etwas Erstaunliches. Wortwörtlich sagte er: »Spione gibt es hier jede Menge. Wenn wir sie alle erschießen ließen, wären Sie vielleicht nicht mehr unter uns.«

In den Worten des Pater schwang eine Andeutung mit, die mir missfiel. Vielleicht lag es an meinem schlechten Gewissen, denn in dieser Nacht konnte ich nicht schlafen. Im Grunde war ich ein Spion auf Probe. Der zudem die Probe nicht bestanden hatte. Rudolfos Worte hatten mich zutiefst hilflos gemacht. Nachdem ich die Hände wieder benutzen konnte, ließ mich die Seele im Stich.

Bei Einbruch der Dunkelheit, nach Beendigung der Trauerzeremonie, klopfte ich an Biblianas Tür. Ich wollte von den afrikanischen Geistern gefeit werden. Ich wollte gefeit sein gegen Kugeln, gegen gekränkte Liebe, gegen meine Vergangenheit, gegen mich selbst. Niemand durfte von meiner Absicht erfahren, und deshalb hoffte ich inständig, Bibliana werde schnell auf mein leises Klopfen an ihrer Tür reagieren.

Die Zauberkundige öffnete die Tür einen Spalt breit, sie war kaum bekleidet, ihre festen Brüste und Schenkel waren nur spärlich durch ein Hüfttuch bedeckt. Und was dann geschah, hat für Sie, Senhor Tenente, fraglos keinerlei Bedeutung. Dennoch will ich darauf verweisen, dass wir diese charismatische und streitbare Person überwachen müssen. Sie werden sich kaum vorstellen können, welche Macht diese Frau über die Eingeborenen ausübt. Sie können sicher sein: Keine Armee kann uns so gefährlich werden wie diese Frau mit ihren Zaubersprüchen und Prophezeiungen. Meine Empfehlung lautet, sie genau zu beobachten. Dies war nicht der Grund für meinen Besuch, wie ich bereits zugegeben habe. Doch die Erschießung ihres Schwagers, besagten Spions, der in Sana Benene gestorben ist, versetzt uns in keine angenehme Lage. Man kann nur damit rechnen, dass Bibliana heute größte Aversion gegen die Portugiesen hegt.

Mit anderen Worten, wir müssen diese Dame im Auge behalten. Es empfiehlt sich, über ihre Vergangenheit informiert zu sein und herauszufinden, wie wir sie zu einer Verbündeten machen können. Von den Menschen hier habe ich so einiges über sie in Erfahrung bringen können. In den nun folgenden Zeilen zeichne ich ein knappes Porträt der betreffenden Person.

Bibliana wurde in einem Dorf in der Nähe von Chicomo geboren und hat dort bis vor Kurzem gelebt. Sie hatte, wie es hier üblich ist, einen anderen Namen, der aber nichts zur Sache tut. Der Vater wurde als Sklave gefangen genommen, die Mutter kam ums Leben, als sie die Familie verteidigen wollte. Wochenlang durchkämmten die Menschenjäger das Dorf, um sicherzugehen, dass niemand entkommen war.

Sklaven und Sklavenhalter gehörten alle zum selben Volk, sprachen dieselbe Sprache, hatten dieselben Götter.

So kam es, dass Bibliana, damals noch ein Mädchen, als einzige Verwandte nur noch die Großmutter mütterlicherseits hatte. Die alte Frau hatte verkrüppelte Beine und hätte bei einem Überfall nicht fliehen können. Deshalb steckte ihre Enkelin sie jeden Abend in einen Sack, um sie notfalls in den Busch zerren zu können. Eines Abends wurde das Dorf angezündet, und Bibliana musste die Großmutter, die zu beschützen sie versprochen hatte, zurücklassen. Sie selbst floh in den Busch.

Tage später wurde sie von zwei protestantischen Missionaren aufgenommen, die in die Gegend gekommen waren. Sie waren beide keine Europäer, stammten aus Transvaal und missionierten in afrikanischen Sprachen. Während des Religionsunterrichts stellte Bibliana fest, dass ihre Geschichte in dem heiligen Buch geschrieben stand. Mit dem Einverständnis der Missionare legte sie ihren Namen ab und nahm den Namen an, unter dem sie heute alle kennen. Mit dem Segen der Missionare heiratete sie einen Fischer aus dem Dorf. Es vergingen viele Jahre, doch sie wurde nicht schwanger. Der Mann hätte das Recht gehabt, sie zu verlassen, aber er tat es nicht. Und er hielt ihr auch nie vor, unfruchtbar zu sein. Aus Dankbarkeit arbeitete Bibliana schwer und fing Schlangen und Krokodile, um deren Häute zu verkaufen. Ihr Mann glaubte irgendwann sogar, sie könne Krokodile zähmen. Doch zum Beweis, dass sie die Wahrheit sagte, zeigte sie ihr Buschmesser und ihre Fallen vor.

Als sie genug Geld gespart hatte, kaufte Bibliana zwei junge Frauen und schenkte sie ihrem Mann. Diese Frauen bekamen Kinder, und so bildete sich eine Familie. Bei einem Angriff auf das Dorf wurde ihr Mann von Ngungunyanes Kriegern getötet. Nun verwitwet, glaubte sie, die Familie würde sich auflösen. Doch die anderen Frauen blieben bei ihr, zusammen mit ihren Kindern. Merkwürdigerweise gingen die Kinder dazu über, Bibliana mit »tate« anzureden, ihrem Wort für Vater. Die anderen Frauen fürchteten, die Seele des Verstorbenen könnte sich dagegen auflehnen. Aber nichts passierte. Doch Bibliana schien ihr Glück gefährlich. Ihr Geschlecht, ihr Alter und ihre Witwenschaft erlaubten das nicht. Demnächst würde man ihr vorwerfen, sie sei eine Hexerin. Deshalb fasste sie einen Entschluss: »Ich überlasse euch mein Haus und alle meine Sachen. Nur ich gehe weg.«

Also machte sie sich auf den Weg nach Sana Benene und lernte Pater Rudolfo kennen. Doch ihr genügte nicht die Gewissheit, dass ihre Geschichte in der Heiligen Schrift geschrieben stand. Mit der Zeit bekannte sie sich dazu, eine Muttergottes zu sein: »Die Kinder, die ich großgezogen habe, waren nicht Kinder der anderen Frauen. Sie waren meine. Ich bin wie die Muttergottes: Ich bin von Männern geschwängert worden, mit denen ich nie geschlafen habe.«

So gelangte diese ungewöhnliche Frau nach Sana Benene. Offen bleibt noch die Frage, wie es dazu kam, dass sie den Ort und das Herz des Priesters erobern konnte. Aber das werde ich in einem anderen Bericht beantworten.

Zwischen Kugeln und Pfeilen

Der Fluss ist eine Träne, die zu
den Augen Gottes zurückkehrt.
Chikazi Makwakwa, Imanis Mutter

Im Schlaf quälte mich Eifersucht. Nichts kann die Seele besser zermürben: Eifersucht ist eine Windmühle, die sich auch ohne den geringsten Windhauch dreht. Die ungewöhnliche Begeisterung, mit der der Sargento mir vor ein paar Tagen von Mpezui erzählte, war eine falsche Brise. Doch jetzt gab es einen anderen Grund, und der war ganz real. Die Erinnerung an die letzte Nacht war ein Dolch in meiner Brust. Spätnachts klopfte Germano an Biblianas Tür. Die Erinnerung kommt immer und immer wieder hoch. Ich hörte, wie Germano mit bebender Stimme darum bettelte, behandelt zu werden. Hochmütig und provozierend fragte Bibliana: »Habe ich dich denn nicht schon behandelt, mein Weißer?«

»Ich meine eine andere Behandlung.«

Germano ging hinein, die Tür wurde geschlossen. Ich sah nichts mehr, ich hörte nichts mehr. Ich malte mir nur noch aus, wohl wissend, dass die Fantasie der schärfste aller Sinne ist. Doch mir blieb keine Zeit, mich zu peinigen. Wenige Minuten später öffnete sich dieselbe Tür wieder, und Bibliana trat, bekleidet mit der Uniform des Sargento, in den Hof hinaus. Sie zögerte kurz in der Dunkelheit, dann kam sie mit energischen Schritten zu mir. Sie nahm mich an der Hand und führte mich in ihr Haus, wo in einer Ecke ein trübseliger und beschämter Germano zitterte, bedeckt allein mit einem Hüfttuch. »Wir haben die Kleidung getauscht«, erklärte Bibliana unnötigerweise. Sofort flammte eine Frage in mir auf: Hatten sie vielleicht noch etwas anderes getauscht?

»Er möchte, dass ich ihn gegen Kugeln gefeit mache«, erklärte Bibliana. »Er hat Angst, dein Portugiese.«

»Ich habe panische Angst, Imani«, stammelte der Sargento. »Ich habe mir überall Feinde gemacht.«

»Aber ich werde dich nicht gefeit machen, Germano.«

Und bevor der Sargento sich beschweren konnte, fuhr sie fort: »Rechne doch mal zusammen, mein Weißer. Wie viele Soldaten sind in diesem Krieg gefallen? Und wie viele Frauen wurden überfallen, vergewaltigt, ermordet? Und nun antworte mir: Wer hat es nötiger, geschützt zu werden?«

Sie stampfte mit den Stiefeln auf, als wäre aus der Zauberkundigen ein Soldat geworden. Dann legte sie mir ihre Hand fest auf die Schulter und erklärte: »Du brauchst keine Zeremonie, mein Kind. Du bist schon seit Langem gefeit.«

Vor unseren Augen zog sie sich aus und gab dem Sargento die Uniform zurück.

»Und du, mein Weißer, kannst das Hüfttuch behalten, das passt dir ja, wie für dich gemacht.«

Dann schickte sie uns beide hinaus, wir sollten die Nacht nutzen und uns, wie sie sagte, noch mehr immunisieren.

Ich hielt den zitternden Sargento am Arm, damit er nicht über das Hüfttuch stolperte. »Wenn der Tenente mich so sähe«, jammerte er. In der Sakristei half ich ihm, sich auf sein improvisiertes Lager zu legen. Er streckte mir die Arme entgegen: »Blute ich noch?«

Das weiß ich bis heute nicht. Falls seine Blutung nicht aufgehört hatte, blutete er in mir weiter. Und dann schliefen wir aneinandergeschmiegt ein.

Am nächsten Tag war die Kirche leer. Der Sargento war frühmorgens zum Fluss gegangen, um zu angeln. Aus einem alten Gewehr hatte er eine Angelrute gemacht. Stunden hatte er am Fluss verbracht, ohne einen einzigen Fisch zu fangen.

Aber das spielte keine große Rolle. Angeln ist ein breiter Begriff. So breit und tiefgründig wie ein Fluss.

Ich wartete in der Sakristei auf den Pater. Und da mir das Warten lang wurde, legte ich mich auf die Matte, auf der wir geschlafen hatten. Die Orte, an denen wir träumen, werden irgendwann zu Teilen unseres Körpers. Auf diesem Lager hatte ich das Gefühl, noch bei Germano zu sein. Schritte und das Scharren von Stühlen in der Kirche rissen mich aus dem Wachtraum. Ängstlich blickte ich in die Kirche und erkannte in den Eindringlingen Soldaten der VaNguni. Einer von ihnen hatte sich neben den Altar gesetzt, offenbar ihr Anführer. Die anderen waren stehen geblieben. Kurz darauf kam Pater Rudolfo herein, so verschüchtert und geduckt, wie ich ihn noch nie erlebt hatte.

»Ngungunyane schickt uns, wir sollen die beiden Frauen holen, die Weiße und die andere, die du als deinen Mann bezeichnet hast«, erklärte der Anführer auf Xizulu.

Die Männer lachten so laut und so lange, dass der Pater so tat, als lachte auch er über den Spott. Dann antwortete er so leise, dass man seine Worte kaum verstand: »Von hier geht niemand weg …« Und etwas energischer: »Nur über meine Leiche.«

»Bindet ihn an einen Stuhl und holt die Aasgeier«, befahl der Anführer.

Es war nicht Mut, sondern eine namenlose Kraft, die mich veranlasste, aus der Sakristei in die Kirche zu treten. Die Männer, die schon angefangen hatten, den Pater anzubinden, hielten überrascht inne. Ich erkannte in den Fremden die gefürchteten Timbissi, die »Hyänen«, die todbringenden Trupps des Königs.

Kann man hören, wie ein Pfeil durch die Luft saust? Nicht von ungefähr werden die VaChopi das Volk mit Pfeil und Bogen genannt. Eine MuChope-Frau wie ich kann das Zischen eines Pfeils hören, bis er sich in die Brust eines Mannes bohrt und dieser in den allerletzten Abgrund sinkt. Und gleich darauf einen zweiten Pfeil, der durch die Luft saust und einen zweiten Mann zu Fall bringt. Das alles geschah tatsächlich, aber es kam mir vor wie ein Traum.

Und dann drang die Wirklichkeit lärmend in die Kirche von Sana Benene: Zu unserem Erstaunen erschien Xiperenyane, der charismatischste aller VaChopi-Krieger und meistgefürchtete Feind von Ngungunyane. Eigenhändig band er den Pater los und gab Anweisung, die Leichen der VaNguni zu entfernen.

»Das Gotteshaus darf nicht mit dem Blut des Teufels beschmutzt werden«, sagte er.

Schon als Kind habe ich gelernt, das unverwechselbare Geräusch eines über den Boden geschleiften Körpers zu erkennen. Es war, als raubte das Geräusch selbst dem Boden das Leben. Nicht sehr lebendig wirkte der Pater, der zwar inzwischen von den Fesseln befreit, aber noch immer reglos auf dem Stuhl saß.

Xiperenyane ging auf den letzten lebenden Timbissi zu, blieb dicht vor ihm stehen und fragte: »Erkennst du mich noch, Manhune? Ich bin bei deinem König aufgewachsen, habe in deinem Reich gelebt, bis ich ein Mann war. Dann bin ich geflohen, um Mensch zu bleiben.«

Die VaNguni hatten bei ihm die alte Methode angewandt, um eine gute Armee zu formen: Man entführt die Jungen aus ihrer Heimat, sorgt dafür, dass sie ihre Familie vergessen und alles, was ihnen lieb war. Und dafür, dass sie außer ihren Kerkermeistern keine andere Familie mehr haben. Doch bei Xiperenyane hatte das nicht funktioniert. Er befand sich auf dem Rückweg von der Schlacht von Magul, wo er aufseiten der Portugiesen gekämpft hatte. »An meinen Händen klebt noch das Blut deiner Leute. Du wirst genau zählen müssen, wie viele von deinen Soldaten nach Hause zurückgekehrt sind.«

Und dann verspottete er die so kriegerischen VaNguni, sie seien, wie er sagte, »im vollen Federschmuck gekommen, aber gerupft abgezogen«. Schließlich wandte er sich auf Xizulu an den Sendboten des Königs von Gaza: »Du wolltest

Frauen für deinen König rauben? Damit du nicht mit leeren Händen gehst, nimm diese Botschaft für ihn mit: Sag ihm, meine Fingernägel sind lange Echsenkrallen. Und egal, wo ich bin, jede Nacht werden diese Krallen ihm den Schlaf zerkratzen, ohne dass ich auch nur einen Schritt tun muss.«

»Du weißt, dass ich diese Botschaft nicht überbringen kann«, erwiderte der andere. »Das kann niemand.«

»Du bist ein Sklave, Manhune. Doch nicht der König bestimmt über dich. Nur deine Angst.«

Manhune war ein höherer Befehlshaber und Berater von Ngungunyane. Noch im Gehen bewahrte er seinen Stolz. Als er am Pater vorbeiging, sagte er: »Keine Sorge, Pater, dieses Mal nehmen wir Ihren Mann noch nicht mit.«

Vierter Brief des Tenente Ayres de Ornelas

Ayres de Ornelas gab zu, nichts zu wissen, wie er selbst schrieb: »Auch wenn es merkwürdig klingt, zu unserer Zeit war in der Militärakademie keine Rede von Kolonialkrieg. Die Vorläufige Dienstvorschrift für Militärische Einsätze von 1890 verliert darüber kein einziges Wort. Wie sollten wir kämpfen, wie unsere Gegner bekämpfen? Wir hatten nicht die geringste Vorstellung.«
Ayres de Ornelas, Coletânia das suas Principais Obras Militares e Coloniais, Bd. 1, Agência Geral das Colónias, 1934, zitiert von Paulo Jorge Fernandes, Mouzinho de Albuquerque: Um Soldado ao Serviço do Império, 2010

Chicomo, 16. September 1895

Werter Sargento
Germano de Melo,

mein werter Sargento, unser treuer Verbündeter Xiperenyane wird gute Nachricht überbringen – wir haben die Schlacht von Magul gewonnen, und das auf welche Weise! Das Geheimnis unseres Erfolgs steckte in einem früheren Detail, an das sich wohl nur wenige noch erinnern. Das Detail hat einen Namen: Häuptling Chibanza.

Unweit von Magul brauchten wir vier Tage, um ein Inferno aus Sümpfen, Morast und Moskitos zu überwinden.

Da wir über wenige Männer und lediglich zwei Esel sowie zwei Pferde verfügten, waren wir gezwungen, das Lager an einem Ort ohne jeden Schutz und Vegetation aufzuschlagen, wo der Boden von Wasser durchtränkt war. In der Ferne waren feindliche Soldaten zu sehen, doch sie nahmen uns nicht wahr. Wir schickten ein paar *angolas*, um sie so zu provozieren, dass sie sich gezwungen sähen, uns anzugreifen. Denn das hatte ich inzwischen gelernt: Die einzige Möglichkeit, uns sicher zwischen den Trupps zu bewegen, bestand darin, eine Schildkröte mit vierseitigem Panzer vorzutäuschen. Und niemals, aber wirklich niemals durften wir die Initiative ergreifen und auf den Gegner losgehen. Im Gegenteil: Der Angriff musste von ihnen ausgehen.

Doch in Magul geschah weder das eine noch das andere. Unsere Streitkräfte verharrten an Ort und Stelle, und auch die feindlichen Truppen rührten sich nicht. Wir schickten die *angolas* zu einem provozierenden Überfall, bewirkten damit aber nicht die notwendige Reaktion. Oder besser gesagt, wir bewirkten eine unerwartete Reaktion. Nachdem wir die zweitausend Soldaten schon gesehen hatten, hörten wir nun mächtigen Lärm – Gesänge und die rhythmischen Schläge von Wurfspeeren auf Schilde. Und plötzlich war der ganze Horizont bedeckt von wohl siebentausend Kriegern, die in einer Art Tanz gegen uns vorrückten. Die Absicht war klar: Sie wollten uns belagern, um uns in dem Sumpf auszuhungern. Noch nie hatte eine Truppe einen Angriff so sehr herbeigesehnt. Doch als wir die Hoffnung auf eine Veränderung schon verloren hatten, löste sich aus unseren Reihen der Häuptling Chibanza, bewaffnet mit einem Gewehr. Mit festem Schritt ging er feierlich auf das Heer der Vátuas zu. Ein Soldat neben mir bemerkte: »Verdammter Neger, der ergibt sich seinen Brüdern!« Zu unserer noch größeren Überraschung stieg er auf einen riesigen Termitenhügel. Und von dort hielt er wie von einer Tribüne herab eine flammende Rede voller Beleidigungen gegen Gungunhana. Die Vátuas protestierten und pfiffen, ließen aber den Häuptling seine

Beschimpfungskanonade weiterführen. Zum Abschluss seiner Rede gab Chibanza sieben Schüsse auf die Vátuas ab. Dann spuckte er auf den Boden, brüllte »Feiglinge!« und kehrte in aller Seelenruhe zu unserem Lager zurück. Chibanzas Auftritt hatte die erwünschte Wirkung: Eine wütende Menschenmenge stürzte sich auf uns. Die Schwarzen stürmten schutzlos in das Feuer unserer Maschinengewehre.

Binnen weniger Minuten war die Schlacht geschlagen, die Verluste des Feindes waren so groß, dass man die im Gras liegenden Toten nicht zählen konnte. Doch auch unsere eigenen Toten vermochte ich nicht zu zählen. Man sagte mir, es seien nicht mehr als dreißig, und der größte Teil seien Schwarze aus Angola. Als es galt, sie zu bergen und zu beerdigen, konnte ich den Anblick eines solchen Leids nicht ertragen. Jeder Einzelne dieser jungen Männer war ein Teil von mir, und ihr Verlust wird für immer als Schuld auf mir lasten.

Und dann kam ein weiterer Kummer zu der Schuld hinzu. Kaum hatten die feindlichen Truppen den Rückzug angetreten, richteten die Häuptlinge von Matola und Mahotas angesichts der Schwäche der Besiegten ihren Hass gegen die Häuser, Frauen und Viehherden der Vátuas. Es ist unvorstellbar, welche Verwüstung in den heimgesuchten Gebieten zurückblieb. Es war ein Streit zwischen den Schwarzen, aber ich kann mich nicht des Gedankens erwehren, dass wir diese Verwüstung begünstigt haben. Meine Kameraden hingegen fanden die schrecklichen Zerstörungen ermutigend. Ihnen zufolge war der Rachedurst der Truppen von Mahazul und Zixaxa gegen die Chopes nun stärker als der Groll, den sie gegenüber den Portugiesen hegten.

Die militärischen Kommandanten mit mehr Afrika-Erfahrung hatten vollkommen recht mit ihrer Empfehlung, vorsichtig vorzurücken. Anfangs, gestehe ich, habe ich den klugen Rat des alten Fuchses, der auf den Namen Caldas Xavier hört, nicht verstanden (oder verstanden, aber nicht akzeptiert). Dem erfahrenen Strategen zufolge solle man die Armee der Vátuas nicht offen angreifen, besser sei es, sie auf lange Sicht mit einem Gürtel befestigter Posten einzukreisen, die Umzingelung immer enger zu ziehen und sie schließlich zu erdrosseln. Wenn sie begriffen, dass sie bedroht waren, und darauf reagieren wollten, umso besser, denn die Vátuas, versicherte Xavier, brauchte man nicht zu fürchten, wenn sie zum Angriff übergingen. Es empfahl sich sogar, sie zu provozieren. Zudem sollten wir unsere Militärposten so errichten, dass sie schwach aussehen und damit den Feind ermutigen, sie anzugreifen. Womöglich ist Ihr Posten in Nkokolani lediglich aufgrund dieser taktischen Empfehlung in so verkommenem Zustand.

Doch dieser ganze, so gut begründete Plan hatte für mich einen fatalen Nachteil: Er kostete Zeit. Und ich hatte es eilig. Frisch von der Akademie, war ich als junger Offizier nach Mosambik gekommen, erfüllt von dem Ehrgeiz, schnell in der Hierarchie aufzusteigen. Ich war einer derer, die den Angriff in Magul befürworteten. Und ich bin stolz darauf. Diese letzte Schlacht beweist noch ein anderes Prinzip: Wer es im Krieg eilig hat, der stirbt schnell. Caldas Xavier hatte recht: Wir haben es nicht mit einer Armee zu tun, sondern mit einem Volk unter Waffen.

Einen Rat habe ich für Sie, werter Sargento: Zeigen Sie sich gegenüber den Kaffern nicht so verletzlich, so menschlich, so gleichwertig. Sie sind ein Weißer, und Sie sind immer noch zweifelsfrei ein Soldat. Sie sind verwundet, Sie sind isoliert. Aber Sie dürfen nicht Ihr Herz öffnen, Sie dürfen nicht mit den Eingeborenen weinen und lachen, und vor allem dürfen Sie nicht Ihre Zuneigung zu einer schwarzen Frau zeigen.

Caldas Xavier hatte mit seiner langfristigen Strategie recht. Magul hätte nicht geschehen dürfen. Aber es ist geschehen, und wir haben daraus großen Vorteil gezogen. Denn wir haben tollkühne Taten nötig. Sie schüchtern nicht nur die revoltierenden Kaffern ein. Sie beeindrucken auch die Öffentlichkeit in Portugal, wo man unzufrieden darüber ist, dass für einen fernen Krieg ein Vermögen ausgegeben wird. Und die anderen europäischen Nationen werden zur Kenntnis nehmen müssen, dass wir Ostafrika tatsächlich beherrschen.

»Nun beneiden wir uns nicht mehr um unsere eigene Vergangenheit«, dies waren die Worte eines Soldaten nach der Schlacht von Magul.

Frauen-Männer, Ehemänner-Ehefrauen

Ich hatte einen Traum.
Aber es war ein blinder Traum.

Ich sah einen Weg.
Aber es war ein krummer Weg.

Ich lebte, bis ich alt wurde.
Aber ich starb, bevor ich zu leben begann.
Lied aus Nkokolani

An diesem Abend kam Pater Rudolfo Fernandes zu mir und berichtete von seinem sprachlichen Fehlgriff, als er Bibliana als seinen »Ehemann« bezeichnet hatte. Wir lachten, und ich versuchte noch, die Sache herunterzuspielen. »Denken Sie nicht länger daran, es war nur ein falsches Wort.« Aber der Pater sagte, seine Beziehung zu Bibliana sei wirklich äußerst merkwürdig. Und er bestand darauf, mir Geheimnisse dieser Beziehung anzuvertrauen.

»Unsere Bibliana«, begann er, »hat sich, seit sie nach Sana Benene gekommen ist, um die Kirche gekümmert.«

Über ihre Ankunft gab es tausend verschiedene Versionen. Die einen behaupteten, sie sei aus dem Fluss gestiegen, andere versicherten, sie sei wie eine blinde Schlange aus dem Erdboden gekrochen. Jedenfalls ging sie zum Pater und bot ihre Hilfe bei der Hausarbeit an.

Der Pater brachte sie in einer Kammer unter. Sie sprachen Txishangana miteinander und gingen zum Beten gemeinsam an den Fluss. Bibliana wandte sich immer auf sehr wenig katholische Art an Gott, und vielleicht war das der Grund, warum der Pater sie anfangs nicht in der Kirche beten ließ. Das Gotteshaus betrat Bibliana nur zum Putzen.

Eines Spätnachmittags hörte Bibliana eine Litanei in der Kirche. Schweigend ging sie hinein. Den Rücken der Tür zugewandt, stand der Pater vor dem Altar und betete. Bibliana ging näher, umarmte ihn von hinten, als wäre sie ein Schatten, der zum Körper zurückkehrt. Sie führte die Hände unter die Soutane des Paters. Begierig suchte sie nach der Form seines Geschlechts. Doch sie fand nichts, keinerlei Erhebung, nicht einmal die Andeutung einer Wölbung. Also suchte sie weiter oben, und als sie seine Brust abtastete, traf sie überrascht auf zwei Rundungen. Sie hob die Soutane an und zog sie ihm über den Kopf. Als Rudolfo vollkommen entblößt vor ihr stand, ließ ihre Miene keinerlei Überraschung erkennen.

Rudolfo stammelte entsetzt: »So bin ich nicht, meine Tochter. Ich bin wie alle Männer. Ich weiß nicht, was hier geschieht.«

»Aber ich weiß es, Pater. Sie sind meinetwegen eine Frau. Sie sind zu einer geworden, als Sie mich berührt haben.«

»Gott steh mir bei, das kann nur eine Strafe sein.«

»Im Gegenteil, Pater. Nur so können wir uns lieben.«

Und fast flüsternd fügte sie hinzu, der Pater sei ein Impundulu, ein Mann, der wie die Frauen liebe. Er sei einer von denen, die sich bei der Liebe in eine Frau verwandeln.

»Kein Wort mehr, Bibliana. Gott hat mich den finstersten Zaubereien ausgeliefert.«

Doch Bibliana schwieg nicht. Ein Impundulu, erklärte sie, ist ein Prinz, aber er hat kein Geschlecht. Statt eines Penis besitzt er eine Zunge, die wie ein ruhiger, dunkler Fluss aus dem Körper tritt. Diese Zunge ist zum Küssen, Lecken, Saugen gemacht. Der Impundulu gleicht einem Vogel ohne Flügel, doch mit weichen, ausgebreiteten Federn. Wenn eine Frau von einer solchen Feder gestreichelt wird, entbrennt sie wie eine Fackel. Und dieses Feuer kann nur durch ein ebensolches Feuer gelöscht werden.

»Und ich bin so ein Geschöpf?«

»Du bist mein Geschöpf.«

Bibliana griff Rudolfo zwischen die Beine. Entsetzt hielt er die Luft an. Bibliana flüsterte dem fassungslosen Pater ins Ohr: »Jetzt wirst du bluten. Zu jedem Neumond wirst du dein eigenes Blut sehen.«

Der Pater fiel auf die Knie und schloss die Augen, als wäre dies – mit geschlossenen Lidern – die einzige Möglichkeit, gen Himmel zu blicken.

Am nächsten Morgen hatte Bibliana sehr viel zu tun. Sie bat mich sogar, ihr zu helfen. Xiperenyane hatte auf dem Weg nach Zavala in Sana Benene Rast gemacht, um sich und seine Männer den Läuterungsritualen zu unterziehen, die Bibliana »Kufemba« nannte. Die Schlacht von Magul hatte sie mit dem Tod verseucht. Ohne innere Säuberung würden sie nicht heimkehren dürfen.

Es nahm einen ganzen Tag in Anspruch. Einer nach dem anderen setzten sich die Krieger neben die Matte der Zauberkundigen. Bibliana warf die kleinen Knochen, um zu sehen, ob die Männer die Geister derer mitbrachten, die sie getötet hatten. Trugen sie die fremden Seelen in sich, mussten sie sich anschließend ans Flussufer setzen. Dort wurden sie mit Ziegenblut übergossen, und ihre Hüfttücher wurden der Strömung anvertraut. Auf diese Weise befreiten sie sich von der Vergangenheit, und die Toten konnten nicht aus dem Tod zurückkehren und sich an den Lebenden rächen.

Als das lange Zeremoniell beendet war, fühlte ich mich so erschöpft, als hätten manche Geister ihre Krallen in mich geschlagen. Unbekleidet wusch ich mich im Fluss. Ich bedauerte, dass Xiperenyane mich nicht sehen konnte. Er war ein schöner Mann. Für einen Augenblick galt mein Verlangen nicht Germano de Melo.

Fünfter Brief des Tenente Ayres de Ornelas

Der Neger gehorcht uns nicht, er respektiert uns nicht, und im größten Teil der Provinz kennt er uns nicht einmal. Das ist die ganze bittere Wahrheit, und sie wird von so vielen und so oft sich wiederholenden Tatsachen bewiesen, dass keine Proteste und keine Beschwörungen glorreicher Vergangenheit sie entkräften können.
Mouzinho de Albuquerque, O Exército nas Colónias Orientais, 1893

Inhambane, 24. September 1895

Werter Sargento
Germano de Melo,

ich bin tief enttäuscht von Ihnen, mein werter Sargento. Sie sind einer der Gründe, weshalb ich mich gegenüber meinen Vorgesetzten noch nicht ausreichend hervorgetan habe. Erlauben Sie mir die folgende Frage: Welche nützliche Information haben Sie mir, wie von mir erbeten, in all den Briefen an mich übermittelt? Spione sind Ihnen begegnet, doch Sie haben mich nicht beizeiten benachrichtigt; Sie beabsichtigen, sich von einem mit uns verfeindeten Arzt behandeln zu lassen; Sie halten sich in einer Kirche voller schwarzer Ketzer auf. Dies alles geschieht schlicht versehentlich, aus bloßer Unaufmerksamkeit? Und obendrein nennen Sie beharrlich einen Schwarzen »König«, der allenfalls die Bezeichnung »Häuptling« verdient. Sie sprechen von »Dynastien«

und »königlichem Blut« der Vátuas, als ließe sich die Aristokratie auf Afrikaner ausdehnen. Ich vermute, all diese Beobachtungen sind für Sie, einen überzeugten Republikaner, unverständlich.

Sie müssen wissen, dass Sie nicht nur die Monarchie beleidigen, von der ich Teil bin und desgleichen Mouzinho sowie viele andere Offiziere. Im Grunde sind wir eine Armee einfacher und armer Menschen unter dem Kommando monarchistischer Aristokraten. Nur um dies festzuhalten: Väterlicherseits stamme ich ab von den Senhores do Morgado do Caniço und mütterlicherseits vom Conde da Ponte. Unsere Familien blicken stolz auf eine lange Militärtradition zurück. Sie selbst werden fraglos eine sehr gute Erziehung genossen haben. Doch gibt es Sitten und Gebräuche, die man nicht durch Erarbeiten beherrscht, sondern einer vornehmen Wiege verdankt. Um all diese Unterschiede noch zu verschärfen, haben Sie sich in eine Liebschaft mit einer Negerin verstrickt. Als wäre es damit nicht genug, widersetzen Sie sich meinen Anweisungen und halten an der Verbindung mit einem Mädchen fest, das nicht nur viel zu schwarz ist, sondern auch noch zu jung. Und ich sehe mit Bedauern, dass diese Affäre inzwischen weit mehr ist als eine zufällige Begegnung.

Lassen Sie mich freiheraus sagen: Als Soldat sind Sie eine Katastrophe. Sie denken zu viel nach, stellen die Rechtmäßigkeit des Krieges infrage, haben keinen Ehrgeiz, Karriere zu machen. Und Sie leben schon seit so langer Zeit unter Afrikanern und in so engem Kontakt mit ihnen, dass sie an ihnen menschliche Züge entdecken. Ich gebe selbst zu: Wann immer ich mich diesen Leuten genähert habe, endete es mit gefühlsduseligen Äußerungen wie der Brief an meine Mutter, in dem ich davon berichtete, wie tief mich die Gesänge der Vátuas bewegt haben. Ich spreche also aus eigener Erfahrung. All solche emotionalen Situationen schwächen einen Soldaten, sie machen ihn unsicher und zögerlich. Und schlimmer noch, wenn dies mitten im Krieg geschieht, verwischen sie die Grenzen zwischen unserem Territorium und dem des Gegners.

Aus all diesen Gründen teile ich Ihnen förmlich mit: Sie brauchen mir keinerlei Bericht mehr zu schicken, außerdem ist Ihre Funktion als mein Informant annulliert. Wer sich als so unbeholfen erweist wie Sie, würde mir nur Probleme bereiten.

Ich bedauere aufrichtig, dass unser Schriftwechsel so endet. Schreiben Sie mir nie wieder. Sollte ein von Ihnen geschickter Bote vor mir erscheinen, wird er auf der Stelle festgenommen und gebührend bestraft.

PS: Zwei Tage sind vergangen, seit ich diese knappen Sätze verfasste. Inzwischen hatte ich Gelegenheit, darüber nachzudenken, und ich gebe zu, dass ich mit dem schroffen und kompromisslosen Ton Ihnen gegenüber zu weit gegangen bin. Ich werde weder etwas streichen noch abändern. Doch nun, da ich die Dinge sachlicher und nüchterner betrachte, möchte ich Ihnen sagen: Hin und wieder, doch sehr sporadisch, dürfen Sie mir weiterhin von Ihren Abenteuern und Missgeschicken berichten. Nur das, sonst nichts. Sie sind von dem Dienstgrad eines Sargento entbunden. Es genügt, dass Sie Germano de Melo sind. Verzichten Sie darauf, den Feind auszukundschaften, was Ihnen ja sowieso schwerfällt. Es genügt, wenn Sie mir als Mensch schreiben.

Vierter Brief des Sargento Germano de Melo

Dies ist unser armseliges Schicksal: Am Ende sehnen wir uns nach dem vorherigen Tyrannen.
Pater Rudolfo Fernandes

Sana Benene, 1. Oktober 1895

Sehr verehrter Senhor
Tenente Ayres de Ornelas,

Sie haben recht, sehr verehrter Senhor Tenente. Als Soldat tauge ich nichts. Noch weniger eigne ich mich zum Spion. Ich danke Ihnen für Ihr Schreiben, auch wenn die Beurteilungen meiner Person nicht gerade rühmlich sind. Doch wenn Sie sich lediglich als Ayres de Ornelas betrachten, dann gewähren Sie mir die allervornehmste Gesellschaft. Deshalb haben Ihre Worte mich nicht herabgesetzt. Im Gegenteil. Die letzten Zeilen Ihres Schreibens waren für mich eine kostbare Auszeichnung.

Ich bin Ihnen unendlich dankbar dafür, dass Sie mich der Aufgabe eines Spions entbunden haben und mich ermutigen, Ihnen weiterhin meine persönlichen Nachrichten zu schicken. Sie werden sehen, dass meine Berichte Ihnen erlauben, den afrikanischen Busch nicht nur als bloße Landschaft zu betrachten. Vielleicht bin ich ein zweiter Diocleciano das Neves, der sich als Weißer so sehr in die Welt der Eingeborenen eingelebt hat, dass er sie nie mehr verlassen hat. Diesen Diocleciano nannten sie Mafambatcheca, einen, der beim Marschieren lacht. Ich lache nicht und marschiere auch nicht. Aber ich werde eine Reise in die Tiefe der afrikanischen Seele antreten. Und ich betrachte meine Briefe als Bericht dieser Reise. Dass ich sie weiterhin schreiben werde, rettet mich davor, zu sterben und für immer aus dem Gedächtnis der Menschen zu verschwinden.

Dieses Mal will ich von einer mysteriösen Begegnung berichten, die ich heute Vormittag erlebt habe. Ich ging mit Imani am Fluss entlang, als uns ein Junge ansprach und fragte, ob meine Flügel wieder nachwachsen würden. Ich glaubte, ich hätte ihn wegen meiner geringen Kenntnisse der Sprache der Kaffern nicht richtig verstanden. »Meine Flügel?«, fragte ich.

»Ja, die sie dir abgeschnitten haben.«

Imani setzte sich zu dem Jungen, doch worüber sie sich unterhielten, kann ich nicht sagen. Aber ich merkte, dass sie über mich sprachen, und irgendwann imitierte der Junge einen Vogel, der um mich herumflog, und nannte mich dabei Chapungo. Imani nahm die Hand des Kleinen und führte seine Finger über den Verband, den ich noch um die Unterarme trug. Der Junge war anfangs ängstlich, dann lachte er laut auf. Er hatte die Gazefetzen, die mir vom Handgelenk hingen, für Reste von Flügeln gehalten. Ich war also doch kein Chapungo, keiner der Adler, die niemals ihre Federn verlieren. Er lachte halb erleichtert, halb enttäuscht.

Bei seinem Lachen dachte ich, dass Sie recht haben: Als Soldat bin ich eine Katastrophe. Aber ich sage Ihnen auch: Wenn man, um ein guter Soldat zu sein, keine Fragen haben darf, dann ist mir lieber, dass meine Karriere hier endet, als einfacher Sargento, der von seiner Armee so vergessen wurde, dass er schließlich selbst nicht mehr wusste, wozu seine Uniform diente. Die Sache mit dem Jungen, der mich für einen Vogel hielt, ist lediglich ein Vorspiel zu dem ernsteren Bericht über das, was um die Mittagszeit geschah. Ich hörte zufällig ein Gespräch zwischen Katini Nsambe und der Italienerin Bianca Vanzini. Dieser Katini forderte die

Italienerin auf, seine Tochter Imani nach Lourenço Marques mitzunehmen und sie mit den weißen Männern Geld verdienen zu lassen. Sie sei hübsch, nicht zu dunkel und sanftmütig. Die Italienerin werde es nicht bereuen. Bianca antwortete, sie könne der Bitte nicht nachkommen, sie sei nur eine einfache Barbesitzerin. Worauf Katini sie anflehte: »Dann nehmen Sie sie in eine Bar mit.« Aber der arme Kaffer war noch nie in einer Stadt. In den Bars sind alle Prostituierten Weiße. Die Schwarzen arbeiten nur in den Kneipen der Eingeborenenviertel.

Nach und nach gab die Italienerin ihren Widerstand auf und versprach, darüber nachzudenken. Am nächsten Tag klagte sie mir ihr Leid, als wäre sie mir eine Erklärung schuldig. Sie gestand, sie habe selbst schon daran gedacht, Imani nach Lourenço Marques mitzunehmen. Und erst recht, nachdem sie das Mädchen in der ersten Nacht unbekleidet gesehen habe. Katinis Bitte wäre durchaus berechtigt – die weißen Prostituierten verlören gegenüber farbigen Frauen an Terrain. Als die Italienerin sah, wie niedergeschlagen und fassungslos mich ihre Worte machten, ermunterte sie mich, das brodelnde Leben in den Bars von Lourenço Marques aufzusuchen. Und sie nannte Namen wie International Music Hall, Tivoli, Trocadero, Bohemian Girl, Russian Bar und viele andere.

Die Europäer fühlen sich in Afrika, als befänden sie sich in Lissabon, Paris oder London. Für wenige Pfund kann man sich die Freundlichkeit von Frauen unzähliger Nationalitäten kaufen, auch wenn man ahnt, dass die meisten eine falsche Identität vorgeben. Imani einzustellen würde gegen die geltende Regel verstoßen: die Weißen in den Bars in der Stadt; die Schwarzen in den Kneipen der Vororte. Doch Bianca gefiel der Gedanke, den Geboten einer Welt zuwiderzuhandeln, die an sich schon so sehr gegen die Gebote Gottes verstieß. »Ich werde sie Black Lilly nennen«, verkündete sie. Ich verlangte, sie solle still sein. Sie verstand meine Reaktion nicht, sie glaubte, der Name gefalle mir nicht. Doch ich beanstandete, dass Imani als Hauptbetroffene vergessen wurde. »Hat irgendjemand Imani gefragt?«, fragte ich.

»Seit wann wird eine Frau nach ihrer Meinung gefragt?«, gab Bianca zurück. »Imani wird allein viel glücklicher sein. In deinen Händen, sofern man diese Stummel als Hände bezeichnen kann, wird sie nur die Frau eines Weißen sein. In meinen Händen wird sie eine Königin sein.«

Und dann fügte sie hinzu, wir beide wüssten – und zwar aus eigener Erfahrung –, dass die Weißen ihre Vorurteile vergessen würden, wenn Negerinnen die Bars der Stadt erstrahlen ließen. Wer sich daran stören würde, seien die weißen Frauen, verärgert über die Konkurrenz. Das einzige Problem sei, dass die Negerinnen schnell dick und schlaff würden. Man müsse sie sehr früh engagieren, bevor sie Kinder bekommen und verwelken. Aber Imani – jung, schön und ungebunden – erfülle alle Voraussetzungen für eine lange, einträgliche Karriere.

Ich hörte mir diese Pläne an, und es zerriss mir das Herz. Wäre ich nicht behindert, hätte ich das Mädchen am liebsten entführt. Doch gäbe es vermutlich nicht einmal einen Ort, an den wir fliehen könnten.

Sie haben nicht unrecht. Ich habe keine Vorstellung davon, wie es ist, mit einer Schwarzen verheiratet zu sein. Trotzdem hege ich diesen Traum weiter. Als ich gestern dieses Thema kurz angesprochen habe, sagte Imani, unsere Welten seien doch eigentlich nicht so verschieden. Und damit hat sie vollkommen recht. In Afrika wie in meinem kleinen Dorf in Portugal haben die Frauen die gleiche bescheidene Erwartung hinsichtlich einer Ehe. Von einem Ehemann wird nichts erwartet. Deshalb kann er auch nie enttäuschen. Von einer Frau wird verlangt, dass sie Mutter wird. Nicht der Kinder, für die sie sich entscheidet. Sondern der Kinder, die sie nach Gottes und der Natur Willen von diesem Mann bekommt.

Was für Kinder würden wir haben, fragen Sie. Wie würde ich sie der portugiesischen Verwandtschaft vorstellen? Die

Antwort hat mir nicht Imani gegeben, sondern Bibliana. Einer Prophezeiung gleich hat sie mir verkündet: »Welche Rolle spielt es, mit welcher Hautfarbe Kinder geboren werden? Gungunhana wird weiße portugiesische Enkel haben und die Portugiesen afrikanische Enkel. Sich dagegen zu wehren ist, als wollte man den Wind mit einem Sieb aufhalten. Die Zeit, mein Lieber, die Zeit wirbelt viel Saat durcheinander.«

Aus all diesen Gründen werde ich morgen früh als Erstes darum bitten, dass eine Messe gelesen wird, damit Gott, von dem ich mich in letzter Zeit abgewandt hatte, mich leitet und mir hilft, mich von meinen Gebrechen zu erholen. Mag sein, dass die Kirche von Sana Benene klein, einsam und verfallen ist und der Pater in die Irre geleitet. Und doch ist eine Kirche, wo immer sie steht, ein kleines Vaterland. Selbst ich, der den Glauben nicht praktiziert, finde in der Ruhe der Gotteshäuser den Ort, an dem meine ursprüngliche Seele wiedererwacht.

Eine Messe ohne Predigt

Du wirst für immer mit diesen dicken Narben leben. Aber die Wahrheit ist: Die Narben schützen viel besser als die Haut. Wenn ich noch einmal zur Welt käme, würde ich mir wünschen, von Kopf bis Fuß mit Narben bedeckt zu sein.
Pater Rudolfo im Gespräch mit
dem Sargento Germano de Melo

Man musste sich anstrengen, um zu verstehen, was der Sargento sagte, als er vor dem Pater stand, während dieser den Fußboden der Kirche fegte. Selbst ich, die ihn stützte, musste mich vorbeugen, um seine inständige Bitte zu verstehen. Als der Pater Rudolfo Fernandes schließlich begriff, reagierte er maßlos erstaunt: »Eine Messe?«

Der Pater sah den Sargento an, als erkenne er ihn nicht wieder. Seit Jahren hatte ihn niemand aufgefordert zu beten. Er hielt im Fegen inne und lehnte den Besen so sorgsam an die Wand, als müsste er sie abstützen. Dann blickte er verzückt auf die von Lichtstrahlen durchwirkten Staubwolken, die noch in der feuchtstickigen Luft in der Kirche hingen.

»Pater, haben Sie meine Bitte nicht gehört?«, fragte Germano. Doch der Pater starrte fasziniert auf die Kirchenfenster. Die Worte des Sargentos schienen an ihm herabzurinnen wie Regen an dem Glas. »Pater Rudolfo? Hören Sie mich? Ich bitte Sie, für mich zu beten, Pater«, sagte der Sargento noch einmal.

»Mein Sohn, nach allem, was du durchgemacht hast, glaubst du immer noch, dass Gott lebt?«

Der Pater drehte sich um und wollte gehen, doch ich warf mich ihm zu Füßen und flehte ihn kniend an: »Wenn Sie nicht für Germano beten wollen, dann beten Sie zu Gott für mich.«

Überrascht holte der Pater tief Luft, dann wies er mich an, ihm zu helfen. Ich hatte noch deutlich in Erinnerung, wie ich ihm in meiner Kindheit beim Messritus zur Hand gegangen war. Und nun tat ich, was ich früher getan hatte: Ich holte aus der Sakristei ein Messbuch, eine Glocke, einen metallenen Kelch und eine Flasche Wein. Ich half dem Pater auf das Podium rings um den Altar. Er stieg hinauf, als erklimme er einen ungemein steilen Hang. Zu mir gebeugt, flüsterte er mir zu, diese Kultstätte werde sonst von Bibliana genutzt. Die Menschenmenge, die jeden Sonntag in die Kirche ströme, komme nur, um die Kultzeremonie der schwarzen Priesterin zu erleben.

Auf dem Podium angelangt, ließ der Pater gedankenverloren den Blick durch den Raum schweifen. Er hatte mir erzählt, Bibliana habe Jesus einst am Kreuz betrachtet und bemerkt, er hätte heiraten sollen, so mager wie er war.

Ich klingelte mit der Glocke, eher um Rudolfo in die Wirklichkeit zu holen, als mit der Messe zu beginnen. Mit dem Rücken zu mir wartete der Pater, bis der Nachhall der Glocke verstummte, dann hob er die Arme vor dem Christuskreuz und verharrte so noch eine Weile. Schließlich drehte er sich um und blickte den auf Knien wartenden Sargento erneut verwirrt an: »Eine Messe?«

»Bitte, Pater …«

»Ich frage dich, mein Sohn: Hat Bibliana deine Schmerzen nicht gelindert?«

Germanos vollkommene Hilflosigkeit muss den Pater überzeugt haben, denn schließlich schlug er das Messbuch auf und blätterte es gemächlich von hinten nach vorn durch und dann von vorn nach hinten. Schließlich legte er das Buch nachdrücklich auf dem Tisch ab. Er blickte zu den Tauben, die an der Decke flatterten, und seufzte: »Weder Psalm noch Gebet. Ich werde gar nichts lesen.« Und müde setzte er nach: »Das Leben ist an Narben abzulesen, an solchen, wie du sie nun an Leib und Seele hast. Wenn ich noch einmal zur Welt käme, möchte ich von Narben bedeckt sein.«

Bei diesen Worten brach der Sargento in Tränen aus. Der Pater stieg vom Podium herab, um ihn zu trösten: »Du bist unglücklich, weil du deine Hände verloren hast? Jetzt überleg mal. Du hast sie nicht erst jetzt verloren. Du hast schon keinen Körper mehr, seit du nach Afrika gekommen bist.« Wer in der infernalischen Hitze, fuhr Rudolfo fort, durch unsere Poren schwitze, seien nicht wir selbst. Das sei der Teufel. Erkannte der Sargento sich an dem Geruch, den er verströmte? Und warum nicht? Weil es nicht sein Schweiß sei, der Schwefelgeruch gehöre nicht zu ihm. Weder zu ihm noch zu irgendeinem anderen Menschen. In ihm, dem Soldaten, stecke schon seit Langem niemand mehr. Und dafür müsse er Gott danken, denn je weniger Körper wir hätten, umso weniger müssten wir den Tod fürchten. »Verstehst du, mein Sohn?« Verwirrt und benommen, verstand der arme Sargento überhaupt nichts. Doch so wirr der ganze Wortschwall auch sein mochte, er besaß eine göttliche Faszinationskraft. Und deshalb nickte mein Portugiese ehrfürchtig.

Es gebe also keinen Grund, niedergeschlagen zu sein. Alles, was wie ein Unglück aussehe, habe auch seine gute Seite, verkündete der Pater zum Abschluss. Er solle nur an die offenkundigen Vorteile denken: Er würde vom Militärdienst befreit. Und nach Portugal zurückversetzt, ohne Uniform und ohne die Verpflichtung zum Töten. »Ist es nicht das, was du willst? Träumt nicht jeder Soldat davon? Nach Hause zurückzukehren?«

»Ich weiß nicht, Pater. Ich bin so durcheinander«, sagte der Sargento und kämpfte mit den Tränen.

Was für Rudolfo ein Trost war, klang für mich wie eine Strafe. Die Vorstellung, dass Germano nach Portugal heimkehren würde, schmerzte mich wie ein Dolchstoß in die Brust.

»Ich weiß nicht mehr, was ich will«, erklärte Germano. »Ich will Imani, ich will meine Hände, ich will heimkehren, ich will bleiben.«

Angesichts dieser Zweifel mussten wir um jeden Preis verhindern, dass er zu dem Militärposten in Chicomo gebracht würde. Denn wenn er sich dort so labil und dienstunfähig präsentierte, würde er sofort nach Lourenço Marques weitergeschickt. Und von dort würden sie ihn zurück nach Lissabon schicken, weit weg von mir. Das brachte ich aus vollem Herzen vor gegenüber einem benommenen und zögernden Sargento.

Der Pater beruhigte mich: »Wir schicken ihn nicht nach Chicomo. Im Hospital der Schweizer ist er eher in Sicherheit. Da kommen keine Portugiesen hin.«

Auch Bibliana hielt dies für die richtige Lösung. Obwohl es ihm deutlich besser ging, bekam Germano immer noch Fieberanfälle und Wahnvorstellungen. Die Wunderheilerin war an ihre Grenzen gestoßen: Der Kranke hatte Geister aus Übersee in sich. »Er muss zu den Betern geschickt werden«, erklärte Bibliana.

In der ganzen Umgebung waren die Schweizer Protestanten als »die Beter« bekannt. Die Einheimischen hörten, wie sie sonntags bei den Gottesdiensten in großem Chor wohlklingend sangen. Dass sie so aufeinander eingestimmt waren, erklärte Bibliana damit, dass die Weißen einem einzigen Gott huldigen. Mit ihrem Gesang trösten sie den zu seiner Einsamkeit verdammten Gott. Und aus Feingefühl schließen sie die Augen, wenn sie ihn lobpreisen. Damit Gott ihnen nicht seine Verletzlichkeit und Bedürftigkeit offenbare.

Der Pater riss eine Seite aus dem Messbuch, um sich eine Zigarette zu drehen. Er rauchte Blätter und Samen von *mbangue*, ganz ohne Schuldbewusstsein, denn schließlich habe ja Gott diese Wunderpflanze gesät. Die ersten Rauchwolken verströmten in der Kirche einen süßlichen, berauschenden Duft, als der Pater einen weiteren Grund nannte, Germano so schnell wie möglich aus Sana Benene wegzubringen. Hustend und kaum verständlich erklärte er: »Soldaten sind auf dem Weg hierher ...«

Ich seufzte resigniert. Nichts als Soldaten gab es in diesem Buschland: Schwarze, Weiße, Kinder und Alte, Tote und Lebende, alle mit einer Waffe in der Hand.

Der Pater erriet offenbar meine Gedanken und erklärte: »Unsere Soldaten, Portugiesen. Sie kommen morgen, unter dem Kommando von Santiago da Mata, einem herzlosen Mann.«

Dann streckte er die Zigarette dem Sargento entgegen, doch der lehnte das Angebot energisch ab und riss die verstümmelten Hände in die Höhe, als zielte jemand mit einem Revolver auf ihn. Der Pater lachte nachsichtig und hustete mehr, als er sprach: »Morgen versteckst du dich besser in der Sakristei. Deine Vorgesetzten wollen dich bestimmt nach Chicomo mitnehmen.«

Wie ein Gespenst erschien da mein Bruder Mwanatu in der Kirchentür. Er war in heller Aufregung, die Augen weit aufgerissen. Bevor er hereinkam, nahm er so etwas wie Haltung an, dann, vor dem Altar, bekreuzigte er sich halbherzig vor dem Bauch. Anschließend machte er den Mund auf und zu, gab aber keinen Ton von sich.

Gereizt tadelte der Pater ihn: »Um Gottes willen, Mwanatu, du kannst dich nicht mal richtig bekreuzigen!«

»Pater«, stammelte mein Bruder, »ich will was reden ...«

»Es heißt nicht, etwas reden. Es heißt, etwas sagen ...«

Von hinten kam unser Vater dazu. Schlurfend näherte er sich seinem Sohn und musterte ihn neugierig. Er wartete, bis es meinem Bruder gelang, ein Wort herauszubringen.

»Sargento, es ist etwas Furchtbares passiert«, stammelte Mwanatu endlich. »Nkokolani gibt es nicht mehr. Sie haben alle umgebracht, alles abgebrannt.«

Die Nachricht wog so schwer, dass ich auf den Steinboden der Kirche fiel. In der dann folgenden langen Stille fuhren meine Finger über den Boden, als suchten sie darauf nach einer Spur Wirklichkeit. Ich zerrieb zwischen den Fingern

Farbstücke, die von den Wänden abgeblättert waren. Zu unser aller Überraschung brach Mwanatu das Schweigen und sagte ruhig, aber bestimmt: »Ich gehe hin.«

»Wohin?«, fragte mein Vater.

»Ich geh nach Nkokolani, unsere Toten begraben.«

»Du bist ein Mann, aber ich bin der Vater. Ich bin der letzte Nsambe. Die Erde zuschütten, das muss ich.«

Doch Mwanatu hatte schon alles geplant. Er hatte mit Fischern gesprochen, die bereits am Anleger auf ihn warteten. An der Tür hatte er einen Beutel für die Reise abgelegt. Mein Vater sollte später nachkommen. Pater Rudolfo würde ihm einen Platz in einem anderen Boot besorgen. »Jetzt lasst uns für die Verstorbenen beten«, sagte mein Bruder.

Ich erkannte Mwanatu nicht wieder. In uns muss etwas sterben, damit wir wiederaufleben und unsere ganze Größe offenbaren. Mein geistesschwacher, unbeholfener Bruder lebte jetzt in der Gestalt eines ruhigen und redegewandten Mannes auf.

Der aus seinem Fieberwahn erwachte Sargento umarmte seinen jungen Wachposten lange. Dann sagte er in brüderlichem Ton: »Leg die Uniform ab, Mwanatu. Sie kann dir gefährlich werden. Womöglich hält man dich noch für einen portugiesischen Soldaten.«

»Ich bin ein portugiesischer Soldat. Meine Waffe gebe ich nicht her«, und er wies auf ein Gewehr am Eingang zur Kirche.

»Hast du das aus Nkokolani mitgebracht?«, fragte der Sargento. »Wozu? Das Gewehr funktioniert doch nicht, es hat noch nie funktioniert.«

»Doch, es funktioniert. Wer hat gesagt, dass es nicht funktioniert?«

Mein Vater streckte mir die Hand entgegen und half mir beim Aufstehen. Da erst merkte ich, dass mir Tränen über die Wangen liefen. »Wisch dir das Gesicht ab«, befahl mein Vater. »Man weint nicht in einer Kirche, das ist respektlos.« Dann wandte er sich an meinen Bruder: »Wenn die VaNguni unsere Toten schon begraben haben, weißt du, was du zu tun hast: Du musst sie wieder ausgraben und nach unseren Regeln beerdigen.«

»Das werde ich tun, Vater.«

Wir wussten, wie die VaNguni mit den Besiegten verfuhren. Selbst im Tod mussten sie noch gedemütigt werden. Sie begruben uns, die VaChope, wie ihre Sklaven: Sie wickelten uns in eine Matte und warfen uns in ein Massengrab. Unten in der Grube lagen schon Sklaven, die mit dem Tod rangen. Jedem Einzelnen hatten sie die Beine gebrochen. Auf den Haufen Toter und Sterbender warfen sie Erde, und zum Schluss traten sie die Erde ordentlich fest. Nichts sollte darauf hinweisen, dass in der Erde gegraben worden war. Nichts sollte an die Sklaven erinnern. Sonst würde die lebendige Erinnerung an die Toten ihre früheren Herren für immer verfolgen.

»Und was mache ich mit Mutter?«, fragte Mwanatu.

»Mit Mutter?«, fragte ich fassungslos zurück.

»Wenn die sie umgebracht haben, wo soll ich sie beerdigen?«

Unsere Mutter war vor Monaten gestorben. Ich stellte es nicht richtig. In diesem Augenblick war die Wirklichkeit nicht wichtig. Unser Vater dachte ebenso, denn er erklärte feierlich: »Wenn man sie umgebracht hat, werde ich sie begraben. Warte damit, bis ich da bin.«

Mwanatu saß da und putzte seine Stiefel. Es waren seine allerletzten Vorbereitungen, bevor er sich auf den Weg machte. Er sah mich lange an, dann sagte er, so, gegen die Sonne, erinnere ich ihn an unsere Mutter.

Es war nicht das erste Mal, dass Mwanatu mich verwechselte. Er bildete sich die Ähnlichkeit ein, um sich vor unerklärlichen Ängsten zu schützen. Das größte dieser Gespenster war uralt: Als Kind fürchtete er sich davor, ich könnte weggehen. Wenn ich ihm Geschichten vorlas, bekam er manchmal einen Anfall und schrie, ich solle aufhören.

»Ich habe dir nie gesagt, warum«, bemerkte Mwanatu und stellte die Stiefel auf dem Fußboden ab. »Ich hatte Angst, du könntest in das Buch hineinkriechen und uns für immer verlassen.«

»Haben dir die Geschichten nicht gefallen?«

»Geschichten haben immer ein Ende.«

»Es kann doch ein schönes Ende sein.«

»Aber es ist immer ein Schluss«, entgegnete Mwanatu. Dann senkte sich das große Schweigen aller Abschiede zwischen uns, dieser Schlusspunkt der Geschichten, den wir nie erzählen.

»Ich habe eine Bitte, Schwester. Gib mir deine Schnürsenkel. Ich gebe dir dafür meine.«

Ich nickte. Ohne mich über die merkwürdige Bitte zu wundern, löste ich langsam meine Schnürsenkel. Als der Tausch vollzogen war, erklärte Mwanatu: »Jetzt wirst du meine Schritte leiten, Schwester.«

Dann schlossen wir uns den anderen an und machten uns gemeinsam auf den Weg zum Anleger. Mwanatu ging voran. Ich trat in seine Fußstapfen, als wäre ihm niemand gefolgt.

Als ich Mwanatu am Anleger zum Abschied umarmte, versagte mir die Stimme. Lebwohl ist kein Wort. Lebwohl ist eine Brücke aus Schweigen. Das Boot verschwand an der Flussbiegung im Dämmerlicht des frühen Abends. Ich blieb winkend am Ufer stehen, plötzlich von Kälte umfangen.

Dann kehrten alle nach Sana Benene zurück. Der Sargento und ich blieben auf dem Anleger. Zum ersten Mal ergriff ich die Initiative: »Komm mit, Germano.«

Schweigend gingen wir gemeinsam in das warme Wasser des Inharrime. Ich sagte, ich wünschte mir einen Fluss zum Weinen. Er umarmte mich ungeschickt, meine Schultern zitterten glücklich hilflos. Dann forderte ich ihn auf, gemeinsam unterzutauchen und so lange unter Wasser zu bleiben, bis wir den Atem nicht mehr anhalten könnten. Als uns die Luft ausging, kehrten wir an die Oberfläche zurück.

Germano flüsterte: »Jetzt küss mich.« Ich zögerte. Auf seinem Mund glänzte ein zitternder Tropfen. Unsere Lippen berührten sich.

»So muss der erste Kuss sein«, sagte Germano.

Es war ein lang ersehnter und verzweifelter Kuss, als suchte jeder im anderen den letzten Rest Luft.

»So muss der erste Kuss sein«, sagte er noch einmal.

»Der erste?«

»Alle Küsse. Alle Küsse sind erste Küsse.«

Fünfter Brief des Sargento Germano de Melo

In Goa gibt es eine alte Sage, in der es um die Geschichte einer Insel und eines Bootes geht. Ein Fischer hatte Schiffbruch erlitten und sich auf eine einsame Insel gerettet. Dort verbrachte er viele Jahre, rings um ihn ständiger Nebel, der ihm den Horizont raubte. Eines Tages stellte er fest, dass es gar keine Insel war. Er befand sich auf einem Boot. Das hatte er nicht wahrgenommen, weil er blind war. So blind, dass er nicht gemerkt hatte, dass er nicht mehr sehen konnte. Die Zeit verging, dann wurde der Fischer von einem riesigen Fisch gebissen. Da stellte er fest, dass das Boot, auf dem er lebte, ein Wrack war und auf dem Meeresgrund lag. Und ihm wurde klar, dass er nicht nur blind war. Er war tot.
So erging es auch uns. Wir waren Tote in der Verbannung im afrikanischen Busch.
Bericht von Pater Rudolfo Fernandes

Sana Benene, 2. Oktober 1895

Sehr geehrter Senhor
Tenente Ayres de Ornelas,

seit über zwei Monaten sitze ich hier fest, an diesem Ort, der keiner ist, wie der Pater sagt. Bianca hat verkündet, dass sie es nicht mehr aushält und bei nächster Gelegenheit abreisen will. Auch ich bin es wirklich leid. Dennoch möchte ich Sana

Benene nicht verlassen. Mich hält die liebliche Gesellschaft von Imani. Ich kann nicht sagen, dass ich den Traum von meiner Rückkehr nach Portugal, die Sie mir so großzügig in Aussicht gestellt haben, vollends aufgegeben hätte. Ich bin im Zwiespalt. Und diese Briefe sind die Brücke zwischen meinen widersprüchlichen Wünschen.

Vielleicht ist dies der Grund, warum mir nun etwas Neues, Merkwürdiges widerfährt. Wenn ich mich vor die Papiere setze, ertappe ich mich dabei, dass ich mich bekreuzige, ehe ich zu schreiben beginne. Als wäre das Schreiben ein heiliger Ort, an den ich mich vor meinen inneren Abgründen rette. Fühlen Sie sich also nicht unter Druck, mir zu antworten. Schreiben ist meine Art zu beten. Und wer betet, weiß, dass es keine Antwort gibt.

Ich habe Imani von Ihrem Versprechen erzählt, mich nach Portugal zurückzuschicken, sobald Sie befördert werden. Sie erkundigte sich, was ich geantwortet habe. Ich habe die Wahrheit gesagt. Dass ich zuerst ja und dann nein gesagt habe. Imani reagierte zunächst überraschend. Ganz leise, wobei ihre Lippen mein Ohrläppchen berührten, fragte sie: »Willst du nicht heimkehren?« Ich antwortete, für mich gebe es kein Zuhause mehr. Und deshalb auch keine Heimkehr.

Sie fügte hinzu, wenn meine Liebe stark wäre, müsse ich eine Lösung finden, damit sie mitreisen könne. Ein altes Misstrauen schnürte mir die Kehle zu. Ohne meine Worte abzuwägen, fragte ich, ob ihre Liebe zu mir stärker sei als der Wunsch zu fliehen. Sie lächelte und antwortete ausweichend: Es komme aufs selbe heraus.

Lächelnd wandte sie sich ab, in mir blieb der Verdacht zurück, den ich schon einmal angesprochen habe: Könnte es sein, dass Imani mich benutzt, um ihrem Land zu entkommen? Sollte alles, was sie mir geschenkt und was mich hat träumen lassen, vorgetäuscht sein? Ich ahne, wie Ihre Antwort lautet, und bitte darum, sie lieber für sich zu behalten. Ich will an meinen Überzeugungen und Leidenschaften uneingeschränkt festhalten. Von Bianca habe ich gelernt, dass die Liebe wie Feuer ist: Ist sie schön, verbrennt man sich.

Aus Liebe – sei sie echt oder falsch – werde ich den Befehl verweigern und gegen Ihren Willen in das Hospital des Schweizers gehen. Ja, das werde ich tun. Und ich vermisse schon jetzt diese Menschen, die für mich zu der Familie geworden sind, die ich nie gehabt habe. Als ich das Pater Rudolfo gegenüber erwähnte, rümpfte er die Nase und sagte, er glaube nicht an Liebe, Sehnsucht und selbstlose Hingabe. Er glaube niemandem und erst recht nicht, seit er mich kennengelernt habe. Gekränkt forderte ich ihn auf, das zu erklären.

»Ich habe die Briefe gelesen, die du in deinem Zimmer herumliegen lässt«, antwortete der Pater. Dann verschränkte er die Arme in seinen weiten Ärmeln und fragte: »Gibt es nichts, was du beichten möchtest?«

Ich hatte mich noch nicht von dem Schock über seine Mitteilung erholt, da nahm der Pater aus einer Tasche seiner Soutane einen Gegenstand, der mir zunächst nach einem metallenen Kreuz aussah. Dann erst begriff ich, dass es eine Pistole war. Ich hob die Arme hoch, während Rudolfo mit dem Blick gen Himmel sprach: »Gott hat mir diese Waffe gegeben. Selbst der Schöpfer hat verstanden, dass in einer Welt so voller Gefahren und Sünden Worte allein nicht genügen.«

»Sie hätten meine Briefe nicht lesen dürfen!«, wagte ich noch zu entgegnen.

Den Zeigefinger am Abzug, ließ er die Pistole nicht gerade gekonnt kreisen, während er mir unsere Korrespondenz vorhielt.

»Du hast Geheimnisse dieser Gemeinde verbreitet, hast Menschen verunglimpft, die dir nur wohlgesonnen sind. Du hast sogar vorgeschlagen, die Portugiesen sollten meine Bibliana überwachen. Du solltest dich schämen. Diese Frau hat dir die Hände zurückgegeben, willst du sie nun mit diesen Händen erdolchen?«

Ich gestehe, dass ich mich noch nie so schuldbewusst gefühlt habe. Und der Pater redete immer weiter: »Dein

Vorgesetzter fordert dich auf, die Rebellen zu finden. Sind diejenigen Rebellen, die dafür kämpfen, dass man ihnen ihr Land nicht wegnimmt? Hast du dich schon mal gefragt, ob nicht genau das der Zweck ist, zu dem wir hier sind? Um diesen Menschen ihr Land wegzunehmen?«

»Ihr Land wurde diesen Menschen schon vor langer Zeit weggenommen.«

Anscheinend hatte der Pater mir nicht zugehört, denn er blickte noch immer nach oben, während er mich sarkastisch angriff: »Du kannst ja jetzt deinem Freund Tenente verraten, dass es in dieser Kirche Waffen gibt.«

Plötzlich warf er mir die Pistole zu. »Nimm sie an dich. Es ist besser, du bist bewaffnet, denn alle hier wollen dich umbringen. Und wenn sie dich leben lassen, tun sie das nur, weil sie deine Hilfe brauchen, um solche wie dich umzubringen.«

Ich stand auf, doch ich stellte fest, dass ich nirgendwohin gehen wollte. Hilflos fiel ich auf der roten Erde auf die Knie und weinte. Ich weinte, wie ich noch nie zuvor geweint hatte.

Da retteten mich Pater Rudolfos Worte. Seit er sich in Mosambik befand, habe er so viel Schändliches erlebt, dass man eine Sprache erfinden müsse, um all das zu beschreiben. Er habe gesehen, wie Blut an den Degen der Europäer herunterrann und wie Blut von den Wurfspeeren der Afrikaner abgewischt wurde, die andere Afrikaner umbrachten. »Unsere Bekleidung taugt für gar nichts«, sagte er traurig. »Wir sollten die Soutanen und Uniformen wegwerfen.«

Er forderte mich auf, mich wieder zu setzen. Er wolle mir von einem Erlebnis erzählen. Er dachte daran zurück, wie vor langer Zeit, als er noch die Messe las, ein portugiesischer Soldat nach Sana Benene kam und die Beichte ablegen wollte. Aber der Soldat blieb stumm und blickte scheu zur Seite; er sagte nur »ich weiß nicht« und schüttelte den Kopf, als wollte er einen schlimmen Gedanken vertreiben. Schließlich stand er auf und ging zur Tür, vermied dabei jeden Blickkontakt mit dem Pater. Als er den Ausgang erreichte, murmelte er mit gesenktem Kopf: »Ich weiß nicht, wie viele ich umgebracht habe, ich kann sie nicht mehr zählen.« Beide, der Pater und der reuige Soldat, verharrten regungslos, unfähig, einander anzusehen oder etwas zu sagen. Wenn wir nicht mehr zählen können, wie viele wir getötet haben, gibt es keine Sünde mehr und keinen Gott. Der Soldat wollte sich scheinbar noch bekreuzigen, hielt aber mittendrin inne, als hätte er es sich anders überlegt. Sowie er um die Ecke gebogen war, knallte der Schuss. Zum ersten Mal sah Rudolfo die Augen des jungen Soldaten. Und er war nie wieder in der Lage, jemandem die Beichte abzunehmen.

Das war geschehen. Und vielleicht geschah es immer noch, tief in der Seele des Paters. Doch der schlug mit den Händen auf die Knie und beendete das Thema. »Zum Glück hat Gott uns mit anderen Gaben beschenkt«, erklärte er. »Denken Sie nur an den Körper meiner Bibliana. Haben Sie sich Bibliana richtig angesehen?«

Aus Vorsicht vermied ich zu antworten. Der Pater forderte mich heraus: »Lassen Sie uns gemeinsam auf eine imaginäre Reise gehen, mein Freund.« Als Erstes sollte ich mir einen Überfall auf ein Dorf vorstellen. In diesem Szenario eine Frau, die panisch versucht, dem Blutrausch der Angreifer zu entfliehen. In ihrer höchsten Not findet die Frau keinen anderen Zufluchtsort als eine brennende Hütte. Zu einer Fackel geworden, entkommt sie den Feinden.

Der Pater sprach von Bibliana. Unter ihren Kleidern sei ihr ganzer Körper voller Brandnarben, ein großer Teil ihrer Haut sei tot, wie Schuppen einer Eidechse. Während er das sagte, rieb er die Finger aneinander, als versengten ihm seine Worte die Hände.

Schließlich stand der Pater auf, und seine Kleidung verströmte den Geruch von Verwahrlosung. Da ich das Gesicht verzog, rechtfertigte er sich. Er habe kein Wasser, mit dem er sich waschen könne. Er verfaule innerlich – er bestehe aus zwei Hälften, die nicht zusammenpassten. In Indien hatte er die Kaste der Unberührbaren kennengelernt. Der Schmutz, den er in der Seele trug, war nun zu einer ansteckenden Krankheit geworden. Er selbst war ein Unberührbarer geworden.

Es heißt, wir seien von Feinden umzingelt. Aber nicht die Anwesenheit der anderen ist die größte Bedrohung für uns, sondern unsere Abwesenheit. Und darüber beklagt sich Pater Rudolfo am meisten – dass unsere Amtsvertreter nicht vorhanden seien. Er habe das riesige afrikanische Buschland von vorn bis hinten durchstreift und nichts als Leere gesehen. Die Einzigen, die dort wirklich herrschten, seien Gungunhanas Indunas, seine Berater. Außerdem seien sie, die Kaffern, die Einzigen, die die Steuern eintreiben. Und sie empfingen die ausländischen Gesandten. Bei diesen eingeborenen Würdenträgern beantragten die portugiesischen Machthaber – so wie der Intendente José d'Almeida – Konzessionen für den Bergbau. Der portugiesische Staat sei so wenig existent, dass der Intendente Gungunhana mit »Eure Majestät« anspreche. Umgekehrt bezeichnete der afrikanische König die Portugiesen als »Hühner« oder als »weiße Changanes«, weiße Sklaven.

Ich will ihnen nicht länger Ihre Zeit rauben, Senhor Tenente. Dieser Bericht ist schon zu lang und ausführlich geraten. Ich teile Ihnen dies alles mit, um Ihnen zu sagen, dass diese so hitzigen Diskussionen mich vollkommen gleichgültig lassen. Für mich spielt keine Rolle, wer hier herrscht. Denn über mich herrschen andere Kräfte. Das einzige Gesetz, dem ich gehorche, heißt Liebe. Es heißt Imani Nsambe.

Ich weiß nicht, ob ich diese Korrespondenz werde fortführen können. Der kleine Tintenvorrat, den ich in der Sakristei vorfand, geht zur Neige. In Nkokolani hatte ich an alle, die uns besuchen kamen, nur die eine Bitte, sie möchten neue Tintenfässer mitbringen. Doch wen kann ich nun darum bitten? Ich habe schon daran gedacht, mit Wasser zu schreiben. Mit Wasser?, werden Sie fragen und vermuten, dass mich doch noch mein Fieberwahn in der Gewalt hat. Tatsächlich aber ist das Wasser von Sana Benene so schmutzig, dass meine Schrift leicht zu entziffern wäre. Das Problem hat sich damit gelöst, dass Imani mir gestern ein Fläschchen mit einer Flüssigkeit von schmutziger Farbe brachte, eine Art scharlachrote Tinktur. Ich wurde gebeten, es nicht zu verraten, aber ich kann nicht widerstehen: Diese Zeilen wurden mit einem Sud aus Blättern und Rinden geschrieben, dem Imani, wie sie sagt, ihr eigenes Blut zugesetzt hat. Genau genommen, Senhor Tenente, ist das, was Sie lesen, das Blut einer schwarzen Frau.

Die unsteten Schatten des Santiago da Mata

Nachdem das Reich der VaNguni den Höhepunkt seiner Macht erreicht hat, steht es kurz vor dem vollständigen Zusammenbruch. Anderes ist gar nicht denkbar. Dies ist die Geschichte sämtlicher auf Verbrechen und Terror gründenden Dynastien. Aber trotz alledem mag ich Ngungunyane; trotz seiner Grausamkeit kann ich nicht umhin, ihm zugetan zu sein.
Georges Liengme, Schweizer Arzt

Wir wachten von der Schießerei auf. Eilig versammelten wir uns unter dem schützenden Dach der Kirche. Der Pater beruhigte uns: »Das sind bestimmt portugiesische Soldaten. Die schießen ein Stück Vieh.«

Anfangs hatten sie noch Kleidung gegen Essen getauscht. Inzwischen zielten sie mit dem Gewehr auf die Besitzer der Viehherden und verlangten, sie sollten sich zwischen ihrem Rind und ihrem Leben entscheiden.

Die Portugiesen sagen ein »Kopf Vieh«. Das ist merkwürdig, denn wir nennen Sklaven auch Tinhloko, das bedeutet »Köpfe«. Noch merkwürdiger ist, dass ich mich daran gewöhnt habe, dass für die VaNguni ein Rind mehr wert ist als ein Mensch.

Die Erklärung des Paters beruhigte uns. Wenn es portugiesische Soldaten waren, bestand keine Gefahr. Wie gingen schon auseinander, da kam ein aufgeregter Junge mit einer Nachricht: So ein portugiesisches Wasserfahrzeug, ein *blocausse*, hatte das Boot angegriffen. Alle an Bord waren umgekommen. Die Leiche meines Bruders trieb im Wasser des Inharrime.

So schrecklich die Nachricht auch war, für mich kam sie nicht überraschend. Wieder überlief mich ein kalter Schauer, wie auf der Flussfahrt, als mir der Nwamulambu begegnet war. Ein Schleier legte sich mir auf die Augen, aber ich wusste, mein Bruder hatte dieses Ende gesucht. Mwanatu hatte nicht die Toten von Nkokolani begraben wollen. Er wollte von denen umarmt werde, die schon von uns gegangen waren.

Meine beherrschte Reaktion stand im Gegensatz zu der Aufgeregtheit der anderen. Mein Vater wankte wie ein Blinder durch den Innenhof und verwünschte den Himmel. Nach mehreren Runden lehnte er sich an einen Baumstamm und brach in Tränen aus. Pater Rudolfo zog seine Soutane aus und warf sie auf die Erde. In langen Unterhosen trat und stampfte er darauf herum. Der Sargento vergaß seinen körperlichen Zustand und hielt sich seine verstümmelten Hände vor das Gesicht, damit man nicht sah, dass er weinte. Die Italienerin Bianca forderte uns auf, hineinzugehen und zu beten. Von den Klagen angelockt, kam Bibliana aus der Küche auf den Hof, um uns zu trösten.

Da hörten wir das Knirschen von Schritten und dann einen Befehl in gutem Portugiesisch: »Niemand rührt sich von der Stelle!«

Aus dem Busch trat eine Gruppe portugiesischer Soldaten, drei Weiße und zwei Schwarze. Sie traten so arrogant auf, als wären sie die Herren der Welt. An ihrer Spitze ein Capitão, der sich als Santiago da Mata präsentierte. Sie waren gerade von Bord des *blocausse* gekommen und erklärten, die Schüsse auf Mwanatus Boot abgegeben zu haben. Sie hatten das Boot verwechselt, hatten die Besatzung für entflohene Vátuas gehalten. Auf Rudolfos verzweifelten Protest entgegnete der Capitão: »Das hier ist ein Land der Tiger und Hyänen. Soll ich mich vielleicht höflich erkundigen, ob es unter all diesen Raubtieren eine Katze gibt?«

»In Afrika gibt es keine Tiger, Capitão.«

»In dem Boot saß ein bewaffneter Schwarzer, was hätte ich denn tun sollen?«

»Das war keine echte Waffe«, brüllte der Pater. »Haben Sie nicht die Uniform gesehen?«

»Natürlich habe ich sie für falsch gehalten, verdammt! Denn hier, mein guter Freund, sieht alles falsch aus. Sehen Sie zum Beispiel aus wie ein richtiger Pater?«

Er machte Anstalten, in die Kirche hineinzugehen, doch der Pater stellte sich ihm in den Weg: »Nicht alle sind es würdig, dieses Haus zu betreten.«

Der Capitão griff zur Pistole. Er war empört über den Befehl, beleidigt wegen der Respektlosigkeit. Er holte tief Luft, schlug dann aber einen versöhnlichen Ton an: »Diese Männer sind alle gleich. Können Sie einen Unterschied sehen?«

»Ich kann zwischen menschlich und unmenschlich unterscheiden. Zwischen einfach und mächtig, zwischen arm und –«

»Was soll das?«, fiel ihm der Capitão ins Wort. »Sind wir schon so weit, dass wir alle das Negervolk verteidigen, so wie die verfluchten Schweizer?«

»Ich kann die Afrikaner erkennen, die des Reiches Gottes würdig sind, ich kann diese armen Schwarzen –«

»Schonen Sie Ihre Augen und sehen Sie sich die weißen Soldaten an, die mich begleiten. Sehen Sie sie sich genau an, Pater: Der arme Kerl hier hatte noch nie seine Füße in Schuhe gesteckt; und der da hat noch vor einem Monat Ziegen gehütet. Keiner von beiden hat je auf einer Schulbank gesessen.«

Die Hände auf dem Schultergurt, die Augen unter dem Mützenschirm funkelnd, ließ der Capitão den Blick lange auf jedem Einzelnen verweilen, dann wandte er sich wieder dem Pater zu: »Sind Sie auf der Suche nach der Reinheit der Wilden? Dann lassen Sie sich gesagt sein: Das Paradies ist nicht hier. Diese Leute sind des Teufels. Diese Kaffern sind nicht einfach darauf aus, Ihnen das Hemd vom Leib zu reißen. Die wollen Ihr Hemd und Ihren Leib.«

Er blieb vor dem mutlosen Sargento stehen, der sich mehr traurig als erschöpft am Türpfosten abstützte. Er betrachtete seine verdreckte Hose und das zerrissene Unterhemd. Dann erst richtete er den Blick auf Germanos Arme: »Haben die Kaffern dich gefesselt! So machen sie es. Sie schnüren die Hände der Gefangenen ab, bis sie brandig werden.«

Ich stützte den taumelnden Sargento, während er einen Schritt vortrat und sich aus der Gruppe löste: »Ich melde mich, ich bin Sargento Germano de Melo.«

»Sargento? Und von welcher verdammten Armee bist du?«

»Von unserer, Capitão.«

»Scheint mir aber nicht so. Denn sonst hättest du salutiert, wie es sich gehört.«

Der Sargento verzog das Gesicht und nahm unbeholfen stramme Haltung an. Über die Wangen liefen ihm dicke Tropfen, von allen für Schweißtropfen gehalten. Doch Santiago da Mata hatte das Interesse am Sargento schon wieder verloren. Ihn beschäftigte der Disput mit dem Pater.

»Sind Sie der Ansicht, Pater, dass Sie Rasse und Abschaum erkennen können? Ich will Ihnen sagen, woran Sie erkennen, ob Sie einen Schwarzen oder einen Weißen vor sich haben. Nicht an der Hautfarbe, mein werter Senhor Padre. Sondern an den Augen.«

Wir alle waren von den Worten und der ausdrucksstarken Gestik des Hauptmanns gebannt. Wie ein Zauberkünstler schnippte er mit den Fingern vor dem Gesicht des Sargento Germano und erklärte: »Sehen Sie sich diesen Mann gut an, Auge in Auge. Wenn Sie genau hinsehen, werter Senhor Padre, werden Sie tief im Blick dieses Unseligen die Hitze uralter Küchenrauchschwaden erkennen. Seine Haut mag noch so weiß sein, aber dieser Kerl ist ein Schwarzer. Der hat seine ganze Kindheit damit verbracht, in die Feueröffnung vom Herd zu pusten.« Dann wurde er lauter und lauter, bis er brüllte: »Hört ihr einen portugiesischen Capitão sprechen?« Er zog die Pistole und schoss auf den Kirchturm. Ein Krähenschwarm flatterte durch die Luft. Der Schuss hatte den Capitão offenbar beruhigt. Mit erhobenem Kopf und durchgedrücktem Rücken ging er wieder auf den Sargento zu: »Wie heißt du, hast du gesagt?«

»Germano de Melo, zu Befehl, Capitão. Ich war auf dem Posten von Nkokolani. Bei einem Überfall auf den Militärposten bin ich verletzt worden.«

»Lüg nicht, Sargento.«

»Das ist die reinste Wahrheit«, sagte Germano und zeigte seine verbundenen Arme.

»Die Verwundungen sind echt. Aber in Nkokolani gibt es keinen Militärposten. Da gibt es nur eine Ladenkneipe.«

»Für mich war es ein Militärposten, der einzige Militärposten dieser Welt. Und Mwanatu, der Junge, den wir hier beweinen, war mein Wachposten.«

»Wachposten?« Der Capitão lachte verächtlich auf und verdrehte die Augen. »Ich bin es leid, diese Farce, ich habe genug von Soldaten, die keine Militärs sind, von Kasernen, die nur Ladenkneipen sind. Ich habe genug von Kriegen, von denen die Politiker meinen, sie könnten sie in ihren Schreibstuben am Lissabonner Terreiro do Paço gewinnen.« Die Arme wie zum Gebet erhoben, klagte er: »Ach, Mouzinho, Mouzinho, wo bleibst du so lange?«

Er stellte sich in den Schatten an die Wand, lehnte den Rücken an den verwitterten Stein und sah durch uns hindurch, als wären wir nicht vorhanden. Im Gegensatz zu seinen Landsleuten bereitete der Anblick von Weißen ihm keinen Trost. Die bleichen Gesichter lösten in ihm unverhohlenen Abscheu aus. Es sei denn, die Person war weiblichen Geschlechts, so wie die Italienerin, die ihn halb ängstlich, halb fasziniert ansah.

»Sie habe ich irgendwo schon gesehen«, behauptete da Mata.

»Das kann sein, Senhor Capitão. Ich heiße Bianca.«

»Die Italienerin mit den goldenen Händen? Sehr erfreut, verehrte Senhora.« Und er verneigte sich grotesk.

»Sie müssen verstehen, Senhor Capitão, warum wir alle

hier so betroffen sind«, erklärte die Italienerin. »Der junge Mann auf dem Boot war der Sohn von unserem Freund hier«, und sie wies auf Katini, der sich hinter den anderen verbarg.

»Dona Bianca«, erwiderte der Capitão, »Sie können sich nicht vorstellen, wie sehr ich bedauere, was geschehen ist. Wir befinden uns im Krieg, was soll ich sagen? Ich bin Christ, also habe ich die Unglücklichen, die auf dem Boot unterwegs waren, beerdigt.«

»Und wo haben Sie sie beerdigt?«, fragte ich.

Ich erkannte meine eigene Stimme nicht. Von einer unsichtbaren Hand gedrängt, bot ich zu meiner Überraschung Santiago da Mata die Stirn. Und ich wiederholte meine Frage. Schmunzelnd erkundigte er sich: »Na so was, wer ist denn dieses hübsche Ding? Sagen Sie mir nicht, Dona Bianca, dass sie eine von Ihren Mädchen ist.«

»Wo haben Sie meinen Bruder Mwanatu begraben?«, fragte ich noch einmal zornesblind.

»Hoppla, die Kleine hat scharfe Krallen!« Santiagos Stimme nahm einen maliziös sanften Ton an. »Wo hast du meine Sprache so gut sprechen gelernt, mein Täubchen? Kannst du mir vielleicht auch deine Sprache beibringen?«

Ich schloss die Augen und dachte an den Rat unserer verstorbenen Mutter. Die Beleidigungen gelten nicht dir, sagte sie immer. Sie gelten deinem Volk, deiner Rasse. Tu so, als wärst du Wasser, als wärst du ein Fluss. Wasser, mein Kind, ist wie Asche – das kann niemand beleidigen. Das lehrte mich Chikazi Makwakwa, meine vor erst so kurzer Zeit verstorbene Mutter. Denn in den Augen der Welt würde ich nie mehr frei von Schuld sein. Die Farbe meiner Haut, die Beschaffenheit meiner Haare, meine breite Nase, meine dicken Lippen, all das würde ich für immer wie eine Sünde mit mir tragen, all das würde mich daran hindern zu sein, wer ich bin: Imani Nsambe.

Ich blickte kurz zu meinem Vater in der Hoffnung, er würde in einem ungewöhnlichen Anfall von Mut den Mörder seines Sohnes zur Rede stellen, aber vergeblich. Katini

Nsambe verhielt sich, wie er immer gelebt hatte: höflich und unterwürfig, den Blick gesenkt, die Füße im Staub. Vielleicht in den Fäusten eine kaum spürbare Anspannung. Mehr nicht.

Mit einem Fingerschnippen rief Santiago da Mata die Soldaten, worauf diese sich in militärischer Formation aufstellten. »Hier muss eine gewisse Ordnung her!«, erklärte er. Und befahl, auf dem Kirchturm die portugiesische Fahne zu hissen. Der Pater deutete noch eine abwehrende Bewegung an. Germano machte Anstalten, den Soldaten zu helfen, aber der Capitão breitete großzügig die Arme aus: »Du bist befreit.«

Wir standen stramm und sahen zu, wie die blau-weiße Fahne gehisst wurde. Nach der Ehrenbezeugung griff der Capitão in seine Tasche und schwenkte einen Brief in der linken Hand: »Germano de Melo, so heißt du, hast du gesagt? Ich trage nämlich schon lange diesen Brief für dich bei mir!«

Der Sargento nahm den Brief entgegen und presste die Handgelenke wie eine Zange aneinander. Er blickte auf die Briefmarke und zog die Augenbrauen halb neugierig, halb enttäuscht zusammen. Er konnte höchstens ein Schreiben von Tenente Ornelas erwarten. Doch dieser Brief kam aus Portugal.

»Wir bleiben über Nacht«, teilte Santiago da Mata mit. »Wir werden Ihnen keinen Platz wegnehmen, Pater. Wir haben unsere Zelte. Ich bitte Sie nur, dass Sie uns morgen früh ein Stück Vieh überlassen. Was wir nicht aufessen, können Sie dann unter Ihren Leuten aufteilen.«

»Sie bitten darum, Capitão? Oder wollen Sie mich mit einer Waffe bedrohen, so wie Sie es mit den Kaffern machen?«

Der Capitão seufzte tief, während sich die Soldaten lärmend verzogen und ihr Gelächter anzeigte, dass sie den Ort, der unser gewesen war, in Besitz genommen hatten.

Da tauchte Bibliana auf. Sie hatte den passenden Moment abgewartet. Würdevoll wie eine Königin durchquerte sie im hellen Licht den Hof. Sie trug ihre üblichen Stiefel und um die Taille einen Patronengurt. Ihre Schritte klangen kämpferisch, in herausfordernder Pose blieb sie vor dem Capitão stehen.

»Nanu! Von wo habt ihr denn diese Figur hervorgezaubert?«, fragte er verblüfft. Zentimeter für Zentimeter musterte er die Priesterin. Beäugte misstrauisch den Patronengurt. Bibliana rührte sich nicht, während der Capitão den Inhalt einer Patrone untersuchte. Darin befand sich Schnupftabak. Der Capitão trat nahezu wütend darauf herum. »Und die Stiefel? Wo hast du die geklaut? Hast einen Soldaten umgebracht, ja?«

»Sie spricht kein Portugiesisch«, erklärte der Pater rasch.

Bibliana ahnte, was geschehen würde, und kam dem demütigenden Befehl, den er ihr geben würde, zuvor. Den Blick immer fest auf den Capitão gerichtet, zog sie die Stiefel aus.

Der Portugiese sah ihr verächtlich zu. Kopfschüttelnd bemerkte er: »Die Arme, die weiß nicht, dass noch wichtiger als Schuhzeug Socken sind, aber die hat ihr keiner gegeben. Ohne Socken sind Stiefel eine Qual.«

Aber das war nicht der Grund, warum Bibliana die Stiefel auszog. Sie atmete tief ein, dann schleuderte sie die Stiefel mit solchem Schwung in die Luft, dass sie in hohem Bogen auf den Mangobaum flogen, wo sie an einem Ast hängen blieben. Dort schaukelten sie erst sanft hin und her, bis sie sich plötzlich wie wild drehten. Der erschrockene Capitão sah aus den schwarzen Stiefeln unheilvolle Raubvögel aufsteigen. Blindlings schoss er auf die flatternden Geister, die nur er allein sah.

Sechster Brief des Sargento Germano de Melo

Nimm dich in Acht vor denen, die die Burg vor den anrückenden Barbaren schützen. Ohne es zu wissen, sind sie inzwischen selbst zu Ungeheuern geworden.
Pater Rudolfo Fernandes

Sana Benene, 5. Oktober 1895

Sehr verehrter Senhor
Tenente Ayres de Ornelas,

die Ankunft des Capitão Santiago da Mata rief mir in Erinnerung, dass es da draußen eine Welt gibt, der ich angehöre. Nun ist dieser Capitão, ehrlich gesagt, nicht der beste Sendbote jener Welt. Es wäre besser, er wäre nicht erschienen. Doch in gewisser Weise hat mir sein Erscheinen bewusst gemacht, wie leer und lächerlich unsere Überheblichkeit an diesem Ort ist. Vielleicht vergehen die Tage schneller, als ich denke. Vielleicht gibt es eine andere Zeit, die geräuschlos unterhalb unseres Alltags voranschreitet.

Vorläufig, Senhor Tenente, lautet die Wahrheit: Ich habe eine ganze Kirche als Schlafzimmer. Die Ruhe meines und des Gotteshauses Schlafs wird lediglich durch das Flattern der Tauben und Käuze gestört. Ich wache vom Rascheln der Ratten auf, die an den Kerzenstummeln nagen. Mich entsetzt die Vorstellung, die Ratten könnten sich auf meine Verletzungen stürzen, wenn diese kargen Mittel erschöpft sind.

Den Brief zu öffnen, den Santiago da Mata mir gebracht hat, zögerte ich hinaus. Eigentlich erfahre ich bei allem in meinem Leben seltsame Verzögerungen. Ich hätte nur ein paar Tage an diesem Ort bleiben sollen, der lediglich als Zwischenstopp auf dem Weg zu einem Krankenhaus vorgesehen war. Inzwischen befinde ich mich seit Wochen hier. Deshalb blickte ich geduldig auf den Brief und versuchte mich zu täuschen – er käme bestimmt nicht aus meinem Dorf, er wurde von keinem meiner Angehörigen abgeschickt. Ich habe kein anderes Zuhause als dieses hier. Ich habe keine andere Familie, nur diese Menschen hier.

Ich weiß, wie fleißig Sie an Ihre Frau Mutter schreiben. Sie können sich nicht vorstellen, wie sehr ich Sie beneide. Denn heute wüsste ich nicht, was ich meiner Mutter sagen sollte. Ich schreibe all das und weiß, dass es nicht die Wahrheit ist. Aber ich korrigiere nichts und lösche nichts.

Unsere derzeitige Vertrautheit erlaubt mir, hier Zeile für Zeile den höchst ungewöhnlichen Brief wiederzugeben, der mich aus meinem Heimatort erreicht hat und den ich schließlich doch geöffnet habe. Sie haben sich schon mehrmals gefragt, wieso ein junger Mann wie ich aus der Provinz eine derart gewählte Sprache und eine so große Sensibilität pflegen kann. In diesem Brief nun geht es um zwei Frauen, die diese Fähigkeiten in mir geweckt haben: meine Mutter und meine Lehrerin Dona Constança, eine gebildete Senhora, die sich auf der Flucht vor politischer Verfolgung selbst in die Verbannung in unser Dorf geschickt hat.

Dies ist das Schreiben, wie meine Mutter Dona Laura de Melo es diktiert hat, kein Komma habe ich geändert.

Germano, mein lieber Sohn,
ich bin es, Deine alte Mutter, die Dir schreibt. Nach so vielen Monaten ohne eine Nachricht von Dir muss ich etwas Trauriges mitteilen: Dein Vater ist gestorben. Er ist am Herzen gestorben, so wie alle Männer, das hat Toninho in der Apotheke gesagt. Ich diktiere diesen Brief unserer Nachbarin Constança, die Deine

Lehrerin in der Grundschule war. Sie lässt Dich grüßen, ist Dir aber böse, weil Du nichts von Dir hast hören lassen.

Ich will Dir erzählen, wie Dein alter Vater von uns gegangen ist. Ich habe es schon so oft erzählt, dass ich das Gefühl habe, durch das häufige Wiederholen bekomme ich Abstand zu diesem traurigen Tag. Es war früher Abend, und Dein Vater saß auf der Türschwelle. Es wurde dunkel, und Dein Vater blieb dort sitzen, wollte nichts essen, auch nicht spätabends, und sagte kein Wort. In der Nacht brachte ich ihm eine Decke, damit er sich wärmen konnte. Ich habe keine Fragen gestellt, so war das nun mal zwischen uns. Da sagte er, er würde bis zum Sonnenaufgang dort sitzen bleiben. Als ich am frühen Morgen nach unten kam, um die Tiere hinauszulassen, war er steif und kalt. Schwager Arménio hat mir geholfen, ihn ins Haus zu tragen, und mir verraten, die Männer im Dorf hätten gehört, dass Soldaten aus Afrika kämen. Falls welche gekommen sind, dann nicht in unser Dorf, und Dein Vater ist gestorben, als er dort gesessen und auf Dich gewartet hat.

Es war eine ganz einfache Beerdigung, mit den wenigen Menschen, die wir noch in der Familie und im Dorf haben. Die Trauerfeier war so schlicht, dass ich nicht einmal Zeit hatte zu weinen. Das ist eine schwere Sünde, ich weiß, aber ich warte noch heute auf Tränen, eine einzige Träne. Statt zu weinen, seufze ich. Denn ich war es schon leid, mein lieber Sohn, dass ich nicht mehr Ehefrau, nicht mehr Mutter war, nicht mehr richtig lebte.

Und weißt Du, warum mir keine Tränen kommen? Eigentlich bin ich Witwe, seit ich geheiratet habe. Wie oft habe ich mir die Arme und den Rücken mit Basilikum eingerieben, damit ich wie eine Dame dufte. Aber Dein Vater hat das nie gemerkt. Unzählige Male habe ich, sowie es dunkel wurde, die Haare offen getragen. Aber Dein Vater verlangte, dass ich das Tuch wieder umbinde. Angefasst hat er mich nur im Dunkeln.

Seine Eifersucht hat unser Heim zerstört. Sogar auf Dich war er eifersüchtig. Vor allem auf Dich, mein Sohn. Seit Deiner Geburt hatte dieser Mann nur eins im Sinn: mich zu strafen. Erst mit Schweigen, dann mit Worten. Und zum Schluss mit Ohrfeigen und Fußtritten. Ich wollte weglaufen, ich wollte sterben.

Aber dann ist es mir so ergangen wie allen Frauen hier bei uns. Ich habe alles aufgegeben, auch mich selbst. Ich habe mich mit dem Gedanken getröstet, dass seine Eifersucht das Einzige war, was er mir schenken konnte. Armer Mann, bei ihm war es so, wie Pater Estevão in einer Predigt gesagt hat: Wer nie geliebt hat, kann nicht eifersüchtig sein. Aber selbst in seiner Eifersucht war Dein Vater ungeschickt. Seit unserer Hochzeit verbreitete er im Dorf, er hätte ein Verhältnis mit Julinha dos Cinco Reis. Er ließ sich immer viel Zeit, bis er am Abend nach Hause kam. Aber ich wusste, dass er allein war und immer unter dem großen Maulbeerbaum saß, der seine Früchte über den ganzen Platz verstreut. Die Hosen von deinem Vater waren immer voll dunkler Flecken und rochen süß. Ich schnupperte an seiner Kleidung. Das war das einzige Parfüm, das er je benutzt hat. Manchmal sehne ich mich nach dem Duft der Maulbeeren.

Und jetzt will ich Dir etwas anvertrauen, was nur Gott hören dürfte. So manches Mal hat Dein Vater, Gott hab ihn selig, sogar dafür gebetet, dass Du noch als Kind stirbst. Nicht, weil er böse war, sondern weil wir so große Not litten. Wenn Gott Dich als so kleines Kind zu sich holen würde, dann würdest nicht Du sterben. Wenn Kinder so früh sterben, sind sie nur kleine Engel. Und wenn Engel sterben, gibt es keine Tränen, keine Traurigkeit, keinen Tod. Nur ein himmlisches Wesen, das Gott uns schenkt und uns nimmt. Und deshalb, das gebe ich ganz offen zu, habe ich dazu geschwiegen. Zum Glück hat Gott Deinen Vater nie erhört. Und seitdem wurdest Du wie durch ein Wunder immer mehr zu einem Teil von mir, Blut von meinem Blut, Leben von meinem Leben. Und ich hing so sehr an Dir, dass die Verachtung, die Dein Vater für Dich schon immer empfunden hat, sich noch verstärkte.

Als Nächstes, mein Sohn, werde ich zu einem Friseur gehen. Hier in unserem Dorf gibt es keinen. Deshalb fahre ich in das Städtchen, da soll es eine sehr geschickte Friseuse geben. Vielleicht ist das Eitelkeit, vielleicht eine Sünde. Ich will mich nur mit meinen eigenen Augen sehen, denn bisher habe ich mich nur durch die Augen meines Mannes wahrgenommen. Wenn du zurückkommst, will ich nicht überrascht werden, so wie Dein Vater, der noch heute auf der Türschwelle auf Dich wartet.

Du wirst sehen, mein Sohn, dass ich auch das Haus hergerichtet habe. Damit es gemütlicher ist. Von dem bisschen geerbten Geld habe ich drei Stühle gekauft, damit es für jeden einen Platz gibt. Wenn Du kommst, kannst Du auf Deinem Stuhl sitzen und musst nichts tun, denn man sagt, dass Stühle helfen, die Vergangenheit zu vergessen. Jedenfalls sagt das unsere Nachbarin Constança, und die hat in der Schule schon viel auf Stühlen gesessen. Und sie sagt, wer aus dem Krieg kommt, hat viel zu vergessen.

Wir haben unseren Spaß, während sie den Brief schreibt. Weißt Du, was wir beide, sie und ich, heute Abend machen wollen? Wir wollen in den Straßen pfeifen gehen. Du weißt, Frauen ist das Pfeifen verboten, man sagt, eine Frau, die pfeift, ruft die Hexen. Dann rufen Constança und ich also die Hexen.

Ich bete zu Gott, dass Du bald und wohlbehalten zu Deiner Mutter zurückkommst, denn nun habe ich nur noch Dich in diesem Jammertal. Und ich hoffe, dass man Dir gut zu essen gegeben hat, denn in meinen Träumen bist Du immer ziemlich dünn. Ich schicke Dir die tausend Küsse, die ich Dir nicht gegeben habe, als ich Dich noch im Arm halten konnte. Deine Mutter, die Dich sehr lieb hat.

Ich habe den Brief vollständig abgeschrieben, weil ich Ihnen nicht nur den Inhalt mitteilen wollte, sondern auch, wie sehr ich diese Nachricht herbeigesehnt und gleichzeitig gefürchtet habe. Es ist nicht das ernste Ereignis, das mich beschäftigt. Nein, es ist ein Schuldgefühl. Nicht, weil ich meine heimische Vergangenheit vergessen habe. Es geht um eine andere Schuld, und nur Ihnen kann ich ein Geheimnis gestehen. In der Militärakademie habe ich in meinem Stubenfach das Foto von einem Mann angebracht, den ich allen gegenüber als meinen Vater ausgegeben habe. Aber er war nicht mein Vater. Er war ein Berufsoffizier, das Foto hatte ich aus einem Almanach ausgeschnitten. Das Bild war falsch, aber mein Stolz war echt. Für die anderen stammte ich – so wie Sie – aus vornehmer traditioneller Familie. Nachdem ich so lange gelogen und den Blick dieses Unbekannten auf mir gespürt hatte, habe ich schließlich das Gesicht meines leiblichen Vaters vergessen. Ich habe das Foto dieses fremden Mannes nach Afrika mitgebracht und trage es immer noch bei mir. Wie Sie sehen, fehlt mir nicht so viel von einer aristokratischen Familienvergangenheit. Ich habe diese Vergangenheit für mich erfunden. Ob an der Wand angebracht oder im Gepäck aufbewahrt ist dieses, mein anderes Leben – bei allem Respekt – so echt wie jedes andere auch. Ich habe dem Pater gegenüber angesprochen, dass die Kaffern sich um die Toten genauso viel kümmern wie um die Lebenden, wenn nicht noch mehr. Rudolfo erklärte mir, was ich schon wusste: Der Unterschied zwischen dem Lebenden und dem Toten ist nur ein anderer Grad an Anwesenheit. Man sorgt für den Toten, damit er niemals stirbt. Ob man sich über oder unter der Erde befindet, spielt keine Rolle. Der afrikanische Boden ist so lebendig, dass es keinen Verstorbenen gibt, der nicht begraben bleiben möchte. Und ich stimme ihm zu: Die Erde hier ist kein Grab. Nur ein anderes Heim.

Ich gebe zu, dass es mich befremdete, solche Ansichten aus dem Mund eines Paters zu hören. Und ich dachte an die flammenden Reden derer, die mich im Namen der Heimat in den Krieg geschickt hatten. Generation für Generation waren im Namen der heiligen Erde in den Tod geschickt worden. Ich konnte mich nicht beherrschen und verkündete wörtlich: Auch mir hatte man beigebracht, einen Friedhof zu lieben. »Ein Vaterland zu haben ist etwas anderes, Senhor Padre«, sagte ich.

Der Pater wollte wissen, inwiefern. Ich schwieg. Wusste keine Antwort. Ich war vor allem mit den Gedanken bei Imani. Nach ihrer Rückkehr sollten wir gemeinsam zum Hospital in Manjacaze aufbrechen. Und von dort nach

Lourenço Marques, mit inzwischen vollkommen geheilten Händen. Jetzt, da mein Vater tot ist, wird es mir wie den Engeln ergehen: Meine Arme werden wieder wachsen, und ich werde Finger haben, wie Gott sie gezählt hat.

Irgendwann demnächst werde ich meiner Mutter antworten. Und ihr ankündigen, dass sie bald, wenn ihre junge Schwiegertochter da ist, noch einen Stuhl besetzen kann.

Eine kopflose Heuschrecke

Hass dient dazu, uns in denen, die wir verachten,
nicht selbst zu erkennen.
Großvater Tsangatelo

Nach Beendigung der Mahlzeit am frühen Abend kam Capitão Santiago da Mata zu dem großen Baum, unter dem wir uns versammelt hatten. Er entschuldigte sich dafür, wie er sich zuvor verhalten hatte. Er sei nervös, seit Wochen zöge er durch das Buschland und suche erfolglos nach den Rebellen Zixaxa und Mahazul. Ngungunyane habe sie versteckt. In Afrika braucht man keinen undurchdringlichen Busch, um unsichtbar zu werden, wie er sagte. Die Menschen verstecken sich in den Menschen. »Deshalb muss man Hyänen und Katzen töten«, erklärte er. »Und Tiger, selbst wenn es keine gibt.«

Wie eine Raubkatze schlich er um unseren Tisch. Keiner sprach, keiner blickte auf. Im Widerspruch zu unserer ablehnenden Haltung zog die Italienerin einen Stuhl vor und lud den Capitão ein, sich zu uns zu setzen. Dona Bianca begriff nicht, dass unser Schweigen nicht Abwesenheit bedeutete. Es war ein Gebet. In der Stille sprachen wir mit unserem toten Mwanatu.

Bianca Vanzini lächelte den Portugiesen an und wies auf den freien Stuhl: »Setzen Sie sich, Capitão. Meine Mutter sagte immer: Am Tisch wird niemand alt.«

Der Capitão goss sich zu trinken ein und betrachtete schweigend die Insekten, die in Schwärmen um die Petroleumlampen schwirrten. Ich dachte an unser Haus in Nkolani. Dort war es genauso dunkel gewesen, und aus der

Dunkelheit waren die gleichen geflügelten Wesen wie wahnsinnig um die gleichen Lichter geflattert, hier aber waren es noch viel mehr. Man hörte es knistern, wenn sie in die Flammen gerieten.

»Haben Sie die schon gegessen, Pater?«, fragte da Mata. »Gegrillt sollen diese Heuschrecken ja gut schmecken. Ich dachte, als guter Priester hätten Sie auch schon die Nahrung Ihrer Leute probiert.«

Der Pater reagierte mit gemurmelten Verwünschungen.

»Lassen Sie gut sein«, sagte der Capitão. »Im Grunde sind wir alle Portugiesen und warten im selben Schützengraben darauf, dass unsere Kavallerie uns erlöst.«

»Hier wartet niemand auf einen Erlöser«, erwiderte der Pater. »Ich bin ein Mann des Glaubens, aber eins kann ich Ihnen versichern: Hier hätte sogar Christus aufgegeben.«

»Verdammt, und das sagt einer mit Soutane!«

»Als Sie gekommen sind, haben Sie da am Anleger die Pfähle mit den Netzen dran gesehen?«, fragte der Pater.

Bis vor einiger Zeit waren auf diesen Pfählen Köpfe von Menschen aufgespießt gewesen. Das berichtete der Pater zögerlich. Tagelang hatte man sie dort der Hitze und den Fliegen überlassen, als wären sie so entstanden, ohne Verbindung zu dem Körper und dem Leben, zu dem sie gehört hatten.

»Köpfe von Schwarzen oder von Weißen?«, fragte da Mata.

»Raten Sie mal, Capitão.«

»Ich war es nicht, verehrter Pater, machen Sie mir keine Vorwürfe«, und nach einer kurzen Pause fuhr er fort: »Aber unter uns gesagt, müssen Sie doch zugeben, dass es für einen Toten weit angenehmer ist, wenn man seinen Kopf auf einen Pfahl setzt, als wenn man den ganzen Körper an ein Kreuz hängt.« Der Capitão zwinkerte mehrmals und lachte. Und wir alle sahen die Angst, die sich hinter seinem Lachen versteckte.

Nie wieder, versicherte der Pater, würde der Ort den Verwesungsgeruch loswerden, der ihn vergiftet hatte.

Da Mata stand auf und ging zu einer Petroleumlampe. Der Heuschreckenschwarm, der um seinen Kopf herumflatterte, schien ihm nichts auszumachen. »Zixaxa und Mahazul sollen bestraft werden? Ich finde, wir sollten sie belohnen. Hätten die Kaffern nicht revoltiert, würde unsere Armee noch immer in tiefem Schlaf liegen.«

»Wissen Sie, was ich gern hätte?«, unterbrach ihn Bianca, schüchtern versöhnlich lächelnd. »Ich würde gern immer so leben, mit all diesen Soldaten hier, aber ohne Krieg.«

»Dann sind Sie zur richtigen Zeit am richtigen Ort!«, verkündete da Mata. »Mit den Kriegen ist das so eine Sache, Dona Bianca – für einen Krieg braucht man einen Feind. Aber mit diesem Lissabonner Pack haben wir einen inneren Feind, der stärker ist als der äußere.« Santiago da Mata betete dafür, dass es zu einem Kampf kam, der dem ganzen Dreck den Garaus machen würde.

Pater Rudolfo widersprach: »Kein Krieg wäre stark genug, so viel Dreck zu beseitigen. Kriege sind wie Teppiche. Darunter liegen die Schweinereien der Mächtigen.«

Wir wollten uns schon in unsere Schlafräume zurückziehen, da überraschten wir Santiago da Mata unter dem großen Baum, wie er kniend, den Kopf fast bis auf den Boden gesenkt, betete. Als er uns sah, richtete er sich verlegen auf. Er forderte uns auf, uns im Kreis um ihn zu stellen. Er legte seine Kappe über einige Heuschrecken am Boden. Dann zeichnete er eine Karte mit den vier Himmelsrichtungen in den Sand. Ein größerer Kreis stand für Lourenço Marques; ein zweiter darüber für Inhambane, und ein Kreis in der Mitte stellte Manjankhazi dar. Dann schob er zwei Finger zwischen den Erdboden und die Hutkrempe, holte eine Heuschrecke heraus und nannte sie António Enes. Er setzte sie auf Lourenço Marques und fragte uns: »Was macht der hier?« Dann riss er ihr den Kopf ab und antwortete selbst: »Nichts macht er. Oder besser gesagt, er schreibt Berichte für andere, die nichts tun.«

Mit der nächsten, in seinen Fingern zappelnden Heuschrecke verkündete er: »Das hier ist der Befehlshaber der Kolonne Nord. Die Schwuchtel Coronel Galhardo. Was treibt der?« Bevor er antwortete, riss Santiago der Heuschrecke ein Bein nach dem anderen aus. »Nichts treibt der, der Feigling rührt sich nicht, der ist vor Angst wie gelähmt.« Er hob die Mütze auf, schüttelte den Staub ab und verscheuchte die restlichen Heuschrecken.

Dann knallte er seine Absätze auf den Boden, als wollte er uns befehlen, auseinanderzugehen. Da ließ sich auf seinen Gamaschen eine Gottesanbeterin nieder. Wir alle beeilten uns gleichzeitig, sie zu schützen.

Der Pater sagte: »Die nicht, Capitão! Die ist von Gott gesandt.«

Worauf Santiago da Mata erwiderte: »Dann muss das Mouzinho sein, der kommandiert wohl die Kolonne, die von Süden kommt.«

Der Name Mouzinho de Albuquerque ließ Biancas Augen aufleuchten, begeistert bat sie den Capitão, den schmucken Reiter zu beschreiben, den Prinzen, von dem sie so sehr träumte. Santiago da Mata ließ sich nicht lange bitten. Doch er sagte nicht, wie Mouzinho war. Er beschränkte sich darauf, wie er nicht war. Zum Beispiel war Capitão Mouzinho nicht wie die anderen Offiziere, die es hier so zahlreich gab, mit dickem Hals und geschwollenem Wanst. Sein hageres, kantiges Gesicht stach aus der Menge heraus. So wie er auf seinem Pferd saß, sah er einem Feuerengel gleich. »Der würde Ihnen gefallen.«

»Sie wissen ja nicht, wie sehr er mir schon gefällt. Aber Sie, Capitão, stehen diesem Prinzen in nichts nach.«

Da Mata fuhr in seiner Beschreibung fort. Abgesehen von all diesen Eigenschaften war dieser große Portugiese kein Anfänger in kolonialen Fragen. Mouzinho war schon vor vier Jahren als Distriktgouverneur in Mosambik gewesen. Und er war nicht wie die anderen, die es sich in der allgemeinen Apathie bequem gemacht hatten. Er hatte um seine Entlassung gebeten, weil er die Politik des »je langsamer, umso besser« nicht ertragen konnte. Er selbst, Santiago da Mata, war von ihm persönlich für einen bewaffneten Einsatz verpflichtet worden, der, wie Mouzinho gesagt hatte, nicht von der Armee ausgehen durfte.

»Ein Söldner waren Sie also«, warf Pater Rudolfo ein.

»Manche Wörter sollte man vermeiden, werter Pater. Sagen wir, ich gehörte zu einer Truppe von Freiwilligen, die die Lager der British South Africa Company von Cecil Rhodes überfallen sollte.«

»Und Ngungunyane?«, fragte ich in die Unterhaltung hinein.

Der Capitão sah mich verblüfft an. Ich war eine Frau, jung und schwarz. Wie konnte ich es wagen, das Wort zu ergreifen? Ich wiederholte den Namen, aber auf portugiesische Schreibart: Gungunhana. »Kennen Sie Gungunhana, Senhor Capitão?«, fragte ich noch einmal.

Er antwortete mit Ja, hatte aber keine Lust, darüber zu sprechen. Zumal, wie er sagte, der große Feind nicht die Schwarzen seien, bei allem Respekt gegenüber den Anwesenden. Da Mata zufolge befand sich der wahre Gegner innerhalb der Festung. Nämlich António Enes, der portugiesische Königliche Kommissar.

»Wissen Sie, wie Mouzinho António Enes nennt? Er spricht von ihm als ›Tsungo Khongolo‹, so nennen die Schwarzen von Inhambane Weiße, die sich für wichtig halten. António Enes ist der große Anführer dieser Horde von Schmarotzer-Heuschrecken.«

Die Diskussion setzte sich in den Abend fort. Mein Vater kippte immer wieder auf den Tisch und starrte dabei auf ein nie geleertes Glas dicht vor ihm. Bianca schien halb zu schlafen, nur der Sargento verfolgte das Streitgespräch zwischen dem Capitão und dem Pater. Nach Pater Rudolfos Ansicht würde Folgendes geschehen: Nicht Mouzinho würde Ngungunyane gefangen nehmen. Die Schwarzen würden ihn auf dem Silbertablett servieren. Diejenigen, die ihn heute lobten, würden ihm morgen einen Dolch in den Rücken stoßen. Er schloss mit den Worten: »Nicht Mut wird die Gefangennahme des Herrschers ermöglichen, sondern Verrat.«

Der Capitão tat, als hätte er es nicht gehört. Er sagte zum Sargento: »Die geben dir Kaffernmedizin. Weißt du, was die beste Medizin ist? Die nennt sich Maschinengewehr.« Und mit dieser Medizin würden die Portugiesen Ngungunyanes Krieger hinwegfegen. Ein Jammer, dass der Sargento so eingeschränkt war. Und im selben sarkastischen Ton sprach er weiter: »Wenn du nicht so behindert wärst, könntest du mit uns Pulver riechen. Das ist die beste Droge, die es gibt, mein Freund. Einmal gerochen, und es hat dich gepackt.«

Siebter Brief des Sargento Germano de Melo

Was von unserer Grausamkeit zeugt,
ist weniger das, was wir töten,
sondern das, was wir am Leben hindern.
Pater Rudolfo Fernandes

Sana Benene, 12. Oktober 1895

Sehr geehrter Senhor
Tenente Ayres de Ornelas,

ich weiß nicht, was ich meiner Mutter antworten kann. Was sagt man einer Mutter, wenn man einen Vater verliert? Was gibt es zu sagen, wenn dieser Vater nie existiert hat? Manche Menschen glauben, dass Entfernung die Gefühle schwinden lässt. Das stimmt nicht. Fern von zu Hause regt sich alles von Neuem. Und es gibt Verletzungen, von denen ich nicht möchte, dass sie wieder aufbrechen.

Was meine Mutter von mir erwartet, ist die Nachricht, dass ich heil und schnell zurückkomme. Doch ich weiß überhaupt nicht, wie meine Zukunft aussehen könnte. Wie ich Ihnen schrieb, will ich nicht ohne Imani zurückgehen. Wenn meine Heimat noch so ist, wie ich sie verlassen habe, wäre meine Mutter der einzige Grund für mich, zurückzukehren. Vielleicht kann ich sie ja nach Afrika kommen lassen, und sie würde sich wiederfinden in der Rolle als Mutter und Großmutter der Kinder, die ich mit Imani haben werde.

Doch für mich, sehr verehrter Senhor Tenente, gibt es keinen wolkenlosen, klaren Himmel. Denn so wie die Aussichten für Portugal wenig rosig sind, zeichnen sich, wenn ich an ein Leben in Afrika denke, auch für mich düstere Schatten ab. Was werde ich in diesem Buschland machen, in einem Krieg, der weitergehen wird, obwohl er scheinbar vorbei ist? Vor meinem Auge passieren Revue die Gestalten des Pater Rudolfo, der Gott vergessen hat, des Capitão Santiago da Mata, der das Militär vergessen hat, und des Conselheiro José d'Almeida, der sich aufführt, als wäre er persönlich Portugal. Ich sehe das alles und frage, was mir anderes übrigbleibt, als selbst so zu werden. Oder ob ich trotz all dieser Umstände in der Lage sein werde, ein Vater zu sein, wie ich ihn nie gehabt habe.

Ich kann mir vorstellen, dass Sie Ihre kostbare Zeit nicht mit diesen nutzlosen Erörterungen vertun möchten. Dennoch kann ich nicht dem Wunsch widerstehen, Ihnen von einem Traum zu berichten, der immer wiederkehrt. So klar und deutlich, als wäre alles real, sehe ich mich den ganzen Rio Inharrime von der Mündung bis zur Quelle zu Fuß entlanglaufen. Und das tue ich einzig und allein, um dem Herrscher Gungunhana ein Geschenk zu bringen. Das ist so üblich in Afrika. Man bringt den großen Häuptlingen Gaben dar. Mehrere Tage lang trage ich eine riesige Qualle in den Armen, ihr Wasserleib glänzt in der glühenden Sonne. Ich beeile mich, weil ich sie lebendig, solange sie noch ihre gallertartigen Tentakel bewegt, übergeben will. Ich weiß, wie sehr es diesen Schwarzen vor jedem Meeresgetier graut. Mein Ehrgeiz ist, den mächtigen Vátua so zu überraschen, dass er angesichts der scheußlichen Kreatur tot umfällt. Mit meinem verhängnisvollen Geschenk werde ich Portugals größten Feind ohne Waffen und ohne Blutvergießen besiegen. Dieses patriotische Anliegen lässt mich tagelang marschieren, während ich spüre, dass hinter mir tosende Wogen heranrollen und dass der afrikanische Busch von einem grenzenlosen Ozean überschwemmt werden wird.

Wenn ich mich vor dem Herrscher hinknie, stelle ich fest, dass die Qualle mit ihrem Gift meine Hände zerfressen hat. Meine Finger und die Tentakel der Medusa fallen zu Boden. Der König lacht verächtlich auf und befiehlt mir, meine Teile aufzuheben und zum Meer zurückzukehren. Ich solle die Gelegenheit nutzen, solange man auf mich warte. Ich antworte, dass niemand auf mich warte. Darauf erklärt der König von Gaza: »Auch wenn du es nicht weißt, wartet jemand auf dich. Dieses Meer ist sehr groß, man kann es betreten und verlassen, ohne um Erlaubnis bitten zu müssen. Die endlose Weite kennt weder Besitzer noch Gebieter. Deshalb hasse ich den Ozean und verfluche alle seine Lebewesen.« Und mit diesen Worten von Gungunhana endet der Traum regelmäßig.

Verzeihen Sie mir diese wirren Worte, Senhor Tenente. Doch nachdem schon meine Seele verkümmert ist, verliere ich jetzt auch noch meinen Körper. Ich habe ja schon gesagt und wiederhole es, dass ich mich, selbst auf die Gefahr hin, bestraft zu werden, nicht in Chicomo melden werde. Ich werde mit Imani nach Manjacaze gehen und abwarten, was der Schweizer Arzt sagt. Es wäre ein Wunder, wenn das, was einmal meine Hände waren, noch für irgendetwas zu gebrauchen wäre. Für meinen Fall wird der Missionar und Arzt Georges Liengme mehr Gottes Hilfe als die Hilfe der Wissenschaft benötigen.

Eine Träne, zwei Betrübnisse

Die Welt ist ein Fluss. Sie entsteht und stirbt die ganze Zeit.
Chikazi Makwakwa

Eintönigkeit lässt die Zeit sich ausdehnen. Die – wenn auch nicht gern gesehene – Anwesenheit des Capitão Santiago da Mata ließ den Tag schneller vergehen. Die ersten Nachtvögel waren zu hören, und man wünschte einander schon eine gute Nacht, da nahm der Capitão die Italienerin Bianca Vanzini beiseite. Ich hörte seine schmeichlerische Stimme: »Und nun, meine liebliche Bianca, verlangt es diesen Reiter hier nach der gebührenden Belohnung.«

»Sie wollen mich? Ich bin sehr teuer, Capitão.«

»Ein Mann wie ich braucht etwas Handfestes. Ich will Sie und noch eine. Eine zum Entfachen des Feuers, die andere zum Löschen.«

»Ich verstehe. Ich spreche mit Imani.«

»Nein, die nicht. Ich will eine echte Schwarze. Verstanden?«

»Nein.«

»Ich will die andere, die mit den Stiefeln.«

Bianca Vanzinis Miene verzog sich zu einem durchtriebenen Grinsen. Das Interesse des Capitão bestätigte, was sie mir schon anvertraut hatte: Männliche Männer haben lieber maskuline Frauen.

»Ich weiß nicht, ob ich die Schwarze überreden kann. Wir sind ein paarmal aneinandergeraten, ich glaube, Bibliana hasst mich.«

»Ich zahle Ihnen das Doppelte, Dona Bianca.«

»Ich bin sehr teuer, Capitão. Ich bin Gold wert, oder haben Sie das schon vergessen?«

»Im Vertrauen gesagt: Ich werde bald herausfinden, wo Gungunhana ein Vermögen in Pfund vergraben hat. Und ich weiß, wo der Sardinha von der Ladenkneipe ein paar Elfenbeinzähne versteckt hat.«

»Wenn das so ist, bekomme ich nur zurück, was er mir schuldig war.«

»Er schuldete Ihnen etwas?«

»Alle Männer schulden mir etwas, Capitão.«

Der Capitão Santiago da Mata lehnte am Stamm des Mangobaums wie ein Eroberer, der oben von der Festung aus zusieht, wie die Trophäen eingesammelt werden. Aus der Entfernung konnte er nur erraten, was die beiden Frauen sprachen, die er zum Stillen seiner Begierden erwählt hatte. Doch was sie sagten, war etwas ganz anderes, als er sich vorstellen konnte. Auch ich hätte es nicht erraten können, wenn ich mich nicht hinten an den Baum gelehnt hätte, vor dem sie sich unterhielten.

»Niemals«, knurrte Bibliana. »Das ist heißes Geld, daran werde ich mir die Hände verbrennen.«

»Der Capitão verlangt nach dir. Wenn du nicht freiwillig gehst, dann mit Gewalt, verdammte Hexe!«

»Suca! Famba khaya ka wena.«

Dass Bibliana in einer Sprache antwortete, die sie nicht verstand, machte Bianca rasend. Sie stürzte sich auf die Schwarze. Sie kämpften, sie kratzten, sie rangen miteinander. Ich versuchte vergeblich, sie zu trennen. Der portugiesische Capitão grinste, er hielt den Kampf wohl für eine erotische Inszenierung ihm zu Ehren. Der Streit wurde immer lautstarker, bis Bianca erschöpft zu Boden sank und in Tränen ausbrach. Plötzlich nahm Bibliana mit mütterlicher Gebärde Bianca in die Arme, drückte sich ihren Kopf an den Busen und strich ihr über das Haar. »Warum greifen Sie mich an, Dona Bianca? Das ist jetzt schon das zweite Mal.«

Schluchzend gestand Bianca, was sie selbst vorher nicht verstanden hatte. Als Bibliana auf dem Platz tanzte, hatte sie ein sehr merkwürdiges Gefühl gehabt: Diese Frau konnte keine schwarze Muttergottes sein, wie in der Gegend verbreitet wurde. Sie konnte keine »Mutter des Wortes« sein, wie es hieß. Tatsächlich aber hatte diese Schwarze ihr eine Epiphanie beschert, und das hatte ihr den Boden unter den Füßen weggezogen.

»Auf einmal sah ich mein einziges Kind vor mir, den Jungen, den ich im Alter von einem Jahr verloren habe.« Der Tod ihres Sohnes war ihr wie das Ende ihres Lebens erschienen. Sie ging zurück nach Afrika, um selbst zu verlöschen. Doch das Gegenteil war eingetreten. Das Leben hatte sie wieder umfangen, wie eine ewige Mutter. »Ich konnte nicht in den Tod gehen«, sagte Bianca.

»Fühlen Sie sich schuldig?«, fragte Bibliana.

Bianca nickte, unfähig, auch nur ein Wort zu sagen, bedrückt wie ein verwaistes Kind.

»Kommen Sie, wir gehen an den Fluss«, sagte Bibliana. »Abends ist es ein anderer Fluss, dann gehört der Fluss allein den Frauen.«

Als hätte sie keinen eigenen Körper, ging die Weiße hinter ihr her. Sie blickte ihr über die Schulter und betrachtete die flatternde Fahne am Kreuz des Kirchturms. Sie spürte, dass sich unterhalb der Kirche eine zweite Kirche gebildet hatte. Und zu diesem unterirdischen Tempel begab sie sich nun, geführt von einer ungläubigen Priesterin.

Verwundert sah Santiago da Mata zu, wie die beiden Frauen Hand in Hand davongingen. Am Ufer des Inharrime tanzten die beiden Frauen eng aneinandergeschmiegt.

Bianca schüttelte den Kopf und flüsterte: »Ich bin betrunken und tanze mit einer Schwarzen an einem Flussufer.«

Plötzlich hielt Bibliana inne: »Diese Hände, meine Schwester. Ich sehe Sandkörner unter der Haut, ich sehe Erde unter den Fingernägeln.«

»Hätte es denn anders sein können?«, gab Bianca mit hauchdünner Stimme zurück. Kann eine Mutter zusehen, wie ihr kleiner Sohn von Fremden begraben wird? Eine Mutter bringt ein Kind zur Welt, eine Frau gräbt die Erde auf und schüttet sie zu. An diesem Wintermorgen schickte Bianca Vanzini die Totengräber fort und grub mit ihren eigenen Fingern im kalten, steinigen Erdboden. »Ich habe mein Kind schlafen gelegt. So wie jeden Abend.«

Schweigend tauchte die Priesterin Biancas Hände in den Fluss. Und sah, wie Santiago da Mata von der Dunkelheit verschluckt wurde.

Achter Brief des Sargento Germano de Melo

Was du einem Feind an Gewichtigem zu sagen hast, musst du in seiner Sprache sagen. Kein Richter spricht das Urteil in einer Sprache, die der Angeklagte nicht versteht. Niemand stirbt in einer anderen als der eigenen Sprache.
Sprichwort aus Nkokolani

Sana Benene, 22. Oktober 1895

Sehr verehrter Senhor
Tenente Ayres de Ornelas,

dieses Mal schicke ich Ihnen bedeutende Nachrichten. Endlich, Senhor Tenente, bewegt sich etwas in diesem toten Land. Sie haben vollkommen recht: Etwas sehr Radikales verändert das Schicksal dieses portugiesischen Gebiets. Und im Rahmen dieser Veränderung kam Xiperenyane gestern Morgen hier vorbei. Er legte auf dem Weg zu seinen Besitzungen in Zavala einen kurzen Aufenthalt ein. Der Mann ist nicht aufzuhalten, ständig ist er in kriegerischen Angelegenheiten im Busch unterwegs. Ein ganz besonderer Kämpfer, ein der portugiesischen Krone unverbrüchlich treu ergebener Schwarzer. Ich hoffe nur, dass wir uns dieses Mal gebührend großzügig erweisen. Merkwürdigerweise hat Bibliana mir erzählt, dass sie von Xiperenyane geträumt hat und er in ihrem Traum spindeldürr und zerlumpt in Lourenço Marques die Straßen gekehrt hat. Das sei die Zukunft, die ihn erwarte.

Bloß die Prophezeiung einer Hexe, werden Sie sagen. Mag sein. Die Zeit wird es zeigen.

Ich weiß, dass unsere Armee eine Großoffensive in Coolela plant. Ein Teil von mir möchte mitwirken an diesem Ereignis, das fraglos eine der ruhmreichsten Seiten in der Geschichte von Portugiesisch-Afrika schreiben wird. Ein anderer Teil zögert. Vielleicht findet sich mehr Ruhm in Briefen, die abseits der militärischen Auseinandersetzungen geschrieben werden. Vielleicht ist die so unwahrscheinliche Begegnung von scheinbar so unterschiedlichen Menschen wertvoller. Womöglich ist Portugal eher durch die Vermischung von so ungleichen Menschen zu errichten als durch so blutige Kriege?

Es beschäftigt Sie, dass ich mich ins Hospital des Schweizers Liengme begeben werde? Sie fürchten, ich würde mich der Pflicht entziehen, mich im Posten von Chicomo zu melden, wozu ich als Soldat verpflichtet bin? Zurzeit steht mir weder das eine noch das andere Ziel offen. Die angespannte militärische Lage hier erlaubt uns nicht, Sana Benene zu verlassen. Nicht einmal die Fahrt auf dem Fluss ist jetzt sicher. Wir sind eingeschlossen, Senhor Tenente. Aber ich vermute, mehr durch Angst als durch reale Bedrohung. Am stärksten leidet darunter Bianca Vanzini. Unter uns gesagt, belastet sie am meisten, dass sie von ihrem Geschäft in Lourenço Marques getrennt ist. Gestern jedoch strahlte wieder die Sonne für die Italienerin, als unser Xiperenyane ihr versprach, auf dem Rückweg von der nächsten Schlacht in Coolela würde er sie nach Inhambane begleiten. Von dort wolle er über das Meer wieder nach Lourenço Marques gelangen. Irgendwann sprach sie auch mich an und fragte in ihrer immer indirekten Art, ob es nicht sinnvoller sei, nach Chicomo zu gehen statt nach Lourenço Marques. »Wenigstens sterbe ich dann nicht, ohne Mouzinho gesehen zu haben«, sagte sie. Sie tat mir leid, und ich war zu nichts anderem fähig, als dümmlich grinsend den Kopf zu schütteln.

Ich habe von Bianca gesprochen, doch wer wirklich

tieftraurig ist, ist Imani Nsambe. Der Tod ihres Bruders hat sie in einen Abgrund gestürzt. Meine launischen Stimmungswechsel und meine Unentschlossenheit im Hinblick auf die Zukunft haben ihre Schwermut noch verstärkt. Vor zwei Nächten wurde sie von einem Albtraum heimgesucht, der früher wiederholt auftrat, den sie aber nicht mehr gehabt hat, seit sie Nkokolani verlassen hat. Wieder träumte sie, sie sei schwanger. Die neun Monate vergingen, aber nichts geschah. Nach einem Jahr Schwangerschaft war ihr Bauch so riesig geworden, dass ihre Beine ihn nicht mehr tragen konnten. Ihre Brüste quollen aus der Bluse, Milch sprudelte wie aus einer kräftigen Fontäne. Dann endlich kamen die Wehen. Gleich bei der ersten Wehe trat ein Buschmesser aus ihrem Leib. Die Geburtshelferinnen wichen entsetzt zurück. Vorsichtig näherten sie sich wieder, um das gespenstische Ding anzusehen. Nach dem Buschmesser erschien ein Wurfspeer, und als die Wehen scheinbar schon aufgehört hatten, kam noch eine Pistole zum Vorschein. Bevor sie sich von den Wehen erholt hatte, hatte sich die Kunde von den Waffen schon in der ganzen Umgebung verbreitet. Die Krieger kamen und wollten ihr die Waffen wegnehmen, doch sie widersetzte sich entschieden: »Niemand fasst meine Kinder an!«

Und so kam es. Wohin sie auch ging, sie nahm ihre todbringenden Kinder mit, umsorgte sie so mütterlich, dass es die übrigen Frauen rührte. Die Männer reagierten anders: In den darauffolgenden Monaten standen etliche Männer Schlange, um sie zu schwängern. Wenn diese Frau Waffen gebären konnte, könnten sie selbst zu Macht und Reichtum gelangen. Und die Schwarzen würden nie wieder ihre Feinde fürchten müssen.

In der letzten Nacht muss sie wieder denselben Albtraum gehabt haben, denn sie wachte schreiend und weinend auf und flehte, niemand möge ihre Kinder anfassen. Ich beruhigte sie mit meiner üblichen Ungeschicklichkeit. Imani stand auf und lief verwirrt umher, bis ihr Vater in den Raum hereinstürmte. Er befahl Imani, sich fertig zu machen, denn sobald der Tag anbreche, würden sie flussabwärts fahren. Er wolle sich vergewissern, ob Mwanatu den Vorschriften seines Volkes entsprechend beerdigt worden war. Er vertraute niemandem mehr, weder den Schwarzen noch den Weißen, weder den Chopes noch den Machanganes. Imanis Vater beklagte sich bitter, das Leben sei eine einzige Abfolge von Verrat. Seine Tochter bat ihn zu erklären, welche Treulosigkeiten er meine. Katini antwortete, darüber würden sie nachher auf dem Boot sprechen.

Imani wusste seit Langem von den Gespenstern, die den alten Katini Nsambe quälten. Sie hatte es seit jeher gewusst, aber immer getan, als wüsste sie es nicht. Alles hing mit ihrem Namen zusammen. Imani war der Name, den man Töchtern eines unbekannten Vaters gab.

Sie vermutete, dies sei das Gespenst, das Katini nun quälte. Sie beruhigte ihn liebevoll – er sei ihr einziger Vater, der einzige, den sie je gekannt habe. »Das hast du schon gesagt«, erwiderte Katini schroff. »Wir reden, wenn wir von Mwanatus Beerdigung zurückkommen.«

Der alte Katini bat mich, ihm ein Glas Nsope zu geben, er müsse seine Mission segnen. Der Begriff »Mission« schien mir übertrieben. Katini spürte meine Verwunderung, und er verkündete stolz wie ein Herrscher: »Ich bin der letzte Nsambe. Mit mir wird unser Ort enden.«

Ich bot an, mit ihnen zusammen den Fluss entlangzufahren. Katini lehnte ab. Es sei eine Familienangelegenheit. Imani sei die Einzige, die ihn begleiten, ihm helfen könne. Vor einiger Zeit wäre er noch allein gegangen, sagte er. Aber inzwischen werde er gebrechlich, wie ein Vögelchen, das beim geringsten Regen nicht mehr vom Fleck komme.

Ich begleitete Vater und Tochter zum Anleger. Im Dämmerlicht folgte ich Katinis Spur. Seine Schritte waren leicht, und ich dachte daran, mit welcher Courage dieser Mann in all diesen Jahren das Territorium der Demütigung durchschritten hatte. Seine Tochter hatte mir gesagt, dass er die Gesellschaft der anderen Männer im Dorf gemieden hatte.

Und dass er immer, wenn jemand Imanis Namen aussprach, den Kopf gesenkt hatte. Alle hielten ihn für einen Feigling. Aber größeren Mut konnte man sich kaum denken. Katini Nsambe verzichtete auf seine Würde und verteidigte seine Tochter, ganz gleich, ob er ihr Erzeuger war oder nicht. Kein Wunder also, dass seine Füße so leicht auftraten.

Wir gingen an der Kirchentreppe vorbei und sahen, dass die verfallenen Stufen in Richtung Fluss gewandert waren. »Hat es heute Nacht geregnet?«, fragte ich. Imanis Vater bemerkte, die Steine begäben sich lediglich an ihren Ursprung zurück.

Als wir den Anleger erreichten, befanden Bianca und Pater Rudolfo sich bereits dort. Sie wollten sich verabschieden. Beide hatten ein Geschenk mitgebracht. Bianca wickelte Imani ein Tuch um den Hals, und der Pater schenkte Katini ein eisernes Kruzifix, das er auf das Grab seines Sohnes Mwanatu setzen sollte.

Ich trat ein paar Schritte beiseite. Bibliana gesellte sich zu uns und blickte, neben mir stehend, auf die Strömung des Inharrime. Schließlich brach sie das Schweigen: »Deine Mutter war hier.«

»Hier in Sana Benene?«

Ich sei nicht nur von afrikanischen Kräften geheilt worden. Ich hätte meine eigenen Arzneien von weit her mitgebracht, sagte sie.

»Meine eigenen Arzneien?«, fragte ich verwundert.

Meine Träume seien die beste Medizin gewesen. Denn sie seien voll beladen gewesen wie Boote. Und viele Angehörige hätten mich, ohne dass es mir bewusst war, besucht. »Deine Mutter war bei mir und hat deine Wunden versorgt.«

Wir setzten uns alle auf die Böschung und tauchten die Füße ins Wasser. Das Wasser plätscherte zärtlich um die Fußgelenke, wie eine uralte Liebkosung. Wir hörten kaum, dass mit der Strömung ein Floß herantrieb. Gelenkt wurde es von einem unbekleideten Mann mit wirrem Haar und einem Blick wie ein wildes Tier. Der Pater seufzte: »Der hat uns gerade noch gefehlt!« Der Mann, ein Verrückter, Libete mit Namen, sei ständig auf dem Fluss unterwegs, mit seinem stinkenden Beutel.

Noch bevor das Floß anlegte, breitete sich ein ekelerregender Gestank aus. Der Pater forderte den Mann aus Txichangane auf, den stinkenden Beutel wegzuwerfen. Der Verrückte weigerte sich und zog einen prallen Fellbeutel zu sich heran. Es seien seine Kinder, die er darin habe. Er wisse wohl, dass der Pater das nicht glaube, aber wenn er es erlaube, würde er alles auf dem Anleger ausbreiten. Worauf der Pater entsetzt rief: »Nein, mach das nicht, um Gottes willen!« Er möge weiter flussabwärts fahren, der Pater gebe ihm seinen Segen.

Das Floß entfernte sich, von der Strömung mitgenommen. Und wir hörten den Mann noch schreien: »Ngungunyane hat uns umgebracht! Meine Kinder hat er umgebracht und mich auch!«

Katini stand auf, und wir dachten, er würde zum Boot gehen, um nun die Fahrt anzutreten. Aber er blieb stehen und blickte Libetes Floß nach, das in der Strömung mal hierhin, mal dorthin trieb. Schließlich murmelte er: »Sagen Sie nicht, dass er verrückt ist, Pater. Dieser Mann bin ich.«

Ein flüssiges Grab

Von 1878 bis 1879 wurden in Angola Soldaten für den Kampf in Mosambik ausgehoben. Ihr Erscheinungsbild und ihre Disziplin riefen in Mosambik Bewunderung hervor. Doch schon bald nutzten sich ihre hervorragenden Qualitäten ab, und nach einem Jahr hätte niemand mehr die fabelhaften Bataillone aus Angola erkannt. Entweder lag es daran, dass sie nicht mehr wie zuvor mit der Handklatsche diszipliniert wurden, oder daran, dass sie zu oft vom Dienst befreit und deshalb keine strenge Disziplin mehr gewohnt waren, oder aber daran – was am wahrscheinlichsten ist –, dass die Ranghöheren, in der Provinz versammelt, ihre Pflicht vernachlässigten, jedenfalls wurden die so ordentlichen Angolaner zu Raufbolden und einer Gefahr für die Ruhe der Hauptstadt.

General José Justino Teixeira Botelho, História Militar e Política dos Portugueses em Moçambique, 1936

Ich sah den Sargento am Anleger winken, und das große weiße Taschentuch flatterte zwischen Fahne und Luftspiegelung. Ich winkte, um auch meinerseits dem angeblichen Abschied zu entsprechen. Wir fuhren flussabwärts auf der Suche nach dem Grab meines Bruders Mwanatu. Ein portugiesischer Soldat schwarzer Rasse, von Santiago da Mata abgeordnet, führte uns. Er war dunkel, viel dunkler als die Menschen unserer Heimat. Er war ein Mangolê, einer der Soldaten aus Angola. Während der Fahrt schwieg er und hielt sich vorsichtig auf Abstand zu meinem Vater.

Als wir zu einer Rast anhielten und mein Vater sich ins

Dickicht schlug, schüttete er sein Herz aus. Er sprach Portugiesisch wie ein Weißer, nur seine Hautfarbe und sein Name erinnerten daran, dass er Afrikaner war. Er hieß João Ondjala, weil er in einem Hungerjahr geboren war. Wir lachten, denn auch in unserer Sprache heißt Hunger so. Er redete schnell, als lauerte der Weltuntergang hinter der nächsten Biegung des Flusses. Wir sollten ihm nicht die Schuld am Tod unseres Verwandten geben. Er sei ein armer Unglücklicher, unfähig, sein Schicksal selbst in die Hand zu nehmen. Er erzählte, dass er vor einem Monat von Ngungunyane gefangen genommen worden war. Man hatte ihn dem Herrscher vorgeführt, und einer dessen Söhne, Godido, hatte das Gespräch übersetzt. Godido hatte die Schule für Kunst und Handwerk von Ilha de Moçambique besucht und besaß gute Kenntnisse der portugiesischen Sprache. Der Angolaner erzählte lachend, wie er angsterfüllt vor dem König von Gaza auf die Knie gefallen war.

»Bitte tut mir nichts«, hatte er gestammelt. »Ich bin euer Bruder, bin schwarz wie ihr.«

»Bruder?«, fragte Ngungunyane. »Ein Bruder, der uns tötet?«

Ondjala berief sich auf seine besondere Situation in der portugiesischen Armee und sprach davon, dass sie, die Mangolês, als Kanonenfutter an die Front geschickt wurden.

»So einer bist du also, ein Mangolê?«, fragte Ngungunyane.

Ondjala wies auf den Fahnenmast vor dem Haus des Nguni-Herrschers. »Ich bin wie der Nkossi, wir gehorchen beide derselben Fahne.«

In diesem Moment hing die blau-weiße Fahne Portugals schlaff und kraftlos. Eine Fahne, die sich nicht bläht, ist nichts anderes als ein trauriger Stofffetzen. Ondjala dachte: Nicht der Stoff, sondern der Wind macht die Fahne aus. So stand es auch um seine Seele: leer, von keinem Wind bewegt.

»Ich verstehe nicht«, erwiderte der Herrscher. »Ich habe

gefragt, ob du Angolaner bist. Was hat die Fahne mit meiner Frage zu tun?«

»Wir hier verehren alle denselben Herrscher: den König von Portugal.«

Ngungunyane verdrehte die Augen gen Himmel, um seinen Zorn über die Unverfrorenheit des Gefangenen zu zügeln. »Die Fahne da ist ein Stück Stoff, ich ziehe es hoch und hole es herunter, wann ich will«, brummelte er.

»Ich ziehe auch meine Uniform aus, wann ich will«, argumentierte der Angolaner.

Dem König gefiel nicht, was er hörte. Mit einem Stöckchen säuberte er sich den langen Fingernagel seines kleinen Fingers, wie immer, wenn ihn etwas wütend machte. Er knurrte: »Begleitet den Mann.«

Das bedeutete die Verurteilung. Wenn der Herrscher diese Worte aussprach, wusste man, was mit dem Unglücklichen geschehen würde. Er käme nicht einmal bis an die Dorfgrenze. Wurfspeere würden den armen Mann durchbohren, und so bliebe er liegen, ohne Begräbnis, ohne Erinnerung an ihn.

Aber Gott war Ondjala wohlgesonnen. Denn Godido, der das Hinrichtungskommando befehligte, ermöglichte ihm die Flucht. Er löste seine Fesseln und sagte zu den anderen: »Lassen wir ihn, die Raubtiere werden ihn fressen.«

Damals war er entkommen. Doch er wusste, dass er zu etwas anderem verurteilt war, zu einer längeren, tödlichen Strafe: »Wenn der Krieg zu Ende ist, werden die Portugiesen in ihr Land zurückkehren. Aber wir aus Angola, wir bleiben hier, Gefangene auf Lebenszeit.«

Während Ondjala von seinen beschwerlichen Abenteuern erzählte, ging mein Vater Rinden und Holzstückchen sammeln. Mit diesen improvisierten Tasten verband er Nsala-Kalebassen. Aus fast nichts schuf er eine Marimba. Mit dem Kruzifix trommelte er auf die Hölzer, und eine unfertige Melodie ließ uns verstummen.

»Ich mag ihn«, sagte der Soldat. »Er ist Musiker und lebt nicht in dieser Welt.«

Unvermittelt brach Katini ab und drängte uns weiterzufahren. Wir kehrten zum Boot zurück. Mein Vater setzte eine merkwürdige Miene auf und schwieg, bis er irgendwann gegen die Strömung ruderte und das Boot mitten im Fluss anhielt. Mit dem Ruderende berührte er den Soldaten an der Schulter und fragte: »Wer hat geschossen?«

»Wie bitte?«

»Wer hat meinen Sohn getötet?«

»Ich weiß nicht, wir haben alle auf das Boot geschossen.«

»Alle?«

Da stand mein Vater plötzlich auf und brachte das Boot gefährlich zum Schaukeln. So von unten gesehen wirkte er riesengroß. Er hob das Ruder hoch in die Luft, dann schlug er dem Angolaner damit auf den Kopf, die Arme, den ganzen Körper. Anschließend stieß er den Soldaten aus dem Boot und drückte seinen Kopf für eine Weile unter Wasser. Als der Angolaner keinen Widerstand mehr leistete, nahm mein Vater das eiserne Kruzifix und tat, was man mit Fischen tut: Er stieß ihm das Metall in die Kehle. Die Arme und Beine des Soldaten lagen ausgebreitet wie Flügel auf dem Wasser, und um unser Boot herum bildete sich ein roter Fleck. Katini betrachtete den schwerelos treibenden Körper.

»Vater, komm weg!«, flehte ich weinend.

Ich griff selbst nach dem blutigen Ruder. Weil ich so schnell fortwollte, war ich nicht in der Lage, das Boot auf Kurs zu bringen. Wohin ich mich auch drehte, begegnete mir die Leiche von João Ondjala, die im Wasser trieb, als suchte sie ihren eigenen Schatten auf dem Grund des Flusses. Ungewöhnlich energisch entschied Katini: »Wir fahren zurück zur Kirche!«

»Aber Vater. Was ist mit Mwanatu?«

»Es gibt überhaupt kein Grab. Sie haben meinen Sohn ins Wasser geworfen, das haben sie mit ihm gemacht. Nur der Fluss ist sein Grab.«

Wie eine uralte Statue stand mein Vater im Bug, hielt das Christuskreuz hoch, und tausendfache Funken glitzerten in seiner Hand.

»Mit diesem Kruzifix bringe ich die anderen um.«

»Welche anderen, Vater?«

Er antwortete nicht. Fügte nur hinzu: »Wenn wir zur Kirche kommen, sagen wir, dass der Soldat in den Fluss gefallen ist und die Krokodile ihn gefressen haben.«

Erhaben wie noch nie zuvor blickte mein Vater auf die Landschaft, als wäre er ein Freibeuter, der sich den Fluss, den er befuhr, untertan gemacht hatte. Wieder reckte er das Kruzifix gen Himmel und verkündete:

»Die einen sehen das Kreuz, ich sehe einen Dolch. Dies ist die Klinge, die Gott mir in die Hand gelegt hat.«

»Rache ist die Justiz der Schwachen.«

»Und ich, meine Tochter, bin der Schwächste aller Schwachen. Eine größere Rache als meine gibt es nicht.«

Die wenigen Lichter von Sana Benene flackerten schon, als wir das Boot am Anleger festmachten. In Kriegszeiten brennen die Feuer Tag und Nacht. Man lässt sie nicht verlöschen, damit die Krieger, wo immer sie sich befinden, erleuchtet werden. Ich machte mich bereit, den Hang hinaufzugehen, aber mein Vater hielt mich am Arm fest.

»Warte, ich muss mit dir sprechen.«

Ich setzte mich wieder ins Boot. Mein Blick fiel auf Katinis blutige Hände, in denen er immer noch das Kruzifix hielt.

»Ich habe es mir anders überlegt«, erklärte er. »Ich werde dich dem Nkossi geben, du wirst Ehefrau des Königs. Du wirst Ngungunyanes Hauptfrau.«

»Um Gottes willen, tu das nicht, Vater.«

»Das Leben hat mich verraten, die Portugiesen haben mich betrogen. Jetzt ist es an mir zu betrügen. Du wirst seine Ehefrau.«

Diese Worte waren für mich wie ein Dolch mit zwei Schneiden. Sie zerfetzten meine Liebe zu Germano und lieferten mich dem aus, den ich am meisten verabscheute. Ich weinte, als spräche ich, als wäre jede Träne ein Wort, jeder Schluchzer ein Satz: »Ich mache es wie Mutter, ich bringe mich um.« Damit wollte ich Mitgefühl wecken, doch das Gegenteil trat ein.

Von unbezwingbarem Zorn gepackt, knirschte mein Vater mit den Zähnen und verkündete: »Vergleich dich nie wieder mit deiner Mutter. Deine Mutter war voller Leben, deshalb hat ein Baum sie umarmt. Du kannst dich nicht umbringen. Und weißt du, warum nicht? Weil du ohne jedes Leben bist.«

Und er fiel auf mich, als wollte er mich angreifen. Aber er rührte sich nicht. Als ich die Augen wieder aufschlug, zeigte sich mir das unscharfe Bild meines Vaters, der sich über mich beugte und mich an den Schultern rüttelte: »Hör auf zu weinen, du rufst sonst die bösen Geister.«

»Tu mir das nicht an, Vater. Willst du unsere Leute verraten, die von Ngungunyane ermordet wurden?«

»Ich kämpfe für alle, die noch leben müssen. Die anderen …«

»Es gibt keinen Unterschied, Vater. Es gibt keine anderen.«

Wut stieg in mir auf, und keine Tränen konnten sie zurückhalten. Ich schlug mit dem Ruder ins Wasser, als wollte ich mich selbst peitschen. Die Schläge in den Fluss waren wie Schläge auf den alten Katini Nsambe.

»Vergiss nicht, meine Tochter …«

»Ich bin nicht deine Tochter!«

»Egal. Ich bin dein Vater.«

»Außerdem habe ich einen Schwur getan. Am Grab meiner Mutter habe ich geschworen, dass ich den teuflischen Ngungunyane töten werde.«

»Du hast nicht verstanden, Imani. Das ist der Plan: Erst heiratest du ihn. Dann tötest du ihn. Wer, wenn nicht die Königin, hat das Leben des Königs in der Hand?«

Seine Worte waren zu viel für mich. »Lass mich gehen, Vater. Ich muss mich von Germano verabschieden.«

»Du hast dich schon verabschiedet.«

»Ich möchte zu ihm. Ein letztes Mal.«

»Dein Sargento ist heute früh nach Chicomo abgereist. Geh deine Sachen packen. Morgen gehst du mit mir nach Manjankhazi.«

Neunter Brief des Sargento Germano de Melo

Es genügt nicht, barfuß zu gehen. Unsere Füße müssen auf den Erdboden treten, bis sie ihre Haut verlieren. Bis das Blut der Erde in unseren Adern fließt.
Bibliana

Irgendwo zwischen Sana Benene und Chicomo,
28. Oktober 1895

Sehr verehrter Senhor
Tenente Ayres de Ornelas,

ich bin tot, Senhor Tenente. Man hat mir meine Vergangenheit geraubt, meine Träume entrissen. Bei Tagesanbruch hat Capitão Santiago da Mata mich mit Gewalt aus meinem Zimmer in Sana Benene geholt. Nur ein einziges Wort hat er gesagt: *Los!* Während ich mich hastig ankleidete, fragte der Capitão: »Was glaubst du, warum ich diesen verfluchten Ort aufgesucht habe?« Er hob die Arme, als müsste die ganze Welt ihn hören: »Ich sollte dich holen.« Und er brauchte es nicht mehr auszusprechen: Auf Ihren Befehl sollte ich mit Gewalt zu dem Militärposten von Chicomo gebracht werden.

Eine traurige Art, mich daran zu erinnern, dass ich in erster Linie Soldat und Portugiese bin. Adieu, Schweizer Hospital, Adieu, Imani, Adieu, meine Träume von einem Leben in Mosambik. Ich schreibe diese Zeilen ebenso verzweifelt wie ein lebendig Begrabener, der ohne jede Hoffnung den

Sargdeckel erzittern lässt. Das ist meine endgültige Niederlage. Nie mehr werde ich Liebe erfahren, nie mehr Freunde, Nachbarn haben.

Sie können sich nicht vorstellen, Senhor Tenente – oder vielleicht können Sie es besser als jeder andere –, unter welchen Umständen ich diese Zeilen zu Papier bringe: Ich sitze in einem Ochsenkarren, und die Welt um mich herum schaukelt. Begleitet werde ich von Santiago da Mata und seinen sieben Soldaten, die den Karren langsam gehend eskortieren. Auf dem Anhänger befinden sich außer mir nur Waffen, eine Kiste mit Keksen und zwei Wasserkrüge. Ich sitze mit angewinkelten Beinen, rückwärts zu einer Piste, die sich endlos vor uns erstreckt. Wir sind auf dem Weg zur Kaserne in Chicomo, wo ich medizinisch behandelt werden soll.

Vom Schaukeln des Ochsenkarrens eingelullt, kommt mir der Gedanke, dass ich erneut meinen eigenen Trauerzug probe. Das erste Mal war im Bauch eines Bootes. Nun auf einem staubigen Ochsenkarren. Wenn meine richtige Beerdigung stattfindet, werde ich mit dieser Uniform bekleidet sein, die ich schon immer gehasst habe und die jetzt mehr noch als meinen Körper meine Seele bedeckt. Nehmen Sie bitte zur Kenntnis, Senhor Tenente: Ich möchte so beigesetzt werden, als wäre meine Haut zu dieser übel riechenden Uniform geworden. Mit diesem vorweggenommenen Leichentuch habe ich die Reise angetreten. Oder, schlimmer noch, ich selbst bin ein Stück Stoff, in das man mich im Leben wie im Tod eingewickelt hat. Zuerst als Uniform, dann als Leichentuch. Ich bin ein Soldat, ich gehöre nicht mir selbst. Bei meiner Beerdigung werden andere Soldaten, nicht wissend, dass auch sie keine Seele mehr haben, mit Platzpatronen Salut schießen. Sie werden nicht wissen, dass sie mit diesen Schüssen den Himmel töten.

Unterwegs attackiert mich da Mata ständig mit Beleidigungen. Weit entfernt davon, mich zu stören, lenken sie mich von anderen, größeren Verletzungen ab. Und außerdem ist es so, wie meine Mutter immer sagte: Wer viel beleidigt, kann kein schlechter Mensch sein. Dem Repertoire seiner Beleidigungen nach zu urteilen muss Santiago ein großartiger Mensch sein. »Deinetwegen«, warf er mir vor, »deinetwegen, du Feigling, habe ich nicht an der Schlacht von Coolela teilgenommen. Nur um dich zu holen, denn unser Prinz konnte ja nicht allein durch den Busch marschieren. Jetzt sag mir mal eins, mein lieber Herr Sargento: Mit deinen Ärmchen, wie wischst du dir den Arsch ab? Wäscht dir das gute kleine Negermädchen den Hintern? Soll das nicht lieber einer von den schwarzen Soldaten machen? Die machen das gut, das kannst du mir glauben. Die machen das so gründlich, dass du nie wieder in deinem Leben scheißen willst.«

Anfangs unterdrückten die Soldaten ein Lachen. Nach einer Weile hörten sie gar nicht mehr zu. Der Capitão beschäftigte sich lediglich mit sich selbst in seiner endlosen Anreihung von Beleidigungen: »Mit solchen Händen kann man sich keinen mehr runterholen. Ich kann mir vorstellen, wie du dich in diesen Monaten im Busch damit vergnügt hast, den Saft abzuzapfen. Mit den Fingerspielchen ist es ja wohl vorbei. Jetzt musst du den durchtriebenen Kafferweibern etwas vormachen. Ich hoffe, du hast schon mal mit der kleinen Schwarzen geübt, die dir in der Kirche Gesellschaft geleistet hat. Oder soll ich bei ihr Maß nehmen, du Dreckskerl?«

Endlich verstummte er. Niedergeschlagen ließ er die Schultern hängen. Doch die Augen in seinem braunen Gesicht funkelten weiterhin und blickten suchend in die Landschaft. Er musste furchtbar einsam sein, dieser Mann, der uns durch das Buschland führte.

Als es dunkelte, ließ er haltmachen und unser Lager fern von jedem Pfad aufschlagen. Während er die Plane ausbreitete, die uns als Schlafplatz dienen sollte, sprach er mich zum ersten Mal in freundlichem Ton an und sagte, ich hätte Glück, denn Dr. Rodrigues Braga befinde sich auf der Durchreise in Chicomo.

Nachdem wir am nächsten Tag mühselig mit stacheligem Gebüsch bewachsene Anhöhen hinaufgestiegen waren, stießen wir auf einen Kaffer und baten ihn um Futter und Wasser für unsere Ochsen. Er führte uns wortlos zu seiner Hütte und bot uns gebratene Maiskolben an, die wir heißhungrig verschlangen. Dann warnte er uns, dass sich in der Nähe Dutzende Vátua-Soldaten versammelt hätten. Sie kämen in Gruppen an und träfen sich an einem See. Dort werde eine traditionelle Zeremonie zum Segnen der Kämpfer vorbereitet.

Ein paar dieser Krieger hatten ihn am frühen Morgen aufgesucht. Der Älteste war in das Viehgehege gegangen und hatte einen Stier ausgesucht. Mit einer langen Stange hatte er dem Stier auf das Maul geschlagen, bis dieser wütend geworden war. Dann waren ihm ein paar junge Männer auf den Rücken geklettert und hatten ihn zu Fall gebracht. Während sie ihn an den Hörnern festhielten, hatte ihm der Anführer der Gruppe mit einem Buschmesser die Kehle aufgeschnitten.

»Hier, da sehen Sie das Blut«, der Bauer wies auf einen dunklen, von Fliegen umschwirrten Fleck.

Innerhalb weniger Minuten hatten die Soldaten das Tier zerlegt und schleppten das Fleisch in Stücken auf dem Rücken davon. Der Kaffer wies auf ein Tal, in dem die Männer verschwunden waren.

»Kommen Sie mit«, sagte er. »Sie sind hier in der Nähe. Wenn wir vorsichtig sind, werden sie uns nicht bemerken.«

»Sind es viele?«

»Ungefähr fünfzig.«

»Und zu welchem Bataillon, zu welcher Impi gehören sie? Sag nicht, es sind die Ziynhone Muchopes, die Pássaros Brancos.«

»Nein, die sind älter. Ich glaube, es sind die Mapepe, die Manhosos.«

»Kommt, wir lauern ihnen auf!«, sagte da Mata.

»Sie sind verrückt, Capitão.«

Unter anderen Umständen wäre meine Respektlosigkeit streng bestraft worden. Doch da Mata funkelte mich wütend an, dann reichte er mir ein Gewehr.

»Jetzt wirst du Soldat, du Scheißkerl. Du wirst mit den Fingern, die du noch hast, oder mit deinem Schwanz dieses Gewehr abfeuern.«

Dann reichte er dem armen Bauern ein Gewehr, doch dieser ließ fassungslos die Arme hängen, unfähig, die schwere Waffe entgegenzunehmen.

»Du auch, Neger. Wenn du nicht auf sie schießt, erschießen wir dich.«

Möglichst lautlos marschierten wir zu einer Lichtung im Busch. Der Kaffer hatte recht: Rund fünfzig Männer umringten im Kreis einen Medizinmann, den sie hier Nganga nennen, und einen militärischen Anführer. Dampf stieg aus einem riesigen Kessel auf, in dem sie das Fleisch des Stiers kochten. Hinter Buschwerk versteckt, beobachteten wir die Zeremonie. Die Soldaten, mit nur einem Knie den Boden berührend, sangen und schlugen in kräftigem Rhythmus mit ihren Schilden und Wurfspeeren auf die Erde. Irgendwann richtete sich der militärische Anführer auf und zeigte einen menschlichen Finger. Ich erstarrte, es überlief mich eiskalt. Dieser Finger konnte einer derer sein, die mir fehlten. Der Kaffer, der uns begleitete, nahm meine panische Reaktion wahr und murmelte: »Das ist eine alte Trophäe, den haben sie einem militärischen Anführer der Chope abgerissen.« Das gebot ihnen ihr Glaube.

Anschließend schabte der militärische Anführer mit einem Messer etwas von dem vertrockneten Finger und ließ die Krümel auf das Fleisch im Kessel fallen. Das war die »Kriegsmedizin«, die Würze, mit deren Hilfe »Gewissensbisse« verschwanden. Nachdem sie das so behandelte Fleisch verzehrt hätten, besäßen die Soldaten kein Zwerchfell mehr. Denn dort, in der Brust, wohne das Gewissen, wie uns der Bauer erklärte.

Santiago hatte für diese Worte kein Ohr. Er studierte die Landschaft, um einen Überraschungsangriff zu planen. Allein mit Handbewegungen gab er Anweisung, uns zu verteilen, um den Eindruck zu erwecken, wir seien viele. Von der Vegetation gedeckt, ordneten wir uns kreisförmig an. Auf ein Zeichen von Santiago griffen wir an. Überrascht stoben die Vátuas ungeordnet auseinander und ließen ihre Wurfspeere und die wenigen Gewehre, die sie besaßen, zurück. Drei Vátuas fielen neben dem großen Kessel. Sie hauchten ihr Leben neben dem Trunk aus, der sie gegen feindliche Kugeln gefeit machen sollte.

Als es den Anschein hatte, dass die Vátuas im Buschland verschwunden waren, traf uns plötzlich ein Kugelhagel. Einer unserer Soldaten, ein Schwarzer, fiel neben einem Felsen. Ich sah noch, wie er die Finger in die Erde grub, als wehrte er sich gegen eine ihn fortreißende Kraft. Im Todeskampf richtete er den Blick auf mich, seine Augen waren tiefgründig wie ein Brunnen ohne Boden. Ich erkannte ihn. Er hatte den ganzen Weg über geschwiegen, denn die einzige europäische Sprache, die er sprach, war Englisch. Und das konnte Santiago nicht dulden.

Santiago neben mir war wie von Sinnen: Der Hinterhalt kam jetzt aus der anderen Richtung, die Jäger wurden zur Beute. Blindwütig rief er seine Soldaten zusammen und trieb sie mit Gebrüll und Fußtritten an, gegen den Feind vorzurücken. Er beschimpfte sie unablässig als Feiglinge, bis sie ungeschützt gegen die unsichtbaren Vátuas vorrückten. Der Capitão und ich blieben zurück. Plötzlich sah ich, wie er nach vorn einknickte, als wäre er von einer Kugel in den Unterleib getroffen. Ich lief zu ihm, um ihm zu helfen, doch dann merkte ich, dass der nasse Fleck auf seiner Hose kein Blut war. Es war Urin.

Unvermittelt hörte die Schießerei auf, und absolute Stille trat ein. Santiago da Mata befahl, zur Hütte zurückzugehen, wo wir unsere Sachen gelassen hatten. Kaum waren wir angekommen, goss sich der Capitão den Inhalt eines Wasserkrugs über den ganzen Körper. Die Soldaten wunderten sich über die Verschwendung.

Aus Furcht, die Kaffern würden sich rächen, kümmerten wir uns um unseren kostbarsten Besitz, banden die Ochsen im Dickicht fest und schnitten Äste, um den Karren zu tarnen. Wir mussten uns unbedingt so schnell wie möglich nach Chicomo begeben. Als der Bauer begriff, was wir planten, erklärte er fast unter Tränen: »Jetzt bleibt mir nichts anderes, als mit euch zu gehen.«

Santiago befahl ihm, seine Rinder anzubinden und seine Sachen zu holen. Es ging nicht um Dank für seine Hilfe. Wir brauchten ihn als Führer.

»Meine Sachen?«, fragte er traurig lächelnd.

Wir brachen auf und ließen den armen Bauern mit seinen bloßen Füßen die Pfade in der unergründlichen Wildnis suchen. Auf da Matas Anweisung kamen wir an einem verlassenen Posten vorbei, wo ein Treffen mit dem angolanischen Soldaten vereinbart war, der Imani und Katini auf dem Rio Inharrime begleitet hatte. Doch der Posten war leer, nichts deutete darauf hin, dass irgendjemand dort gewesen war. Da Mata schien nicht überrascht. »Verdammter Neger! Diesem Pack kann man nicht trauen …«

Da erzählte der Bauer, was er am Morgen von einem Reisenden gehört hatte, der ihm begegnet war. Der Mann hatte berichtet, die Leiche eines Schwarzen, halb von Krokodilen aufgefressen, sei am Flussufer angetrieben worden. Und der Schwarze habe die Uniform der portugiesischen Armee angehabt.

»Wir kehren um und suchen ihn.«

»Umkehren, Senhor Capitão?«, fragte einer der weißen Soldaten. »Sind wir nicht auf der Flucht?«

»Toninho hat recht, Senhor Capitão«, sagt der andere Weiße. »Wollen wir uns den Wölfen zum Fraß vorwerfen?«

»Hier gibt es keine Wölfe. Keine Wölfe und auch keine Tiger. Wir kehren um und begraben unseren Kameraden, wie es sich gehört.«

Angesichts der Entschlossenheit des Capitão protestierte auch ich. Unsere Route ändern würde unser aller Ende bedeuten. Auf dem Fluss wären wir in Sicherheit, aber dorthin zu gelangen war lebensgefährlich.

»Ich lasse meine Leute nicht im Stich«, beharrte der Capitão. »Tot oder lebendig, weiß oder schwarz, ich lasse keinen im Stich.«

Er wirbelte herum. Dann ließ er sich meine Feder geben, schrieb schnell ein paar Zeilen, faltete das Blatt zusammen und gab es einem der schwarzen Soldaten. »Bring diese Botschaft zum Posten. Sag, wir kommen später.«

Ich bat da Matas Boten, auch diesen Brief mitzunehmen. Womöglich sind es meine letzten schriftlichen Worte. Da Mata war gekommen, um mich zu retten. Derselbe da Mata führt mich ins Verderben.

PS: Ich habe die Gelegenheit genutzt, einem anderen Boten eine Nachricht für Imani mitzugeben. In aller Eile habe ich ein paar Zeilen geschrieben, voller Sehnsucht und Verlangen, sie wiederzusehen. Ich hatte schon die poetischsten Formen ersonnen, ihr von meiner Liebe zu sprechen. Doch vor dem weißen Blatt Papier kamen mir nur die lächerlichsten Sätze in den Sinn. Genau in dem Augenblick, als ich den Brief unter größter Vorsicht dem Boten übergab, tauchte Santiago auf und verlangte, ich solle ihm mein Schreiben geben. Wie erwartet, rief Santiago seine Soldaten zusammen, las laut den Inhalt meiner Zeilen vor und verhöhnte meine Gefühle. Das Schlimmste war, dass ich selbst mit unvorstellbarer Feigheit schließlich in das Gelächter derer mit einfiel, die sich über mich lustig machten. Der Bote sah mir tief in die Augen, schüttelte den Kopf und brach mit leeren Händen auf.

Das göttliche Missverständnis

Frauen weinen, Männer lügen.
Sprichwort aus Nkokolani

In dieser Nacht schlief ich wie die Fische – in einem schlaflosen Traum, ein wacher Körper auf lebendigem Lager. Der Anblick des im Wasser strampelnden Angolaners ging mir nicht aus dem Kopf, das bluttriefende Kruzifix in den Händen meines Vaters, seine zitternden Finger, als wären sie gefühllos. Und ich vermisste schmerzlich Germano, als hätte ich kein Schlaflager und läge auf Steinen. Die Brust war mir schwer vor lauter Weinen. Meine Tränen versiegten nicht einmal, nachdem ich eingeschlafen war. Ich schlief weinend, wie es nur den Toten gestattet ist.

Am frühen Morgen wiederholte sich ein Ritual aus meiner Kindheit – ich wachte vom Schwingen eines Besens im Hof auf. Der Pater fegte. »Wo ist Bibliana?«, fragte ich. Er antwortete nicht. Vor dem Besen verwandelte sich der Sand in Wasser. Der Besen in der Hand des Paters war ein Ruder, es führte das Wasser zurück zum Fluss. Rudolfo Fernandes fegte wie immer, um zu träumen. Und sicherlich träumte er von einem Ort jenseits aller Reisen. Doch die Hunde, die in der Erde scharrten, brachten die triste Wirklichkeit zurück. Und wieder erstickten wir in dem unvermeidlichen Staub einer armen Welt ohne Zukunft.

Ich verscheuchte die Hunde, die vor der Tür lagen und hechelten. »Ein Hund braucht keinen Schatten, er hat seine Zunge«, sagte Großvater immer. An so heißen Tagen würde ich alles dafür geben, hecheln zu können wie ein Hund. Oder noch lieber wäre mir, dass der Erdboden sich verflüssigte.

Und das geschah auch beinah: Im ganzen Dorf dampfte die Erde, was den täuschenden Eindruck erweckte, wir bewegten uns auf einer endlosen Lagune.

»Pater, ich muss mit Ihnen sprechen«, murmelte ich, während ich ihm den Besen aus der Hand nahm und den Pfad zur Kirche einschlug. Der Pater kam hinterher und vertrieb die Hunde. Dann ging er neben mir, die Hände in den Ärmeln seiner Soutane verborgen.

»Ich weiß, worum es geht, meine Tochter. Aber ich kann nichts machen. Nicht mit mir musst du sprechen, sondern allein zu Gott.«

Ich ging schneller, er sollte nicht sehen, dass ich weinte. Ich kam an einer Gruppe Männer vorbei, die Ntxuva spielten. Sie unterbrachen ihr Spiel, um mir hinterherzusehen. Ihre vorwurfsvollen Blicke galten meinen Schuhen. Sie glaubten, ich könne sie nicht verstehen, und sagten laut: »Die verdammten VaChopi, die verderben die Frauen mit ihren Geschenken.«

In der Kirche sank ich auf die Knie, als könnte ich mich nie wieder aufrichten. Meine Hände formten einen Kelch, und in ihm fanden meine Worte ihr Echo: »Ich bin hier, mein Gott, um meine Füße zu opfern. Sie sind in makellosem Zustand, an ihnen ist kein Blut, keine Wunde. Als hätte es in ihnen niemals Leben gegeben, als wären sie einfache Dinge, wertlose Gegenstände.«

Der Pater wurde nervös und forderte mich auf zu gehen.

»Komm, meine Tochter«, sagte er. »Wir gehen nach draußen.«

»Darf ich nicht beten?«

»Das ist kein Beten. So spricht man nicht zu Gott.«

Er wollte mich zwingen aufzustehen und zog mich am Arm. Ich leistete Widerstand. Da zerriss der Rosenkranz, der an seinem Gürtel hing. Die neunundfünfzig Perlen kullerten auf den Boden, hüpften hin und her und rollten in alle Richtungen. Die Tauben an den Deckenbalken flatterten aufgeregt und blickten neugierig hinunter.

»Wo ist Bibliana?«, fragte ich wieder.

»Im Norden, zur Zeremonie für ihren verstorbenen Bruder. Sie bleibt ein paar Tage da.«

Ich bat den Pater, mich allein zu lassen. Ich wollte die ganze Kirche nur für mich haben, von der Stille umfangen werden. Als er hinausging, stolperte er über die Rosenkranzperlen. Ich hörte ihn Gott und die Welt verfluchen.

Dann ließ ich mich von der Ruhe streicheln, als wäre die Zeit niemals in die Kirche eingedrungen. Ich rollte mich auf der Holzbank zusammen und schlief ein. Und spürte, dass ich Gott hören konnte. Anfangs erreichten mich die göttlichen Worte vermengt mit dem Gurren der Tauben. Doch dann wurden sie verständlicher, und es wurde deutlich, dass der Schöpfer ganz allein zu mir sprach.

Ich war verrückt, aber mein Verrücktsein öffnete mir den Weg zu Gottes Stimme: »Traurig war deine Entscheidung: ein Paar Schuhe statt bloßer Füße. Aufgrund dieser Wahl wirst du für immer unvollständig bleiben. Dafür werden die Schuhe Teil deines Körpers werden. Du hast dich so entschieden, und das hat seinen Preis: Deine Schritte werden nie mehr deine eigenen sein. Mit Ledersohlen wirst du Wege beschreiten, die dich weit weg von dir selbst führen werden. Du wirst dich von den anderen schwarzen Frauen unterscheiden. Wenn du tanzt, werden deine Beine nicht mehr deine sein. Und immer wenn du die Schnürsenkel zusammenziehst, wird es deine Seele sein, die du einschnürst.«

Der Pater wartete am Eingang zur Kirche auf mich. Er sagte, er habe mich weinen, sprechen und beten gehört. Mein Leiden sei nutzlos, fuhr er fort, mein Vater werde von seiner Entscheidung nicht abrücken. Er werde mich dem König von Gaza schenken. Katini Nsambe sei es leid, ein guter Mensch zu sein in einer Welt, in der sich nur die Bösen durchsetzten. Als er niederträchtig sein wollte, blieb ihm nur die uralte Kunst der Rache. Der sanftmütige Mensch, der freundliche Musiker, der duldsame väterliche Mann – all das gehörte der Vergangenheit an.

Ich seufzte tief. Sehnsucht entspringt nicht der Vergangenheit. Sie entsteht in einer gegenwärtigen, aber leeren Zeit. Keine Erinnerung konnte mir zu Hilfe kommen.

»Angeblich ist die Kirche von Makomani, die Kirche meiner Kindheit, eingestürzt, von den Wellen verschlungen. Ich sehne mich nach dem Meeresrauschen. Empfinden Sie nicht auch so, Pater?«

»Willst du die Wahrheit hören? Ich habe die Zeit am Strand immer gehasst.« Es fiel ihm schwer, daran zurückzudenken. Damals, an der Küste, drang ihm jede Nacht das ganze Meer in den Kopf. Immer wenn er schlief, fand er den Tod, ertrunken in einem Ozean, der die Dunkelheit im Zimmer überschwemmte. Vor Angst, die Augen könnten aus den Augenhöhlen springen, hielt Pater Rudolfo sich im Schlaf die Hände auf die Lider. Wenn er aufwachte, rann ihm eine Tränenspur über die Wange, und das Salz brannte ihm auf der Haut.

»Das Meer sagte mir, es gebe eine Heimkehr. Und das schmerzte mich. Denn zu diesem Zeitpunkt konnte ich mir die Reise nicht mehr wünschen. Mir ging es so wie dir jetzt, meine Liebe: Ich konnte nicht schlafen, konnte nicht leben.«

Zehnter Brief des Sargento Germano de Melo

Gungunhana ist der weltläufigste Mann, den ich kenne; er spricht mehrere Sprachen, treibt mit mehreren Nationen Handel, kleidet sich mit Stoffen aus Asien, schmückt sich mit Zierrat aus dem Vorderen Orient, umgibt sich mit schwarzen und weißen Beratern, hat afrikanische Frauen und europäische Geliebte, tagsüber trinkt er hiesigen Branntwein und abends berauscht er sich an Portwein.
Die Erinnerung an ihn wird in den Träumen derer fortleben, die keine Schrift kennen. Und in den Büchern jener, deren Träume verloren sind.
Pater Rudolfo Fernandes

Auf dem Weg nach Chicomo, 29. Oktober 1895

Sehr verehrter Senhor
Tenente Ayres de Ornelas,

darf ich Ihnen sagen, wie groß meine Sehnsucht nach Imani ist? Würden Sie mir Ihre Schulter leihen, damit ich mich mit meiner unendlichen Traurigkeit daran anlehnen kann? Sie werden fragen, ob ich dieser Frau schreibe. Die Antwort lautet nein. In dem Augenblick, da ich meine Gefühle zu Papier bringen will, zerbricht etwas in mir, als vollzöge sich ein vorweggenommenes Ende.

Seien Sie also unbesorgt, Senhor Tenente – ich werde unsere Boten nicht für das Überbringen von Briefen an Imani benutzen. Sie stehen ausschließlich uns zu Diensten. Und es ist erst ein Tag vergangen, seit ein Bote mit zwei Schreiben aufgebrochen ist. Das eine, eine lakonische Nachricht von da Mata. Und das zweite, ein Schreiben von mir, unnötig lang, von dem Sie fraglos nicht die Geduld hatten, mehr als den ersten Absatz zu lesen. Sollten Sie es dennoch bis zum Schluss gelesen haben, werden Sie wissen, dass wir umgekehrt sind, um einem unserer Soldaten die letzte Ehre zu erweisen. Dann haben wir den unglücklichen *angola*, oder besser gesagt, das Wenige, was noch von ihm übrig war, am Ufer des Inharrime beerdigt. Die Krokodile hatten seinen Rumpf und den Kopf verschont. Ich hatte nicht den Mut, den furchtbaren Anblick zu ertragen. Auch da Mata trat zur Seite. Aber er wies einen seiner schwarzen Soldaten an, den Kadaver zu untersuchen, bevor er beerdigt wurde. Und das tat der Mann sehr gewissenhaft. Er fand zwei Löcher auf der rechten Seite am Hals.

»Den haben nicht Krokodile getötet.«

Nach dem Beerdigungsritual wuschen wir uns selbst und unsere verschmutzten Kleider. Während die Sachen in der Sonne trockneten, waren wir alle halb nackt. Einer der weißen Soldaten hielt von einem hohen Felsen aus Wache. Die anderen entzündeten näher am Fluss ein Feuer, um Kaffee zu kochen. Der Capitão und ich ruhten uns in schönem Schatten aus. Mit einem Stöckchen zog Santiago da Mata Furchen in den Sand.

»Was schreiben Sie, Capitão?«

»Ich schreibe nicht, ich zeichne. Ich zeichne ein Land. Ich zeig dir, wie das geht. Man fängt immer mit einer Fahne an. Siehst du? Dieses Rechteck hier, mit lauter Streifen, das ist die verdammte Fahne.«

»Eine schöne Fahne, mein Capitão …«

»Ich bin nicht dein Capitão. Morgen erreichen wir Chicomo, und ich liefere dich vor der Kaserne ab. Und danach sehen wir uns nie wieder.«

»Sie gehen nicht mit mir hinein?«

»Ich weiß nicht. Mal sehen.«

Er erklärte, die Soldaten, die ihn begleiteten, gehörten nicht zur regulären Armee. Ich erinnerte mich, dass Pater Rudolfo den Begriff Söldner benutzt hatte. Er schüttelte den Kopf. »Wir sind, wie soll ich es sagen, eine selbstständige Einheit, wir erledigen Aufträge, die die anderen nicht ausführen können.«

Ich erzähle dies alles, Senhor Tenente, in der Annahme, dass Sie davon Kenntnis haben. Der Capitão zog wieder Striche in den Sand. »Hier fehlt noch eine Kaserne«, erklärte er nach neuerlicher Betrachtung seines Werkes. Und fügte hinzu: »Du warst ja nie beim Militär und hast lange Ferien in einer Ladenkneipe verbracht, vielleicht kannst du die Kaserne zeichnen ...«

In der dann folgenden Pause hörte man den Wind im Laub rütteln. Ich dachte an unsere Begegnung in Sana Benene zurück und an den Moment, als Bianca gefragt hatte, ob da Mata Mouzinho kenne. Und dass Imani an der Unterhaltung teilgenommen hatte.

»Erinnern Sie sich, dass Imani wissen wollte, ob Sie Gungunhana begegnet seien? Jetzt frage ich Sie: Kennen Sie den König von Gaza?«

Santiago da Mata war tatsächlich am Hof des Königs von Gaza in Manjacaze gewesen, und er erzählte mir davon. Damals begleitete er den Conselheiro José d'Almeida auf einer der zahlreichen diplomatischen Missionen, an der auch Sie teilgenommen haben. Als er das Gelände betrat, erlebte er die gleiche Überraschung wie alle Europäer, die jemals dorthin gekommen waren. Statt eines imposanten Palastes gab es lediglich eine Anzahl einfacher Strohhütten. Statt eines prunkvollen Hofes fand er einen Patio von spartanischer Schlichtheit vor. Die Königinnen saßen auf dem Fußboden, Kinder liefen barfuß und halb nackt herum. Der König von Gaza jedoch beeindruckte ihn. Da Mata zufolge spricht der König wenig, äußert sich nur einsilbig, und obwohl er ein großer Trinker ist, ist er in den Verhandlungen immer nüchtern aufgetreten. Gungunhana besitzt die Gabe, so zu tun, als verstünde er nicht, was man zu ihm sagt. Er gibt vor, keine Sprache außer Zulu zu verstehen, der Sprache des Hofes und seines Reiches. Bei Sitzungen mit seinen Indunas nimmt er nicht wie ein Autokrat das Wort in Beschlag, sondern lässt die Berater sprechen, ohne sie zu unterbrechen.

»In Afrika ist es genau wie in Portugal – die Berater haben die Funktion, den König zu umschmeicheln oder ihn zu ermorden.« Und da Mata fügte hinzu: »Diesen Vertretern des Volkes eine Stimme zu geben ist der beste Weg, eine Nation ruhigzustellen.«

Nun gebe ich Ihnen mit allem Respekt wieder, welche Schlüsse da Mata aus dem gezogen hat, was er gesehen und gehört hat. Er findet, dieser Negerhäuptling mit seiner schlichten Umgangsart sei königlicher als unser Monarch mit seinem mittelalterlich prunkvollen Hofstaat. Dieser Mann ohne Uniform sei militärischer als unsere Generäle, die sich für Paraden herausputzen. Ich muss mich überwinden, das Folgende zu zitieren, und danach atme ich tief durch:

»Zum Teufel mit sämtlichen Königen der Welt, den schwarzen wie den weißen.«

»Ich bin Republikaner, Senhor Capitão.«

»Ist alles dieselbe Scheiße. Glaubst du, die Republikaner werden sich nicht in den Palästen breitmachen, wenn sie die Monarchen gestürzt haben?«

Sie werden jetzt verstehen, Senhor Tenente, dass dies kein simpler Bericht über einen unbedeutenden Ausflug auf afrikanischem Boden ist. Irgendwann machte uns einer der schwarzen Soldaten darauf aufmerksam, dass der Wachposten auf dem Felsen eingeschlafen sei. Wir lachten amüsiert über den weißen Soldaten, den wir Toninho nannte. Nur da Mata vermutete einen anderen Grund für seine Pflichtvergessenheit. Und er hatte recht. Toninho war tot. Ein

Blutfaden lief ihm den Hals hinunter. Für den Capitão gab es keinen Zweifel – zwei Löcher wie im Leichnam des Angolaners, auf die gleiche Weise gestorben, vom selben Mann getötet. Er befahl, die Umgebung abzusuchen. Womöglich trieb sich der Mörder noch hier herum? Aber sie suchten vergeblich.

Wir waren gekommen, um einen Mann zu beerdigen, nun bestatteten wir zwei. Kein Gebet und keine Worte empfahlen Gott die Seelen der Toten. Wir schlossen die Gräber, setzten zwei improvisierte Kreuze darauf. Nur der Fluss und das Weinen eines Soldaten waren zu hören.

Da Mata hielt sich von diesen traurigen Vorgängen fern. Er löschte das Feuer und befahl, den Rückweg zum Posten in Chicomo anzutreten. Mit den Stiefeln glättete er den Sand und verwischte das Land, das er auf den Erdboden gemalt hatte.

»Wenn du einen richtigen Soldaten finden möchtest«, sagte der Capitão zu mir, »dann such ihn außerhalb der Armee und fern von militärischen Laufbahnen. Denn ich, mein werter Soldat … jetzt habe ich vergessen, wie du heißt …«

»Germano.«

»Also, Germano, ich verrate dir: Sollte ich mich jemals offiziell der Armee anschließen, dann nur, um mit Vergnügen zu desertieren.«

Bitte nehmen Sie es nicht übel, Senhor Tenente, denn ich gebe nur wieder, was der verrückte Capitão geäußert hat. Das tue ich, damit Sie über Ihre Untergebenen informiert sind und wissen, mit welcher Loyalität Sie rechnen können. Nachdem wir wieder aufgebrochen waren, schimpfte Santiago über alle, die, auf vorzeitige Pensionierung hoffend, das Soldatenleben als einen Weg dorthin betrachten. Danach sagte er auf der restlichen Strecke nichts mehr. Auf einmal regte sich in mir der Wunsch, dem Capitão den Brief meiner alten Mutter zu zeigen. Mehr noch als in der Tasche trug ich ihn im Kopf. Ich wollte dem Capitão begreiflich machen, welche Gefühle mein merkwürdiges Schicksal in mir auslöst – seit ich keinen Vater mehr hatte, empfand ich mich zum ersten Mal als Sohn. Zum Glück gab ich der Versuchung nicht nach, solch gefühlsduselige Hirngespinste zu äußern. Nur Ihnen gegenüber fühle ich mich frei, über Derartiges zu sprechen.

Und wissen Sie, was während des langen Marsches geschah? Merkwürdigerweise kam ich zu der Überzeugung, dass es nicht meine Mutter war, die den Brief verfasst hatte. Denn die hatte unser Zuhause verlassen, als ich noch ein Kind war. Sie hatte unser Zuhause verlassen, ohne jemals wirklich fortzugehen. In Wirklichkeit wurde ich adoptiert. Aber ich wurde von meiner eigenen Mutter adoptiert. Verstehen Sie? Die Frau, die mich zur Welt gebracht hat, hieß Mutter. Danach hieß sie Ehefrau. Und diese hat für mich gesorgt. Mit bewachter Liebe, mit übergroßer Zärtlichkeit, mit geflüsterten Worten. Ich war nur zur Hälfte Sohn, wie kann ich dann vollkommen Mann sein? Vielleicht ist es besser, nur halb zu leben. So schmerzt die Sehnsucht nach meiner Geliebten etwas weniger.

Sechster Brief des Tenente Ayres de Ornelas

Wer in die Nähe von Gungunhana kommt, empfindet eine unerklärliche Sympathie. Milder Blick und sanfte Worte, er bietet ein ganzes Bündel an angenehmen Eigenschaften, die einen sogleich für ihn einnehmen. Dabei darf man nicht übersehen, dass sich unter den freundlichen Umgangsformen ein eiserner Wille verbirgt, der sich für nichts in der Welt beugen lässt.

Gesandter Marques Geraldes, Bericht von 1888

Chicomo, 1. November 1995

Werter Sargento
Germano de Melo,

da Matas Sendbote hat mir Ihren Brief gebracht. Ironie des Schicksals: Wenn Sie hier eintreffen, werde ich schon in Inhambane sein. Ich wurde zusammen mit anderen Offizieren abgeordnet, die entscheidende Offensive gegen den sogenannten Löwen von Gaza zu koordinieren.

Merkwürdig, dass wir uns auf mysteriöse Weise immer wieder verpassen, wie es platonischen Liebespaaren widerfährt. Santiago da Mata ist ein Mann mit schroffen Umgangsformen. Sie sollten Geduld mit ihm haben. Auch ich habe so manche Ansicht über andere Menschen revidieren müssen. Oft ist das, was wir als Gefühl bezeichnen, ein Vorurteil. So habe ich mich auch mit Mouzinho de Albuquerque ausgesöhnt. Wir brauchen Besonnenheit im gleichen Maße, wie wir verwegene Leute brauchen.

Machen Sie sich keine Sorgen, weil Sie meine Befehle nicht befolgt haben. Mit der Weigerung, die Ihnen zugewiesenen Aufgaben zu übernehmen, haben Sie mir deutlicher gemacht, welche Aufgaben ich selbst habe. Mit Ihren persönlichen, farbigen Briefen haben Sie unserer Armee hervorragende Dienste erwiesen. Ich kenne jetzt das mosambikanische Volk so gut wie nur wenige Offiziere. Sie haben sich geweigert, mein Freund, Spionage zu betreiben? Dann lassen Sie mich Ihnen sagen, dass Portugal wohl keinen besseren Spion auf afrikanischem Boden haben dürfte. Dank Ihrer pittoresken Schilderungen ist mir bewusst geworden, wie weit wir davon entfernt sind, dieses Territorium zu verstehen, das wir doch unbedingt erobern wollen. Wie denkt dieses Volk über sich selbst? Wie bezeichnen diese Menschen sich selbst und ihre Nationen und Anführer? Zum Beispiel nennt niemand außer uns die VaNguni Vátuas. Niemand sonst benutzt den Begriff »Staat Gaza«. Wie nennen die Kaffern ihn? Und wie bezeichnen sie den, den wir König nennen? Sie sprechen von Gungunhana als Nkossi. Mit demselben Wort bezeichnen sie Gott. Und sie nennen ihn so zu Recht. Denn er regiert mit göttlicher Autorität – er straft und belohnt wie ein Großer Vater. Unser Krieg hat nicht nur eine militärische Dimension. Es ist auch ein Religionskrieg.

Dieses Schreiben hat den Zweck, Ihnen darin recht zu geben, was Sie unablässig fordern: Wenn wir die Afrikaner besiegen wollen, müssen wir sie besser kennenlernen, wir müssen in ihre Welt eindringen und unter ihnen leben. Seit Jahrzehnten machen sie das mit uns. Sie beobachten unsere Lebensweise, übernehmen unsere Art zu denken, lernen unsere Sprache. Und sie brauchen keine Briefe, um diesen Born an Informationen unter den anderen zu verbreiten. Wie mit einer stillen Trommel sind im afrikanischen Buschland die Nachrichten über unsere Macht verbreitet worden, aber vor allem die Nachrichten über unsere Schwächen.

Zum Schluss muss ich Ihnen sagen, dass mich derselbe Sendbote darüber informiert hat, dass Ihre geliebte Imani und ihr Vater Sana Benene verlassen haben. Sie haben sich zu dem Hospital des Schweizers Liengme begeben, zu welchem Zweck auch immer. Bedenken Sie, werter Sargento, als zukünftiger Ehemann darf man nicht nachlassen in der Überwachung einer jungen, schönen und obendrein schwarzen Braut. Ich danke Gott dafür, dass ich kein weibliches Herz zurückgelassen habe, das in Portugal meiner harrt. Nur von einer Mutter kann man über alle Unbilden hinweg Treue erwarten. Im Übrigen gilt für Bräute und Ehefrauen: je länger die Trennung, umso unaufrichtiger das Warten.

Ein Krankenhaus in einer kranken Welt

Die Schweizer Missionare richten nicht den Blick darauf, mit welchen Mitteln sie die Sympathie der Neger gewinnen können, auch handeln sie ihnen in keiner Hinsicht zuwider, und sie gewähren ihnen wenig erzieherische und keineswegs geeignete Freiheiten wie zum Beispiel, ihnen die Hand zu geben. Und die Neger aus der Umgebung dieser Mission sind so sehr an solch brüderliche Begrüßungen gewöhnt, dass, als ich die Mission besuchte, ein Negerdiener derselben Mission mit ausgestreckter Hand direkt auf mich zukam! Es mag ja durchaus sein, dass dies das beste Vorgehen ist, die Eingeborenen zu erziehen, doch was mich betrifft, kann ich es nicht dulden, auch nicht hinnehmen. Sie gut behandeln, sie ausbilden, ihnen guten Unterricht erteilen und sie zu fähigen, geschickten Männern machen, die eines Tages für sich selbst und die Gesellschaft nützlich sein können, das, ja; doch sich dazu herablassen, einem primitiven Neger die Hand zu geben, nein, das lehne ich ab.

Verwalter von Chai-Chai an den Gouverneur
des Distrikts von Lourenço Marques,
am 28. November 1911

Bertha Ryff saß vor ihrer Haustür und war mit einem aufgeschlagenen Fotoalbum auf dem Schoß eingeschlafen. Sie wartete auf ihren Mann, Georges Liengme. Als sie unsere Schritte hörte, wachte sie auf und sah uns ganz ruhig an, als hätte man uns angekündigt.

Beim Nähertreten gab mein Vater nur ein gemurmeltes »Verzeihen Sie ...« von sich. Ich ergriff die Initiative, den Zweck unseres Besuches zu erläutern. Schnell wurde klar, dass Bertha Ryff Txishangana sprach. Es war schon etwas merkwürdig, sich mit einer Europäerin in einer afrikanischen Sprache zu unterhalten. Zum ersten Mal war ich stolz darauf, dass eine afrikanische Sprache Vorrang hatte.

Die Frau wirkte, als wäre sie aus Wachs, so zart und zerbrechlich, dass ich mich dabei ertappte zu flüstern, als fürchtete ich, sie könnte allein vom Klang meiner Stimme zerbrechen. Sie war distanziert, aber hilfsbereit. Ohne zu zögern willigte sie ein, ja, wir könnten in einem Abstellraum des Krankenhauses übernachten, bis ihr Mann zurück sei. Unter der einzigen Bedingung, dass kein anderer als der da – sie wies auf meinen Vater – den Raum mit mir teile.

»Das ist mein Vater«, sagte ich.

Senhora Ryff lächelte und musterte unauffällig meinen Vater, während dieser reglos dastand, in den Händen vor der Brust den alten Strohhut.

»Elizabete wird sich um Sie kümmern«, sagte die Schweizerin. »Setzen Sie sich, sie kommt gleich.«

Wir gingen höflich ein paar Schritte weiter zu einem alten Baumstamm im Innenhof, der als Sitzgelegenheit diente. Wir stellten fest, wie sauber und ordentlich alles war, im Gegensatz zu der Unordnung in Sana Benene.

Aus einer Hütte drangen Stimmen und Lachen – es war Elizabete Xifadumela, die schwarze junge Mädchen im Schneidern unterrichtete. Vor zwei Monaten, zu Beginn des Unterrichts, hatten sich die Mädchen im Pátio gedrängt, um das neue Handwerk zu erlernen. Ihre Zahl war schnell geschrumpft – die Eltern sahen gar nicht gern, dass ihre Töchter von den häuslichen Pflichten abgehalten wurden. Sie fürchteten, die Mädchen könnten ihre traditionelle Rolle als künftige Ehefrauen und Mütter vergessen.

Irgendwann rief uns die Frau des Arztes und zeigte uns einen Fotoapparat. Ich dachte, sie wolle ein Andenken an uns, und auch mein Vater glaubte das, denn er ordnete rasch sein Haar. Doch Bertha wollte nur über das Hobby ihres Mannes sprechen. Sie war erleichtert, dass Georges vergessen hatte, seine Kodak mitzunehmen, von der er sich sonst nie trennte. Sie hatte ihrem Mann noch nie gesagt, dass ihr die Bilder der fast nackten schwarzen Frauen unangenehm waren. Zu wissen, dass Georges tagtäglich diesen Frauen begegnete, war das eine. Aber der Verdacht, dass ihr Mann seinen Blick auf den sinnlichen Körpern verweilen ließ, war etwas anderes. Deshalb sortierte Bertha sehr genau aus, welche Aufnahmen vor Ort gedruckt werden sollten und welche in der Schweiz. Am Sitz der presbyterianischen Kirche in Vaud wurden die Fotografien einer zweiten Zensur unterzogen. Zurück nach Manjankhazi kamen ausgesiebte und den evangelischen Vorstellungen entsprechende Aufnahmen. So wurden zum Beispiel alle Stühle wegretouchiert, auf die sich die Herrscher stützten. Bertha wusste, warum: Stühle waren Symbole sündiger Modernität. Die aus Europa stammenden Gegenstände passten nicht zu der Idee von einem »unverdorbenen« Volk, das in seinem »natürlichen Zustand« den Zeitläuften widerstand. Die Schweizer Pastoren waren ausgewählt worden, um ein wildes, ursprüngliches Volk zu retten. Ihnen oblag die göttliche Aufgabe, dieses Volk zu benennen, und so hatten sie ihnen den Namen VaTsonga gegeben. Und sie hatten die heilige Verantwortung, sie vor dem schädlichen Einfluss der modernen Zeit zu beschützen.

»Bestimmt dauert es nicht mehr lange, bis mein Mann kommt. Sie werden ihn kennenlernen, er ist ein Heiliger!«

Plötzlich liefen mehrere aufgeregte Mädchen vorbei und verschwanden zwischen den Häusern. Der Unterricht war zu Ende, Elizabete Xifadumela kam uns begrüßen. Auf Berthas Geheiß führte uns die Handarbeitslehrerin zu der Hütte, in der wir schlafen sollten. Auf dem Weg dorthin betrachtete ich Elizabete und dachte: Wenn Georges Liengme Fotos von dieser Frau nach Europa geschickt hätte, hätten die Aufnahmen die Leiter der Presbyterianischen Mission um den Verstand gebracht. Elizabete war eine stolze Mulattin, sich ihrer Schönheit bewusst. Sie kleidete sich modern, trug Socken und Sandalen mit Schnallen. Und sie bewegte sich wie keine andere Frau hier – sicher und selbstbewusst. Diese Mulattin war ein Fehler in der friedlichen Ordnung der Afrikaner. Zur Beruhigung der Puritaner hatte die göttliche Gerechtigkeit ihre unerlaubte Schönheit gestraft. Elizabete hatte die Krankheit ihres Vaters geerbt: Scheckhaut. Die weißen Flecken auf ihren Händen und Füßen waren gleichsam Tätowierungen auf der Haut der Verurteilten.

Elizabete ging die ganze Zeit neben mir. Sie verglich meine Schuhe mit ihren Sandalen. Sie fragte, ob ich auch Mulattin sei. Ich antwortete nein, ich sei schwarz und eine MuChope. Sie lachte ungläubig: »Das glaubst du. Du bist noch mehr Mulattin als ich, meine Liebe. Du weißt nicht, welchen Preis du dafür zahlen musst.«

Ich war wie sie ein Grenzkind. Diejenigen, die sich für reinrassig hielten, hassten uns. Nicht dafür, was wir waren. Sondern weil wir nicht dem entsprachen, was sie erwarteten. Mein Vater, den unser Gespräch nicht interessierte, lief fasziniert hinter Elizabete her. Noch nie hatte er so eine Frau gesehen, mit Mischlingshaut und gemischtem Namen.

»Zieh am Eingang die Schuhe aus«, befahl Elizabete.

Sie blieb auf der Türschwelle stehen und taxierte meinen Körper und meine Bewegungen.

»Weißt du, was du tun solltest?«, fragte sie. »Du solltest ein Kopftuch tragen.«

Mein Haar bedecken, meine Wurzeln verbergen, das war ihr Rat. Eine Frau hat immer noch eine andere Rasse. Sie gewinnt an Macht durch die Geheimnisse, die sie verbirgt. »Es macht dich geheimnisvoll«, sagte die Mulattin. Und fügte hinzu: »Und nachher bittest du den Doktor, dich zu fotografieren. Es wird ihm gefallen. Sehr sogar!«

Elizabete ging, und wir hörten noch ihr Lachen, während sie sich entfernte. Die Hütte war geräumig und luftig. Auf dem Fußboden stand in einer Ecke ein Nähkorb. Ich stöberte zwischen Knäueln, Knöpfen und Nadeln. Eine Weile hielt ich eine Stoffpuppe in den Fingern, ein kleines schwarzes Mädchen. Ich streichelte die weiche Puppe, als versetzte ich mich zurück in die Zeit, als ich ein kleines Mädchen war. Der Holzschrank war voller Winterkleidung, die auf einfachen Bügeln hing. Trotz der tadelnden Miene meines Vaters hängte ich mir einen Pelzmantel um. Dann fand ich ein zusammengerolltes und verschnürtes Blatt Papier. Es war ein Brief von Bertha an ihren Mann. Mein Vater bremste meine Neugier und warf mir vor, ich wühle in den Sachen der Weißen. So drückte er sich aus: *in den Sachen der Weißen.*

Vielleicht hatte die Mulattin Elizabete recht. Ich müsse mehr aus mir herauskommen und mich nicht so kleiden, als gäbe es nur eine einzige Jahreszeit. Ich brauchte keinen anderen Spiegel als Germanos Augen. Bevor Germano gekommen war, war ich mir meines Körpers so bewusst wie eine Blinde ihrer Schönheit. Nun ging ein Strahlen von diesem Mann aus, sobald sein Blick auf mir ruhte. Germano war letztlich wie alle Männer – kein Mann hat einen Geburtsort. Alle werden auf ewig von Frauen geboren.

Vom Fenster aus sahen wir, wie der Schweizer Arzt mit seinem Stab eintraf. Er entsprach dem, wie man ihn uns beschrieben hatte: klein von Statur, hohe breite Stirn, helle Augen, strahlender Blick.

Georges Liengme begrüßte seine Frau, die noch immer am Eingang saß, nicht mit einem Kuss. Sie wussten: Äußerungen der Zuneigung durften nicht in der Öffentlichkeit gezeigt werden. Außerdem war der Missionar erschöpft von einer mehrere Tage langen Reise durch das Buschland zwischen Manjankhazi und Lourenço Marques. Bertha Ryff legte schnell das Album weg und steckte die losen Fotografien in die großen Taschen ihrer Schürze. Dann lächelte sie arglos der Gestalt ihres müden Mannes im Gegenlicht zu. In einiger Entfernung waren ein Maultier und ein junger Führer zu erkennen.

Georges Liengme kehrte von einer schwierigen Mission zurück. Der Königliche Kommissar António Enes hatte ihn zu sich nach Lourenço Marques kommen lassen. Die Portugiesen hofften, der Schweizer könne Ngungunyane dazu bringen, die beiden gegen Lourenço Marques revoltierenden Führer Zixaxa und Mahazul auszuliefern. Bertha kannte ihren Mann und seine eisernen Prinzipien – die Aussicht auf eine erfolgreiche Zusammenkunft lag in weiter Ferne. Und das bestätigte ihr Mann sogleich: »Sie hassen uns, Bertha«, seufzte er, während er den Druck der Hosenträger auf den Schultern löste. »Sobald sie können, werden sie uns rauswerfen. Sie müssen einen Schuldigen finden. Einen schuldigen Weißen.«

»Sie können uns nicht rauswerfen. Haben wir nicht alle, Protestanten wie Katholiken, das gleiche Recht, in Afrika zu arbeiten? Gibt es nicht die europäischen Verträge?«

»Die Verträge schützen uns nicht. Portugal wird argumentieren, dass wir nicht nur missionieren. Sie beschuldigen uns, den Schwarzen Waffen zu geben und sie zum Aufstand zu ermuntern.«

Bei der Zusammenkunft hatte António Enes sich jedoch als sittlicher und herzlicher Mann erwiesen. Der Königliche Kommissar, ein großer und hagerer Mann mit eingefallenen Wangen und tiefen Augenringen, hatte zum Staunen des Schweizers dessen Weigerung gelobt, Portugals Forderungen Folge zu leisten. Enes hatte sich so ausgedrückt: »Ich kann nicht verhindern, dass Sie zu einem Verrat ermuntern. Aber ich hoffe, Sie verraten nicht Portugal.«

Liengme solle nicht nach Manjankhazi zurückkehren, denn der König von Gaza werde ihn ganz bestimmt anhören. Und damit ließe sich der Krieg verhindern. Zum Schluss der Unterredung grenzte Enes' Ton an eine Drohung: Sollte es doch zu einem militärischen Zusammenstoß kommen, würden die Portugiesen keinen Unterschied machen zwischen afrikanischen Missetätern und Schweizer Verrätern.

»Ist es so ernst, Georges?«, fragte seine zarte Frau.

»Pack die Koffer. Du und die Kinder müssen so schnell wie möglich von hier fort.«

»Mach nicht so ein Gesicht, wenn du hineingehst. Unsere Kinder müssen einen lächelnden, zuversichtlichen Vater begrüßen können.«

Bertha hatte es nicht verstanden. Die Besorgnis des Arztes beruhte nicht allein auf der Einschüchterung durch den Königlichen Kommissar. Unterwegs waren ihm Hunderte von portugiesischen und angolanischen Soldaten begegnet, die auf die Hauptstadt des Staates Gaza marschierten.

»Sie sind schon hier, sie kreisen Manjankhazi ein. Der Krieg hat bereits begonnen, Bertha.«

Sie bekreuzigte sich. Dann, als sie sah, dass wir von der Tür unserer Hütte aus dem Gespräch zwischen ihnen zugehört hatten, informierte sie ihren Mann über uns. Der Arzt zuckte die Achseln, wir sollten warten. Zuerst müsse er sich von der Reise erholen. Außerdem verging kein Tag, an dem nicht Kranke eintrafen, meistens Dutzende, immer begleitet von zahlreichen Angehörigen. Krankheit betrifft in Afrika keine Einzelperson. Man muss auch die Verwandten versorgen, und das sind immer viele.

»Willst du dich hinlegen? Ngungunyane ist hier.«

»Hier in der Mission?«

»Er erwartet dich, im Krankenhaus. Er ist gestern Abend gekommen, und rate mal, mit wem? Mit Senhora Fels. Zum Glück ist sie heute weitergereist nach Transvaal, zu ihrem Mann. Aber du weißt ja, wie ich darüber denke, Georges, wir dürfen solche anstößigen Geschichten in unserer Mission nicht dulden.«

»Der König hat Hunderte von Frauen, wo ist der Unterschied?«

»Diese Geschichte ist anders, und das weißt du genau.«

»Und was will Ngungunyane?«

»Er sagt, es gehe ihm nicht gut.«

»Dazu hat er auch allen Grund.«

Denn nicht der Herrscher war krank. Mit dem Reich ging es zu Ende. Seine Truppen desertierten zuhauf. Die Soldaten flohen vor dem Hunger, sie wanderten ab in die Minen, gingen zurück zu dem Ort, von wo man sie entführt hatte.

»Der König ist allein. Und wir sind noch ungeschützter.«

Als der Arzt sich auf den Weg zum Krankenhaus machte, rief seine Frau ihm hinterher: »Soll ich dir nicht die Stiefel ausziehen?«

Siebter Brief des Tenente Ayres de Ornelas

In diesem unzivilisierten Afrika besteht im Krieg die schmerzliche Notwendigkeit, im Zerstören unerbittlich zu sein, um nicht schwach und ängstlich zu wirken. Dem Feind den größtmöglichen Schaden zuzufügen, das ist die einzige Aufgabe des Kriegers.
António Enes, A Guerra de África em 1895

Inhambane, 3. November 1895

Werter Sargento
Germano de Melo,

unser durchschlagender militärischer Sieg in Magul hat meinen Schneid als Soldat und die Ehre, Portugiese zu sein, wiederhergestellt. Mit diesem Sieg haben wir die heimtückischen Unterstellungen des Kommissars António Enes zum Schweigen gebracht, der einen Helden unseres afrikanischen Feldzugs so miserabel behandelt hat: unseren Coronel Eduardo Galhardo. In den vergangenen Wochen übermittelten Telegramme immer wieder dieselbe Botschaft: Unter Berufung auf »patriotische Pflichten« »bat« der Kommissar den Coronel, nach Manjacaze zu gehen. Ich habe mich über Galhardos gewitzte Antwort amüsiert. Er schrieb, es sei nicht nötig, dass António Enes sich auf patriotische Gesetze berufe, damit er seinen Verpflichtungen nachkomme. Und des Weiteren, dass er in seiner Beziehung zu Vorgesetzten nicht daran gewöhnt sei, dass man ihn um etwas »bitte«.

Der Kommissar möge ihm Befehle erteilen, er werde sie ohne zu zögern ausführen. Dieser würdevolle Schneid war für mich heilsam. Wer nie die Bequemlichkeit der Schreibstuben verlassen musste, kann niemals ermessen, welch eine Herkulesaufgabe es ist, ein Kriegsarsenal über Hunderte von Kilometern zu transportieren und dabei Flüsse, Seen und Sümpfe zu durchqueren.

Die schlimmste Niederlage erlitten wir, weil wir nicht den Mut hatten, uns eine einzige Schlacht vorzunehmen. So erklärt sich das berauschende Gefühl, das mir die Schlacht von Magul beschert hat. Die Euphorie hielt an, bis ich Tage später in der weiten Ebene von Bilene immer neue Rauchsäulen aufsteigen sah. Die Dörfer brannten. Ich sah Hunderte von Kaffern, die mit wirrem Blick ihre wenigen Habseligkeiten durch das Buschland schleppten. Und ich gestehe, dass dieser Anblick mich traurig stimmte. Aber das ist die Logik des Krieges. Es genügt nicht, dass wir das Heer der Vátuas besiegt haben. In der Angstbilanz schlägt das Blut der Soldaten wenig zu Buche. Die furchtbare Wahrheit lautet: Es müssen Zivilisten sterben, damit die Niederlage eine Nation belastet.

In diesen wirren Zeiten ist etwas geschehen, das ich nie vergessen werde. Sie wissen von dem Feuer, das unser Quartier in Chicomo zum größten Teil vernichtet hat. Es geschah in einer pechschwarzen Nacht, die Soldaten schliefen bereits, und als Alarm gegeben wurde, hatten die Flammen schon einen großen Teil der Häuser vernichtet. Mitten in dem Geschrei und Gerenne lief ein mir unbekannter Soldat, braun und untersetzt, zu der Lazarettbaracke und rettete alle Kranken. Dann schlängelte sich derselbe junge Mann zwischen den Flammen zum Munitionslager und schleppte die am meisten bedrohten Kisten weg. Anschließend lief er zum Gehege und durchschnitt die Leinen, mit denen die Pferde angebunden waren. Die Tiere rannten in der Dunkelheit davon, liefen auf ihrer Flucht alles über den Haufen. Aber Stunden später kehrten sie heil und unversehrt zurück.

Als sich alles beruhigt hatte, suchte ich in der Dunkelheit und zwischen den Trümmern nach dem Soldaten, ich wollte ihm gratulieren. Aber ich fand ihn nicht. Am nächsten Tag, wieder in die übliche Routine eingebunden, dachte ich nicht mehr daran. Und in den folgenden Tagen war es aus meinem Kopf wie weggefegt. Irgendwann, bei den morgendlichen Übungen, begegnete er mir wieder. Da war er, der Held der Brandnacht. Doch jetzt, bei Tageslicht, hätte die Enttäuschung nicht größer sein können. Ein kurzer Blick genügte, um zu begreifen: Das war eigentlich kein Soldat, er hatte noch nie einen Schuss abgegeben, und das Gewehr war ihm so schwer, dass seine Schultern schief hingen. Er wusste nicht, wie er zielen sollte, es schien, als wäre das Gegenteil der Fall, als zielte der Feind auf ihn. Sein ganzer Körper geriet aus dem Gleichgewicht, als er neben mir den ersten Schuss abgab. Zuerst wollte ich etwas Aufmunterndes zu ihm sagen, eine Botschaft, die Trost mit Dankbarkeit verband. Doch dann ließ ich die Gelegenheit verstreichen.

Bis ich mitten in der Schlacht von Magul wie von Sinnen umherlief und den Soldaten befahl, immer weiterzuschießen. Vom Qualm benebelt und von den Detonationen betäubt, stolperte ich schließlich über unseren Arzt Rodrigues Braga, der auf dem Boden kniete und sich um einen verwundeten Soldaten bemühte. Er versuchte, den Mann, den eine Kugel im Hals getroffen hatte, bei Bewusstsein zu halten. Der Arzt schüttelte den Unseligen und flehte ihn an: »Sprich, sag etwas, nicht einschlafen!«

Überrascht erkannte ich den Sterbenden. Es war der Held der Feuernacht. Der Mann, der unter eigener Lebensgefahr so viele seiner Kameraden gerettet hatte, verblutete jetzt in den Armen von Dr. Braga. Kein Heldentum konnte ihn retten, kein Wunder ihn zurückbringen.

Eine Weile schüttelte der Arzt noch den inzwischen leblosen Soldaten. Schließlich entwand ich den jungen Mann seinen Armen und ließ ihn dann behutsam auf den Boden sinken. Mit leerem Blick murmelte der Arzt noch immer wieder: »Nicht einschlafen lassen, nicht einschlafen lassen.« Und die Arme des Arztes schüttelten noch die Leere, so wie es Mütter tun, wenn sie ihre Kinder beweinen, die von ihnen gegangen sind.

Da kam mir der Gedanke, was wir tun müssten: die Vergangenheit durchschütteln, damit die Zeit lebendig bleibt. Vielleicht ist dies der Grund, warum ich so oft an meine arme Mutter schreibe. Jedes Wort ist ein Hieb gegen das Nichts, eine gewählte Erschütterung, um nicht auf der kargen Landstraße einzuschlafen.

Und ich dachte an Sie, werter Sargento, als mir dieser namenlose junge Mann aus den Armen glitt. Ich bin sicher, dass Sie niemals an einer Schlacht teilgenommen haben. Alle werden Ihnen sagen, dass Ihnen das fehlt. Glauben Sie ihnen nicht, mein werter Freund. Aber es gibt keine Lektion, die ausgleicht, was wir an Menschlichkeit verlieren. Schon bald wird man mich auf den Führungsposten befördern, den ich so sehr verdiene. Dann werde ich mein Versprechen einlösen, und Sie, mein junger Freund, werden heil und unversehrt in Ihre Heimat zurückkehren können.

Diese ganze Mission bedrückt mich, und zwar nicht wegen ihrer militärischen Dimension. Sondern wegen der Dimension, die darüber hinausgeht und die ich nicht verstehe. Die Welt könnte so viel einfacher sein, so geordnet, wie man es uns auf der Militärakademie gelehrt hat: Europäer auf der einen Seite, Afrikaner auf der anderen.

Wir befinden uns weit entfernt von diesem einfachen Szenario. Angefangen bei denen, die wir, die Portugiesen, sind. In unserer Mitte gibt es Strömungen, die einander feindlicher gegenüberstehen als Engel und Dämonen. Solche Streitigkeiten sind kein ausschließlich lusitanisches Phänomen. Denn hier führen die Europäer Krieg gegeneinander. Aus politischen Gründen, aus religiösen Gründen. Katholiken und Protestanten streiten, als hätten sie nicht denselben Gott. Zwischen Engländern und Portugiesen besteht größere Rivalität als zwischen Weißen und Schwarzen. Wenn die

Weißen keine Einheit bilden, gibt es auch keine Einheit, die man die »Schwarzen« nennen kann. Sie sind so zersplittert in einer solchen Vielfalt von Stämmen, dass wir sie niemals werden angemessen benennen können. Die Changanas und Mabuingelas, die hier vorherrschen, hassen uns Portugiesen, aber mehr noch hassen sie Gungunhanas Leute. Und es gibt die Chopes und die Ndaus, die sich wild entschlossen der Herrschaft des schwarzen Königs widersetzen. Und trotzdem kommt ein großer Teil der Söldner dieses Herrschers aus den mit ihm verfeindeten Ethnien.

Kurz gesagt, jene, die heute unsere Verbündeten sind, werden morgen unsere Gegner sein. Wie können wir einen Krieg führen, wenn wir nicht wissen, wo die Grenze zwischen uns und unseren Feinden verläuft?

Herrschaftliche Malaisen

Es waren einmal fünf Brüder, die schliefen auf einem schmalen Lager. Es verging keine Nacht, ohne dass sie sich um die einzige, zu knappe Decke stritten. Es war kalt, und sie zogen unaufhörlich die Decke von einer Seite auf die andere. Es gab keine Lösung zu ihrer aller Zufriedenheit. Es war zu kalt, sie waren zu viele, und die Decke war zu kurz. Bis sie vor dem Haus einen Löwen brüllen hörten. Im Nu drückten sie sich aneinander, und da reichte die Decke für alle fünf Brüder aus. So kommt es: Angst macht aus wenig viel. Und aus allem nichts.

Bericht von Ngungunyane

Der Arzt Georges Liengme ging an uns vorbei und forderte uns grußlos auf, ihm zu der Lehmhütte zu folgen, in der sie den Herrscher untergebracht hatten. Vor der Tür der provisorischen Krankenstation hockten zwei VaNguni-Krieger auf den Fersen und hielten Wache. Zwischen ihnen stand ein Tragsessel, Armlehnen und Rückenlehne verziert, die Sitzfläche mit Zebrafell bezogen. Es war der Thron, den die Krieger mitführten, damit der König sich niemals auf den Erdboden setzen musste. Der Stuhl stand im Freien, den Fliegen überlassen, die sich auf dem Fell tummelten.

Georges Liengme blickte mir einen Moment ins Gesicht, als wäre ich ihm aus ferner Vergangenheit bekannt. Dann wies er uns an, draußen zu warten. Mein Vater nutzte die Gelegenheit, um zu erklären: »Wir wollen Sie nicht stören, Dokotela. Ich möchte nur ein Wort mit dem Nkossi Ngungunyane. Es ist wegen dieser meiner Tochter hier …«

Der Arzt ging in die Krankenstation hinein, bevor mein Vater den Satz zu Ende gesprochen hatte. Ein Lichtstrahl fiel in die Hütte, ich spähte ängstlich hinein. Eine Gestalt lag auf einem Feldbett, das musste Ngungunyane sein. Schwere, stockende Atemzüge füllten die Hütte – der König schlief, wenige Meter von mir entfernt. Und ich betete dafür, dass dies sein Sterbelager sei.

Der Missionar ging zu ihm, säuberte sich die Hände an einem weißen Handtuch und verkündete lauthals: »Nkossi, mein König, ich komme soeben aus Lourenço Marques und bringe keine guten Nachrichten.«

Der König blieb stumm und reglos liegen, als hätte er nicht wahrgenommen, dass der, den er als seinen Privatarzt betrachtete, zu ihm gekommen war. Der Schweizer legte dem Patienten die Hand auf die Stirn, auf der der Chilodjo saß, die königliche Krone. Um die Temperatur besser fühlen zu können, schob er den Kopfschmuck, ein in dunklem Wachs gedrehtes Tuch, ein Stück höher. Ein Schweißstrom lief dem König über die Wangen hin zu den Schlitzen in seinen Ohrläppchen, die wie dunkle Seen glänzten. Aufdringliche Fliegen setzten sich auf den winzigen Ochsenknochen, der im Chilodjo steckte und den der König entgegen dem Rat des Arztes zum Kratzen im Haar und in den Ohren benutzte.

Der König hielt sich eine Dose Tabak an die Brust und richtete sich mühsam halb auf, während der Schweizer weitere düstere Nachrichten aussprach: »Die Portugiesen belagern Manjankhazi. Und sie sind zu Tausenden, Nkossi.«

»Du musst mich massieren«, sagte Ngungunyane. »Ich herrsche über ein Reich, aber meine Knie gehorchen mir nicht.«

Der Arzt seufzte. Er kannte seinen Patienten. Deshalb wappnete er sich mit Geduld und setzte sich auf den knappen Platz, der auf dem Feldbett frei war. »Ich habe es Ihnen schon gesagt, Nkossi, Sie müssen den Eingang an Ihrer Tür höher machen.«

»Kommt nicht infrage. Lieber habe ich keine Knie, als dass ich den Hals verliere.«

Der Schweizer lachte. Die Schilfdecke der Hütten der VaNguni reichte fast bis auf den Boden hinunter. Hinein gelangte man nur auf Knien über den Boden kriechend. Das war eine Sicherheitsmaßnahme. Jeder Eindringling würde in vollkommen ungeschützter Haltung überrascht werden.

Der König strich sich über die Beine und rückte die Krone sorgfältig auf dem Haar zurecht. Dann erst verkündete er: »Vergessen Sie, was Sie da draußen gesehen haben. Kümmern Sie sich lieber um meine Beschwerden. Die Portugiesen können nach Kasernen und Festungen suchen, so lange sie wollen, sie werden nichts finden. Meine Kaserne ist mein Land, meine Armee ist mein Volk.« Mit einer einzigen Handbewegung verscheuchte er die Fliegen und wischte sich den Schweiß ab, der ihm jetzt über den mächtigen Bauch lief. »Habe ich Ihnen schon die Geschichte von den fünf Brüdern erzählt?«

»Ja, mehrmals. Dieses Mal gibt es kein Märchen zu Ihrer Beruhigung. Denken Sie daran, was in Magul geschehen ist.«

»In Magul waren nicht meine Krieger. Wissen Sie, was mir meine Informanten sagen?«

»Wie oft haben Sie schon gesagt, dass Sie Ihren Informanten nicht trauen?«, fragte der Missionar. Und fügte ernst hinzu: »Dieses Mal ist es anders.«

Unerhörtes spielte sich ab: Drei portugiesische Militärkolonnen, bestehend aus den bestausgerüsteten Einheiten der Kavallerie und Infanterie, rückten auf Manjankhazi vor. Abgesehen von den Hunderten weißer, frisch aus Portugal eingetroffener Soldaten setzten sich die Kolonnen aus sechstausend schwarzen Kriegern zusammen, aufgeteilt in mehrere Kontingente unterschiedlicher Herkunft. Und Liengme nannte die Einzelheiten: Panga und Homoíne hatten zweitausend Krieger gestellt. Auch die Truppen aus Massinga und Zavala beteiligen sich an dem endgültigen Sturm auf den Hof des Ngungunyane.

»Haben Sie die alle auf Ihrer Reise gesehen, Dokotela? Ich versichere Ihnen eins: Die Hälfte dieser Leute sind schon wieder weg«, erklärte der Herrscher mürrisch. »Der Hunger hat sie desertieren lassen.«

»Und Ihre Leute desertieren nicht?«, fragte der Schweizer.

»Meine Leute«, erwiderte der König von Gaza, »sind von den mächtigen Zauberkundigen vom Rio Save unverwundbar gemacht worden.«

Der Missionar fuhr sich mit den Fingern durch das vorzeitig ergraute Haar. Einem solchen Aberglauben hatte er nichts entgegenzusetzen. »Sie sind sehr krank, mein König. Und es sind nicht die Knie.«

»Vergessen Sie den Krieg, Dokotela. Ich bin hier als einfacher Mensch. Und heute fühle ich mich.«

Der Arzt wusste, dass wir, die Schwarzen, auf diese Weise klagen. Wir sagen, dass wir unseren Körper fühlen.

Dona Fels, die weiße Frau aus Transvaal, hatte die Krankenstation kurz vorher verlassen und die königlichen Knie schon massiert, wie der Herrscher berichtete. Und vielleicht auch andere Körperteile, hätte Liengme am liebsten hinzugefügt. Aber er zügelte sich. Widerstrebend krempelte er die Ärmel hoch und verteilte äußerst schamvoll Balsam auf den voluminösen Beinen des Patienten. Es blieb nicht unbemerkt.

»Fühlen Sie sich gedemütigt, Dokotela? Ist es Ihnen peinlich, dass Sie mich behandeln, als wären Sie eine meiner Frauen? Sie müssen stolz darauf sein, dass Sie einen so mächtigen Mann behandeln.«

»Ich bin stolz darauf, Sie als Patienten zu haben.«

»Ich vertraue niemandem, nicht einmal meinen Wachen. Heute bringen sie mir einen Stuhl, morgen ziehen sie mir den Boden unter den Füßen weg.«

Das Eingeständnis seiner Schwäche bewegte den Schweizer. Es gebe noch andere Krankheiten, unter denen er leide, sagte der Herrscher. Namenlose Krankheiten, die wie Schatten auftreten. »Es gibt Träume, in denen ich weit wegfliege.«

Das war keine Metapher. Liengme wusste, dass in der Sprache des Herrschers für fliegen und träumen dasselbe Wort benutzt wurde.

»Fesseln sie mir die Beine, binden Sie mich am Gürtel fest, aber lassen Sie mich nicht so fliegen. Sie haben doch Ihre Fähigkeiten – finden Sie heraus, wer dieses Leiden für mich bestellt hat.«

»Das hat niemand bestellt. Das nennt sich Schlaflosigkeit.«

»Das ist Mafemane. Er ist mein Bruder. Ich habe ihn umgebracht. Das wird behauptet.«

»Behauptet?«

Die Erinnerung an den Mord suchte ihn immer wieder heim. Deshalb befand er sich hier und gestand seine Ängste einem Ausländer. Zu seinen Zauberkundigen wollte er nicht gehen. Er hatte das Vertrauen in sie verloren.

Der Arzt lächelte über diese Bitte, sie schien ihn ehrlich zu freuen. »Schließen Sie die Augen, Nkossi.«

Einen Moment lang jedoch zögerte der Arzt. Er mochte sich fragen, wie man jemanden hypnotisieren kann, der nicht nur eine andere Sprache spricht, sondern für den auch fliegen und träumen dasselbe Wort sind.

»Was denken Sie, was mit Ihnen passiert?«

»Das ist das Problem, Dokotela. Ich denke nämlich nur, wenn ich träume. Und ich weiß nicht, wer ich bin, wenn ich träume.«

»Und was träumen Sie, mein König?«

»Unter all diesen Träumen gibt es einen, der über mich herrscht. Ich bin der Herr von denen, die schlafen, und werde zum Sklaven dieses Traums.«

»Erzählen Sie mir den Albtraum, der Sie so verfolgt.«

Der Arzt sprach jetzt in gedämpftem Ton, fast geflüstert, sodass ich mich in den Hütteneingang hineinbeugen musste. Die Wachposten schliefen tief und fest. Nach langem Schweigen hörte ich die nuschelnde Stimme von Ngungunyane: »Ich habe ihn nicht umgebracht, die Ältesten und die Indunas, die haben ihn getötet. Ich habe nur den Befehl befolgt, und das war der größte Fehler, denn ein Bruder stirbt nicht. Mafumane hat sein Leben verlassen und ist in meins eingetreten.«

»Und was für ein Traum ist das, der Sie so bedrückt?«, fragte der Arzt noch einmal mit geschlossenen Augen. »Erzählen Sie, Umundungazi, erzählen Sie mir diesen Traum.«

»Damit fängt das Problem schon an. Es ist nicht mein Traum. Ich schlafe, und mein Bruder träumt in mir.«

Ngungunyane stützte, während er sprach, die Handflächen auf dem Feldbett ab. Der Arzt hörte weiter mit geschlossenen Lidern zu. Die Stimme des Herrschers, inzwischen ihrer früheren Gewissheiten beraubt, war jetzt nur noch ein Säuseln im Halbdunkel des Raumes.

In Ngungunyanes Traum ist sein Bruder am Leben. Anders gesagt, er zappelt an der flüssigen Grenze zwischen Leben und Tod. Während seiner allerletzten Minuten zwingen ihn Ngungunyanes krallenartige Arme in der Lagune unter Wasser. Mafumane scheint sich mit dem Ende abzufinden. Nach und nach gehen die Zuckungen in leichte Wellenbewegungen von Armen und Beinen über. Der Tod des Thronfolgers muss bald eintreten, nicht mehr lange, dann wird er wie ein Baumstamm im Wasser treiben, wo die beiden Brüder Stunden zuvor aneinandergeraten waren.

Doch der Tod tritt nicht richtig ein. Vielmehr spürt Ngungunyane, wie sich das Kraushaar seines Bruders zwischen seinen Fingern auflöst und der Kopf immer größer wird, umhüllt von glitschigem Moos. Mafumanes Beine und Arme schrumpfen zusehends, bis unter dem warmen Wasser ein unförmiges Wesen Gestalt annimmt. Zuerst sieht es ihm nach einer Meerjungfrau aus. Bis kein Zweifel mehr möglich ist: Der Bruder hat sich in einen Fisch verwandelt. Er lebt und bleibt an seiner Seite, als Fisch, der er inzwischen ist, und Bruder, der er immer noch ist.

Und nun wohnt in allen Seen, in allen Flüssen dieses gespenstische Wesen, als Hüter des Geheimnisses seiner

Schuld. Als er seinen Bericht beendet hatte, fand der König von Gaza, schwitzend und keuchend, nicht mehr die richtigen Worte. Schließlich murmelte er halb im Wahn: »In meinem ganzen Reich sind die Toten so leicht geworden, dass sie zwischen den Sandkörnern verdunsten und dann wie Irrlichter zum Himmel aufsteigen.«

Fast unhörbar flüsternd flehte Ngungunyane: »Sie, ein weißer König …«

»Ich bin kein König, Nkossi.«

»Wer neben mir sitzt, wird zum König. Und deshalb bitte ich Sie, Dokotela, geben Sie Anweisung, dass die Toten in ihren Gräbern in Fesseln gelegt werden.«

Bevor der Arzt ging, fühlte er sich vermutlich verpflichtet, den Patienten zu trösten, denn er stützte die Hand auf dem Rand des Feldbetts ab und sagte in väterlich sanftem Ton: »Ich spreche jetzt zu Ihnen als Missionar. Sie haben Verrat geübt, es aber niemals einzig und allein selbst entschieden. Die anderen haben mehr dazu beigetragen. Dennoch haben Sie jetzt mutig beschlossen, Zixaxa zu schützen, und halten an diesem Entschluss gegen alles und jeden fest. Gott hat ein Auge darauf. Dieser Treuebeweis wird Ihre Schuld tilgen.«

»Da irren Sie sich, Dokotela«, erwiderte Ngungunyane. »Ich schütze Zixaxa nicht. Ich halte ihn hier bei uns, als wäre ich sein Kerkermeister. Die Portugiesen denken, ich gewähre ihm Unterschlupf. Dabei halte ich ihn gefangen.«

Der Schweizer schüttelte den Kopf, er verstand nicht. Ngungunyane fuhr fort: »Ich kann im Süden keinen Konkurrenten frei herumlaufen lassen.«

Für die Portugiesen verkörperte der Flüchtige ihre Demütigung. Für Ngungunyane verkörperte er etwas anderes – die Bedrohung durch einen künftigen Gegner.

»Unter meinem Schutz ist Zixaxa ein Verurteilter – wenn wir ihn an die Portugiesen ausliefern, wird er kein Niemand mehr sein.«

Als der Schweizer Arzt die Krankenstation verließ, traf er auf mich. Er kniff die Augen wie eine Katze zusammen und musterte mich von Kopf bis Fuß. Dann gingen wir gemeinsam über den Hof, um den herum ärmliche Hütten standen. Wir blieben vor der Hütte stehen, in der man uns provisorisch untergebracht hatte, und der Schweizer gab mir eine knappe Anweisung: »Morgen gehe ich nach Chicomo. Ich möchte, dass ihr hier auf mich wartet. Bertha wird sich um euch kümmern.«

Er schien eilig weggehen zu wollen, doch dann überlegte er es sich, kehrte um und musterte mich genauer. Eins war offensichtlich: Sein Interesse hatte keine medizinischen Gründe. Er sprach mit meinem Vater. Er wolle einen Fotoapparat holen, und wenn er zurückkomme, solle ich inzwischen die Schuhe und meine Bluse ausgezogen haben. »Ich will eine Aufnahme von einer typischen Afrikanerin, nur mit einem Hüfttuch um die Taille«, erklärte der Schweizer.

Aus Sorge, wie ich reagieren könnte, flüsterte mir der alte Katini ins Ohr: »Das ist ein Befehl, Tochter. Wir sind als Bittsteller hier.«

»Wir? Vater, du bist der Einzige, der um etwas bitten will.«

Einer Sache jedoch war ich mir sicher: Der größte Bettler war nicht mein Vater, sondern der Herrscher.

Elfter Brief des Sargento Germano de Melo

Ewiger Herrscher träumte ich zu sein. Doch werde ich das Schicksal der Sklaven teilen: Sie werden mich an fremdem Ort begraben, mein Körper wird in der Erde derer vermodern, die mich besiegt haben. Meine Knochen werden auf der anderen Seite des Meeres ruhen. Und niemand mehr wird sich an mich erinnern. Vergessen ist die einzige Art, für immer zu sterben. Doch es wird noch schlimmer kommen: Am besten werden jene sich an mich erinnern, die mir niemals wohlgesonnen waren.
Ngungunyane

Chicomo, 4. November 1895

Sehr verehrter Senhor
Tenente Ayres de Ornelas,

eingesperrt, wie ich in der Krankenstation des Militärpostens von Chicomo bin, habe ich Ihnen nur wenig Neues zu berichten. Von Dutzenden Verwundeten umgeben, bin ich hier einsamer als in dem Posten in Nkokolani. Um die Eintönigkeit aufzulockern, werde ich immer wieder zu Dr. Rodrigues Braga gerufen, damit er sich meine Hände ansehen kann. Unzählige Male hat er das schon getan.

Auch heute bin ich wieder vor seinem Arbeitstisch erschienen. Wie immer vor der Untersuchung richtete der Arzt den Blick über das Gelände des Postens hinaus, weil er den düsteren Anblick der Umgebung leid ist. Als wollte er die Landschaft betrachten, ohne sie jemals richtig zu sehen, hielt er den Kneifer weit weg vom Gesicht. Seine ungeschützten kurzsichtigen Augen ließen ihn verletzlich aussehen, unvereinbar mit der kräftigen Erscheinung, die der Krieg von seinen Kriegern verlangt.

»Welchen Wochentag haben wir heute?«, fragte er mich gelangweilt.

Er wusste, dass er keine Antwort erhalten würde. Ich hatte schon vor Langem das Gefühl für Zeit verloren. Braga setzte den Kneifer wieder auf die Nase und zwirbelte die Schnurrbartspitzen nach oben. »Wir haben Sonntag, junger Mann.«

Dann konzentrierte er sich wieder auf meine Hände, die schon eine Weile wie vergessen auf dem Tisch lagen. Wie immer untersuchte er die Finger, betastete die Haut, testete die Gelenke.

»Die Narbenbildung verläuft weiterhin ohne Komplikationen. Wer hat dich behandelt?«, fragte er zum Schluss, wie schon tausendmal zuvor.

Und wieder einmal merkte ich, dass ich zögerte. Was sollte ich sagen? Dass es eine schwarze Wunderheilerin war, die mich mit Aufgüssen, Besprechen und Salben behandelt hatte? »Eine … eine Frau«, stammelte ich. Der Arzt fragte maliziös lächelnd zurück: »Eine Frau? Das ist immer die beste Medizin.«

Sie, Senhor Tenente, kennen ja die schroffe, aber zugleich auch feinfühlige Art unseres Arztes. Und so, rüde und mürrisch, ließ er meine Hände wieder los. Noch einmal richtete er den Blick auf den Horizont. Auch ich blickte in die Ferne und fragte: »Glauben Sie, ich werde wieder eine Waffe bedienen können, Doktor?«

Der Arzt schüttelte offenbar enttäuscht den Kopf. Unter uns gesagt, Senhor Tenente, wundere ich mich noch immer über meine Frage. Bei der ersten Behandlung in Sana Benene hatte ich etwas ganz anderes wissen wollen: ob ich noch in der Lage sein würde, mich zu bekreuzigen. Welche Kriegsbegeisterung regte sich jetzt in mir?

»Ich hoffe nur, dass Mouzinho dich nicht hört«, sagte der Arzt. »Der wirbt dich sofort für die Strafexpedition an, die der Capitão gegen alles und jeden organisiert.«

Das ist die traurige Wahrheit, Senhor Tenente: Selbst mit meinen beschädigten Fingern war ich bei besserer Gesundheit als die Mehrzahl der hier im Lazarett liegenden Soldaten. Einige hätten längst nach Lourenço Marques überführt werden sollen. Oder sogar ins Mutterland. Der größte Teil hätte den Transport nicht überlebt. Einmal vertraute Dr. Braga mir an: »Ich habe gelernt, Kranke zu versorgen. Aber was mache ich mit Sterbenden?«

Am nächsten Tag hatte der Arzt wohl für sich die Antwort gefunden: Er requirierte eine der Kutschen, die Lebensmittel nach Chicomo brachten und leer nach Inhambane zurückfuhren. Darauf verfrachtete er die schlimmsten Fälle und gab jedem von ihnen zwei Flaschen mit, eine mit Wasser und eine mit Schnaps. Die eine für den Durst, die andere, um zu vergessen. Er wusste, nur durch ein Wunder würden sie das Ziel lebend erreichen. Damit kam er seiner Arztpflicht nach: Da er sie nicht heilen konnte, würden sie in der Illusion sterben, sie kehrten nach Hause zurück.

»Willst du mir nicht auf der Krankenstation helfen?«

Dann korrigierte er seine Frage. Er war mein Vorgesetzter und erteilte Befehle. Gleich darauf beschrieb er meine Aufgaben. Ich sollte für die Lieferung und Verwaltung der Medikamente sorgen. Er zeigte mir einen Stapel Papiere auf seinem Schreibtisch. Es waren Materialanforderungen: Verbandszeug, Chinin, Abführmittel, Balsame, Senfpflaster, Phenylsäure für Infektionen. All dieses Material wurde seit Monaten in Inhambene zurückgehalten.

»Ich bin Soldat«, antwortete ich. »Ich habe die Militärakademie besucht, es wäre eine Vergeudung, wenn ich nicht an der Front stünde …«

Braga holte tief Luft, als kämpfte er mit Atemnot. Mit

einem Ruck erhob er sich und streckte den Arm aus. »Komm mit, ich will dir eine Front zeigen.«

Er führte mich zu den Verwundeten. Einen nach dem anderen forderte er auf, seine Wunden zu zeigen und die Umstände der Schlacht zu schildern. »Viele sind wahnsinnig«, sage der Arzt, als sollte mich das trösten. Und er fügte hinzu: »Wahnsinn ist mitunter die einzige Möglichkeit, die Angst zu überwinden.«

Nach wenigen Minuten legte sich ein Schleier auf meine Augen. Ein Soldat, dem es scheinbar besser als den anderen ging, setzte sich auf, riss die Augen auf und sagte immer wieder: »Die Engel, die Engel …«

»So ist er aus der Schlacht von Magul gekommen«, erklärte der Arzt.

Der Soldat begann von Detonationen und Rauch zu reden, imitierte das Knallen der Gewehrschüsse und Kanonen. Er sprach von Portugiesen und Vátuas, alle zu Rauch geworden. Er imitierte Gewehre, die auf Wolken und Qualm schossen, so lange, bis der Himmel für immer zerriss. »Bist du mein Engel?«, fragte der verwirrte Soldat und grub mir die Finger in den Arm.

»Nicht ich brauche dich«, sagte der Arzt am Ende der Visite. »Sondern du brauchst mich.«

So kam es, dass ich mich in einer Hütte am Eingang zur Krankenstation einquartierte. Es ging, so glaubte ich, um eine vorübergehende Beschäftigung. Doch nun habe ich jedes Mal, wenn Dr. Rodrigues Braga den nächsten Sonntag ankündigt, das Gefühl, dass die Ewigkeit mich erdrückt.

Zum Schluss will ich von einem Vorfall berichten, dessen Bedeutung Sie selbst beurteilen werden. Heute Vormittag erhielten wir Besuch des Arztes und Missionars Georges Liengme. Ironie des Schicksals: Sie, Senhor Tenente, haben verhindert, dass ich mich zu dem Schweizer begebe. Und nun kreuzt er selbst meinen Weg. Dr. Rodrigues Braga kennt die Anweisungen der Vorgesetzten, Abstand zu dem

Missionar zu halten. Dennoch, und vielleicht, weil er auch Arzt ist, hat er den Besucher höflich empfangen.

Zur Verteidigung unseres Arztes muss ich sagen, dass der Besucher sogleich auf die offizielle portugiesische Position gegenüber der Schweizer Mission und ihren Missionaren hingewiesen wurde. Dass er empfangen werde, stelle eine Ausnahme dar, wie Braga deutlich machte. Georges Liengme erklärte gespielt ergeben: »Die Portugiesen hassen mich nur, weil ich für die Schwarzen Partei ergriffen habe.«

»Sie haben nicht für die Schwarzen Partei ergriffen«, erwiderte Braga. »Sie haben für Gungunhana Partei ergriffen. Und ich sage Ihnen, verehrter Dr. Liengme, die Portugiesen beschützen weit mehr Schwarze als die Schweizer und alle anderen Europäer zusammen.«

»Wäre es nicht besser«, entgegnete Liengme, »wenn diejenigen, die Sie Ihnen zufolge beschützen, das selbst sagen würden?« Dann lachte der Schweizer, um seine Müdigkeit zu überspielen. Er war vor drei Tagen aus Manjacaze aufgebrochen, auf einem Maultier reitend, und hatte eine von zwei Eseln gezogene Kutsche mitgeführt. Er war nach Chicomo gekommen, um Korrespondenz für Coronel Eduardo Galhardo zu übergeben, denn Sendboten vertraue er nicht mehr. In Krisenzeiten sei Loyalität lediglich ein Mangel an Gelegenheit.

Sie aßen gemeinsam zu Mittag. Nach dem Essen lud unser Braga den Schweizer ein, die Krankenstation zu besuchen. Liengme blieb an jedem Feldbett lange stehen, ließ sich die Geschichte des jeweiligen Patienten berichten und betete für seine Genesung. Am längsten hielt er sich bei einem Verwundeten auf, der unter Wahnvorstellungen litt. Der Patient war davon überzeugt, ein Wurfspeer der Kaffern habe seinen Körper durchbohrt. Er wand sich wimmernd in endlosen Krämpfen. Der Schweizer legte dem verwirrten Soldaten die flache Hand auf die Stirn und murmelte fürsorgliche Worte.

»Was machen Sie, Kollege?«, fragte Dr. Braga.

»Ich mache gar nichts. Ich würde gern Hypnose anwenden. Das ist meine Spezialität.«

»Bald, mein verehrter Liengme, wird keiner von uns mehr wissen, worauf wir uns spezialisiert haben.«

Da es inzwischen spät geworden war, bestand Braga darauf, dass der Besuch bei uns zur Nacht blieb. Und so geschah es. In dieser Nacht schlief in unserer Festung der Mann, der jene versorgte, die uns töten würden.

Der Aasgeier und die Schwalben

Feinde zu haben bedeutet, deren Sklaven zu werden. Frieden entsteht nicht, indem man einen Feind besiegt. Wahrer Frieden besteht darin, sich niemals Feinde zu machen.
Sprichwort aus Nkokolani

Mein Vater wirkte sehr alt und zerknittert, wie er da vor dem Herrscher stand, der auf der Krankenliege ruhte, als säße er auf dem Thron. Dem alten Katini zitterten die Beine so sehr, dass die Fliegen sich nicht auf ihnen niederlassen konnten. Die Wachposten beobachteten aufmerksam, wie mein Vater sich dem Protokoll gehorchend auf den Boden setzte – auf Besucher muss herabgesehen werden. Zusammengekauert, das Gesicht fast auf den Knien, wartete er darauf, sprechen zu dürfen.

»Wer bist du?«, fragte Ngungunyane, ohne ihn anzusehen.

Katini sprach nicht gleich. Er bewegte die Lippen, ohne ein Wort von sich zu geben, als wäre er stumm oder ein Stotterer. Seine Kinnlade zog sich zurück, sein Blick schweifte ins Unendliche auf der Suche nach den richtigen Worten. Doch statt zu sprechen, brach Katini in Tränen aus. Sein Weinen artete in hemmungsloses Schluchzen aus.

Ngungunyane richtete vollkommen ungerührt den Blick nach oben. Ich fürchtete, die letzte Spur seiner Geduld könnte versiegen. Doch es war keine Geduld. Es war Verachtung. Mein Vater existierte nicht, und deshalb maß der Herrscher nicht die Zeit, über die sein Weinen sich hinzog.

Als endlich wieder Stille eintrat, schloss der König der VaNguni die Lider und sagte: »Die von deiner Rasse, die VaChopi, die weinen, als würden sie ständig geboren.«

Er sagte, wir verhielten uns so, um zu zeigen, dass wir uns nicht verteidigen konnten. Pfeil und Bogen, die uns den Ruf tüchtiger Krieger eingebracht hatten, seien letztlich Kinderspielzeuge. So erkläre sich das Auftreten meines Vaters – wehrlos und einsam verlange er nach einem schützenden Schoß. »Ihr seid lauter Weiber«, schloss Ngungunyane, als wollte er ausspucken.

Wie ein Holzfäller den Baum taxiert, den er fällen will, musterte der Herrscher meinen Vater von oben bis unten, während er sich mit dem kleinen Knochen die Fingernägel säuberte.

Endlich war mein Vater wohl in der Lage, Wörter zu artikulieren, und stammelte: »Ich heiße …«

»Wie ihr heißt, will niemand wissen. Sag mir lieber: Wie viele Kinder hast du, Muchope?«

Katini Nsambe knirschte nur mit den Zähnen und zuckte die Achseln.

Der Herrscher lächelte nachsichtig: »Du weißt es nicht? Hier bin ich aber der Einzige, der das Recht hat, etwas nicht zu wissen.« Er wisse nicht, wo sein Reich ende. Er wisse nicht, wie viele Frauen er habe. Und es gebe so viel Tod in seinem Leben, dass er so viele Kinder habe machen müssen, bis er den Überblick verloren habe. Dann wandte er sich wieder seiner Körperpflege zu.

Da mein Vater weiter stumm und regungslos blieb, trat ich aus dem Halbschatten und teilte mit: »Mein Vater will mich Ihnen zur Gemahlin anbieten.«

Der Herrscher geruhte nicht einmal aufzublicken. Er sprach zu meinem Vater, nun in schroffem Ton: »Wer hat gesagt, dass ich eine Frau brauche? Wer bist du, dass du dir Gedanken dazu machst, was ich brauche?«

Ich trat einen Schritt vor, und der dringende Wunsch, gesehen zu werden, verzerrte meine Stimme so sehr, dass ich mich selbst nicht erkannte: »Ich spreche die Sprache der Weißen, Nkossi. Ich war bei ihnen in der Schule.«

Der Herrscher zögerte. Nicht was ich sagte, beeindruckte ihn, sondern meine Respektlosigkeit. Er schnalzte und schob die Lippen weit nach vorn. »Ich habe meine Dolmetscher. Ich will keinen anderen, das Risiko brauche ich nicht.«

Dann ließ er sich über sein Misstrauen aus. »Die Nasen der Weißen sind wie die Schnäbel der Aasgeier«, sagte er. »Den Dolmetschern wächst genau so eine krumme Nase. Was sie nicht wussten, aber dann erfahren, ist gefährlich. Noch gefährlicher ist, was sie erfahren, aber nicht übersetzen.«

»Mir müssen Sie glauben, Nkossi.«

»Und warum?«

»Weil ich eine Sendbotin bin«, behauptete ich.

»Von wem? Von den Portugiesen?«

»Von einer Frau.«

»Welcher Frau?«

»Von Vuiaze.«

Der Name traf den Herrscher wie ein Blitz. Er zitterte am ganzen Körper, und der kleine Knochen fiel ihm aus der Hand. Er starrte mich an, als suchte er nach einem Gesicht hinter einer Maske.

Die Geschichte von der verbotenen Liebe zwischen Ngungunyane und Vuiaze, der schönsten Frau des ganzen Gaza-Reiches, war schon zur Legende geworden. Ihr strahlendes Gesicht, ihr rundlicher Körper, ihre helle Haut, all das lockte die Männer. Der Thronfolger war noch ein Jugendlicher, als er sich unsterblich in sie verliebte, und seine Liebe wurde sofort erwidert. Am Hof wurde ängstlich geraunt: So eine leidenschaftliche Liebe konnte den künftigen Regenten ablenken. Ein unglücklicher Herrscher ist eine Gefahr für das Reich. Aber ein vor Glück überschäumender Herrscher ist eine noch größere Bedrohung. Schnell wurden Gerüchte verbreitet: Vuiaze sei ein leichtes Mädchen und ließe sich mit jedem ein, der sie hofiere. König Muzila trennte sie von

Ngungunyane, um eine Heirat zu verhindern. Doch er kam nicht gegen das Feuer der Leidenschaft an. Aus dieser Liebe sollte Godido hervorgehen, Ngungunyanes Lieblingssohn. Eines Tages wurde Vuiaze tot aufgefunden. Stunden später war ihre Leiche auf rätselhafte Weise verschwunden. Und wurde nie wiedergefunden.

Der Herrscher rächte sich auf raffinierte Art: Bei militärischen Vereidigungszeremonien mussten die Untergebenen die Verschwundene grüßen.

»Vuiaze!«, brüllten sie im Chor.

Der Herrscher forderte mich auf, den Namen der Frau noch einmal auszusprechen. »Vuiaze«, murmelte ich mit geschlossenen Augen.

»Wie alt bist du?«, fragte er.

»Ich bin alterslos«, antwortete ich.

Er verstand meine Antwort als elegante Form der Bestätigung, dass ich noch Jungfrau war. Und lächelte, wie nur Sieger lächeln.

Dann ließ er die Feldadjutanten kommen und fragte, ob noch eine Flasche Portwein übrig sei. »Ich traue mehr dem Alkohol, den mir meine Feinde schenken, als den Getränken, die mir von Angehörigen serviert werden.«

Die Portugiesen waren klug, sie schickten ihm kleine Pakete, Kisten mit nur vier Flaschen. Sonst müsste er davon seinen Verwandten und Beratern abgeben. Dann wandte er sich wieder mir zu.

»Die Entscheidung über eine Verbindung zwischen uns werden meine Berater fällen. Ich bin es leid, ich bin mich selbst leid, ich bin diese Leute leid.«

Seine Berater störten ihn mehr als seine lädierten Knie, beklagte sich der König. Am liebsten würde er mit den Beratern verfahren, wie er es mit den Schwalben gemacht hatte. Die flinken Vögel gehorchten ihm nicht, also ließ er sie ausrotten. Alle Reisenden bestätigten ihm, im ganzen Land gebe es keine einzige Schwalbe mehr.

Es folgten praktische Anweisungen. Am nächsten Tag

sollte ich dasselbe Kleid tragen, aber die Schuhe im Krankenhaus lassen.

»Ich kann nicht mit einer Frau in Schuhen kommen. Verstehst du?«

Die Berater würden mir schreckliche Fragen stellen, die Hofdamen würden sagen, ich solle nur die Dienste der niederen Gemahlinnen verrichten, die darin bestehen, Stuhl und Urin des Königs zu sammeln und zu vergraben.

»Meine Tochter tut alles, was getan werden muss«, erklärte mein Vater, plötzlich aufgelebt.

Der Herrscher gebot ihm mit einer Handbewegung zu schweigen. »Verfluchte VaChopi, das sind meine nächsten Schwalben«, sagte er. Auf Katinis Miene stand der Schmerz der Demütigung geschrieben. Wie gelähmt sah ich, dass mein Vater das eiserne Kreuz aus dem Beutel zog, mit dem er den Angolaner umgebracht hatte. Er hob das Kreuz und ging entschlossen auf Ngungunyane zu. Ich fuchtelte mit den Armen, wollte schreien, damit er stehenblieb. Doch mein wütender Vater stürmte vorwärts, die Waffe hoch erhoben. Entsetzt schloss ich die Augen und öffnete sie erst einen Spalt weit, als ich liebliches Gesäusel vernahm: »Weihnachten steht kurz bevor, o Kissimusse. Ich schenke Ihnen diesen Christus, meinen König.«

Es dauerte, bis der König von Gaza das Geschenk aus den Händen meines devoten Vaters entgegennahm. Dann blickte er auf die abgemagerte Jesusfigur. »Armer Mann. Ist ihm in der Todesstunde niemand zu Hilfe gekommen?«

»Sie konnten nicht.«

»Gottes Sohn ist ohne Beistand gestorben?«

»Wir sterben alle allein«, antwortete Katini.

Wir, mein Vater und ich, verließen die Krankenstation, wo der König von Gaza eingeschlafen war. Nicht weniger schläfrig waren die Wachposten, die aneinandergelehnt schlummerten. Aus der Hütte drang das königliche Schnarchen. Mein Vater gestand, während der Audienz beim

Herrscher habe ihn der Mut verlassen, seine Absicht in die Tat umzusetzen.

»Wolltest du ihn töten, Vater?«

Nicht der Wille, aber der Mut hatte ihm gefehlt. Die Beherztheit, die er gegenüber den Mördern seines Sohnes gezeigt hatte, war ihm angesichts des Herrschers abhandengekommen.

»Willst du, dass ich Ngungunyane umbringe?«

»Ich habe schon alles mit ihm abgemacht.«

»Mit wem?«

»Mit dem König. Morgen wirst du dem Hof zur Genehmigung präsentiert.«

»Willst du mich oder Ngungunyane strafen?«

»Ich schicke dich nicht als Gemahlin hin. Du gehst hin, um Witwe zu werden.«

»Und du, Vater?«

»Ich weiß nicht. Erst mal gehe ich nach Sana Benene zurück. Und später nach Nkokolani.«

»Nkokolani gibt es nicht mehr, Vater. Wer wird sich um dich kümmern?«

Die Orte sind ewige Verwandte. Wir lassen nicht zu, dass sie allein mit dem Tod ringen. Das sagte mein Vater und dann: »Es stimmt nicht, was ich zum König gesagt habe. Niemand stirbt allein.«

Zwölfter Brief des Sargento Germano de Melo

Hab Angst vor denen, die schon immer Angst hatten.
Sei auf der Hut vor denen, die sich für klein halten.
Wenn diese an die Macht kommen, werden sie uns mit der Angst strafen, die sie selbst schon verspürt haben, und sich mit ihrer falschen Größe rächen.
Katini Nsambe

Chicomo, 5. November 1895

Sehr verehrter Senhor
Tenente Ayres de Ornelas,

ich weiß nicht, Senhor Tenente, ob unser Schweizer Gast in dieser Nacht überhaupt geschlafen hat. Die ganze Nacht hindurch ist er zwischen den Kranken hin und her gegangen, hat ihnen Medikamente und Wasser gebracht und tröstende Wort gesagt.

Ich wachte vor Tagesanbruch auf, und da sah ich den Schweizer auf Knien beten. Ich brachte ihm einen heißen Kaffee, worauf er anfing, von sich zu erzählen, von seinem Leben und vor allem von seinen Erlebnissen auf dem afrikanischen Kontinent.

Georges Liengme (oder einfach Georges, wie er mich aufforderte, ihn zu nennen) ist vielerlei mit Leidenschaft: Uhrmacher, Missionar, Arzt, Hypnotiseur, Fotograf, Ehemann und Vater von zwei entzückenden Kindern. Als Uhrmacher hat er das Leben beobachtet und darin die Präzision der

Mechanismen gesucht. Als Missionar hat er gesucht, was keine Fotografie festhalten kann. Als Arzt weiß er, welchen Anteil die Seele am Körper hat. Und als Hypnotiseur kennt er Geheimnisse, die sich tief im Schlaf verbergen.

Gestatten Sie mir, Senhor Tenente, dass ich hier meine Verwunderung zum Ausdruck bringe: Was dieser Europäer über Afrika weiß! Kein José Silveira, kein Sanches de Miranda, keiner unserer Offiziere kann es mit diesem Schweizer aufnehmen, was Vertrautheit mit Land und Leuten betrifft. Sie werden entgegnen, der Grund sei, dass er die afrikanischen Sprachen so gut beherrsche. Die Wurzel des Problems liegt viel tiefer. Woher kommt die uralte Trägheit der Portugiesen, nicht solche anderen Sprachen zu lernen? Warum wollen wir nur Sprachen von Völkern lernen, die wir für überlegen halten? Ich habe die Geschichten von Georges Liengme angehört, und es waren keine Geschichten über Löwenjagd. Es waren Geschichten über Menschen, über Begegnungen mit Menschen, die alte Barrieren und Vorurteile überwunden haben. Und die bestätigten eine bittere Wahrheit: Innerhalb oder außerhalb des Militärs sind wir Portugiesen immer von Mauern umgeben, weil wir uns vor allem fürchten, was wir nicht erkennen können.

Plötzlich erschien Dr. Rodrigues Braga. Er war sehr aufgeregt und teilte uns unvermittelt mit, der Missionar müsse sich sofort auf den Weg machen. Er hatte Anweisung von Vorgesetzten erhalten, Liengme müsse von hier verschwinden. Da erst gestand der Schweizer, er sei in der Hoffnung gekommen, er könne etwas Material mitnehmen, von dem in unserem Lager reichlich vorhanden sei.

»Reichlich vorhanden? Diese Worte gibt es auf Portugiesisch nicht mehr, mein Freund. Und ich sage Ihnen ganz offen, selbst wenn es etwas gäbe, dürfte ich es Ihnen nicht geben …«

Georges Liengme war bereits auf dem Weg in den Busch, da machte Braga ihn darauf aufmerksam, dass er die falsche Richtung eingeschlagen habe.

»Hier ist keine Richtung die richtige«, entgegnete der Schweizer.

Er erklärte, er kehre nicht direkt nach Hause zurück. Er wolle einen Patienten besuchen, den er vor einer Woche operiert hatte. Es sei ein Schwager des Königs von Gaza, der am grauen Star leide und in einem Dorf in der Nähe von Chicomo lebe.

Er forderte uns zum Mitkommen auf und lockte den Kollegen mit dem Argument, sie könnten gemeinsam den Zustand des Verwandten von Gungunhana beurteilen.

»Kommen Sie mit. Niemand wird davon erfahren.«

Rodrigues Braga lehnte ab. Ich bat um Erlaubnis, den Schweizer zu begleiten. Ich brauchte Abwechslung, es würde mir guttun, den Posten für eine Weile zu verlassen. Rodrigues Braga war einverstanden. Aber es solle nicht zu lange dauern. Also machten wir uns auf den Weg, geleitet von dem Führer, den der Missionar aus Manjacaze mitgebracht hatte. Anstatt den bereits ausgetretenen Pfaden zu folgen, führte der Bursche uns ständig über Seitenpfade durch den Busch.

»Ich habe ihn gebeten, die üblichen Wege zu meiden«, erklärte der Schweizer. »Die Schwarzen finden«, fügte er hinzu, »dass Reisende immer ihre Häuptlinge besuchen müssen. Wenn man den Dörfern aus dem Weg geht, spart man Stunden.«

Irgendwann hörten wir hinter uns Schritte. Es war Rodrigues Braga. Er hastete verstohlen hinter uns her, als würde er verfolgt. Und grinste wie ein bei Verbotenem ertappter Jugendlicher: »Niemand darf wissen, dass ich hier bin!«

Als wir unser Ziel erreichten, umringte uns ein Haufen Kinder, sie hüpften und sprangen umher und lachten, hielten aber vorsichtig Abstand. Ein betagter, ausgemergelter Mann kam aus seiner Hütte, ein Verband bedeckte sein halbes Gesicht. Nach der Begrüßung half Braga seinem Kollegen bei der Versorgung des Patienten.

»Meine Augen waren tot«, sagte der alte Schwarze. »Dieser Weiße hat mich aus der Dunkelheit befreit.«

Die Dankbarkeit des Kaffers war so groß, dass ich mich fragte: Welche anderen portugiesischen Ärzte, abgesehen von den wenigen, die beim Militär dienten, würden der afrikanischen Bevölkerung helfen? Wie sich hiermit bestätigt, haben Sie vollkommen recht: Ich bin für den Militärdienst nicht geeignet. Zu viele Fragen, zu großes Herz, zu viele Pflichtverletzungen.

Am Dorfausgang erwartete uns eine weitere Überraschung: Rund zwanzig Kaffern hatten sich in einer Reihe aufgestellt.

»Wir wollen auch untersucht werden«, sagten sie.

»Was machen wir jetzt?«, fragte Braga.

»Wir machen das, was ein Arzt tut, wir arbeiten, mein lieber portugiesischer Kollege!«

Über eine Stunde lang war ich Zeuge, wie Rodrigues Braga abhorchte, abtastete, berührte, verordnete. Und das alles mit einem Lächeln, wie ich es noch nie bei ihm gesehen hatte.

Zum Schluss verabschiedeten sich die Kaffern und der Schweizer laut lachend und schüttelten einander die Hände. Braga betrachtete befremdet die ungewöhnliche Vertrautheit zwischen einem Europäer und Afrikanern. Wir kehrten schweigend nach Chicomo zurück.

Nach der Ankunft im Posten bedankte sich Rodrigues Braga bewegt bei Georges Liengme: »Ich hatte mich schon danach gesehnt, Kranke zu untersuchen. Hier sehe ich nur Verwundete.«

Die Ärzte wollten sich verabschieden, da vermisste Liengme seine Brieftasche. Er hatte sie wohl in der Krankenstation liegen lassen. Ich beeilte mich, sie zu holen. Als ich sie aufhob, fiel ein Foto heraus. Das Herz sprang mir aus der Brust, während meine wenigen Finger das Porträt betasteten. Es war Imani, mit bloßen Brüsten, nur ein einfaches Tuch um die Hüften gebunden. Hinter ihr leuchtete ein eigenartiger Schein, als schwebte sie im Licht. Eine Frage nagte in mir – hatte sie sich freiwillig so gezeigt? Hatte der Schweizer versucht, sie zu verführen?

Die Ärzte unterbrachen mein Grübeln. Beim Anblick des Fotos in meiner Hand fragte der Schweizer fast väterlich stolz: »Bildschön, nicht wahr?«

Wir stellten uns alle drei Schulter an Schulter, um gemeinsam das Foto zu betrachten, das in meinen zitternden Händen tanzte.

»Und wer ist diese Schönheit?«, fragte Braga ungewöhnlich begeistert.

»Ein Chope-Mädchen, das in unserem Lager erschienen ist. Der Vater will sie dem König von Gaza geben.«

»So ein Jammer!«, seufzte der Portugiese.

»Das Foto habe ich gemacht«, verkündete Liengme wie ein auf seine Beute stolzer Jäger.

»War sie allein?«, wagte ich zu fragen.

»Ihr Vater war dabei, aber er wollte nicht fotografiert werden. Er fürchtete, seine Frau und die Söhne kämen auch auf das Bild.«

»Und was wäre dann das Problem?«

»Die sind alle tot.«

Ich nahm meinen ganzen Mut zusammen und bat den Schweizer, mir das Foto zu überlassen.

»Besser nicht«, antwortete er. »Was du damit vorhast, führt nur zu Magerkeit und Sünde.«

Überraschend ergriff Rodrigues Braga für mich Partei. Und er tat es mit solchem Eifer, dass der Schweizer mir nach einigem Zögern das gewagte Foto gab. Schließlich machte er sich auf den Weg. Er setzte sich so behutsam auf die alte Satteldecke, dass man meinen konnte, das Maultier sei kein Tragetier, sondern ein Reisegefährte.

Als ich mich auf den Weg in mein Zimmer machte, kochte in mir eine Mischung aus Zorn und Eifersucht. Sie werden mir zustimmen, dass es bessere Umstände gibt, mich an die zu erinnern, die ich so sehr liebe. Ich kam an Ziegen vorbei, die auf Papier kauten, auf Seiten von Berichten. Vielleicht Briefe von Soldaten, vielleicht heimliche Liebesbotschaften. Die Ziegen lagerten auf der Erde und kauten die Zeit kaputt.

Das hätte ich am liebsten auch getan. Mich auf die Erde legen. So wie nur Tiere sich hinlegen.

Im Halbdunkel in meinem Zimmer sah ich mir erneut die Fotografie an, und plötzlich war es nicht mehr Imani, die ich da sah. Es war eine Lichtsilhouette, deren Umrisse kamen und gingen, als hätten sie ihren eigenen Pulsschlag. Vielleicht ist es ja unmöglich, jene zu fotografieren, die wir lieben.

Die vertagte Braut

Verheiratete Frauen erfinden Geschichten; Jungfrauen verbergen Geheimnisse; Witwen geben vor, sich nicht zu erinnern.
Sprichwort aus Nkokolani

Man hat mir eine Frau gebracht! Findet ihr, ich habe nicht genug Frauen?«

Die Berater am Hof von Manjankhazi, dem Indaba, lachten. Nicht sehr amüsiert, aber extra laut, damit der König sah, welchen Spaß er ihnen bereitet hatte. Alle Indunas waren gekommen. Mehr als der Krieg beschäftigten sie die königlichen Liebesgeschichten. Deshalb hatten sich Dutzende von Ältesten, Adligen und Militärführern eingefunden. Auf einem besonderen Platz saß Impibekezane, die Mutter des Königs. Sie wies mich an, mich mit langsamen Bewegungen vorzuführen. Während ich barfuß die Runde durch den Raum machte, spürte ich die Blicke der Männer, die mir die Kleidung zerschnitten.

Der Nkossi streichelte sich den Bauch, als ließe er seine Hände durch die Weite seines Reiches wandern. Mit einem Blick auf meine Füße zitierte er wie ein Witz die Worte seines Vorgängers: »Die Frauen sind schneller am Ziel, denn sie ziehen die ihnen bestimmten Orte an.« Er erntete Beifall und Gelächter.

Ngungunyane wusste, dass das Gelächter zum größten Teil gezwungen war, jeder Lacher eine gespielte Unterwerfung. Er sprach weiter, in zunehmend angespannter Atmosphäre: »Was nützt es, Millionen von Untertanen zu haben, wenn sie nicht loyal sind? Was nützt es, Hunderte von Frauen zu haben, wenn keine wirklich uns gehört? Was nützt es, gekrönter Herrscher zu sein, wenn jene, die dich heute grüßen, noch ergebener jene verehren werden, die dich stürzen werden?«

Die Hofchargen zuckten zusammen. Sie hatten geglaubt, die Versammlung gelte nur der Entscheidung über eine neue Jungfrau. Der Herrscher wurde strenger im Ton und ereiferte sich: »Es gibt keinen Stein, unter dem sich nicht ein Skorpion versteckt. Es gibt keinen Schatten, der nicht einen anderen Schatten verbirgt. Es gibt kein Warten, das nicht eine Falle ist. Wie gern würde ich schlafen, mit Leib und Seele schlafen, sodass die Lider mich von Kopf bis Fuß verschließen. Wie gern würde ich glauben, dass es noch eine reine Nacht gibt, ohne Messer und Hinterhalte.«

Ein Protestchor erhob sich. Die ältesten Onkel wechselten fragende Blicke. War der Neffe vielleicht nicht nüchtern?

»Ich weiß nicht mehr, wie oft ich geheiratet habe, und bin so einsam wie noch nie«, fuhr der König immer eifriger fort. »Ich brauche eine neue Frau. Und dieses Mädchen hier«, er gab mir ein Zeichen, ich solle näher treten, bis er mich mit den Fingerspitzen berühren konnte, »dieses Mädchen ist nicht heiß.«

»Woher weißt du das, mein Nkossi? Woher weißt du, dass sie noch Jungfrau ist?«

»Ich weiß über sie, was niemand sonst weiß.« Dann bedeutete er mir, ich solle in die Raummitte gehen, und ließ mit heiserer Stimme den Befehl hören: »Sag diesen Leuten, wie du heißt.«

»Vuiaze. Ich heiße Vuiaze.«

Friedhofsstille herrschte im Indaba. Die Berater starrten auf den Boden. Im Raum hing der Verdacht, es gehe um eine Verschwörung. Seit Langem schon beklagten die Ältesten, vom Volk der Zulu und der Nguni, Ngungunyane verliere sein Urteilsvermögen und seinen Sinn für Gerechtigkeit. Er begünstige Vertreter der eroberten Gebiete, darunter auch die verhassten VaChopi. Sogar in der Armee von Gaza gebe es jetzt mehrheitlich Vertreter der »schwachen Rassen«. Und nun eine unreine Braut, von einem gegnerischen Volk, die den verbotenen Namen Vuiaze in Erinnerung rief.

Der Berater und Verwandte Queto – der großen Einfluss auf den König hatte – rief zu Besonnenheit auf. Er gab zu bedenken, dass ich, Imani Nsambe, nicht nur eine neue Ehefrau sei. »Dieses Mädchen spricht die Sprache der Portugiesen, der VaChopi, der Mabuingela und unsere Sprache. Und ihr steht die Tür zum Terrain unserer Feinde offen.«

Gleich darauf führte ein anderer Berater ins Feld: »Die Frage ist, meine Brüder, wie hat sie das alles gelernt? Und wie können wir einer Frau vertrauen, die so viel weiß?«

»Wir kennen ihre Geschichte, sie war Schülerin von einem Pater«, erwiderte Queto. »Ein Bruder von ihr hat auf unserer Seite gekämpft, gegen seine eigenen Leute. Ich schlage vor, sie bleibt zur Probe bei uns, von Impibekezane bewacht und fern von den Gelüsten unseres Königs.«

»Ich weiß nicht«, entgegnete der andere. »Wie können wir sicher sein, dass sie nicht von den Portugiesen geschickt worden ist, um uns auszuspionieren?«

Mich zu akzeptieren barg jedoch, wie alle wussten, noch ein anderes Risiko. Und das bestand in dem Namen, den ich gerade als meinen eigenen ausgegeben hatte. Nichts wäre schlimmer, als wenn sich in der militärischen Krise wiederholte, was mit Vuiaze geschehen war: dass der Herrscher sich hoffnungslos verliebte und kein Interesse mehr am Schicksal der VaNguni zeigte.

Dann wurde mir bedeutet, ich solle den Raum verlassen. Draußen herrschte feuchter Nebel, der Abend war kalt. Das Licht von der großen Versammlung glitzerte im Tau. Ich setzte mich ins Gras und betrachtete meine bloßen Füße. Wo mochte mein Sargento sein?

Nach einer Weile kam Impibekezane zu mir und setzte sich neben mich. Das Licht der Öllampen unter dem Vordach beleuchtete uns flackernd.

»Mein Sohn tut mir leid«, bemerkte sie. »Alle gehorchen ihm, aber keiner ist loyal. Umundungazi ist verrückt geworden, und alle in seiner Umgebung applaudieren.«

»Und wie haben sie über mich entschieden?«

»Sie haben dich akzeptiert. Aber nicht als Ehefrau.«

»Ich verstehe nicht.«

»Du bist eine vertagte Braut. Für dich ist das besser, der Neid der anderen Ehefrauen bleibt dir erspart. Auch wenn du andere Dienste leisten musst …«

»Welche Dienste?«

»Sie wollen dich als Informantin einsetzen.«

Sie wussten von meiner Beziehung zum Sargento. Sie wussten es von den Überbringern der Korrespondenz zwischen Germano und dem Tenente. Niemand würde so tief in das Herz der portugiesischen Armee eindringen können wie ich.

Die Königinmutter sprach weiter: »Ich soll mich um dich kümmern und von meinem Sohn fernhalten. Morgen brechen wir von hier auf und bleiben ein paar Tage beim Hospital des Schweizers.«

Stimmenlärm ertönte im Indaba, die Berater waren aufgebracht. Sie diskutierten militärische Fragen, sprachen über den Krieg, der kurz vor Manjankhazi stattfand. Verwünschungen waren zu hören, Todesdrohungen, Blutschwüre. Mein Fall war eine flüchtige Ablenkung gewesen.

»Diese Nächte sind nicht für Menschen gemacht«, bemerkte Ngungunyanes Mutter, als sie die Hyänen in der Ferne hörte. Da ich mich ängstlich zusammenkauerte, sagte die Königin: »Keine Sorge, unter den Beratern, die sich hier versammelt haben, gibt es mehr Hyänen als im ganzen Busch.«

Sie zog die Matte näher und schlug einen vertraulicheren Ton an. Sie wollte mir Ratschläge geben im Hinblick auf die Nächte, die ich mit ihrem Sohn verbringen würde. Ich dachte, sie wolle mir Empfehlungen zu meinem Sexualverhalten geben. Aber nein. Es ging um eine seltsame

Warnung – es werde viele Nächte geben, in denen wir das Ehebett mit anderen teilen würden. Mit anderen? Sie lachte. Der König litt unter schrecklichen, immer wiederkehrenden Albträumen. In solchen Nächten erschienen ihm die ermordeten Brüder.

»Blut ist nicht geflossen. Die Brüder wurden vergiftet. Deshalb rate ich dir, meine Liebe: Sei vorsichtiger bei der Wahl eines Kochs als bei der Wahl eines Ehemanns.«

Wir wählen nicht, wir werden gewählt. Das wollte ich gern sagen, verzichtete aber darauf, als ich die Gesänge aus der Indaba hörte. Die Versammlung war zu Ende, bald würden die Berater aufbrechen. Dann durfte keine Frau außerhalb des Hauses angetroffen werden. Die Königin schien sich darüber keine Gedanken zu machen und hakte sich vertraut bei mir unter.

»Du hast die Berater belogen und nicht deinen wahren Namen genannt. Jetzt möchte ich, dass du auch mich mit einem anderen Namen ansprichst.«

»Ich tue alles, was Sie wünschen.«

»Vergiss meinen Namen. Nenn mich Yosio.«

Bevor sie Witwe wurde, hieß sie so, Yosio. Als Muzila starb, wurde sie umbenannt. Wenn ich sie so vertraulich nennen würde, dann würde sie das in die alte Zeit zurückversetzen.

»Damals hatte ich nicht nur einen Ehemann. Ich hatte auch meine Söhne. Und vor allem hatte ich meinen Ngungunyane.«

»Haben Sie ihn nicht mehr?«

»Niemand hat einen Sohn«, sagte sie.

Es waren nicht nur die Albträume, die Ngungunyane so veränderten, dass er nicht wiederzuerkennen war. Auch zu anderen Zeiten geriet er so in Rage, dass niemand, auch nicht seine Mutter, es wagte, ihn aus dem Wahn herauszuholen. Es kam sogar vor, dass der Herrscher sich tatsächlich bis ans Meer begab. Dann setzte er sich in die Düne, in sicherer Entfernung von der Brandung. Für die VaNguni ist der Ozean ein namenloses, gefährliches Gebiet. Er befahl seinen Bogenschützen, sich im feuchten Sand aufzustellen und zum Schießen bereit zu machen. Dann machte er es ihnen vor. Er spannte den Bogen und jagte mit einem kräftigen Schrei den ersten Pfeil über den Ozean. Der Pfeil pflügte durch die Lüfte wie ein verrückt gewordener gefiederloser Vogel und stürzte schließlich mit einem hohlen Klang ins Wasser. Sofort danach donnerte ein Kriegsgeheul über den Himmel, und Hunderte von Bogenschützen schossen einen Pfeilregen ab, der den Himmel verdunkelte und den Ozean mit Gischtflocken sprenkelte. Dann trat tiefe Stille ein, bis Ngungunyane brüllte: »Da, das Blut! Er blutet schon, er blutet.«

Er sagte »er«, um ihn nicht beim Namen zu nennen. Der Ozean war selbst als Wort verboten. Das Meer versalzte jedem, der seinen Namen aussprach, für immer die Lippen. Der Herrscher von Gaza murmelte kaum hörbar: »Möge er bald sterben!«

Und er setzte sich und wartete darauf, dass der Ozean starb.

Der Ozean starb nicht. Ngungunyane hatte überlebt. Aber viele von Impibekezanes Kindern waren vergiftet worden und gestorben.

»Wie oft habe ich wach gelegen und darauf gewartet, dass man mir die Nachricht bringt«, gestand Impibekezane.

Ich verstand nicht. Sie erklärte, sie sei beteiligt gewesen an der Entscheidung, sie zu vergiften.

»Lass mich sprechen«, sagte sie angesichts meines durch und durch verurteilenden Blicks. »Verurteil mich nicht, bevor du mich nicht angehört hast.«

Ihre Kinder wären so oder so gestorben. Sie hätten ihr Leben in einem langen und langsamen Gemetzel verloren. Sie wären erschossen, erstochen, gevierteilt worden. Aber in jedem Fall hätte die Erde von ihrem, der Mutter, Blut getrunken. Diese bittere Erfahrung hatte sie in den Erbfolgekriegen zwischen ihrem Mann Muzila und ihrem Schwager Mawewe gemacht. Es waren Jahre voller Hass und Morde. Sie wünschte sich alles, nur nicht eine Wiederholung dieser endlosen, sinnlosen Barbarei. Und sie trug nur einen kleinen Teil der Schuld. Sie wünschte, es wäre mehr. Doch die Entscheidung war weit vorher gefallen, ganz ohne ihr Zutun. So oder so würden alle von ihrem Blut getötet werden. Ihr blieb nur das furchtbare Vorrecht, zu bestimmen, wer überleben sollte.

»Also sieh mich nicht so an«, sagte sie spitz. »Frag deine europäischen Freunde, was ihre Könige getan haben, frag, wie viel Gift bei den Banketten in ihren Palästen geflossen ist.«

Davon erzählt hatte ihr Sanches de Miranda, Mafambatcheca genannt. Die Geschichte der Weißen, sagte er, sei nicht sauberer als die der Afrikaner.

»Gleich morgen brechen wir nach Sana Benene auf«, erklärte sie. »Du gehst dahin, meine Liebe. Nimmst Abschied von deinen Leuten. Und holst deine Schuhe.«

An diesem Abend hatte ich Mühe einzuschlafen. Man brachte mich in eine Hütte, in der sechs sogenannte kleine Ehefrauen schliefen. Als ich hereinkam, drängten sie sich in einer Ecke zusammen. Selbst in der Dunkelheit sah ich das Gift in ihren Augen. Bis zum Tagesanbruch fand ich nicht in den Schlaf. Beim ersten Lichtschein hatte ich beschlossen, meine Vergangenheit radikal auszuradieren. Ich stand vor einer ebenso grausamen Entscheidung, wie sie die Königin Impibekezane gequält hatte. Ich musste innerlich entscheiden, wer überleben sollte.

Achter Brief des Tenente Ayres de Ornelas

Die ferne Erinnerung an eine ewige,
doch verlorene Heimat, und wir wissen nicht,
ob in der Vergangenheit oder der Zukunft verloren.
Sophia de Mello Breyner Andresen

Manjacaze, 9. November 1895

Werter Sargento
Germano de Melo,

seit einigen Tagen schreibe ich schon an diesem Brief. Angefangen habe ich ihn dort, von wo ich Ihnen so oft geschrieben habe: in dem tristen und düsteren Manjacaze. Der Ort ist derselbe, aber alles andere ist verändert. Ich nehme wieder meine Aufgaben bei der Armee wahr, bin zu mir selbst zurückgekehrt. Dem Himmel sei Dank, dass wir die Gespräche, die wir hier, an ebendiesem Ort, mit dem König der Vátuas geführt haben, endgültig abgebrochen haben. Die Verhandlungen waren ein Schwindel, ein ewiges Vertagen von Entscheidungen. Wollte er Krieg? Nun gut, dann würde er Krieg bekommen, und zwar in einem Ausmaß, wie er es sich niemals vorgestellt hat. Die Schlachten von Marracuene und Magul waren nur ein Vorspiel zu einer Odyssee, die in unsere Geschichte eingehen wird.

Selbstverständlich haben sich meine Verdienste letztlich durchgesetzt, und ich wurde, wie ich schon sagte, in die Führung der Militäroffensive aufgenommen, die in Coolela stattfinden wird. Schade, dass Sie, Sargento, sich so weit weg befinden, im Posten von Chicomo. Sie hätten beim Anblick der Parade unserer Kriegsmacht den gleichen Stolz empfunden wie ich. An erster Stelle trat ein Bataillon mit neunhundert Soldaten an, die frisch aus Europa eingetroffen waren. Es folgten mehrere Infanterie- und Artilleriebataillone. Sie führten zehn Geschütze und zwei Maschinengewehre mit. Die Munition der Infanterie belief sich auf zwei Millionen Patronen. Eine Militärparade solcher Größe hat unser ganzes Afrika noch nie gesehen. Tausende von uns ergebenen Kaffern (woher weiß man, wer in dieser Gegend uns ergeben ist?) erlebten das einzigartige Schauspiel mit, dessen Höhepunkt die Ankunft der Kavallerieschwadron unter dem Befehl des berühmten Mouzinho de Albuquerque war. Zwar sind es nicht viele Pferde, und die Tiere sind abgemagert und schlecht ausgebildet. Aber der Anblick unserer Reiter löste bei den Kaffern unbeschreibliche Begeisterung aus. Aufgeregt liefen sie zu den Pferden, selbst die Erwachsenen lachten mit glänzenden Augen wie kleine Kinder.

Das gesamte Kriegsarsenal wurde vor zwei Wochen an die Lagoa de Belele verlegt, wo wir ein provisorisches Feldlager aufgeschlagen haben. Es wird ein Gemetzel geben! Das dachte ich, als ich bei der Ankunft das Kriegsmaterial Revue passieren ließ, das dort versammelt war. Doch um in eine Schlacht zu ziehen, braucht man nicht nur Waffen. Uns fehlte der Feind. Coronel Galhardo hielt sich genau an die Anweisung von Caldas Xavier: Das Geheimnis bestehe darin, die Initiative nur so weit zu treiben, bis der Gegner von der Verteidigung zum Angriff übergeht. In den Worten von Mouzinho de Albuquerque hat sich Caldas Xavier, als er diese Taktik entwickelte, von der List einer verführerischen Frau inspirieren lassen: Sie flattert um den Bewerber herum, in der Hoffnung, dass er im entscheidenden Moment die Initiative ergreift. Immer bissig, immer ungeduldig, unser Mouzinho de Albuquerque!

Tatsächlich ließ sich der Feind tagelang nicht blicken.

Und wieder gab Coronel Galhardos Weisheit den Ausschlag: Es wäre unvorsichtig, unseren Standort zu verlassen und in dem starken Regen zu marschieren, der tagaus, tagein auf uns niederprasselte. Nicht nur unvorsichtig, ein grober strategischer Fehler wäre es, in dem überschwemmten Dickicht voller Feinde vorzurücken.

Galhardo hatte recht. Aber es war bitter, sich an die Entscheidung zu halten. Zum wiederholten Mal kamen unsere Truppen nicht weiter, wegen der Schwerfälligkeit unserer Kriegsmaschinerie zum Stillstand gezwungen. Im Laufe der Tage verließ mich immer mehr meine Begeisterung über unsere großartige Artillerie. Wir verfügten über Schwert und Kanone. Besser wäre es, wir hätten die Leichtigkeit des Wurfspeers.

Um die Stimmung zu heben, ließ Coronel Galhardo zwei Kolonnen auf feindliches Gebiet vorrücken. Damit verstießen wir nur scheinbar gegen die Anweisungen von Caldas Xavier. Denn unsere Truppen gingen nicht gegen militärische Ziele vor. Wir griffen Siedlungen an und zerstörten sie. Es ging nicht darum, Zivilisten zu töten, sondern Tiere und Proviant zu beschaffen. Und Seele und Moral zu stärken. Bis wir an einem sonnigen Morgen beschlossen, die Truppen in Richtung Lagoa de Coolela in Bewegung zu setzen. Denn es wäre besser, sich dem Albtraum zu stellen und unsere schwerfällige Militärmaschinerie in Marsch zu setzen, als sie in dem Morast, in dem wir unser Lager aufgeschlagen hatten, verkommen zu lassen. An diesem Morgen mit strahlender Sonne flatterte die lusitanische Fahne über der Ebene, und die Hörner bliesen zur Herausforderung der afrikanischen Gottheiten.

Nach einem Tagesmarsch kampierten wir auf einer Düne mit Blick auf die Lagoa de Maguanhana. Wir bildeten das Lager in der üblichen viereckigen Aufstellung, rundherum durch einen Stacheldrahtzaun gesichert. Ich wurde zur Erkundung der Umgebung abgeordnet. Raten Sie, wer mir zur Seite gestellt wurde. Kein Geringerer als Ihr Freund

Capitão Santiago da Mata. Unter brütender Hitze ritten wir los. Noch keine fünfzehn Minuten waren vergangen, da kam das Dorf in Sicht, aus dem Gungunhanas Mutter Impibekezane stammte. In dem Bewusstsein, mich auf allzu ungeschütztem Terrain zu bewegen, befahl ich, sofort zum Lager zurückzukehren. Der Capitão weigerte sich mit Nachdruck. Und hielt mir arrogant vor, für ihn sei dies eine ungenügende Erkundung.

»Was soll das, Tenente, machen wir einen Schaufensterbummel auf dem Rossio?«

Genau dies waren seine Worte. Nie zuvor hat mich jemand so unverschämt behandelt. Und das habe ich dem Capitão zu verstehen gegeben. Bei der Rückkehr ins Lager entschuldigte Santiago sich, es war ihm peinlich, sich so ungebührlich verhalten zu haben.

Am nächsten Morgen ließen wir nur den Tross im Lager zurück, das Gepäck, das unser Marschtempo verlangsamt hätte. Zwei Männer, die wir unterwegs gefangen genommen hatten, bestätigten, dass der König sich mit einem großen Militärkontingent in seinem Quartier (von den Vátuas Kraal genannt) befand.

Wir hatten unsere Plätze in dem für den Kampf vorgesehenen Truppenverband wieder eingenommen und besprachen gerade die letzten Einzelheiten unserer Strategie, als ein Dutzend Späher angelaufen kam und feindliche Soldaten meldete: *»Hi fikile nyimpi ya Gungunhana!«*, schrien sie. »Gungunhanas Truppen sind da!«

Auf einmal, wie von Zauberhand, tauchten die Horden der Vátuas auf, zu Tausenden rannten sie mit kurzen Schritten und stießen gleichzeitig wütendes Geschrei aus. Es war eine so große Anzahl von Kriegern, dass uns die Lichtreflexe auf den Wurfspeeren sekundenlang blendeten. Die Krieger sammelten sich zu einer Art Halbmond, der sich über mehr als einen Kilometer erstreckte. Plötzlich waren unsere Späher nicht mehr zu sehen. Sie klebten regelrecht am Erdboden vor Entsetzen über die Machtdemonstration der Vátuas. Selbst die Soldaten von Xiperenyane waren im dichten Steppengras verschwunden. Übrig waren nur wir, Europäer und Angolaner, begrenzt auf unsere Aufstellung im Quadrat. Dieses menschliche Viereck war wie ein Spinnennetz, das es mit einem Taifun aufnehmen will.

Dann stürmte die teuflische Meute uns entgegen wie eine gefährliche Riesenwelle. Zwar waren die Kaffern in der Mehrzahl mit Lanzen und Schilden bewaffnet, doch zu einem guten Teil hatten sie auch Gewehre, die sie allerdings zu unserem Glück chaotisch handhabten. Ein Kugel- und Pfeilhagel ging auf uns nieder, und man konnte meinen, eine Wolke hätte den afrikanischen Himmel endgültig verdunkelt. Sekunden später donnerten unsere Geschütze, und die Angreifer wichen zurück. Das dauerte nur wenige Minuten. Oder waren es Stunden? Wie misst man die Zeit, wenn der Tod die einzige Uhr ist? Die schrecklichen Schwadronen, die sich selbst Büffel oder Krokodil nennen, rückten mit neuem Elan abermals auf uns vor. Sie durchquerten das morastige Gelände um uns herum, an den Füßen dicke Schlammschichten, als besäßen sie Schuhwerk wie wir. Der Anblick bestätigte meine Befürchtungen – das waren keine Krieger, das war eine direkte Ausgeburt der Erde.

Bei dem intensiven Schusswechsel und der starken Rauchentwicklung hätte kein Schütze zielsicher schießen können. Sie schossen auf Schatten, und sie sahen Schatten, die sich im Nebel drehten und dann zu Boden fielen. So haben unsere Soldaten vielleicht einen Moment lang sich selbst als Nebelschwaden gesehen, Rauchwolken inmitten von Rauch. Und was wir für Courage halten, war vielleicht nichts anderes als Wahnvorstellungen.

Die Schlacht dauerte eine gute halbe Stunde. Wie in Magul waren es die Maschinengewehre, die das Ende der Auseinandersetzung diktierten. Mit der gleichen Begeisterung, mit der ich auf die Töne meines eigenen Herzschlags reagiere, denke ich noch heute an die Effizienz dieses furchtbaren Geräts der modernen Kriegsführung, das Maschinengewehr, das mit fünfhundert Schüssen pro Minute die feindlichen Truppen niedermäht. Das feindliche Heer – insgesamt waren es an die zwölftausend Krieger – ergriff Hals über Kopf die Flucht. Wir feierten nicht sofort. Erst nach kurzem ungläubigen, Innehalten erschollen Hochrufe und flogen Hüte. Der Sieg war so unwahrscheinlich gewesen, dass wir glaubten, den ganzen Krieg gewonnen zu haben. Und wir feierten so ausgelassen, dass wir anfangs nicht wahrnahmen, welchen Preis wir bezahlt hatten – ein Dutzend weiße Soldaten war gefallen, und verwundet waren um die dreißig.

Mitten in unserem Viereck befand sich immer noch Mouzinho de Albuquerque. Dort stand er, starr wie eine Statue. In einer Haltung, wie er sie während der ganzen Schlacht eingenommen hatte: aufrecht, ohne Schutz zu suchen, während die Kugeln dicht an ihm vorbeipfiffen. Zu seinen Füßen lag sein Pferd in einer Blutlache.

Beim Ausheben der Gräber, gestehe ich, hatte ich einen Moment der Schwäche. Ich zog mich unter einen Wagen zurück, damit ich nicht zusehen musste und nicht gesehen werden konnte. Und wen entdeckte ich in demselben Versteck? Capitão da Mata. Persönlich.

Da hockten wir beide, wie zwei ungehorsame halbwüchsige Komplizen. Wir hörten die Worte der improvisierten Trauerfeier für unsere Kameraden. Da die Kolonne keinen Kaplan hatte, sprach der Coronel Galhardo ein Gebet.

»Gehen Sie nicht hin?«, fragte ich da Mata. Und er antwortete: »Mir geht es hier gut. Für mich gibt es weder Ruhm noch Klagen.«

Dann sahen wir, wie Capitão Mouzinho de Albuquerque, die Mütze neben dem Schwert, an die Gräber trat und am Ende des Gebets sagte: »Ich selbst müsste einer derer sein, die hier gefallen sind.«

Kaum hatte er die Worte ausgesprochen, knurrte zu meiner Überraschung ein erregter Santiago: »Alles gelogen, der hat noch nie an einer Schlacht teilgenommen. Dahinten war er, die ganze Zeit hat er dort gestanden und zugesehen, wie wir gekämpft haben!«

Ich forderte ihn zu Respekt gegenüber unseren Vorgesetzten auf. Aber er war wie besessen. Er fand, Mouzinho sei schuld daran, dass wir in der Schlacht so viele Kameraden verloren hatten. Und er erinnerte an die unheilvollen Worte des Capitão vom Abend zuvor: »Haben Sie es vergessen, Tenente?«, fragte Santiago. »Haben Sie vergessen, dass er gesagt hat, es wäre am besten, wenn ein Offizier verwundet würde, damit die in Lourenço Marques glauben, dass ernsthaft gekämpft worden ist?«

Und hatte ich vergessen, dass er selbst, Santiago da Mata, zu fragen gewagt hatte: »Was wäre, wenn Sie fallen würden?« Und was hatte Mouzinho geantwortet? Hatte ich das vergessen? Mouzinho hatte nämlich geantwortet: »So weit würde ich nicht gehen, mir reicht es, wenn mein Pferd tot zu meinen Füßen liegt.« Und war nicht genau das eingetreten? Wurden jetzt nicht auch die toten Pferde begraben, um keine fleischfressenden Tiere anzulocken? Da Mata fluchte darüber, dass er sich all diese Jahre von dem Glanz dieses Mannes hatte täuschen lassen.

»Sehen Sie sich das an, Tenente, die ziehen um die Gräber Stacheldraht, damit die Hyänen nicht darüber herfallen. Aber das nützt überhaupt nichts. Hyänen sind wie manche Menschen, die hält nichts auf.«

Ich habe diese Episode eingehender beschrieben, weil mir im selben Augenblick die Frage durch den Kopf ging, wie weit wir uns der Loyalität eines Waffenbruders sicher sein können. Aber dann blieb keine Zeit mehr für weitere Klagen.

Wie immer war höchste Eile geboten, uns zurückzuziehen, und Coronel Eduardo Galhardo erteilte rasch Anweisungen, zurück nach Chicomo zu marschieren.

»Zurück? Wir sollten stattdessen sofort nach Manjacaze vorrücken«, protestierte Capitão Mouzinho.

Nach diesem offenen Angriff blieb dem Coronel nur, sich zu erklären: Es lohne nicht, den glänzenden Sieg mit einem noch so kleinen Missgeschick zu beflecken. Wir wussten, wer Gungunhanas Truppen kommandiert hatte: sein eigener Sohn Godido und sein Onkel Queto. Unser Erfolg in Coolela war nicht nur ein militärischer Sieg. Er war eine Schmach für den König von Gaza.

»Das alles genügt noch nicht, Senhor Coronel. Kriege gewinnt man nicht dadurch, dass man dem Gegner eine Schmach zufügt.«

»Dies ist mein letztes Wort. Wir kehren zu unserem Posten zurück. Ich will keine Risiken.«

Mouzinho zischelte etwas. Womöglich hat Galhardo seine letzte Bemerkung noch gehört: »Ich weiß nicht, wie man ein Kommando führen kann, ohne Risiken einzugehen.«

Ein Dach über der Welt bröckelt

Wenn du lernst, Angst gern zu haben, wirst du eine gute Ehefrau sein.
Königin Impibekezane

Am späten Nachmittag erreichten wir Sana Benene und begaben uns zur Kirche. Dort betete Pater Rudolfo gerade vor dem Altar. Eine Staubwolke fiel ihm auf die Schultern. Er blickte hinauf zu den Balken oben in der Kirche und sah helle Flöckchen in der Luft tanzen, als hätte eine geräuschlose Explosion stattgefunden. Seit Langem schon hatten die Termiten unbemerkt an dem Holz genagt. Rudolfo vertraute auf den äußeren Anschein der Kirchendecke und wähnte sich geschützt von der Ewigkeit. Allen Besuchern der Kirche zeigte er stolz, wie robust das Dach sei, im Gegensatz zu den verfallenden Wänden und Möbeln. Denn das Dach heiligt einen Tempel. Doch nun begann das Dach zu bröckeln. Die Balken waren so hohl, dass sie ohne Vorwarnung geräusch- und gewichtslos herunterfielen. Sie zerbröselten in der Luft, und als sie den Fußboden erreichten, hatten sie keine Substanz mehr. So kam es, dass Pater Rudolfo überlebte. Die Tauben flohen nach draußen. Doch die Käuze, von dem Licht erschreckt, das plötzlich durch die großen Löcher im Dach hereinfiel, flatterten wie wild um den Pater herum, bis dieser nach draußen stürzte und eiligst die Türen schloss, in der vergeblichen Hoffnung, die Käuze würden die Kirche nicht verlassen. Nachdem ihre Sitzstangen nicht mehr vorhanden waren, würden sie sich neue Plätze suchen. Zu spät. Sie kreisten bereits über anderen Dächern.

»Es wird Tote geben«, seufzte Rudolfo.

Aber in Sana Benene gab es niemanden mehr. Während er sich von dem Schreck erholte, saß Rudolfo da und betrachtete die enthauptete Kirche. Dann erhob er sich und ging mit einem Eimer an den Fluss. Seit zwei Wochen hatte es stark geregnet, und der Inharrime war fast bis an die Böschungskante gestiegen. Für alle Fälle mied der Pater, über den Anleger zu gehen. Die Bretter konnten ebenso verrottet sein wie die Dachbalken. Der auf dem Felsen kniende und Wasser schöpfende Pater bemerkte nicht, dass die Königin und ich mit einem kleinen Gefolge auf demselben Pfad nahten, den er gerade gegangen war.

Merkwürdigerweise brach der Pater in Tränen aus, als er mich erblickte. Und unter Tränen führte er mich zu der Siedlung. Ich fürchtete das Schlimmste. Die Königin bedeutete mir, sie werde am Flussufer auf mich warten. In der Zwischenzeit werde ihr Leibwächter von einem Fischer, falls einer vorbeikäme, frischen Fisch kaufen.

»Wo ist Bibliana?«, fragte ich ängstlich, sowie wir die Kirche erreicht hatten.

»Bibliana ist weg. Alle sind weg. Es gibt niemanden mehr in Sana Benene.« Und er wies auf das, was von dem Kirchendach noch übrig war: »Alles bricht zusammen, Imani.«

»Wohin ist Bibliana gegangen?«

»In den Norden. Zur Mündung vom Rio Save, wo sie ihren Bruder begraben haben. Und es lohnt nicht, auf sie zu warten. Sie kommt nicht zurück.« Dann fragte er: »Was wolltest du von ihr?«

»Ich möchte schwarz sein, Pater.«

»Bist du verrückt?«

Ich hob die Hand, um ihm höflich, aber sehr bestimmt zu bedeuten, dass ich sprechen wollte. Ich sagte, ich wolle in meine Traditionen eingeführt werden. Meine Sprache, meinen Glauben neu erlernen. Von meinen Ahnen beschützt werden, mit meinen Toten sprechen können, mit meiner Mutter und meinen Brüdern. Ich sei es leid, anders zu sein und mit einer Mischung aus Neid und Verachtung angesehen zu werden. Ich wolle nicht mehr hören, dass ich Portugiesisch »ohne Akzent« spreche. Doch am meisten bekümmere mich, dass ich niemanden habe, mit dem ich lachen und weinen könne.

»Und der Sargento?«, fragte Rudolfo.

»Ich weiß nicht, Pater. Ich habe Angst vor einer Liebe, die mir so viel abverlangt. Außerdem weiß ich nicht, wo er ist und ob ich ihn jemals wiedersehen werde.«

Der Pater streckte sich auf der Matte aus. Ich stellte mir vor, wie unendlich traurig er sein musste, denn auch er würde Bibliana nie wieder begegnen. Als ich ihn zu trösten versuchte, reagierte er überrascht: »Traurig? Erleichtert bin ich, meine Tochter.«

Ich verstand nicht, es war nicht zu verstehen. All diese aufopfernde Liebe, diese Selbstlosigkeit, all das war plötzlich verschwunden?

Rudolfo wies auf die Kirche und sagte: »Nicht die Zeit hat das Dach zerstört. Der Krieg hat es zerstört.«

»Wurde die Kirche angegriffen?«

»Nein, ich meine einen anderen Krieg. Die Termiten. Die verdammten Termiten haben auch ihre Soldaten. Und weißt du, warum die so tüchtig sind? Weil sie blind sind. Bete dafür, dass dein Schatz niemals ein richtiger Soldat wird.«

»Ich habe schon lang keine Nachricht mehr von Germano erhalten, Pater. Angeblich befindet er sich im Posten von Chicomo.«

»Willst du ihm schreiben? Ich kann schon morgen einen Boten beschaffen.«

Ich wusste nicht, was ich antworten sollte. »Ich wollte eigentlich Bibliana sehen«, gestand ich.

Der Pater erwiderte: »Selbst wenn sie hier wäre, könnte sie dich nicht sehen, meine Tochter.«

Bibliana war an einer besonderen Form von Blindheit erkrankt. Sie sah jetzt mit den Augen der Götter. Und so sehr davon überzeugt, dass der Pater Angst vor ihr bekam.

Hunderte von Verwundeten und Kriegsflüchtlingen galt es zu versorgen. Bibliana nahm es auf sich, selbst die Welt zu retten. Schwarze und Weiße, Männer und Frauen, Sklaven und Herren, alle waren schuldig. Und sie war die vom Gott der Weißen und den afrikanischen Göttern ausersehene Weltenrichterin. Das verkündete Bibliana vor dem entsetzten Pater, der sich keine Armee dieser Frau vorstellen konnte, mit der er jahrelang das Bett geteilt hatte.

Von ihrer Mission beseelt, hatte Bibliana Sana Benene verlassen. Das Wasser des Inharrime reichte nicht mehr aus, so viel Sünde reinzuwaschen. Dafür bedurfte es eines erheblich größeren Flusses. An den Ufern jenes anderen Flusses waren ihr Mann und ihr Schwager begraben worden. An dem mythischen Save irrten Zauberkundige und Propheten umher, deren Fähigkeiten über die Grenzen hinaus bekannt waren. Das war Biblianas Ziel. Dieser Fluss sollte ihre Kirche werden.

»Du möchtest also Afrikanerin sein?«, fragte Rudolfo noch einmal, nun unverhohlen in ironischem Ton. »Jetzt bin ich neugierig, meine Tochter. Was heißt das, Afrikanerin zu sein?«

Ich zuckte die Achseln. Vielleicht war ich nur traurig, vielleicht unsicher. Es wäre gut, eine einfache Gewissheit zu haben, ein von Geburt an unauslöschliches Zeichen, ein Dach, das ewiger währt als das Firmament.

Ein Schatten fiel auf das Lächeln des Paters. Auch er hatte so oft davon geträumt, Europäer zu sein und weiß. Am liebsten würde er sich die Haare abschneiden, den Bart abrasieren, die Soutane waschen und sich dann im Posten von Chicomo präsentieren. Vielleicht würden sie ihn als Kaplan akzeptieren? Er könnte Feldmessen lesen, für die Kranken beten, von Sünden freisprechen, letzte Ölungen spenden. Und er wäre uneingeschränkt, was man ihn nie hatte sein lassen: ein portugiesischer Priester.

»Aber jetzt ist genug geredet«, sagte er. »Und bevor ich es vergesse, ich soll dir etwas geben.« Er griff tief in seine

Soutanentasche und holte ein zusammengefaltetes Blatt Papier heraus. »Das hat dein Vater mir für dich gegeben.«

»Mein Vater war hier? Erzählen Sie, wie geht es ihm, wohin wollte er?«

Pater Rudolfo berichtete, dass man in der vergangenen Woche meinen Vater bewusstlos auf dem Bootssteg liegend aufgefunden hatte. Schon seit einiger Zeit war er nicht mehr gesehen worden, und alle fürchteten, er könnte von Raubtieren gefressen worden sein. Doch da lag er, kraftlos, ausgemergelt und übelriechend. Er war in seinem Dorf gewesen, in Nkokolani. Der verrückte Libete hatte ihn auf seinem Floß dorthin und wieder zurückgebracht. Nachdem er sich gewaschen hatte, öffnete Katini in der Kirche einen Beutel, und heraus fielen zwei Dutzend kleine, gleich große Holzstäbe. Es waren die Tasten für eine Marimba, die er nun bauen wollte.

»Das Holz habe ich vom selben Baum, den meine Frau umarmt hat«, sagte er.

Es sollte seine letzte Marimba werden, die perfekteste, die er je gebaut hatte. Er war selbst in den Baum geklettert, hatte etliche Fledermäuse gefangen, ihnen die Flügel ausgerissen und daraus die Membran für die Resonanzkörper gemacht. Tag und Nacht beschäftigte er sich mit den Tasten, den Kalebassen, den Schlägeln.

»Auf dieser Mbila sollen keine Menschen spielen«, entschied er.

»Wer soll denn sonst darauf spielen?«

»Die Melodie. Sie wird sich von allein spielen.«

Er wurde mit dem Bau des Instruments an dem Tag fertig, an dem Bibliana verkündete, dass sie zu dem großen Fluss im Norden aufbrechen wolle. Das war kein Zufall. Sie hatten es so vereinbart. Sie brachen gemeinsam auf, aber auf Abstand zueinander, so wie Mann und Frau. Am Ziel wollten sie sich die Arbeit teilen, wie es alte Ehepaare tun. Bibliana wollte zu den Geistern sprechen, Katini für die Götter spielen. Gemeinsam würden sie die Welt retten.

Der Pater beendete seine Erzählung, und noch immer streckte er mir das Blatt Papier entgegen, das mein Vater ihm für mich gegeben hatte.

Katini hatte aus Germanos Heft eine Seite herausgerissen, und sie war in seiner angestrengten, ungelenken Schrift beschrieben. Ich musste seine seltsame Botschaft Wort für Wort entziffern: »Ich habe es angefangen, du musst es beenden. Zwei müssen noch gekreuzigt werden.«

Der Pater stellte keine Fragen. Er reichte mir eine Feldflasche mit Wasser für unterwegs.

»Und was werden Sie tun, Pater Rudolfo?«, fragte ich.

Er lachte: »Als Erstes schneide ich mir die Haare ab und rasiere mich. Dann sehen wir weiter.«

In diesem Augenblick gesellte sich Impibekezane zu uns. Sie bat den Pater, uns bei ihm übernachten zu lassen. Und als ich fragte, aus welchem Grund sie unsere Rückkehr aufschob, wies sie auf den Himmel, der sich eigentlich allmählich hätte verdunkeln sollen, hätte sich nicht über dem ganzen Horizont ein Flammenmeer ausgebreitet.

Dreizehnter Brief des Sargento Germano de Melo

Ich bin nicht nur aus Erschöpfung so niedergeschlagen, so matt und müde. Was mit mir geschieht, ist ein Selbstmord. Ein Selbstmord ohne Mensch und ohne Tod.
Aus einem Brief von Bertha Ryff an ihren Mann Georges Liengme

Chicomo, 10. November 1895

Sehr verehrter Senhor
Tenente Ayres de Ornelas,

den ganzen Tag über habe ich die Krankenstation von dem Ruß gesäubert, der sich hartnäckig wie ein schwarzer Schleier über alles legte. Für die Kranken war das ein böses Vorzeichen. Und die drückende Hitze war der Beweis dafür, dass die Hölle in Chicomo Einzug gehalten hatte. Aber ich wusste, dass die Rußschicht eine gute Nachricht enthielt: Unsere Truppen hatten in Coolela gesiegt. Nach dem Sieg setzten sie die umliegenden Siedlungen in Brand. So halten wir es, und so halten es auch die anderen. Sie, Senhor Tenente, haben es mir erklärt. Es geht nicht darum, den Sieg zu feiern, sondern darum, die Handschrift des Siegers bis weit über das Schlachtfeld hinaus zu hinterlassen. Wer fern der Flüsse wohnt, weiß von ihrer Existenz nur, wenn das Wasser über die Ufer tritt.

Zu diesem Zeitpunkt, da ich Ihnen schreibe, werden

unsere Truppen auf dem Rückweg sein. Es wird ein anstrengender, langsamer Rückzug werden, bevorzugt über höheres Gelände, in Sicherheit vor den Feuern, die sich unkontrolliert ausgebreitet haben. Ich weiß nicht, ob Sie direkt nach Lourenço Marques zurückkehren oder ob Sie in der Kolonne sind, die in diesem Posten eine Rast einlegen wird. Ich hoffe, dass sich letztere Annahme als richtig erweist und dass wir uns endlich leibhaftig begegnen werden.

Ich habe an den Schweizer Arzt gedacht, der zwei Tage zuvor den Posten verlassen hat. Da ich weiß, wo er unterwegs Rast machen wollte, wäre er jetzt höchstwahrscheinlich von dem Flammenmeer umzingelt. Ihm bliebe nur ein Ausweg – am Ufer der Flüsse entlang, die dort in der Gegend ein verzweigtes Netz an Nebenflüssen bilden. Georges Liengme müsste das Wunder Christi wiederholen und über das Wasser so vieler Flüsse und Bäche gehen, dass er sie nicht würde zählen können.

Ich habe den ganzen Vormittag ungeduldig auf einen Kurier mit Nachrichten aus Coolela gewartet. Das Verfahren ist so: Eine Vorhut trifft im Posten ein, um die Ankunft der glorreichen Kämpfer vorzubereiten. Ich habe gebetet, dass dieses Mal die Karren nicht mit Verwundeten beladen sind. Dr. Rodrigues Braga hat, von mir unterstützt, die Pritschen mit frisch gewaschenen Betttüchern hergerichtet. Anschließend hat er Moskitonetze aufgespannt, um den für chirurgische Eingriffe vorgesehenen Bereich vor der Asche zu schützen.

Tatsächlich trafen mittags Boten ein. Doch sie kamen vom Feind. Es war ein halbes Dutzend Vátua-Krieger, sie brachten einen hochgewachsenen, stolzen Mann in Fesseln mit. Ein Krieger trat einen Schritt vor und verkündete: »Unser König Ngungunyane schickt euch diesen Mann. Wir kennen ihn als Nwamatibjana, ihr nennt ihn Zixaxa. Hier ist er.«

Ihr wisst selbst, wie wertvoll die Gefangennahme dieses Rebellen für die portugiesische Krone ist. Nach der monatelangen Jagd auf ihn wohl wertvoller als die Gefangennahme des Königs selbst. Zumal er, woran ich euch kaum werde erinnern müssen, einen Angriff auf unsere wichtigste Stadt angeführt hat. Wir stimmen wohl darin überein, dass unser Nationalstolz und unser Ansehen bei den zivilisierten Nationen durch diesen Mann erheblichen Schaden genommen haben. Und da stand der berühmte Rebell, die Hände auf dem Rücken gefesselt, erschöpft und zerzaust. Trotz alledem, muss ich zugeben, besaß der Mann die Würde eines Fürsten. Sein Hochmut störte mich, aber noch weit mehr störte er seine Begleiter. Denn kaum hatten sie sich vorgestellt, schoben sie ihn wie einen Sack zu mir. Der Gefangene stolperte vorwärts und stieß gegen mich, sodass ich ihn umarmen musste, damit wir nicht beide umfielen. Dann erst gewahrte ich, dass die Vátuas zwei Frauen mitgebracht hatten. Es waren Zixaxas Ehefrauen.

»Warum habt ihr die mitgebracht?«

»Damit sie ihren Mann sterben sehen. Und dann in ihre Heimat zurückgehen und bezeugen, was sie hier gesehen haben.«

Die Frauen wurden brutal gestoßen, sie fielen der Länge nach zu Boden. Der Vátua, der die Gruppe anführte, ergriff erneut das Wort: »Wir haben unseren Teil erfüllt«, sagte er. »Jetzt müsst ihr euren erfüllen. Beendet sofort den Krieg.«

Es ist zu spät, dachte ich bei mir. Der Krieg hatte sich schon von selbst erledigt, übrig geblieben war nur Ruß, der in Schwaden über die Savanne zog. Die Boten waren zu spät gekommen, Gungunhana war zu lange stur geblieben. Aber ich sagte nichts und dachte nur, es wäre in jedem Fall nützlich, den Gefangenen, den wir so lange gesucht hatten, bei uns zu behalten. Dass unsere alten Feinde Zixaxa an uns auslieferten, war ein Zeichen dafür, dass sie verzweifelt waren. Und Gungunhana hatte ihn dort ausliefern lassen, wo es ihm am sichersten zu sein schien: in unserem Militärposten. Die Wahl von Zeitpunkt und Ort machte sein Einlenken weniger demütigend. Er bestimmte selbst dann, wenn er eigentlich nur gehorchte.

Gungunhanas Abgesandte forderten uns auf, Zixaxas Fesseln abzunehmen. Sie wollten die Stricke zurückhaben. Ich vergaß meine Behinderung und versuchte, die Knoten zu lösen. Der Wachposten beendete die Arbeit. Bevor sie aufbrachen, sahen sie zu, wie der gefangene Häuptling von unseren Soldaten abgeführt wurde. Irgendwann drehte Zixaxa sich um und rief den Vátua-Kriegern zu: »Sagt eurem König, dass der Himmel von Gaza voller Schwalben ist.«

Der Gefangene und seine beiden Frauen wurden in der Kasernenmitte an dem Pfahl angebunden, an dem wir normalerweise die Maultiere festbanden. Ich blieb dort eine Weile sitzen, den Blick nur auf den Gefangenen gerichtet, ohne ein Wort mit ihm zu wechseln. Es wäre auch gar nichts anderes möglich gewesen, denn der Mann sprach weniger als rudimentär Portugiesisch, und ich beherrschte ebenso wenig die Sprache der Einheimischen. Aber auf Zixaxas Miene lag die Sehnsucht nach einem fernen Reich, einer Zeit voller Glanz und Feste. Und diese Sehnsucht hatte ich auch schon in den Augen unserer Landsleute gesehen.

Am späten Nachmittag teilten die Wachen mir mit, es sei ein neuer Bote eingetroffen. Er war allein, erschöpft und konnte scheinbar nichts mehr sehen. Er war so stark von Asche bedeckt, dass nicht zu erkennen war, welcher Rasse er angehörte. Er wollte einen Brief für den Doktor abgeben. »Das hier ist für den weißen Dokotela«, brachte er schließlich heraus. Mit dem Wasser, das wir ihm gaben, benetzte er lediglich die Lippen. Den Rest verwendete er dazu, sich das Gesicht und den Hals zu waschen. Dann verschwand er wieder im Busch.

Nach kurzer Zeit erschien Rodrigues Braga in meinem Zimmer und warf mir einen Brief auf den Schoß.

»Dieser Brief ist nicht für mich, sondern für Georges Liengme.«

Wie er eingetreten war, ging er wieder hinaus.

Mit dem weißen Arzt war also der Schweizer Missionar gemeint. Doch das war nur ein kleines Missverständnis, gemessen an dem, was sich dann herausstellte. Den Brief geschrieben hatte Bertha Ryff, die Frau von Liengme. Das Kuvert ruhte in meinem Schoß, und mich ließ die Frage nicht los: Warum schrieb diese Frau einen Brief an den Mann, mit dem sie zusammenlebte? Und warum ließ sie ihn an einem so fernen Ort aushändigen? Ich gebe zu, dass es skrupellos von mir war, doch die Neugierde hatte obsiegt. Vielleicht möchte ich dadurch, dass ich Sie zu dieser kleinen Sünde verleite, die Schuld, die auf mir lastet, ein wenig mindern. Doch Sie werden allein entscheiden, Senhor Tenente, so wie auch ich für mich entschieden habe. Wenn Sie auf Bertha Ryffs Geheimnisse keinen Blick werfen wollen, sollten Sie die Lektüre meiner Zeilen hier abbrechen. Für alle Fälle gebe ich hier den Inhalt des Briefes wieder, von mir selbst mithilfe von Rodrigo Braga ins Portugiesische übersetzt.

Lieber Georges,
zum wiederholten Male hast Du mich aufgefordert, Dich auf einem Deiner häufigen langen Ausflüge zu begleiten. Ich käme mit, wenn ich ein Vogel wäre. Wenn ich Sümpfe, Lagunen und Erschöpfung im Flug überwinden könnte. Aber ich habe nicht einmal mehr die Kraft und die Gesundheit, um ein Mensch zu sein. Nicht mehr das Glücksgefühl, eine Ehefrau zu sein. Und nicht die Hoffnung, Mutter zu werden.

Ich werde jetzt tun, was ich immer getan habe, wenn ich wartete. Ich werde dafür beten, dass Du bei der Rückkehr mir gegenüber nicht mehr so reserviert bist wie bei der Abreise. Ich hätte mich von mir selbst entfernt, das sagst Du mir ständig. Die häufigen Wechselfieberanfälle haben zu meiner Geistesabwesenheit geführt. Aber es ist keine Folge von Krankheit, dass ich den Verstand verliere. Nein, der Grund ist Traurigkeit.

Ich bin krank, Georges. Die Krankheit, an der ich leide, ist Leere. Deshalb brauche ich keinen Arzt. Ich brauche einen Geliebten. Darum flehe ich Dich an: Sieh mich genauso erregt an, wie du es bist, wenn du die nackten schwarzen

Frauen fotografierst. Sieh mich an, Georges. Dann wirst du erkennen, dass ich nicht auf einen Missionar warte. Ich harre eines Ehemannes, der keine Angst vor dem Vulkan hat, der in unserem Inneren lodert.

In der Schweiz weiß man Deinen Wert als Missionar zu schätzen, der bei den Afrikanern Zaubereien und Zauberinnen bekämpft. Deshalb möchte ich, mein lieber Georges, dass Du mich jetzt verzauberst. Die Schweizer sind stolz auf den Arzt, der so viele Leben gerettet hat. Ich aber bin in Deinen Händen gestorben. Jedes Mal gestorben, wenn Du mich nicht geliebt hast. Noch mehr gestorben, wenn Du mich retten wolltest. Und ich bin in dieses glanz- und lichtlose Dasein zurückgekehrt. Nicht stärkeren Glauben brauche ich. Sondern Leben. Es war nicht Deine Grausamkeit, die mich verletzt hat. Sondern dass Du mir nichts getan hast. Mich kleingemacht hast, ohne Konturen, inexistent. Das bin ich: nur ein Bild im Gegenlicht. Eine Fotografie, die nie entwickelt werden wird.

Vier Frauen im Angesicht des Weltuntergangs

Der Letzte, der sich in die Schlange der Kranken einreihte, war ein Mann mit dichtem zerzaustem Haar und Pfundmünzen in den Augenhöhlen. Meine Augen sind zu Geld geworden, erklärte er. Mein Schwager hatte tote Augen, fügte er hinzu. Und der Dokotela hat ihn behandelt. Aber mich soll er nicht heilen. Im Gegenteil, mich soll er so lassen, wie ich bin. Wissen Sie, Doktor, noch nie hat man mich mit solchem Respekt behandelt. Ob es mich nicht schmerzt, dass ich blind bin? Viel mehr schmerzt mich, niemand zu sein.

Aus dem Tagebuch des Sargento Germano de Melo

Impibekezane und ich entdeckten auf dem Heimweg von Sana Benene vom dichten Wald überdachte Pfade in dem Feuergürtel. Bei der Ankunft schlugen wir einen großen Bogen um Manjankhazi. Die Hauptstadt des Reichs lag in Schutt und Asche. Wir eilten zum Hospital des Schweizers.

»Hier sind wir sicher«, sagte die Königin der VaNguni. »Die Weißen greifen die Weißen nicht an.«

Die Weiße Bertha, die Mulattin Elizabete, die Königin und ich setzten uns auf den Kamm der Düne, auf dem das Hospital thronte. Wir waren vier Frauen, die zusahen, wie das Grasland brannte. Vier so unterschiedliche Menschen, die am Abgrund zum Weltuntergang saßen. Und ich dachte: Es gibt keine äußere Landschaft. Wir sind es, die da brennen. Die Weißen hatten gesagt, die Hölle sei ein von Dämonen entfachtes Riesenfeuer in den Tiefen der Erde. Doch diese Hölle trat jetzt an die Oberfläche.

»Wo kann Ihr Sohn sein, Königin?«, fragte Bertha. »Wo mag Ngungunyane sich versteckt haben?«

»Er ist nach Txaimiti gegangen«, antwortete Impibekezane. »Aber nicht, um sich zu verstecken. Im Gegenteil, er wollte sich zeigen. Er will den verstorbenen Großvater Sochangane um Schutz bitten.«

Dann korrigierte die Königinmutter meine Sitzhaltung. Wie meine verstorbene Mutter es so oft getan hatte, forderte auch sie mich auf, die Beine auf der Matte anzuwinkeln. Als ich richtig saß, lächelte sie mich an und sagte: »Und du, Imani, gehst mit mir nach Txaimiti; ich höre nicht auf die Berater, ich mache dich sofort zur Königin.«

Eine Königin an dem Tag krönen, an dem das Reich untergegangen ist? Diese Frage lag mir auf der Zunge. Aber ich beherrschte mich, während ich die alte Monarchin betrachtete, ihre langen Glasperlenketten um den Hals, ihre unzähligen Metallreifen um die Arme und Fußgelenke. Und ich dachte, je weniger Träume, umso mehr Zierrat. Pater Rudolfo hatte recht, Bibliana mit ihrem Gefolge getreuer Anhänger war viel königlicher. Ich sah mich bereits als alte Frau auf einer Matte im Kraal des Nkossi vermodern. Dann dachte ich, dass Impibekezane verdiente, vollkommen offen mit ihr zu sprechen.

»Verehrte Königin, ich muss Ihnen gestehen, ich bin nicht aus freien Stücken hier. Ein Dämon in mir hat mich gezwungen, hierherzukommen.«

»Ich weiß, wer dieser Dämon ist. Du willst meinen Sohn töten?«

»Wer hat Ihnen das gesagt?«

»Alle wollen das. Alle wollen ihn töten.«

Dann verriet sie mir, dass sie einen Plan hatte. Und einmal hatte sie sogar schon versucht, diesen Plan dem Sargento Germano de Melo zu erzählen. Doch der Sargento hatte so viel Blut verloren, dass er ohnmächtig geworden war.

Bestimmt durch einen Zauber. Sie war gegangen, ohne ihr Geheimnis zu verraten. Ihr Plan sollte Folgendes bewirken: Die Portugiesen würden sich zurückziehen, ohne die Krone der VaNguni zu belästigen. »Nach der Schlacht von Coolela haben sie schon eingewilligt, dass sie sich zurückziehen, ohne Ngunguyane etwas anzutun. Sie werden ihn nicht töten und auch nicht festnehmen. Denn mein Sohn wird, wie ich den Weißen versprochen habe, über die Grenze nach Transvaal gehen. Und dort, hinter den großen Bergen, versichere ich, wird er die Portugiesen nie mehr stören.«

Der Plan schien mir etwas wirr zu sein, doch für die Königin war er sinnvoll. Sie konnte ihren Sohn vor den Weißen bewahren, vor allem aber vor den Schwarzen. Bislang hatte ihr Sohn überlebt. Einen weiteren Konflikt würde er jedoch nicht überstehen. Und dazu mussten ihn nicht einmal die Portugiesen besiegen. Denn seine eigenen Truppen, ausgehungert und frustriert, würden ihn selbst richten. Allerdings musste Impibekezane den König von Gaza davon überzeugen, dass die Portugiesen sich nun, nach der Schlacht von Coolela, freiwillig nach Inhambane und Lourenço Marques zurückziehen würden. Wenn er nicht von den Portugiesen bedroht war, konnte Ngungunyane seine Krieger unbesorgt entlassen. Wäre das Heer auf Befehl des Königs aufgelöst, würde es die Demütigung durch die Niederlage nicht mehr so sehr belasten. Und die Portugiesen hätten keinen Grund, den Konflikt noch weiter auszudehnen.

Die Königin hatte ihren Sohn schon fast überzeugt. Ein Problem waren die Generäle um ihn herum – der Krieg mochte riskant sein, doch er war der Quell für ihren Wohlstand. Trotz alledem war Impibekezane zuversichtlich. Was sie mit Worten nicht erreichen würde, würde das Gift bewirken.

»Ich weiß nicht, verehrte Königin. Woher nehmen Sie die Gewissheit, dass die Weißen diesen Plan akzeptieren werden?«

»Weil sie ihn bereits akzeptiert haben«, antwortete Impibekezane. »Ich habe mit ihnen gesprochen.«

»Und wissen Sie, warum sie ihn akzeptiert haben?«, wandte ich ein. »Weil sie womöglich schon immer geplant haben, sich gleich nach der Schlacht von Coolela zurückzuziehen.«

»Umso besser. Dies ist also das letzte Feuergefecht, das letzte Inferno.«

Bertha Ryff hörte schweigend zu, wie Impibekezane mir anbot, ihre Schwiegertochter zu werden. Und sie nutzte die Anwesenheit der Königin, sich Gehör zu verschaffen.

»Überleg es dir gut. Sie geben dir einen Thron, aber nehmen dir dein Leben.«

Es war nicht nur der Krieg, von dem Ngungunyane sich befreien musste. Es gab noch mehr zu bewältigen. Bertha erinnerte daran, dass vor zwei Wochen eine von Ngungunyanes neuesten Frauen im Hospital erschienen war. Der König hatte sie sich aus den Bergen von Swasiland geholt. Seit ihrer Ankunft in Manjankhazi quälte sie ständiges Fieber. »Das sind die Mandikwé, die Dämonen«, erklärte sie.

Sie wurde behandelt, und in der Woche darauf kehrte sie zurück und brachte zum Dank einen Korb mit Eiern. Dann wandte sie sich mit diesen Worten an den Arzt: »Ach, Mulungu, hast du nicht ein Mittel, das unseren König daran hindert, so viel zu trinken?«

Da der Monarch sich scheute, zur Wahrnehmung seiner offiziellen Funktionen betrunken zu erscheinen, war er in seinem Privatleben so benebelt, dass er seinen ehelichen Pflichten nicht nachkam.

»Wenn du meinen Mann nicht heilen kannst«, sagte die junge Ehefrau, »gib mir lieber meine alten Dämonen zurück. Manchmal hilft krank sein, weniger zu leiden.«

»Georges stellte eine rigorose Diagnose – der Alkohol beraube den König seiner Männlichkeit«, sagte Bertha.

»Hör nicht auf solche Worte«, forderte mich die Königinmutter auf. Wenn mir bestimmt sei, die Gemahlin des Königs zu werden, müsse ich die Weisheit des Wassers und des Feuers in mir vereinigen, Hindernisse umrunden, Feinde umarmen und sie mit einem feurigen Kuss verzehren. Auf Xizulu fügte sie hinzu, ich solle einer Weißen kein Gehör schenken. Träumte ich nicht davon, meine afrikanische schwarze Seele zurückzugewinnen?

Bertha spürte den wachsenden Druck, nahm mich zur Seite, schüttelte mich und flüsterte: »Mag sein, dass sie dich zur Königin machen. Aber wirst du jemals eine Gemahlin werden? Oder nur eine Sklavin sein?«

Die beiden Frauen hatten mir die Zukunft ausgemalt. Zum ersten Mal in meinem Leben war mir gegeben, über meinen künftigen Weg zu entscheiden. Aber ich konnte mich nicht entscheiden. Beide Wege bedeuteten, dass ich meine Heimat verlassen, meine Sprache aufgeben, mich selbst aufgeben musste. Mit den Schweizern fliehen bedeutete, mich vor der jetzigen Situation zu retten, mich vor meinem eigenen Leben zu retten. Mit einem König fortgehen, das konnte mir Türen zu einer Vergangenheit öffnen, die mir verwehrt gewesen war. Aber in beiden Möglichkeiten fehlte mir etwas. Germano.

In diesem Augenblick erblickten wir Georges Liengme, der atemlos auf uns zulief. Eine Woche nachdem er nach Chicomo aufgebrochen war, kehrte er ohne das Maultier und ohne seinen Reisegefährten zurück. Brüllend wies er uns an, unsere Sachen zu packen und zu fliehen.

»Manjankhazi steht in Flammen. Und jetzt wollen sie die Mission in Brand stecken.«

Ganz unaufgeregt, als hätte sie schon seit Langem damit gerechnet, ging Bertha ins Haus, um die Kinder zu holen. Ihr Mann packte hektisch Fotoapparate und Platten zusammen und gab schreiend Anweisungen. Der Königin teilte er mit, am Fuße der Anhöhe warte ein Trupp VaNguni-Soldaten, um sie nach Txaimiti zu begleiten. Elizabete bekam den Auftrag, die Medikamente einzupacken und die Kranken im benachbarten Buschwald zu verstecken. Elizabete zuckte die Achseln, lächelte mir zu und murmelte: »Dieser Ton galt nicht mir. So spricht Georges nicht mit mir.«

Im Nu, als hätten sie es eingeübt, schleppten ein halbes Dutzend Dienstboten die Gegenstände aus dem Wohnhaus in den Hof, wo zwei von Maultieren gezogene Wagen standen. Der eine war bereits voll beladen. »Das sind Sachen vom König«, sagte der Kutscher lakonisch. Alle Besitztümer der Schweizer mussten also auf dem anderen Wagen untergebracht werden. Der Arzt lief hin und her und drängte, so schnell wie möglich aufzubrechen. Als er an mir vorbeikam, streckte er den Arm nach mir aus und rief mir zu: »Komm mit uns mit, Imani.« Eine ganze Weile hielt er mich fest, als wüsste er, dass dies unsere letzte Begegnung sein würde.

Freundlich, aber bestimmt löste ich mich von ihm. »Ich will Ihrer Frau helfen.« Ganz selbstverständlich betrat ich das Haus der Schweizer und überraschte Elizabete, die gerade aus dem Schlafzimmer des Ehepaares kam. Sie trug einen Pelzmantel von Bertha Ryff.

»Alle gehen weg, aber ich nicht. Und Georges bleibt bei mir«, sagte sie. »Bertha ist als Frau erloschen. Sie brennt nicht. Wie nasses Holz. Da entsteht keine Glut.«

So unangebracht bekleidet ging sie in den Hof und drehte sich wie zum Tanz im Kreis, bis der Mantel verrutschte und ihren Busen entblößte. Aber sie rückte den Mantel nicht zurecht, sondern öffnete ihn und zeigte ihren ganzen Körper. So, unbekleidet, ging sie ins Haus zurück. Die Königin applaudierte amüsiert. Nur ich bemerkte, dass Bertha Ryff zum Wagen ging, die Fotoplatten ihres Mannes aus der Tasche holte und sie ins Gras warf. Und ich werde nie vergessen, mit welcher Wut sie Elizabete und deren Rasse verwünschte: »Verfluchte Mulatten! Sie sollen alle in der Hölle schmoren!«

Die Worte taten mir weh. Wie ein körperlicher Schmerz, ein Schnitt, mit einem von Dämonen gewetzten Dolch. Ich hätte nie gedacht, dass Worte so verletzen können. Ich verschränkte die Arme über der Brust, als könnte ich so die Flüche der weißen Frau abwehren.

Vierzehnter Brief des Sargento Germano de Melo

Die Weißen wissen nicht, dass Steine gesät werden. Und dass sie sterben, wenn sie ohne Erlaubnis der Götter herausgerissen werden. Die Weißen nehmen sie mit und bauen damit große Städte. Sie erbauen die Städte mit abgestorbenen Steinen, wodurch das ganze Land ringsum verrottet. Das ist der Grund, warum die Städte verfallen.
Bibliana über die Goldgräber

Chicomo, 24. Dezember 1895

Sehr verehrter Senhor
Tenente Ayres de Ornelas,

ich fürchte, dieser Brief wird niemals in Ihre Hände gelangen. Ich schicke ihn ohne Hoffnung nach Lourenço Marques. Höchstwahrscheinlich haben Sie Mosambik bereits verlassen. Wie dem auch sei, ich benutze als Überbringer dieser Botschaft den Koch, der heute von Chicomo aufbricht. Und ich tue das alles, weil die Neuigkeiten, die ich Ihnen hier mitteile, keinen anderen Nachrichten gleichkommen, die ich Ihnen bis heute übermittelt habe. Zunächst äußere ich mein Bedauern darüber, dass Sie, verehrter Senhor Tenente, nicht anwesend waren, als Mouzinho de Albuquerque in der Offiziersmesse von Chicomo Capitão Sanches de Miranda zu sich kommen ließ. Mir fehlen die Worte, um zu beschreiben, welches Feuer in Mouzinho de Albuquerques

Blick strahlte, im Gegensatz zu seiner phlegmatischen militärischen Haltung. Als Miranda erschien, sagte Mouzinho knapp: »Ich treibe meinen Plan weiter voran!«

»Jetzt, zu Weihnachten, Senhor Gouverneur?«

»Je früher, desto besser. Und sprechen Sie mich nicht so an. Ich bin Capitão, nichts anderes.«

Mouzinho war gerade erst zum Gouverneur des Militärdistrikts Gaza ernannt worden. Und was den Überfall auf Gungunhanas neues Quartier betrifft, hatte er alles bedacht. Die Kaffern hielten die portugiesische Militäroffensive für beendet. Selbst der Palast in Lissabon hatte mit dem Thema abgeschlossen. Aus dem Mutterland waren Anweisungen gekommen, unsere Truppen abzuziehen.

»Können Sie sich einen besseren Augenblick denken?«, fragte Mouzinho.

Sanches de Miranda nahm die gewagten Weisungen mit Vorsicht auf. Er fragte, was wir mit Gungunhana machen sollten, ob wir ihn töten oder festnehmen sollten. Das würde sich dann zeigen, antwortete Mouzinho. Aber Miranda war anderer Ansicht, er war gerade von dem Posten Languene am Nordufer des Limpopo gekommen. Er wusste, dass die Sympathie der Bevölkerung in der Umgebung von Chaimite nicht garantiert war. Doch Mouzinho war jetzt weit mehr als ein einfacher Capitão, und er hatte ganz andere Informationen erhalten. Dreiundfünfzig Dorfälteste waren zu der portugiesischen Fahne übergelaufen. Nach Coolela hatte die Mehrzahl der Häuptlinge Treue geschworen. »Sie sollten Treue nicht mit Angst verwechseln«, warnte Capitão Miranda. Die Kaffern hätten zweierlei Grund zur Angst. Auf der einen Seite die Furcht vor Gungunhanas Grausamkeit. Auf der anderen die panische Angst, dass wir nach unserem Sieg bestrafen würden, wer nicht auf unserer Seite gestanden hatte.

Was Mouzinho so sehr begeisterte, verursachte mir den größten Schrecken, denn Imani befand sich in Gungunhanas letzter Zuflucht. Ich habe das von einem der Soldaten erfahren, die Liengmes Hospital in Brand gesteckt haben. Laut Aussage dieses Zeugen hat die Königinmutter Imani zum Mitkommen gezwungen. Beim letzten Angriff auf den Vátua-König konnten Irrläuferkugeln der Frau das Leben rauben, die mein Herz erobert hatte.

»Darf ich mich Ihnen anschließen?«, fragte ich schüchtern.

»Wer bist du?«, fragte Mouzinho zurück.

Sanches de Miranda kam mir zuvor. Er wisse, wer ich sei und welchen Dienst ich seit einem Monat im Lazarett verrichte. Da der Arzt Braga unterwegs sei, wäre es besser, ich bliebe bis zur Rückkehr der Expedition im Posten. Rodrigues Braga würde am nächsten Tag zurückkommen und die Leitung des Postens übernehmen.

Die beiden Offiziere fochten mit ihren Argumenten weiter, nun in schärferem Ton. Miranda hielt den Angriff für ein tollkühnes Unterfangen mit größten Risiken. Doch nichts konnte Mouzinhos Zuversicht erschüttern. Gungunhana würde nicht damit rechnen. Er hatte gerade erst Zixaxa an uns ausgeliefert und glaubte, deshalb unser Wohlwollen errungen zu haben. Zum Schluss fragte Miranda, ob das Kommando in Lourenço Marques über die Aktion informiert sei. Und hier, Senhor Tenente, lohnt es sich, Mouzinhos Erwiderung wörtlich wiederzugeben: »Das Kommando? Lourenço Marques? Ich weiß nicht, was das ist, weder das eine noch das andere.«

Als Mouzinho wegging, bemerkte Miranda mir gegenüber:

»Der Typ ist verrückt. Fünfzig Soldaten zu Fuß in diesem Regen, die werden in der Hölle landen. Das wird ein kollektiver Selbstmord.«

»Ich gehe an Ihrer Stelle«, bot ich an, als ich sah, dass er seinen Rucksack packte.

Sanches de Miranda seufzte und lachte. »Ich muss selbst gehen«, antwortete er. »Und der Grund ist ziemlich traurig. Ich muss selbst gehen, weil man mich für einen anderen halten wird.«

Die Einheimischen glaubten, er sei der Mafambatcheca. Sie hielten ihn für den verstorbenen Diocleciano das Neves, den portugiesischen Jäger, der so große Sympathie bei den Kaffern erworben hatte. Dank dieses Missverständnisses empfingen die Schwarzen unsere Truppen immer mit größter Gastfreundschaft, wenn Miranda das Kommando führte.

Der Abenteurertrupp hatte gerade den Eingang des Postens hinter sich gelassen, da kehrte Capitão Miranda eilig wieder um und wandte sich fast verzweifelt an mich: »Willst du wirklich nützlich sein? Dann schick sofort eine Nachricht nach Lourenço Marques. Eine Warnung, dass sich eine Tragödie ereignen wird.«

Dann schloss er sich wieder dem Trupp an, der bereits im Buschwald verschwand. Noch verwirrt von dem merkwürdigen Befehl, beobachtete ich von der Palisade des Postens aus, wie die Soldaten aufbrachen. Es war drei Tage vor Weihnachten, und es regnete so stark, dass man meinen konnte, die Soldaten seien Schiffe auf der Fahrt über den Ozean. Vom Kai aus sah ich die Segel über den Wellen. Der Anblick hätte heroisch wirken können. Aber er war beklemmend. Die Männer konnten sich kaum auf den Beinen halten, die ausgemergelten Maultiere hatten nicht genug Kraft, die Wagen zu ziehen. Dies war kein Trupp auf dem Vormarsch, sondern eine Prozession von Kranken auf dem Weg zur letzten Ruhestatt. Im Kontrast zu diesem tristen Szenario stand die quichoteske Anmutung, mit der Mouzinho de Albuquerque den Marsch anführte.

Schließlich wandte ich mich wieder meinen Aufgaben zu. Es war nur eine, und sie marterte mein Gewissen: der schreckliche Befehl von Sanches de Miranda. Wären Sie doch hier gewesen, Senhor Tenente! Denn mir war in diesem Augenblick eine zweischneidige Klinge aufgezwungen. Wenn ich dem Capitão gehorchte, handelte ich dem Gouverneur zuwider. Wenn ich die Botschaft schickte, konnte ich eine Katastrophe nationalen Ausmaßes verhindern. Wenn ich sie nicht schickte, würde ich möglicherweise verhindern, dass unser mächtigster Feind endlich festgenommen würde. Und dann war da noch die praktische Frage. Wie dafür sorgen, dass die Nachricht schnell nach Lourenço Marques gelangte? Da fiel mir ein, dass auf der Krankenstation auch ein Telegrafist lag. Er war es, der dann, auf meinen Arm gestützt, die Nachricht durchgab. Er war so schwach, dass ich seine Finger auf den Tasten halten musste. Der unglückliche Soldat vergaß immer wieder die Morsezeichen. Schließlich erstrahlte ein Leuchten in seinem Gesicht, er schlug in die Tasten, und das aufreizende Klappern war für mich die schönste Musik.

Später, in meinem Zimmer, überlegte ich, ob es die richtige Entscheidung gewesen war, das Telegramm an António Enes zu schicken. Mir war bekannt, dass der Königliche Kommissar zu diesem Zeitpunkt bereits nach Lissabon abgereist war. Aber ich war überzeugt, irgendjemand beim Kommando in Lourenço Marques würde die Nachricht nach Lissabon übermitteln. Doch diese Hoffnung traf auf die Mauer der Realität. Sie, Senhor Tenente, wissen, wovon ich spreche. In unserem Militärkommando herrscht die Auffassung, dass nach der Schlacht von Coolela Gungunhana endgültig besiegt, sein Quartier zerstört und sein Heer aufgelöst sei. Gungunhana kann jedoch sehr wohl noch in seinem Land umherziehen, ohne sich ergeben zu haben. Mit Ausnahme von Mouzinho hat niemand es eilig, ihn gefangen zu nehmen.

Am nächsten Tag versetzte eine Nachricht unseren Telegrafen in Bewegung. Der kranke, inzwischen noch schwächere Telegrafist übertrug Buchstaben für Buchstaben, was am anderen Ende der Welt eine unbekannte Hand diktierte. Schließlich war die Nachricht aufgeschrieben. Zögernd und verlegen reichte der Telegrafist mir das Blatt Papier. Er sagte, es sei nur die Zusammenfassung eines allzu langen Textes. Es waren wenige Zeilen, aber auf mich wirkten sie wie ein Erdbeben. Dies war der Wortlaut:

Capitão Mouzinho de Albuquerque,
brechen Sie die Mission ab und kehren Sie mit den Truppen unverzüglich nach Chicomo zurück!
Unterzeichnet, der Interims-Generalgouverneur

Blitzschnell war mein Entschluss gefasst. Ich packte einen Beutel und forderte den schwarzen Kasernenkoch auf, mit mir so schnell wie möglich gen Süden aufzubrechen. Ich musste Mouzinho aufhalten. Der Koch weigerte sich. Er lasse sich von mir nichts befehlen. Ich versprach ihm Geld, einen Betrag, über den ich nicht verfügte. Daraufhin kam er mit.

Der kleine, dicke Koch packte einen Rucksack mit Proviant und Wasser. Der Posten war noch nicht ganz außer Sichtweite, da sagte er: »Langa.«

»Ich verstehe nicht.«

»So heiße ich. Sagen Sie nicht mehr Koch zu mir.«

Langa führte mich mit schnellen Schritten. Er erwies sich sofort als unverzichtbarer Reisegefährte. Da er wusste, dass ich ein kostbares Papier bei mir trug, schlug er vor, ich solle es aus der Tasche nehmen. »Schweiß ist auf Tinte eifersüchtig«, sagte er lachend. Er kam aus Lourenço Marques und diente seit mehr als zehn Jahren in unserem Heer. Trotz seiner Leibesfülle konnte Langa sich flink bewegen, und ohne sein Tempo zu drosseln, riet er mir, niemals auf Köche herabzusehen. Der große General in Gungunhanas Streitmacht sei Maguiguana, ein ehemaliger Koch an Muzilas Hof.

Irgendwann begegneten wir einer Gruppe Frauen. Sie bestätigten, dass die portugiesischen Soldaten dort durchgezogen seien. Und sie seien ebendort von einer Gruppe Vátuas mit Kronen auf dem Kopf aufgehalten worden. Als diese Mouzinho erblickten, hätten sie sich zu Boden geworfen und ihn begrüßt: »Bayete, Nkossi!«

Sie sprachen mithilfe eines schwarzen Portugiesischdolmetschers und erklärten, sie wollten sich den portugiesischen Truppen anschließen. »Er soll besiegt werden, Umundungazi, dieser blinde Aasgeier«, hätten die Kaffern gesagt.

Die Portugiesen hätten gezögert, ihre Hilfe anzunehmen. »Ihr könnt mitkommen, aber ohne Schusswaffen«, habe Mouzinho gesagt.

Dann seien alle, die Kaffern und die Weißen, Richtung Süden weitergezogen. Und nun marschierten ungefähr zweitausend Hilfssoldaten über die Ebene von Magunhana.

Eine Stunde später erreichten wir ein paar Ladenkneipen von Baneanes, Indern, die in der Morgensonne auf den Holzstufen vor ihren Läden saßen. Sie bestätigten, dass Mouzinhos Truppen Rast gemacht hatten, um sich zu versorgen. Auf derselben Veranda hatten sie zwei Sendboten von Gungunhana empfangen, die ihnen drei enorme Elfenbeinzähne und sechshundert Pfund boten für die Frau vom Mafambatcheca. Ich konnte nicht umhin zu lachen bei dem Gedanken daran, wie Sanches de Miranda sich über die Verwechslung amüsiert hat. Die Inder sprechen die lokale Sprache und waren der gesamten Verhandlung gefolgt. Die Sendboten hätten verkündet, Mouzinho de Albuquerque möge Gungunhana am Ufer des Flusses erwarten. Dort könnten sie über den Frieden diskutieren, der im Süden von Mosambik so nötig sei. Den Indern zufolge nahm Mouzinho das Angebot nicht an.

Wir beschlossen, dort zu übernachten. Die Händler überließen uns den Laden, nachdem sie ein paar Tücher auf dem Boden ausgebreitet hatten, damit wir weniger hart lagen. Der Duft der Gewürze mochte vielleicht Moskitos vertreiben, aber er war so intensiv, dass er uns den Schlaf raubte. Der starke Regen war wie ein Vorhang, der die Dunkelheit draußen undurchdringlich erschienen ließ. Ich empfand den strömenden Regen als Segen, denn er ließ diejenigen, die wir verfolgten, langsamer vorankommen.

Schon vor den ersten Anzeichen von Morgenröte machten wir uns auf den Weg. Die Wolken verdeckten die Sonne. Ich profitierte von der Sorglosigkeit des Kochs Langa, denn der Wald, durch den wir liefen, war so dunkel, dass die Arme weiter reichten als der Blick. Als wir in offenes Gelände traten, stießen wir auf zwei portugiesische Soldaten, die sich mühsam fortbewegten. Sie hatten ein halbes Dutzend Schwarze bei sich. Die Weißen erkannten mich. Sie gehörten zu Mouzinhos Truppe, doch sie waren so schwer erkrankt, dass sie den Rückweg nach Chicomo eingeschlagen hatten. Als ich mein Vorhaben nannte, lachten sie: »Mouzinho aufhalten? Eher lässt sich der Wind aufhalten!« Die Truppe, die wir verfolgten, hatte jetzt einen Vorsprung von einem halben Dutzend Meilen. Zuletzt hatten sie eine Lagune, Motacane genannt, erreicht. Die Portugiesen waren halb verdurstet, und die Lagune war ausgedehnt und tief. Kaum hatten die schwarzen Soldaten die Wasserfläche erblickt, stürzten sie zu Hunderten hinein, um zu baden. Sie tranken und wuschen sich gleichzeitig, wirbelten den Schlick auf und machten aus dem Wasser eine dickflüssige, stinkende Sauce. Die durstigen Portugiesen verfluchten die Schwarzen. Seit sie den Posten verlassen hatten, litt Sanches de Miranda an hohem Fieber und erbrach so viel, dass seine Augen stumpf wurden wie dunkle Steine. Über den Gesundheitszustand des Capitão besorgt, überlegte Mouzinho noch, seinen Waffenbruder ebenfalls nach Chicomo zu schicken. Doch der Capitão weigerte sich. Obwohl er dagegen war, wollte er die wahnsinnige Odyssee doch bis zum Schluss mitmachen.

Das sind keine so schlechten Nachrichten, dachte ich. Jede Verzögerung von Mouzinhos Marsch war Balsam für mich. Vielleicht bin ich von Natur aus pessimistisch, aber ständig sah ich Imanis Körper von Kugeln durchsiebt. Manchmal waren die Kugeln Irrläufer, dann wieder waren sie gezielt und galten der gesamten königlichen Familie. Meine Geliebte wurde getroffen und fiel, weil man sie für eine Frau des Herrschers hielt.

Alles, was in einen Leib passt

Diese Anleitung gebe ich euch. Geht zu den Jungen, die gerade der Kindheit entwachsen sind. Raubt ihnen ihre Namen, holt sie aus ihrem Heimatort und ihren Familien, trocknet ihre Seele aus. Eure Soldaten werden Weltreiche erobern.

Ngungunyane, zitiert von Bertha Ryff

Die Portugiesen nannten es Chaimite. Den Namen richtig zu nennen, darauf kam es nicht an – Txaimiti war kein Ort, an dem man damit rechnete, einem König zu begegnen. Vielleicht war das Ngungunyanes Absicht – dass niemand erriet, wo er sich nun aufhielt. Wer die Flucht ergreift, will nicht nur einen Ort verlassen. Für ihn soll es überhaupt keine Orte mehr geben. Und der König der VaNguni wollte bei denen sein, die bereits gestorben waren. Sein Großvater Manukasse, der Gründer des Gaza-Reiches, war dort begraben. Es war ein heiliger Ort. Besseren Schutz konnte er nicht suchen.

Die Königin und ich erreichten Txaimiti, nachdem wir die in Flammen stehende Ebene von Manjankhazi durchquert hatten. In der Ferne, jenseits der Rauchkulisse, lag das Hospital des Schweizers. Um zu den Gebäuden zu gelangen, in denen der Herrscher sich befand, mussten wir eine Umzäunung aus Holzpfählen und Dornenästen überwinden. Der einzige Eingang war einen knappen Meter hoch und ebenso breit. Auf allen vieren wie Tiere gelangten die Königin und ich in den Xigodjo, die Siedlung der VaNguni. Um einen geräumigen Innenhof gruppierten sich ein Dutzend Lehmhütten. Wir hatten eine beschwerliche Reise hinter uns und erschienen ausgerechnet dort ungewaschen und unausgeruht. In der Mitte saßen die Königinnen, die der König sich als Begleitung auf seiner Wallfahrt ausgesucht hatte. Alle sieben Königinnen, für alle Zeit sitzend, Königinnen ohne Thron. Auf einmal erhob sich aus einem Schatten etwas abseits eine weitere Frau, die ich sofort erkannte. Vor lauter Verwunderung konnte ich nicht an mich halten und rief ihren Namen: »Bibliana!« Ich wollte ihr sogleich um den Hals fallen, doch mit einer einfachen Handbewegung gab mir die Wunderheilerin von Sana Benene zu verstehen, ich solle Haltung und Abstand wahren.

»Ich selbst habe sie holen lassen«, sagte Impibekezane. Dann erklärte sie: Bibliana war vom Volk der VaNdau, genau wie die Königin. Die beiden Könige vor Ngungunyane, seine Vorgänger, hatten ihre Hauptstadt bei dem anderen Volk gehabt. Nun brauchten die VaNguni jemanden, der mit den mächtigen Geistern auf der anderen Seite des Flusses sprach. Deshalb befand sich Bibliana dort. Txaimiti war ein heiliger Ort. Und so ein Ort öffnet sich nur mit dem Segen mächtiger Priester.

Es wurde rasch dunkel. Wir schliefen im Freien, denn in den Hütten war kein Platz. Und selbst wenn es Platz gegeben hätte, fühlte ich mich fern jener Wände besser geschützt. Ich suchte mir eine Ecke weit weg von allen. Vor allem weit weg von allen Frauen. Die meisten Menschen in Gaza schliefen seit Monaten im Freien. Die Häuser waren nur tagsüber belebt. Nachts verloschen sie wie der Neumond.

Mitten in der Nacht erschien Bibliana, in ein dunkles Gewand gehüllt, als wäre sie direkt der Nacht entstiegen. Sie legte sich neben mich und gebot mir zu flüstern.

»Mein Vater?«, fragte ich ängstlich.

»Er ist dageblieben, ich bin allein gekommen. Aber es geht ihm gut.«

»Spricht er von mir?«

»Ich soll dir etwas ausrichten. Nur dies: Du darfst nicht vergessen, was du versprochen hast.«

»Ich hätte mit den Schweizern mitgehen sollen.«
»Du wirst mit den Portugiesen mitgehen.«
»Ich glaube nicht an Ihre Weissagungen.«
»Das ist keine Weissagung. Das ist ein Abkommen. Nicht ich habe das vereinbart, sondern die Königin. Sie hat mit den Portugiesen verhandelt. Und du wirst mit ihnen mitgehen.«
»Das glaube ich nicht.«
»Das kannst du aber. Impibekezane hat heute Nacht einen Boten zu Mafambatcheca geschickt.«
»Der ist schon vor langer Zeit gestorben.«
»Der, wie du sagst, Verstorbene wird morgen in Uniform hier erscheinen.«

Mit einem Finger auf den Lippen forderte sie mich auf, zu schweigen und zuzuhören. Am nächsten Morgen sollte ich mich zu ihr setzen, aber nicht zu nah. Geister würden dort einen Krieg austragen. Von den Königinnen sollte ich Abstand halten, denn es lohne sich nicht, Neid zu erregen. Irgendwann werde Impibekezane mich holen lassen. Ich solle barfuß auftreten, so barfuß, als hätte ich gar keine Füße.

»So ist es vereinbart«, sagte Bibliana zum Schluss. Dann schwiegen wir, die Dunkelheit schluckte uns. Als ich schon glaubte, sie sei eingeschlafen, sprach Bibliana erneut.

»Es wird ein Junge.« Sie machte eine Pause. »Das Kind, das du in deinem Leib trägst, ist ein Junge.«

Dann schmiegten sich Biblianas Hände an meinen Bauch. Ich versteinerte, mein ganzer Körper versteinerte, bis auf das Wasser, das mir die Wangen benetzte. Ich war schwanger. Und ich liebte dieses Lebewesen schon, das sich in meinem Körper eingenistet hatte. Ich liebte es mehr als Germano, der noch nicht wusste, dass er Vater werden würde. Ich liebte es mehr als mich selbst.

Ein tiefes Gefühl spaltete mich. Ein Teil wollte die Schwangerschaft verbergen. Der andere Teil betete dafür, dass mein Bauch bemerkt würde. Nicht nur bemerkt, gefeiert. Als künftige Mutter sehnte ich mich mehr denn je danach, Tochter zu sein. Und hier war eine mütterliche

Person, die mich tröstete. Eine mir geliehene Mutter wiegte mich allein damit, dass sie mir den Arm um die Schulter legte.

In dieser Nacht suchte mich erneut der Traum von der Geburt der Waffen heim. Dieses Mal stand Germano neben der Hebamme. In militärischer Haltung erwartete er seinen Sohn. Nach der letzten Wehe kam eine Lanze aus meinem Leib. Eine wunderschöne Lanze, der Griff mit schwarzen und roten Glasperlen verziert. Germano trat enttäuscht einen Schritt zurück: »Ich hatte einen Degen bestellt. Einen Degen, Imani. Und was sage ich jetzt meinen Vorgesetzten? Was sage ich meiner Mutter?«

Die Kränkung, Germanos Erwartungen nicht zu entsprechen, überlagerte die Geburtsschmerzen.

»Entschuldige, Germano«, sagte ich, »aber das ist unsere Tochter, die Lanze; nimm sie in die Arme.«

Germano betrachtete sie zurückhaltend, das Zögern tanzte in seinem Blick, dann gestand er: »Das kann ich nicht. Entschuldige, Imani, aber das ist nicht meine Tochter.«

Frühmorgens wachte ich klitschnass auf, Wasser im Morgentau. Bibliana war schon aufgestanden. Auf ihrem Platz saß die Königinmutter, sie grüßte mich flüsternd. Dann sprach sie monoton über das, was an diesem Morgen geschehen werde. Ich sollte mir keine Sorgen machen, denn sie kannte den Mann, der die portugiesischen Soldaten kommandierte. Er hatte zwei Namen und zwei Leben. Die Portugiesen nannten ihn Diocleciano das Neves. Bei den Schwarzen hieß er Mafambatcheca. Diocleciano war vor einem Dutzend Jahren gestorben. Aber Mafambatcheca zog noch immer lachend durch die Savanne. Und er war noch immer ein guter Weißer, ein alter Freund der Familie. Sobald der Portugiese den Xigodjo betrat und Impibekezane erblickte, würde er sie freundschaftlich begrüßen, ihren Sohn umarmen und mit ihrem Enkel Godido spielen.

»Woher wissen Sie, dass es dieser Mann ist, der die Soldaten kommandiert?«, fragte ich ängstlich.

»Jemand hat mir gesagt, dass er ihn bei der Lagune gesehen hat.«

»Aber, Senhora, inzwischen sind zwölf Jahre vergangen. Könnte es nicht sein Sohn sein?«

Für Impibekezane gab es keinen Zweifel. »Er ist es wirklich«, versicherte sie. »Bei allen Völkern gibt es manche, die sterben und zurückkommen. Auch bei den Weißen. Angefangen hat es mit Christus.«

»Komm mit, ich gehe Ngungunyane behandeln«, sage Bibliana zu mir. Es war noch dunkel, und ohne meine Reaktion abzuwarten, ging sie los und wies, den Rücken mir zugewandt, auf ein kleines Feuer, das in einer Ecke unter dem Vordach flackerte. Dort setzte ich mich verschlafen hin und dachte an Biblianas Worte. Sie hatte »Ngungunyane behandeln« gesagt und nicht, mit ihm verhandeln.

Bald darauf kam Bibliana mit dem König, den schon jetzt die Sehnsucht nach seinem verlorenen Reich plagte. In eine Decke gehüllt, schlich er wie ein Häftling über den Hof, als fürchtete er einen Abgrund im Dunkeln. Vor den Flammen blieb er stehen, die Füße gefährlich nah am Feuer. Bibliana zog ihn ein Stück zurück und flüsterte ihm ins Ohr: »Sieh die Flammen genau an.«

»Andere sehen Flammen, ich sehe nur Schatten.«

»Ich kenne deine Angst«, sagte Bibliana. »Wer ins Feuer blickt, sieht das Meer.«

»Ich habe heute Nacht vom Meer geräumt. Du weißt, was das bedeutet? Dass mein Ende nahe ist.«

Da entleerte Bibliana ein kleines Wassergefäß über des Königs Füßen. »Das Meer kann ein Gefängnis sein«, bestätigte sie. »Aber es kann auch deine Festung sein, eine Festung, die dich besser schützt als jeder Xigodjo. Es sind nicht mehr die anderen, die am meisten nach deinem Leben trachten. Es sind deine Leute, Nkossi. Hüte dich vor deinen Leuten.«

Dann ließ sie die letzten Tropfen auf die Beine des Umundungazi laufen und sagte dabei: »Dieses Wasser ist aus dem Meer. Und jetzt gehe ich nach Hause zurück.«

Ich wollte zu ihr gehen, doch sie streckte einen Arm aus. »Es gibt keinen Abschied, ich bleibe für immer in dir.«

Die Sonne war gerade aufgegangen, und ich hatte mich schon, den Anweisungen folgend, in einem sandigen Patio gegenüber von dem Haus, in dem Ngungunyane sich versteckt hielt, an einen unauffälligen Platz gesetzt. Ich saß mit dem Rücken zu Bibliana und verhielt mich so wie die anderen Frauen: schweigend, den Blick gesenkt, wartete ich auf die Zeit. Am Rand des Innenhofs saßen unter breiten, von jungen Männern gehaltenen Sonnenschirmen die Würdenträger auf prächtigen Stühlen und verscheuchten mit Gnuschwänzen lethargisch die trägen Fliegen. Man wartete auf die Berater Zaba und Sukanaka, die Ngungunyane mit dem Auftrag entsandt hatte, den Vormarsch der Portugiesen aufzuhalten. Sie führten sechshundert Pfund und Elfenbeinzähne mit sich. Damit sollten sie versuchen, den Verzicht der Angreifer zu erkaufen.

Bald schon kehrten die beiden Sendboten zurück nach Txaimiti. Sie erschienen am Eingang des Palisadenzauns und schüttelten den Kopf. Daraufhin schickte Manhune, der oberste Berater des Hofes, eine weitere Abordnung auf den Weg. Dieselben Berater gingen mit, dieses Mal angeführt von Godido, dem Lieblingssohn des Königs. Neuerliches Warten, die gleiche Hitze, die gleichen Seitenblicke der Königinnen. Eine von ihnen stand auf und verteilte Wasser. Nur ich wurde nicht bedacht. Doch mit nur einer Handbewegung sorgte Impibekezane dafür, dass dies korrigiert wurde.

Nach einer Stunde kehrte Godido zurück. Er hatte den Portugiesen ein neues Angebot gemacht: der gleiche Wert an Geld und Elfenbein, dazu dreiundsechzig Rinder und zehn Frauen von Zixaxa. Auch dieses Angebot war abgelehnt worden. Es war ihre letzte Karte gewesen. Nun blieb ihnen nur noch, auf den Überfall zu warten.

Aus dem unheilvollen Schweigen erhob sich die mächtige Stimme von Impibekezane. Sie sprach, als gäbe es am nächsten Tag die Welt nicht mehr. »Niemand schießt, niemand protestiert. Kein Blut wird fließen. Das hat Muzila heute Nacht zu mir gesagt.«

Dann kündeten die ersten Laute von der Ankunft der Portugiesen. Sie standen vor dem Xigodjo. Ich wandte den Kopf ab, ich hatte nicht den Mut, der Realität ins Auge zu sehen. Dafür erblickte ich den Schrecken auf dem Gesicht der Königinmutter. Die Palisade gestürmt hatte nicht der so sehnsüchtig erwartete Mafambatcheca. Weder er noch Diocleciano, sein unwiderruflich verstorbener Doppelgänger. Wer da schreiend und wie von Sinnen in den heiligen Ort eindrang, war ein anderer portugiesischer Militär. Dann noch mehr Weiße, aber keine Spur von Mafambatcheca. Später erfuhren wir, dass dem schwerkranken Capitão Sanches de Miranda der endgültige Ansturm erspart worden war. Er ruhte sich gut hundert Meter von der Siedlung entfernt aus.

Die Königinmutter war verloren. Alle ihre Gewissheiten waren zusammengebrochen. Und dem Weißen, der da »Gungunhana!« schreiend erschien, standen alle Absichten im Gesicht geschrieben, nur nicht die Lust auf eine friedliche Unterhaltung. Es war das Ende.

Die große Frau warf sich in Tränen aufgelöst dem portugiesischen Militär zu Füßen. Sie flehte ihn an, das Leben ihres Sohnes und ihres Enkels Godido zu verschonen. Ich hingegen flehte insgeheim darum, das Schwert möge auf den König niedergehen und die weißen Hände mögen meine schwarzen Brüder rächen. Die Tränen der Mutter aber waren stärker als meine Bitte an Gott.

Fünfzehnter Brief des Sargento Germano de Melo

[...] Ich rief in die vollständige Stille hinein sehr laut nach Gungunhana und machte mich bereit, die Strohhütte in Brand zu setzen, sollte er auf sich warten lassen, da sah ich den Vátua-Häuptling herauskommen, welchen die Tenentes Miranda und Couto sofort erkannten, da sie ihn mehrmals in Manjacaze gesehen hatten. Sie machen sich keine Vorstellung davon, mit welchem Hochmut er auf meine ersten Fragen antwortete. Ich ließ ihm von einem der zwei schwarzen Soldaten die Hände auf dem Rücken fesseln und befahl ihm, sich zu setzen. Er fragte, wo, und da ich auf den Boden wies, antwortete er sehr arrogant, der sei schmutzig. Da zwang ich ihn mit Gewalt, sich auf den Boden zu setzen (was er nie getan hätte), und sagte, er sei nicht mehr der Häuptling der Mangunis, sondern ein Matonga wie alle anderen. Ich fragte den Häuptling nach Quêto, Manhune, Molungo und Maguiguana. Er zeigte mir Quêto und Manhune, die neben ihm standen, und sagte, die anderen beiden seien nicht da. Ich bezichtigte Manhune (der Gungunhanas böser Geist ist), immer ein Feind der Portugiesen gewesen zu sein, worauf dieser nur antwortete, er wisse, dass er sterben müsse. Ich ließ ihn an einen Pfosten der Palisaden binden, und er wurde von drei Weißen erschossen. Unmöglich, mit größerer Kaltblütigkeit, größerem Stolz und wahrlich heldenhafter Haltung zu sterben; er sagte nur lachend, es wäre besser, ihn loszubinden, damit er umfallen könne, wenn man ihn

erschieße. Dann war Quêto an der Reihe. [...] Er war der einzige Bruder von Muzzilla, der den Krieg gegen uns gewollt hatte, und der einzige, der auch in die Schlacht von »Coollela« gezogen war. [...] Ich ließ ihn ebenfalls anbinden und erschießen.

Joaquim Mouzinho de Albuquerque, Auszug aus einem Bericht von 1896 des militärischen Gouverneurs von Gaza an den Interims-Generalgouverneur der Provinz Mosambik, Conselheiro Correia de Lança

Inhambane, 31. Dezember 1895

Sehr verehrter Senhor
Tenente Ayres de Ornelas,

Vorbemerkung

Dies ist der letzte Brief in diesem Schicksalsjahr. Da heute der letzte Tag ist, möchte ich Ihnen ein sehr erfolgreiches Jahr in Ihrer Karriere wünschen. Da es aber auch der Vorabend einer neuen Zeit ist, erlaube ich mir, meinem Schreiben die folgende Anmerkung vorauszuschicken: Ich schreibe nun nicht mehr an Sie. Die Mühe des Schreibens mache ich mir nur noch für mich selbst. Diese Blätter werden nie zu Briefen werden. Dennoch schreibe ich, als würden Sie morgen diese plumpen Zeilen lesen. Ich betrachte sie als ein kleines Tagebuch meiner quälendsten Tage in Afrika. Ich betrachte sie als einen Teil von mir.

Ich erreichte Chaimite, wurde jedoch daran gehindert, den Kraal zu betreten – eine mehr als zweitausendköpfige Menge umringte Gungunhanas neuen Xigodjo. Sie wissen fraglos, dass Xigodjo die Bezeichnung der Eingeborenen für die königlichen Festungen ist. Trotz der zahlreichen Menschen verharrte die Menge in nahezu frommer Stille. Beim Anblick der vielen Leute erklärte Langa: »Sie gehen, ich bleibe hier.«

Er begab sich in den Schatten eines weit ausladenden Baumes, rund fünfzig Meter von der Menge entfernt. Ich ging hinterher und versuchte ihn zu überreden. Ich brauchte immer noch seine Hilfe, nun nicht mehr als Führer, aber als Dolmetscher. Plötzlich entdeckte ich im Schatten unter dem Baum Capitão Sanches de Miranda. Er lag totenbleich auf einer Matte. Zwei Soldaten waren bei ihm und erklärten mir, der Capitão sei so schwach und dehydriert, dass er immer wieder das Bewusstsein verliere. In diesem Augenblick war er scheinbar wach, und ohne ihn zu begrüßen, zog ich das Blatt Papier mit den Anweisungen des Generalgouverneurs aus dem Rucksack. »Lesen Sie, Capitão«, sagte ich und wedelte mit dem Blatt. Doch Sanches sah weder Buchstaben noch ein Blatt, auch keine Menschen.

Ich hörte, wie die Menge in Jubel ausbrach, wobei die Krieger mit ihren Schilden auf den Boden klopften. Eine Gruppe Frauen zog schreiend an uns vorbei: »Gungunhana hat sich auf die Erde gesetzt! Die Portugiesen haben ihn gefesselt.«

Andere Gruppen sangen im Chor: »Aasgeier, Aasgeier, verschwinde, du Aasgeier. Nie wieder wirst du unsere Hühner überfallen.«

Ich suchte nach dem Koch, doch der war inzwischen verschwunden. Fest entschlossen stand ich auf: Ich wollte mich zwischen den Schwarzen hindurchzwängen, ganz gleich, wie viele es waren und wie lange es dauern würde. Unter Verwünschungen und Rippenstößen bahnte ich mir den Weg, doch auch nach einigen verzweifelten Minuten war die Palisade des Xigodjo noch immer nicht in Sicht. Auf einmal hörte ich Schüsse. Ein Alter, von einem erstaunlich jungen Mann huckepack getragen, sagte, man habe gerade einen von Gungunhanas »Großen« erschossen. Er bot mir seinen Platz auf dem Rücken seines riesigen Freundes an. Es dauerte, bis ich den Kerl bestiegen hatte, dem der Schweiß in Strömen über den nackten Rücken lief. Von so hoch oben konnte ich sehen, wie ein Mann angebunden wurde.

Neben mir murmelte jemand: »Das ist Manhune, der wichtigste Induna.« Merkwürdigerweise wurde er dann wieder losgebunden. Wollten sie ihn freilassen? So schien es, dem zuversichtlichen Lächeln auf seinem Gesicht nach zu urteilen. Doch gleich darauf fiel wieder eine Salve Schüsse, und Manhune sackte zusammen. Totenstille trat ein. Aus Furcht, die Schießerei könne um sich greifen, wich die Menge allmählich zurück. Vor mir tat sich eine kleine Lücke auf, ich sprang von dem Schwarzen herunter und schrie: »Aufhören! Sofort aufhören!«

Ich zwängte mich weiter vorwärts. Dann erreichte ich die Palisade, sah zwischen zwei Pfählen hindurch und erblickte Mouzinho, den Rücken mir zugewandt, vor ihm eine ältere Frau, die ihn auf Knien anflehte: »Mulungu, ich bin die Königin. Töte nicht meinen Sohn und auch nicht meinen Enkel Godido.«

Mein Blick suchte verzweifelt nach Imani. Aber sie war zwischen den Frauen im Hof nicht auszumachen. Ein Junge, der in einen Baum geklettert war, berichtete mir, was drinnen vor sich ging. Gungunhana händigte Gold und Diamanten aus und versprach Rinder und Elfenbein, das er versteckt hatte. In diesem Augenblick brachen Soldaten den Eingang weiter auf und brachten einen Teil der Palisade zum Einsturz. Ich überwand das letzte Hindernis und rief nach Imani. In der Eile stieß ich mit dem Tenente Costa zusammen, der Mouzinho bei dem Einsatz unterstützte. Er begrüßte mich und sagte, einer der Soldaten, die sich um Miranda kümmerten, habe ihm von meinem merkwürdigen Anliegen berichtet.

»Glauben Sie mir nicht, Senhor Tenente? António Enes persönlich hat diesen Befehl geschrieben«, und ich wedelte mit dem Blatt, das ich noch immer in der Hand hielt.

Der Tenente schob mich in Richtung einer gerade angetretenen Abteilung aus Soldaten und Gefangenen. Auf dem Weg dorthin erklärte der Tenente, das Problem, wenn es denn eines gäbe, sei nicht der, der die Mitteilung geschrieben habe. Das Problem liege bei dem, der sie lesen werde. Aber das werde nie geschehen. Denn ein stolzer Mouzinho de Albuquerque habe mit gezücktem Schwert nichts anderes im Auge, als seinen Triumph vorzuführen und ihn denen, die an ihm gezweifelt hatten, unter die Nase zu halten.

»Vergessen Sie die Mitteilung. Man kann nicht abbrechen, was bereits beendet ist. Und jetzt kommen Sie mit, wir ziehen gemeinsam ab«, sagte der Tenente.

Also ging ich hinter dem merkwürdigen Aufmarsch her, suchte aber weiterhin in der Menschenmenge, die sich um uns herum drängte. Zum Glück verlangten die Soldaten nach einer Rast, um vor dem Rückmarsch Kräfte zu sammeln. Widerstrebend willigte Mouzinho ein. Es sollte eine kurze Pause sein. Er fürchtete, nach anfänglicher Verwirrung könnten die Vátuas sich neu organisieren und ihren Herrscher mit Gewalt befreien.

Dann erschien der Capitão Sanches de Miranda, von zwei Soldaten gestützt. Der unerwartete Erfolg der Mission hatte ihn anscheinend belebt. Mouzinho saß von seinem Pferd ab und umarmte den entkräfteten Kameraden.

Mit schwacher Stimme fragte Sanches de Miranda: »Warum mussten wir sie erschießen?«

»Hätten wir es nicht getan, würden wir als schwach gelten«, antwortete Mouzinho.

Sie nannten uns schon Weiber und Hühner. Wir mussten unsere Autorität durch Blut beweisen. Dann stieg Mouzinho wieder in den Sattel. Von dort aus sah er, wie seine Männer in dem aufgeweichten Steppengras nach einem trockenen Platz suchten. Ein Lächeln leuchtete in seinem Gesicht auf. Mithilfe seines persönlichen Dolmetschers befahl er den Vátua-Kriegern, ihre Schilde auf den Boden zu legen, damit die Weißen sich darauf setzen konnten. Unter Gungunhanas Soldaten wurde Protest laut. Sie waren besiegt, ihren Stolz aber hatten sie nicht verloren. Ihre Schilde fallen lassen wäre nach ihrem Ehrenkodex die schlimmste Demütigung. Angesichts der aufkommenden Revolte hob

Mouzinho das Gewehr und ritt einmal im Kreis. Sofort begannen die besiegten Soldaten, ihre Waffen auf den Boden zu legen. Mouzinho kehrte zu Sanches de Miranda zurück und sagte kaum wahrnehmbar lächelnd: »So macht man das, haben Sie gesehen?«

Der allerletzte Fluss

Es ist nie wirklich deutlich geworden, welche Gefühle die Nguni Gungunhana entgegenbrachten. Fraglos erkannten sie ihn als militärischen und politischen Führer an, doch war es mehr Angst als Liebe. Als Mouzinho de Albuquerques Soldaten Gungunhana schließlich mitnahmen, soll die Menge gerufen haben: »Hamba kolwanyana kadiuqueda inkuku zetu«, was auf Zulu bedeutet: »Verschwinde, du Aasgeier, der du unsere Hennen dezimiert hast.«
Raul Bernardo Manuel Honwana, Memórias, 2010

Ich hätte schwören können, dass ich Germano in der Menge gesehen hatte. Ein Weißer sticht aus einer Menge von Schwarzen immer heraus. Weniger wegen seiner Hautfarbe als durch die Unfähigkeit, sich in die Menge einzufügen. Ich lief los, das Herz klopfte mir bis zum Hals. Ich wollte ihn umarmen, ihm sagen, dass ich schwanger sei, ich wollte mit einer langen Umarmung die Sehnsucht stillen.

Aber die Gestalt tauchte unter. Und ich selbst versank in dem Chaos. Wieder erblickte ich einen weißen Soldaten und rief den Namen Germano. Dann stand ein verblüffter Santiago da Mata vor mir. Erst nach ein paar Sekunden erkannte er mich. Er hatte ein hochrotes Gesicht und ging vornübergebeugt. Hastig bat er mich: »Pass auf mein Gewehr auf, ich muss mal hinter die Büsche. Sei vorsichtig, halt es gut fest, hier läuft viel Negervolk herum.«

Er legte mir die Waffe in die Arme. Man sah, dass er es eilig hatte, er machte kleine Schritte und ging möglichst schnell. Dann öffnete er die Hose und hockte sich in das Gebüsch. Dort verharrte er stöhnend mit verzerrtem Gesicht.

Ein Gedankenwirbel schoss mir durch den Kopf. Ich sah die Frauen des Herrschers an mir vorbeigehen, deren Hauptaufgabe darin bestand, unsichtbar zu sein. Ihnen entgegen gingen in würdiger Haltung Frauen mit Schuhen an den Füßen, in den Händen Bücher und Hefte. Andere waren als Krankenschwestern gekleidet und bewegten sich mit aufrechtem Rücken und sicherem Blick. In diesem Augenblick überkam mich eine einfache, schreckliche Frage: Was hatte keine schwarze Frau je zu tun gewagt? Und die offenkundige Antwort lautete: einen Weißen erschießen.

Und plötzlich, als hätte ein anderer von mir Besitz genommen, hob ich da Matas Gewehr am Kolben an und ging entschlossen um das Gebüsch herum, in dem er sich versteckt hatte. Ich fand den Capitão hockend, sich demütig von einer Darmkolik erleichternd. Ich hielt den Gewehrlauf an seine faltige Stirn und drückte ab. Er fiel mit dem gleichen Gesichtsausdruck, mit dem Francelino Sardinha gestorben war, in den Augen das erschrockene Staunen eines Neugeborenen. Der Capitão blutete stark und zuckte so sehr, dass ich ohne zu zögern ein zweites Mal schoss. Und dieser andere in mir sprach aus meinem Mund: »Sie haben recht, Santiago da Mata, hier läuft viel Negervolk herum.«

Für einen Moment erfüllte mich ein neues Gefühl: Ich war die Herrin der Welt, die Rächerin der Entrechteten, Königin der Schwarzen und Weißen. Ich war Biblianas Partnerin in dem göttlichen Werk, die Welt zu verbessern.

Dann, als ich wieder zu mir gekommen war, sah ich mich um, aus Furcht, die Schüsse hätten Aufmerksamkeit erregt. Doch inmitten des Feiertrubels hatte niemand bemerkt, was gerade geschehen war. Die Waffe in der Hand, bahnte ich mir einen Weg durch die Menge. Vor mir zogen die gefangenen VaNguni vorbei, bewacht von den portugiesischen Soldaten. Sieben Frauen des Königs führten den Zug an.

Dahinter Godido und Tio Mulungo, der Sohn und der Onkel von Ngungunyane.

Ich versteckte die Waffe unter einem meiner Hüfttücher. Meine linke Hand rieb unter dem Tuch nervös am Gewehrlauf. Ich hoffte darauf, dass der König von Gaza erschien, um das letzte meiner Racheversprechen zu verwirklichen. Die portugiesischen Kommandanten zogen vorbei. Dann erschien Mouzinho de Albuquerque. Wie ein Gott saß er auf seinem Schimmel. Als unsere Blicke sich trafen, deutete Mouzinho ein Kopfnicken an. Aus seinem Gesicht löste sich etwas, das mir zunächst wie ein durchsichtiger Schmetterling aussah. Dann fiel daraus eine Art Lichtflügel, ein verirrtes Stück Sonne. Ich trat einen Schritt vor und hielt die rechte Hand wie eine Muschel geöffnet. Als ich den Gegenstand auffing, stellte ich fest, dass es ein kleines rundes Glas war. Ich gab es Mouzinho zurück, und er bedankte sich lächelnd. »Man sollte nicht mit Monokel in den Busch gehen«, sagte er. Und in seinem Lächeln lag tiefe Traurigkeit.

Plötzlich schrie eine vertraute Stimme: »Da ist sie!« Und dann noch einmal. Es war Impibekezane, sie wies schreiend auf mich und brachte das Pferd des Capitão zum Stehen.

»Das ist sie, die Frau, von der ich vorhin gesprochen habe«, sagte sie aufgeregt. Und dann, mit einem tiefen Seufzer, als wären es ihre letzten Worte: »Das ist die jüngste Frau meines Sohnes.«

»Bringt sie zu den anderen Frauen«, ordnete Mouzinho lakonisch an.

»Aber wir haben schon sieben, Capitão«, protestierte schüchtern der Tenente Couto.

»Dann sind es jetzt acht.«

Mir wurde klar, dass ich keine Zeit verlieren durfte. Denn genau in diesem Moment erschien hinter Impibekezane die Gestalt des verhassten Herrschers. Mit größter Vorsicht schob ich das Gewehr an meinem Körper hoch und setzte zum Schießen an. Doch da glitt mir die Waffe aus den Armen. Jemand nahm mir unaufgeregt, aber sehr bestimmt das Gewehr weg. Und dieser Jemand war Germano, mein Germano! Dicht an mich gepresst, zwang mein Sargento mich, ihm das Gewehr zu überlassen. Und er flüsterte: »Bist du wahnsinnig? Willst du sterben?« Und dann fragte er ungläubig: »Da Mata. Warst du das?«

Unsere Hände berührten sich heimlich, meine Finger tasteten die ihm noch verbliebenen Finger ab. Mein ganzes Leben lag in dieser Berührung. Es waren nur wenige Sekunden, doch sie währten eine Ewigkeit, bis ein Soldat mich wegzerrte. Mouzinho hatte es eilig, den Ort zu verlassen, es gab dort viele Bewaffnete, und niemand traute dem Umstand, dass die ganze Unternehmung so einfach abgelaufen war.

Die Abteilung marschierte schneller, und der Soldat, der mich führte, holte eine Schnur heraus, um mir die Arme zu fesseln. Germano, der ein Stück zurückgeblieben war, verstand nicht, was passierte. Als er sah, dass ich gefesselt wurde, glaubte er, man mache mich für da Matas Tod verantwortlich. Er hob das Gewehr und rief: »Die Frau ist unschuldig. Ich habe Santiago da Mata erschossen! Ich war es!«

Und das Letzte, was ich sah, waren zwei Soldaten, die Germano de Melo festnahmen. Ich hörte seine unverwechselbare Stimme flehen: »Vorsicht mit meinen Händen, bitte nicht am Handgelenk fesseln.«

Ich wollte meinem Liebsten zu Hilfe eilen, da umfingen mich die Arme der Königin wie zu einem Abschied. Sie flüsterte: »Lass ihn, du bist jetzt die Frau meines Sohnes.«

Germano geriet außer Sichtweite und war nicht mehr zu hören. Er wurde vom Durcheinander im Konvoi verschluckt.

Mit Fesseln an den Handgelenken und noch mehr durch Impibekezanes Umarmung gefesselt, seufzte ich resigniert. Da erst lockerte die Königinmutter den Druck ihrer Arme.

»Für die Frau des Königs bist du zu wenig bekleidet«, sagte sie und legte mir eine Glasperlenkette mit einer prächtigen Kupferlanze als Anhänger um den Hals. Sie erklärte, dieses

Amulett würde mich so beschützen, wie sie hoffte, dass ich ihren Sohn beschützen würde.

Dann drehte die Königinmutter sich um und machte sich auf den Heimweg zu ihrem Dorf. Oder vielmehr zu der Asche dessen, was ihr Dorf gewesen war. Bibliana hatte vorhergesagt, Impibekezane würde von ihren eigenen Truppen ermordet werden. Doch die alte Frau wirkte schon leblos, als sie sich stumm von ihrem Sohn und Enkel verabschiedete.

Ich ging, als wäre ich allein in diesem endlos langen Konvoi. Wir zogen Richtung Süden, durch die Ebene von Languene. Zwei Tage in dichtem Regen, bis wir Zimakaze am Ufer des großen Flusses erreichten, den die Portugiesen Limpopo nennen und die Einheimischen »Schwangerer Fluss«. Mouzinho befahl, mir die Fesseln abzunehmen. Mir wäre lieber gewesen, die Fesseln hätten mir ins Fleisch geschnitten, als die niederträchtigen Blicke der sieben Königinnen ertragen zu müssen. Dann tauchte ich meinen Körper in den Körper des Flusses. Da erst nahm ich gewahr, dass sich an beiden Ufern Menschen versammelt hatten.

Im Hafen traf eine Kolonne portugiesischer Soldaten ein. Sie kamen aus Chicomo und brachten Zixaxa sowie zwei Frauen mit, die dort gefangen gehalten worden waren. Ihnen hatten sich unterwegs weitere acht Ehefrauen angeschlossen. Ich gestehe, dass Zixaxas gelassene Würde mich beeindruckte. Die Hände hinter dem Rücken gefesselt, saß er auf dem Anleger und blickte auf das andere Ufer, als wäre er der einzige Bewohner der Welt. Dort, auf der anderen Seite, lag sein Besitz, zu dem er wohl nie mehr würde zurückkehren können. Vielleicht störte Ngungunyane seine aristokratische Haltung, denn er tat, als sähe er den Mann nicht, den er monatelang geschützt hatte. Und sie muss auch Mouzinho de Albuquerque gestört haben, denn er unterbrach das Verteilen der Belohnungen an die lokalen Ältesten, die den Überfall auf Txaimiti unterstützt hatten. Mouzinho rief dem Gefangenen zu: »Such drei aus.«

Mit einer knappen Kopfbewegung bezeichnete Zixaxa die Frauen, die er mitnehmen wollte. Die restlichen Frauen schenkte Mouzinho den Ältesten.

Die Portugiesen begannen mit dem Einschiffen an Bord eines Dreimasters, den sie die Korvette *Capello* nannten. Sofort breitete sich unter dem Hofstaat des Königs von Gaza Panik aus. Sie wussten, dass der Fluss ein Weg zum Meer war. Der Ozean war für sie ein verbotener, namenloser Ort, kein Ziel. Eine Fahrt dorthin war ein todbringendes Unternehmen. Sie gingen weinend an Bord.

Die portugiesischen Soldaten, die sich inzwischen an Deck niedergelassen hatten, als wären sie dort zu Hause, hoben ihre Schwerter und brachten Hochrufe auf ihren König aus. Am Flussufer reckten die zahllosen Krieger ihre Wurfspeere und antworteten einstimmig: »Bayete!« Und es war nicht klar, welchen König sie grüßten.

Mouzinho betrachtete Ngungunyane, der niedergeschlagen in einer Ecke saß. Er gab Anweisung, die Motoren nicht sofort anzulassen. Er ging in den Bug und posierte dort, als säße er im Sattel seines Pferdes. Tief beeindruckt, stimmten die Tausenden von Kriegern eine mitreißende Kriegshymne an. Am Ende des Lobgesangs hagelte es Beschimpfungen auf Ngungunyane, denselben König, den sie jahrelang verehrt hatten. Mouzinho de Albuquerque ließ seinen Sieg bejubeln. Und er machte all den Truppen klar, dass es mit dem Reich Gaza zu Ende war.

Das Schiff fuhr flussabwärts. Die Matrosen hielten Ausschau nach Sandbänken, die ihre Fahrt behindern konnten. Mouzinho kam zu mir, setzte sich neben mich und fragte nach einer Weile, ob ich Portugiesisch spreche. »Ich lerne es«, antwortete ich. Er lächelte, als wäre meine Antwort ein weiteres Zeichen für die Unterwürfigkeit meiner Rasse.

Der Kapitän kam zu uns, stand stramm und reichte Mouzinho ein Blatt. »Dieses Telegramm ist vor drei Tagen gekommen und wurde vom Generalgouverneur in Lourenço Marques aufgegeben.«

Mouzinho de Albuquerque lächelte mir zu, während er sein Monokel aus der Tasche zog. »Mal sehen, ob es eine gute oder eine schlechte Nachricht ist, die ich dank dir jetzt lesen kann.«

Er las halblaut, schüttelte den Kopf und seufzte. Es war überhaupt keine Nachricht. Er gab dem Kapitän das Telegramm zurück und ließ die Offiziere zusammenrufen. Als alle anwesend waren, teilte er mit, er werde eine Mitteilung aus Lourenço Marques vorlesen. Alle glaubten, es handele sich um Glückwünsche zu dem Erfolg in Txaimiti. »Gibt es schon Reaktionen?«, fragte ein besonders Ungeduldiger. Mouzinhos gemessene Worte brachten eine Überraschung:

»Senhor Capitão
Mouzinho de Albuquerque,
da es sich nicht empfiehlt, unsere Streitkräfte der möglichen Katastrophe einer Niederlage auszusetzen, die alle moralischen und politischen Resultate unserer bisher errungenen Siege zunichtemachen würde, haben Sie unverzüglich auf jegliche Intervention im Hinblick auf den Kraal des Königs von Gaza zu verzichten. Unterschrift, der Interims-Generalgouverneur von Mosambik, Conselheiro Correia Lança.«

Nach kurzem Schweigen brachen die Offiziere in Gelächter aus, und sie lachten so laut, dass selbst Ngungunyane, obwohl er nicht verstand, worum es ging, ein schüchternes Lächeln andeutete.

Ich zog mich von diesen Menschen und ihrer Fröhlichkeit, die ich nicht teilte, zurück und setzte mich an die Reling. Die große Ungewissheit darüber, was mit mir geschehen würde, hätte mir eigentlich das Herz zerreißen müssen. Aber in diesem Augenblick bestand ich nur aus Vergangenheit. Ich ließ meine Augen von der Flussströmung überfluten. Meine Verwandten, lebende und tote, alle Orte, an denen ich gelebt hatte, die Menschen, die ich geliebt hatte, sie alle zogen an mir vorbei. Und vor allem dachte ich an Germano de Melo. Ich dachte: Selbst wenn ich ihn nie wiedersehe, dieser Mann ist jetzt in mir lebendig. Ich streichelte meinen Leib, als berührte ich das Lebewesen, das sich in ihm befand. Mit der Berührung dieses werdenden Kindes streichelte ich die Mutter, die ich verloren hatte. Meine Hände verflochten die Fäden der Zeit.

Auf dem Schiff befanden sich nicht nur unterschiedliche Menschen, Welten trafen hier aufeinander. Ngungunyanes Frauen bedachten abwechselnd Zixaxas Frauen und mich mit finsteren Blicken. Die beiden Herrscher sahen einander nicht an. Sie waren vollkommen verschieden, Zixaxa und Ngungunyane. Der Erste saß mit aufrechtem Oberkörper auf einem Haufen von Tauen, als säße er auf einem Thron. Der König von Gaza, in eine Decke gewickelt und zusammengekauert, war der Inbegriff von Verfall. Irgendwann wies Zixaxa auf die Wolken und sagte zu Ngungunyane: »Sieh nicht auf das Wasser, davon wird dir schlecht. Sieh zum Himmel, Umundungazi.«

Der König tat, als hätte er es nicht gehört. Doch Zixaxa forderte ihn beharrlich auf, zum Himmel zu blicken, und ließ die Hand über dem Kopf kreisen. Nur ich bemerkte eine Spur Rache in seinem Lächeln, als er erklärte: »Und sieh mal, wie viele Schwalben noch am Himmel fliegen!«

Dank der Schwalben konnte Zixaxa den Mann demütigen, der ihn verraten hatte. Aber ich musste mit niemandem abrechnen. Ich dachte an nichts und ließ mich von den Wellen bespritzen, die sich am Bug brachen. Der Fluss war jetzt breiter und stärker aufgewühlt. Hier und da schwammen Inseln aus Seetang, und auf ihnen hockten akrobatisch elegant Silberreiher. Vielleicht war ich einer dieser weißen Vögel, vielleicht war unser Schiff Seetang, der mich zu einem unbekannten Ziel trug. Das Schiff fuhr dicht an den Vögeln vorbei, doch sie ließen sich nicht stören, bemüht, auf dem instabilen Grund das Gleichgewicht zu wahren.

Auf einmal beugte sich ein portugiesischer Soldat über die Bordwand und schlug mit dem Schwert einem Reiher den Kopf ab. Kopf und Hals des Vogels wirbelten durch die Luft, fielen an Deck und krümmten sich vor uns wie eine Schlange im Todeskampf. Ein Blutstrahl spritzte mir auf die Brust. Ich wischte mich schnell mit einem Zipfel meines Hüfttuchs ab. Da machte Zixaxa mich auf etwas aufmerksam: »Ein Bluttropfen hängt noch am Wurfspeer.«

Es dauerte etwas, bis ich begriff, dass er von dem Amulett sprach, das ich um den Hals trug. Der Tropfen rann mir über die Brust. Es war, als blutete ich. Dann schwappte eine Welle über das Deck und durchnässte mich von Kopf bis Fuß. Der Fluss wusch mich rein. Ein Matrose warf mir ein Tuch zu, um mich abzutrocknen. Ich säuberte mich langsam, als wäre mein Körper so groß wie das Land, das hinter uns zurückblieb. Doch meinen Leib trocknete ich nicht ab. In mir wurde ein Fluss geboren. Außerhalb von mir verrann der letzte aller Flüsse. Die beiden Wasser verabschiedeten sich, ohne sich zu berühren.

An jedem Anfang steht ein Abschied.

BAND III

Ich? – Ich trinke den Horizont …
Cecília Meireles, in: Mar Absoluto

In Zeiten des Terrors entscheiden wir uns
für Ungeheuer zu unserem Schutz.
Auszug aus einem Brief von Álvaro Andrea

Die Frau, die Flüsse rief

Der Blinde konnte sich als Einziger vor dem Feuer retten. Weil er der Einzige war, der die Angst nicht sah.
Zixaxa

Frag den Weißen, ob ich den Fluss rufen soll.«

Das sagt die Königin Dabondi. Ich wage nicht, ihre Worte für den Capitão Mouzinho de Albuquerque zu übersetzen. Er würde auf diese merkwürdige Frage auch gar nicht reagieren, so beschäftigt, wie er damit ist, seine Leute zu kommandieren, die auf einer Untiefe im Rio Limpopo waten. Das Boot, auf dem wir uns befinden, ist auf einer Sandbank auf Grund gelaufen, und seit Stunden bemühen sich die portugiesischen Soldaten, es frei zu bekommen. Manche strengen sich besonders an, sie stehen bis zum Oberkörper im Wasser und drücken gegen die Bordwand. Ein Anblick, den man nicht oft sieht: Weiße schuften in sengender Sonne, während Schwarze in behaglichem Schatten sitzend abwarten. Mouzinho befiehlt den Soldaten, wieder an Deck zu kommen, denn das Wasser ist von Krokodilen verseucht.

Nicht die Verzögerung beunruhigt Mouzinho. Seit wir Zimakaze verlassen haben, sind wir zügig und ohne Zwischenstopps vorangekommen. Was dem Capitão Sorgen macht, sind die Bedrohungen aus dem Wald ringsum. Zwar sieht man keine Menschenseele, doch hört man Stimmen und ahnt schleichende Gestalten. Über kurz oder lang könnte es einen Hinterhalt geben, um die Gefangenen zu befreien.

Die Königin Dabondi ist eine der Gefangenen. Sie ist wegen des Stopps wesentlich nervöser als der Capitão. Plötzlich hebt sie die Arme und verlangt, alle sollen still sein. Die Besatzung erschaudert: Wie aus dem Nichts geboren stehen plötzlich zahlreiche Männer, Frauen und Kinder am Ufer. Mouzinho befiehlt den Soldaten, zu den Waffen zu greifen. Eisiges Schweigen tritt ein, selbst der Fluss schweigt.

»Kann ich das Wasser rufen?«, fragt Dabondi wieder. Dann sieht sie mich an: »Hast du dem Weißen gesagt, dass ich die Sprache der Flüsse spreche?« Ein Wort von ihr, und der Rio Limpopo würde ihr wie ein zahmer Hund aus der Hand fressen. Mouzinho knurrt: »Die Frau soll den Mund halten!« Es herrscht eine unerträgliche Anspannung. Plötzlich springt die Frau über Bord und geht auf die schweigende Menge zu, die sich am Ufer versammelt hat.

Alle Blicke sind auf die Königin gerichtet, die sich durch das flache Wasser dem Ufer nähert. Ihre Füße berühren weder Wasser noch Erde. Genau genommen geht Dabondi nicht. Sie tanzt. Mit ihrem Hüftschwung bringt sie die Kupferreifen zum Klingen, die sie um die Fesseln trägt.

Als sie das Ufer erreicht hat, spricht sie angeregt zu der Menge. Wir verstehen nicht, was sie sagt, sehen aber, dass sie eindringlich auf uns weist. Auf einmal stürzen die Leute wie von Sinnen auf das Schiff zu. Zu Tode erschrocken legen die Portugiesen die Waffen an. Aber zu spät. Hunderte von Männern und Frauen sind durch das Wasser gewatet und werfen sich mit Schultern, Armen und Beinen gegen die Bordwand. Das Schiff schaukelt heftig, die Matrosen schreien, die Pferde schlagen aus.

Im Nu schwimmt das Schiff wieder. Und erst als sich erweist, dass sie in einer friedlichen Aufgabe vereint sind, stoßen alle, Schwarze wie Weiße, Freudenrufe aus. Sie helfen Dabondi zurück an Bord. Sie ist erschöpft, aber glücklich. Ich frage sie, warum sie ihren Kerkermeistern geholfen hat.

»Am Ende dieser Reise erwartet mich jemand«, antwortet sie.

Das Unvorstellbare rief von Chaimite bis Zimakaze immer wieder dasselbe Staunen hervor: Ungläubig starrten die Bewohner von Gaza auf den jammernden mitgeschleppten König Ngungunyane, fassungslos angesichts seiner Gefangennahme und der geringen Zahl der Portugiesen.

Die Portugiesen führten nicht nur einen besiegten Herrscher vor. Ganz Afrika zog da, überwältigt und gedemütigt, auf bloßen Füßen vorbei. Portugal brauchte diese Inszenierung, um die Afrikaner von neuerlichen Aufständen abzuhalten. Aber mehr noch, um die europäischen Mächte zu beeindrucken, die sich um die Aufteilung des Kontinents stritten.

Stolz, aber auch besorgt blickte Capitão Mouzinho de Albuquerque auf die Menschenmenge, die sich an den Wegen drängte. Doch es geschah immer das Gleiche: Die Menge jubelte ihnen zu. »Bayete!«, erscholl es einstimmig.

Der Capitão forderte mich auf, die Rufe zu übersetzen. Er lächelte geschmeichelt, als ich ihm sagte, dass die Menge ihm, dem Capitão der Weißen, applaudierte. Sie priesen ihn so enthusiastisch, wie es Mouzinhos eigenen Worten zufolge selbst seine treuesten Landsleute nicht tun würden. Er habe sich nie vorstellen können, dass mehr Afrikaner als Portugiesen ihn als Befreier feiern würden. »Womöglich setzen mir die Schwarzen hier schneller ein Denkmal als meine Landsleute in Lissabon.«

Seit wir wieder fahren, bleibt die Königin Dabondi in meiner Nähe. Nachdem ich vom Blut des Reihers gesäubert war, hatte sie mich gewarnt: »Du bist schwanger, da darfst du nicht mit Blut in Berührung kommen.«

Jetzt betrachtet sie den Himmel und sieht Unruhe in den Wolken. Sie fasst mich am Arm und sagt, dass ein Unwetter heraufziehe. Gemeinsam gehen wir zum Kapitän, einem Offizier in dunkelblauer Uniform. Er heißt Álvaro Soares Andrea. Ein großer, kräftiger Mann, der seinen undurchdringlichen Blick auf mich richtet. Er ist ein Seemann, doch sein Blick ist der eines Schiffbrüchigen.

Wir kommen nicht dazu, den Kapitän anzusprechen. Godido, Ngungunyanes Sohn, fordert die Königin auf, an ihren Platz zurückzukehren, und der sei neben dem König. Dabondi tut, als hätte sie es nicht gehört. Godido besteht darauf, wird energischer: »Geht zu Eurem Mann zurück, Königin!«

»Königin?«, protestiert Dabondi. »Was für eine Königin bin ich, wenn ich mit den Töpfen meiner Schwiegermutter kochen muss?« Ihr erhobener Zeigefinger nähert sich Godidos Brust. »Nenn mich nie wieder so. Ich bin Witwe. Das bin ich.«

Verunsichert kehrt der Prinz Godido zu den anderen Gefangenen zurück.

»Was ist los?«, frage ich Dabondi. »Warum gehorcht Ihr dem Nkossi nicht?«

»Ich bin keine Königin. Ich bin eine Nyamossoro. Ich höre die Toten und spreche mit den Flüssen.«

Das Schiff drosselt seine Fahrt. Wir erreichen den Posten Languene, das letzte militärische Bollwerk der Portugiesen im Mündungsmeer des Limpopo. Mouzinho de Albuquerque grüßt die Matrosen, die uns am Ufer erwarten. Sowie wir festgemacht haben, übermittele ich ihm Dabondis Sorge: Jenseits des Mündungsmeeres kommt ein Unwetter auf. Es ist kein im Himmel gemachter Sturm. Der Sturm ist bestellt.

»Mein Gott, wie rückständig diese Leute sind«, bemerkt der Capitão und fasst sich an den Kopf. »Und die Frauen sind noch schlimmer als die Männer.«

Er merkt nicht, wie sehr er mich verletzt. Mein makelloses Portugiesisch lässt Mouzinho vergessen, welcher Rasse ich angehöre. Ich bleibe stumm. Ich schweige in derselben Sprache, in der dieser Mann mich demütigt.

In dem kleinen Militärposten Languene gehen wir an Land. Es wird ein kurzer Aufenthalt, um Waffen und Verwundete an Bord zu nehmen. Die afrikanischen Gefangenen werden in den Schatten geführt. Sie bekommen Zwieback und ein Glas Wein. Erschöpft und benommen bleiben sie dort sitzen. Dabondi löst sich wieder von der Gruppe und setzt sich neben mich. Sie hat in ihrem Glas einen Rest übrig gelassen und lässt ein paar Tropfen auf den heißen Sand fallen. Das stillt den Durst der Verstorbenen, seit Anbeginn der Welt.

»Weißt du, wie ich gelernt habe, mit den Flüssen zu sprechen?«, fragt sie.

Es sei in ihrer Jugend gewesen. Bevor der König sie zur Frau nahm. Jeden Morgen beobachtete sie auf dem Hof ihres Hauses eine Spinne, die aus ihrer Höhle herauskroch und wieder hinein. An ihren Beinen trug sie Tau in die Erde hinein. Sie arbeitete wie ein Bergarbeiter, nur in umgekehrter Richtung: Sie sammelte etwas vom Himmel und häufte es unterirdisch an. Das zog sich über so lange Zeit hin, dass unten in der Höhle ein ausgedehnter unterirdischer See entstand. Dabondi wollte der Spinne helfen. Wenn es am Morgen keinen Tau gab, stellte sie einen Becher mit Wasser an den Höhleneingang. Doch die Spinne lehnte ihre freundliche Hilfe lächelnd ab: »Was ich mache, ist keine Arbeit, nur eine Unterhaltung. Ich erkenne, wie sehr du leidest, man muss sehr einsam sein, um ein kleines Lebewesen wie mich wahrzunehmen.« Zum Dank brachte sie ihr die Sprache des Wassers bei.

»Jetzt spreche ich mit den Flüssen, den kleinen wie den großen«, sagt Dabondi. »Und jeden spreche ich mit einem Namen an, den nur ich kenne.«

Muzamussi, die älteste der Ehefrauen, unterbricht uns. Ohne Vorwarnung packt sie Dabondi an den Handgelenken und zerrt sie zurück zu den Gefangenen. Sie ruft, Ngungunyane verlange nach mir.

Unverzüglich gehe ich zu ihm. Ich knie mich vor ihm hin und klatsche in die Hände, wie es sich gehört. Der König will wissen, worüber ich mit Dabondi gesprochen habe. Doch er lässt mich gar nicht erst antworten: »Ich kann dich nicht verstehen!« Ich spreche lauter. Er schüttelt den Kopf. Das Problem sei nicht meine Stimme. Er kann mich wegen meiner Schuhe nicht verstehen. »Deine Schuhe sind zu laut«, sagt Ngungunyane. »In Zukunft kommst du nur barfuß zu mir.«

Ich solle mir merken: Der Boden, auf den der Herrscher getreten hat, ist heilig. Meine Schuhe verletzen sein Heiligsein. Die Königinnen hören ihm zu und lachen laut. Ihr Lachen vernichtet meine Schuhe.

Nicht nur zwischen uns, den Afrikanern, entstehen Streitereien. Es vergeht kein Tag, ohne dass die ranghohen portugiesischen Militärs einander Vorwürfe machen. Und alle, Europäer wie Afrikaner, beklagen sich bei mir. Ich weiß nicht, warum sie mir vertrauen. Mehr noch denn als Dolmetscherin fungiere ich als Brücke. Vielleicht bin ich wie die Spinne in Dabondis Hof. Ich trage an meinen Füßen Wörter und spinne daraus ein Netz, das die unterschiedlichen Rassen verbindet.

Mouzinho de Albuquerque hat mich schon zuvor beiläufig angesprochen. Nun setzt er sich neben mich, bleibt reglos sitzen und blickt unverwandt auf Álvaro Andrea.

»Der Mann hasst mich. Kein Schwarzer verachtet mich so wie er, das kannst du mir glauben.« Langsam legt er seinen Hut auf die Knie. »Ich weiß, wer du bist. Und du weißt, was wir von dir wollen. Übersetzen wird nur der sichtbare Teil deiner Arbeit sein.« Er macht eine Pause und streicht sich den Schnurrbart. »Das Reich Gaza hat viel zu lange existiert. Und weißt du, warum? Weil dieser Gungunhana alles über uns wusste, aber wir nichts über ihn.« Die Schwarzen, die dort mit gefesselten Händen sitzen, seien nicht einfache Gefangene. Sie hüten kostbare Geheimnisse, und die soll ich an das portugiesische Heer weitergeben. Das ist der wahre Grund dafür, dass ich an dieser Reise teilnehme.

Ich räuspere mich ängstlich: »Ich habe verstanden, Capitão.«

Mouzinho dreht sich eine Zigarette, zündet sie aber nicht an. Er lässt sie zwischen den Lippen hängen. Ich sehe ihn von der Seite an. Ein schöner Mann. Bianca hatte allen Grund zum Träumen.

»Entschuldigen Sie mich bitte«, flüstere ich fast. »Ich gehe wieder zu meinen Leuten ...«

»Mir ist es lieber, wenn du bei den Weißen bleibst. Unter denen sind die schlimmsten Verräter.«

Eine unbeholfene Nachricht

Die Aktivität der Portugiesen in den Gebieten der Krone im Süden von Mosambik beschränken sich auf Folgendes: Im Oktober und November eines jeden Jahres klappern sie Hütte für Hütte der Siedlungen ab, kassieren die Steuern, ziehen dem einen oder anderen nicht ganz so ehrerbietigen Schwarzen eins mit der Nilpferdpeitsche über, tragen das Eingesammelte zum Posten Anguane, nehmen ihren Teil entgegen und gehen dann wieder für elf Monate schlafen.

Auszug aus Eduardo de Noronha, A Rebelião dos Indígenas em Lourenço Marques, 1894, zitiert von René Pélissier

Chaimite, 28. Dezember 1895

Meine liebe Imani,

betrachte dies nicht als Brief. Es ist ein einfacher, in Eile verfasster Gruß. Schon bald wird man mich nach Inhambane bringen. Ich möchte Dir vor allem die gute Nachricht schicken: Ich bin frei! Man verdächtigt mich nicht mehr, Santiago da Mata getötet zu haben. Um Dich zu entlasten, habe ich die Schuld auf mich genommen. Es wirkte glaubwürdiger, dass ich geschossen habe.

Ich musste für mein Opfer keinen hohen Preis zahlen, denn schon bald darauf tauchte eine andere Version der Ereignisse auf, in der von Selbstmord die Rede war. Erst glaubte ich, meine republikanischen Kameraden wollten mich retten. Aber nein. Die These vom Selbstmord vertrat Mouzinho de Albuquerque persönlich. Und wer wollte an dem Wort des großen Helden zweifeln? Das habe ich also meinem getreuen Feind zu verdanken.

Mouzinho, Mouzinho, Mouzinho! Wann wird dieser Mouzinho mich nicht mehr so beschäftigen? Mitunter bedauere ich meine Verachtung – es ist so einfach, den Erfolg anderer zu hassen. Mehr jedoch macht mich diese neue Mouzinho-Euphorie misstrauisch. Wie kann jemand, der so vom Tod fasziniert ist, sich so sehr um Unsterblichkeit bemühen?

Wesentlich ist, liebe Imani, dass ich in wenigen Stunden im Militärhospital von Inhambane sein werde. Ich werde meine verstümmelten Hände dazu benutzen, mich vom Militärdienst befreien zu lassen. Ich habe die Hoffnung oder, besser gesagt, die Gewissheit, dass man mich nach Portugal zurückschicken wird. Ich sehne mich nicht danach heimzukehren. Was ich mir wirklich wünsche, ist, Dich wiederzusehen. Wenn alles gut geht, werden wir uns noch in Lourenço Marques sehen.

Ich übergebe diesen Gruß einem Boten, der ihn Álvaro Andrea überbringen wird, dem Kommandanten des Militärboots, auf das Du in Zimakaze gehen wirst. Er ist ein alter Freund von mir und teilt meine republikanischen Ansichten. Auf demselben Wege werde ich Dir später einen richtigen Brief zukommen lassen, einen Brief von anständigem Umfang und unanständig zwischen den Zeilen.

Dein
Germano

Schlamm und Schnee

Männer, die ihr Wegmarken setztet, die ihr Kaps mit
Namen versaht!
Männer, die ihr zum ersten Mal mit Schwarzen
Handel triebt,
Männer, die ihr als Erste Sklaven neuer Länder
verkauftet!
Die ihr verdutzten Negerinnen den ersten europäischen
Spasmus bescheret,
Die ihr Gold, Glasperlen, Dufthölzer und Pfeile
mitbrachtet
Von grünen Berghängen wild wuchernder Vegetation!
Männer, Plünderer friedlicher afrikanischer
Siedlungen!
Mit Kanonenlärm schlugt ihr jene Völker in die Flucht,
Die ihr beraubt, gefoltert, getötet habt, ausgezeichnet
mit der Prämie der Neuheit dessen, der gesenkten
Hauptes
Dem Geheimnis neuer Meere entgegenstürmt!
[…]

Fernando Pessoa, aus: Meeresode

Man verflucht nicht den Ort, den man gerade erreicht hat. So bin ich erzogen. Mouzinho hält sich nicht daran. Seit unserer Ankunft schimpft er über den Posten von Languene.

»Ich lasse in dieses Loch Feuer legen!«, knurrt er. »Das ist keine Kaserne, das ist ein Versteck. Diese Leute haben solche Angst zu sterben, dass sie alles tun, nur nicht kämpfen.«

Er wettert gegen das, was er die Politikerbande nennt, und warnt vor einer Verschwörung von »Intriganten«. Er spricht diese Begriffe genauso hasserfüllt aus, wie Ngungunyane seine Feinde als »Weiber« bezeichnet.

»Imani ... So heißt du doch, oder? Meine Frage kann dir seltsam vorkommen, aber ich muss sie stellen: Fühlst du dich einem Land, einer Nation zugehörig?«

Er selbst antwortet für mich. Er ist davon überzeugt, dass ich dieses Zugehörigkeitsgefühl nicht kenne. Trotz meines Aussehens bin ich doch immer noch eine Eingeborene, meiner Familie, meiner Rasse treu. Und er spricht von dem Fluch, der auf Zwillingen liegt. Wenn man den einen vor sich hat, glaubt man, den anderen zu kennen, und deshalb kennen wir am Ende keinen von beiden. So sehe er auch mich und alle anderen Afrikaner – lauter Zwillinge. Das nächste Mal, wenn wir miteinander sprechen, müsse ich ihn daran erinnern, wie ich heiße.

Mouzinho de Albuquerques Abneigung gegen den Posten von Languene hat einen Grund. Der Capitão war vor einer Woche auf dem Weg zu dem Überfall auf Ngungunyanes Hof in dem Posten gewesen. Er hatte gehofft, von den Matrosen, die auf der Korvette *Capello* dienten, Verstärkung zu erhalten. Er war am Weihnachtstag eingetroffen und hatte halb verblüfft, halb mitleidig festgestellt, dass der Kommandant der Korvette aus dem Militärposten eine Bühne für die christliche Feier gemacht hatte. Wellbleche waren als Tischplatten verwendet worden und Baumstümpfe als Sitze. Leere Patronentaschen und Maschinengewehrgurte schmückten einen Baum in der Raummitte.

Diese weihnachtliche Dekoration empfand der Capitão der Kavallerie als pathetisch. Und sie ließ nicht auf besonders christliche Gesinnung schließen, sondern auf gefährliche Verletzlichkeit. Wenn die militärischen Führer den Weg der Inszenierung wählten, würden die Soldaten bald nach größeren Lügen verlangen. Um an das vorgegaukelte Weihnachten zu glauben, fehlten ihnen die Kälte, der Schnee und die Gerüche ihrer Heimat. Dafür gab es jede Menge Moskitos, Wechselfieber und den Gestank der Sümpfe. Und zu viele von ihnen waren magere Gestalten, mehr Uniform als Körper. Irgendwann fiel eine dieser Gestalten vor Mouzinho auf die Knie. Es war ein einfacher Soldat mit dümmlicher Miene, und er stammelte mühsam: »Capitão, dieser Posten sieht so schön aus, fast wie der Platz vor meiner Kirche. Und da unten fließt der Tejo. Bitte erlauben Sie mir, dass ich darin bade, so wie in meiner Kindheit.«

Mouzinho richtete einen leeren Blick auf ihn. Fragte nach seinem Alter. Achtzehn, antwortete der junge Mann, schüttelte aber den Kopf. Ganz sicher war er nicht. Er könne seine Eltern fragen, die wohnten in einem ribatejanischen Dorf ganz in der Nähe des Postens von Languene, wie er sagte. »Ich kann sie holen, wenn Sie wollen.« Mouzinho tat, als hätte der Soldat überhaupt nichts gesagt. Er rief nach Álvaro Andrea und ließ sich dessen Schwert geben. Mit beiden Händen stieß er das Schwert neben dem verwirrten Soldaten in die Erde. Die Klinge versank, als gäbe es keinen Erdboden. »Glaubst du, dieser stinkende Schlamm ist Schnee?«, fragte Mouzinho.

»Ja, das ist Schnee, schwarzer Schnee. Er war weiß, ist aber so aus Afrika zurückgekommen.«

Der Soldat griff in den Schlamm, seine Finger wurden geradezu verschluckt. In diesem Augenblick kam es Mouzinho de Albuquerque vor, als beerdige der junge Soldat sich selbst.

»Keine Sorge wegen Ihres Schwerts«, sagte Mouzinho zu Álvaro Andrea. »Ich lasse es säubern, und Tenente Miranda bringt es Ihnen aufs Schiff.«

Rund um das Feldlager drängten sich zahlreiche schwarze Hilfskräfte mit ihren Feuerstellen, ihren Gesängen und Tänzen. Erst wollte Mouzinho ihnen befehlen, still zu sein, doch dann verzichtete er darauf. Vor ihm lagen die Verwundeten auf Tragen aus Hüfttüchern. Es war merkwürdig anzusehen, wie das Leben auf so bunten Tüchern verlosch. Die Gesänge überstimmten das Wimmern und die Gebete der sterbenden Soldaten. Sie bewirkten, was der geschmückte Baum nicht erreicht hatte: Sie ließen ihn vergessen, wie absurd es war, in der Hölle Weihnachten zu feiern.

Also forderte Mouzinho Álvaro Andrea auf, zu seinen Männern zu sprechen und ihnen den Segen zu erteilen. Es gab nur zwei Flaschen Chininwein, doch es reichte für einen Trinkspruch. Álvaro Andrea erhob sein Glas, wusste aber nicht, was er zu den Soldaten sagen sollte. Ihre kindlich erwartungsvollen Blicke quälten ihn.

Mouzinho schickte die Soldaten weg, setzte sich auf eine Munitionskiste und sagte zu Andrea: »Ich sitze hier auf dieser Kiste voller Kugeln, habe aber keine Leute, die sie abfeuern. Suchen Sie zwanzig von Ihren Männern aus, die Mutigsten und Gesündesten.«

Der Comandante Andrea richtete den Blick gen Himmel auf der Suche nach den passendsten Worten: »Erlauben Sie mir die Bemerkung, aber ich halte Ihre Unternehmung …«

Er konnte den Satz nicht zu Ende sprechen. Mouzinho reagierte auf der Stelle: »Ich habe um Soldaten gebeten, nicht um Ratschläge.«

Die Diskussion wurde heftiger, die Soldaten wunderten sich über den unbeherrschten Schlagabtausch von Verwünschungen und Beleidigungen. Álvaro Andrea war unnachgiebig: »Wenn Sie sterben wollen, können Sie allein sterben. Aber von meinen Männern nehmen Sie keinen mit.«

»Ich habe verstanden«, gab Mouzinho zurück. »Sie sind einer von denen, die für den Frieden eintreten, weil sie Angst vor dem Krieg haben. Sie haben sich hier verschanzt, denn das ist Ihre Art zu fliehen. In Wirklichkeit ist es so: Sie brauchen diese Soldaten nur, um sich vor ihrer Feigheit zu schützen.«

»Nur dass Sie eins wissen, Capitão Mouzinho«, erwiderte Álvaro Andrea. »Die Nation wird Sie wegen Ihrer abenteuerlichen Jagd auf Gungunhana zur Rechenschaft ziehen. Sie haben weder einen Plan noch Unterstützung. Und deshalb sage und wiederhole ich: Von meinen Leuten kriegen Sie keinen einzigen!«

Die Matrosen der Korvette *Capello* applaudierten. Ihr Kommandant bewahrte sie vor dem sicheren Tod. Und sie stießen mit dem restlichen Wein auf ihren vernünftigen Vorgesetzten an und dankten ihm. Die Schwarzen sammelten die auf den Tischen verstreuten Gläser ein und schütteten die restlichen Tropfen auf die Erde.

»Sie wollen den weihnachtlichen Geist zelebrieren?«, fragte Mouzinho. »Dann lassen Sie ein paar Zicklein schlachten und verteilen das Fleisch an die einheimischen Hilfskräfte.«

Das alles hatte sich vor ein paar Tagen an ebendiesem Ort zugetragen. Am Ende seines Berichts bedeckt Mouzinho wieder den Kopf, und der Schatten seiner Mütze lässt seine Worte düsterer klingen.

»Ich traue diesem Andrea nicht.« Er rückt näher, als machte uns der geringere Abstand eher zu Komplizen. Álvaro Andrea habe darauf gesetzt, dass er, Mouzinho, in Chaimite umkommen würde. Und nun befand er sich hier, lebendig und siegreich. Mouzinho war ein Stachel in seinem Stolz. Wie konnte man diesem Verräter die kostbarste Trophäe aller portugiesischen Kolonialkriege überlassen?

Soldaten gehen an uns vorbei zum Fluss, um das Geschirr zu waschen. Mouzinho schüttelt den Kopf und klagt: »Vor wenigen Tagen haben diese Männer noch die Besonnenheit ihres Kommandanten gelobt. Heute verfluchen sie ihn alle.«

Was vorher als Umsicht galt, ist heute Feigheit. Andrea ist daran schuld, dass diese jungen Männer nicht Eingang gefunden haben in das Pantheon der Helden.

Ein weißer Soldat mit dümmlichem Gesichtsausdruck nähert sich. Der Capitão kündigt ihn an: »Da kommt der einzige portugiesische Soldat, der sich in Afrika befindet, ohne jemals sein Dorf im Ribatejo verlassen zu haben. Einer, der in der Hölle Schnee gesehen hat.«

Der junge Soldat stellt sich auf die Zehenspitzen, reckt den ganzen Körper zu einer lächerlichen strammen Haltung.

»222 von der dritten Kompanie des Infanterieregiments, zu Befehl.«

Plötzlich sehe ich ihn nicht mehr. Der junge Portugiese steht vor mir, doch an seiner Stelle erscheint mein Bruder Mwanatu. Die gleiche Karikatur eines Soldaten, die gleiche lächerliche Uniform. Und die gleiche Realitätsfremdheit: Mwanatu Nsambe glaubte, von Geburt weiß zu sein, und dieser Portugiese hält die schlammige Erde der Tropen für Schnee. Am liebsten würde ich den Soldaten umarmen. Ich beherrsche mich, als er mich distanziert und zugleich neugierig anspricht: »Bist du die Schwarze, die Portugiesisch kann? Stimmt es, dass du besser als die meisten Weißen sprichst?«

Meine Antwort ist ein Lächeln. Ich hoffe, dass er es erwidert. Er aber schlägt die Hacken zusammen und zieht sich merkwürdig hastig zurück.

Mouzinho blickt dem Soldaten 222 hinterher: »Das ist ein einfältiger Engel, er ist nicht ganz richtig im Kopf. Aber trotzdem ist er einer der Engel, deren einzige Aufgabe darin besteht, uns daran zu erinnern, dass wir in einer Hölle leben.«

Soldaten sind wie Jäger, ihre Geschichten haben wenig mit der Wirklichkeit zu tun. Niemand stößt sich daran. Im Grunde wissen nur die Toten genau, was die Wirklichkeit ist.

João da Purificação, der jüngste der portugiesischen Soldaten, hatte inzwischen die wichtigste Realität vergessen: seinen eigenen Namen. Seit einem Jahr war er nur eine Nummer: 222. Beklagte er sich darüber? Ganz im Gegenteil. Für ihn gab es keinen edleren Namen. Im Unterschied zu den anderen Soldaten hatte der ehemalige João da Purificação keine Ruhmestaten zu berichten, abgesehen von ein paar Reisen, die nur in seinem Kopf existierten. Man könnte sagen, dass dies auf alle Reisen zutrifft – dass sie in unserem Kopf stattfinden. Die Wahrheit aber war eine andere: 222 war verrückt geworden. In der unwirtlichsten afrikanischen Landschaft sah der Soldat ein portugiesisches Nest. In jedem

Schwarzen sah er einen Bekannten aus seinem kleinen Dorf. Und es gab keinen Fluss in Mosambik, der nicht Tejo hieß und nicht durch seine Kindheit geflossen wäre.

Die Soldaten provozieren João da Purificação, damit er von seinen abenteuerlichen Reisen spricht. Schließlich geht er darauf ein und verkündet, glücklich über die Anerkennung: »Hört gut zu, meine Brüder: Die ganze Welt ist nur ein Vorort unserer Heimat.«

»Bist du so viel gereist?«, fragen die anderen.

»Ich bin so weit gereist, dass es keinen Himmel mehr gibt, auf den mein Blick nicht gefallen wäre.«

»Und wie sieht das Firmament da draußen aus?«

»Da draußen gibt es keinen Himmel mehr. Es ist alles Land, alles ist Portugal.«

Erster Brief des Sargento Germano de Melo

Es ist merkwürdig, was der Krieg mit den Soldaten macht: Erst sollen sie ihre Treffsicherheit verbessern; aber schießen dürfen sie erst, wenn sie erblindet sind.
Sargento Germano de Melo

Inhambane, 29. Dezember 1895

Meine liebe Imani,

inzwischen bin ich in Inhambane und kann Dir endlich in Ruhe schreiben. Die gute Nachricht ist, mein Liebling, dass man mich bald nach Lourenço Marques bringen wird, wo wir uns, wenn alles gut geht, wiedersehen werden. Diese Hoffnung erleichtert mir das Warten. Im Grunde gefällt mir dieses Städtchen, es ist mir fremd und vertraut zugleich. Und verlangt nichts anderes von mir, als auf einer Terrasse zu sitzen und auf das nächste Ziel zu warten. Ich habe schon an mehreren Orten gewohnt, aber nur in zwei Häusern, dem Haus meiner Kindheit und dem kleinen Posten in Nkolani. In der Erinnerung ist es, als wären sie Teil meines Körpers. Ich denke, wenn uns die Dinge zu vertraut sind, nehmen wir sie nicht mehr wahr.

Diesen Brief überbringen wird Dir Kommandant Álvaro Andrea, den Du sicherlich schon kennengelernt hast. Dieser Andrea ist, wie in meinem vorherigen Schreiben erwähnt, ein anständiger Portugiese, den ich bei meinen republikanischen Aktionen kennengelernt habe. Es gibt nicht viele

Weiße, die mit den Schwarzen sprechen. Und wenn, dann geben sie nur Befehle. Dieser Freund aber wird Dir gegenüber eine Ehrerbietung beweisen, wie es sie selten gibt, die jedoch echt ist und ihm viel bedeutet. Du wirst ihn mögen. Ich hoffe nur, nicht zu sehr.

Vielleicht verstehst Du nicht, warum wir Portugiesen so lange brauchen, bis wir über uns selbst sprechen. Der Grund sind die anderen, die Ausländer. Wir fürchten, wir wären in ihren Augen klein. Unser wahres Kleinsein hat nichts mit der Geografie zu tun, sondern damit, wie wir denken. Und nichts geht über einen großen Feind – wie Gungunhana –, um uns davon abzulenken, dass wir unbedeutend sind. Der Krieg gegen den afrikanischen König überdeckt andere Kriege, die unsere lusitanische Nation entzweien. In Mosambik stehen sich in der gleichen Uniform Monarchisten und Republikaner gegenüber. Sie hassen sich, und sie würden einander genauso bedenkenlos umbringen, wie sie einen rebellischen Afrikaner töten.

Ich weiß, dass Du Dich um mich sorgst, dass Du fürchtest, ich könnte mich zu sehr für politische Themen engagieren. Sei unbesorgt. Ich werde keine solchen Wagnisse mehr eingehen, wie sie mir früher die Verbannung nach Afrika eingebracht haben. Es ist jetzt keine Strafe mehr, schließlich ist daraus die größte Belohnung geworden. Was das Exil sein sollte, ist zu einem Ort der Zuneigung geworden. Denn hier, in Afrika, habe ich die Liebe gefunden. Meine einzige Heimat bist Du. Ich habe nur noch den Wunsch, in Deine Arme zurückzukehren.

Du bist heil und unversehrt den gefährlichsten Orten entkommen. Aber es gibt einen Krieg, dem Du nicht entkommen kannst: dem Konflikt zwischen Mouzinho de Albuquerque und Álvaro Andrea. Du wirst in diesen Tagen im Kreuzfeuer stehen. Mein Freund Andrea bereitet insgeheim einen detaillierten Bericht an den Königlichen Kommissar darüber vor, wie Mouzinho de Albuquerque gegen den militärischen Verhaltenskodex verstoßen hat. Andrea hat mir schon den Arbeitstitel des brisanten Dokuments genannt: *Bericht über die Übertretungen der militärischen Vorschriften bei der Gefangennahme von Gungunhana.* Was gäbe eine gewisse Presse in Portugal dafür, diesen Bericht in die Hände zu bekommen!

Ich bitte Dich, mein Liebling, hilf Álvaro, seine Aufgabe zu Ende zu bringen. Es ist höchste Zeit, Mouzinho zu entlarven. Dieser Pfau in Uniform muss lernen, dass es nur ein Maß für die Größe eines Kommandanten gibt: die Art, wie er Besiegte behandelt.

Das Symbol für unseren Krieg in Afrika ist das Bild eines schneidigen Reiters auf seinem Pferd. Aber die Feldzüge in Afrika wurden in den Flüssen entschieden, Wellen, Stromschnellen und Meerengen überwindend. Von diesen Schlachten spricht niemand. Heute weiß jedes Kind, welche Heldentaten Mouzinho de Albuquerque vollbracht hat. Doch auch Álvaro Andrea gebührt Ruhm. Sein Schiff, die Korvette *Capello*, war Teil der »Limpopo-Flotille«. Drei Monate lang hat sie die Ufer des Limpopo beschossen. So wie die Engländer den Portugiesen ein Ultimatum gestellt haben, so haben auch wir den Gungunhana getreuen Häuptlingen eine Frist gesetzt, sich zu ergeben. Wenn die am Ufer liegenden Siedlungen die Frist missachteten, wurden sie mit Kanonen und Maschinengewehren gezüchtigt. Auf die Bombardierungen folgten Einsätze an Land. Die Matrosen verließen das Schiff und griffen die feindlichen Dörfer an.

Der Feldzug am Rio Limpopo zeitigte den erwünschten Erfolg; nach und nach ergaben sich die Dorfhäuptlinge. Es verging kein Tag, ohne dass sich einer geschwächt unterwarf. Manche fielen auf die Knie und murmelten verzweifelt: »Hier sind wir, Frauen des Königs von Portugal.« Dabei lag fraglos ein Übersetzungsfehler vor. Nur Du hättest das Missverständnis ausräumen können. Tatsache ist, dass Gungunhana selbst schon Boten mit Bedingungen für die Unterwerfung geschickt hatte. Letztlich war er bereits besiegt und hatte die Niederlage auch schon akzeptiert, als er in Chaimite gefangen genommen wurde. Mouzinho trat Türen ein, die schon offen standen.

Das Leben ist launisch, meine Liebe, und wir begnügen uns nicht mit Tatsachen. Die Menschen lieben gute Geschichten. Im Krieg stehen sich nicht nur Heere gegenüber. Da treffen Geschichten aufeinander. Und Mouzinho hat eine weit bessere Geschichte als Álvaro Andrea. Ob die Geschichte des Reiters wahr ist, interessiert nicht. In seiner Version gibt es Helden. Und diese Helden sind wir.

So ist es auch mit der Liebe. Álvaro Andrea hat nicht wie ich eine Liebste, die Licht in sein Dasein bringt. Niemand wartet auf ihn am Ende der Reise. Vielleicht kannst Du ihm helfen. Du kannst nicht nur Sprachen vermitteln, sondern auch Geheimnisse des schwarzen Kontinents. Die Weißen wollen nicht nur andere Sprachen verstehen. Sie wollen auch keine Angst mehr haben.

Dein, für immer Dein
Germano de Melo

PS: Meine Schrift ist wackeliger als sonst. Du machst dir keine Vorstellung, was für ein Unwetter hier tobt. Vor Kurzem ist wenige Meter vom Haus entfernt ein Blitz in eine Kokospalme eingeschlagen. Die Kokosnüsse glühten wie Kohlebrocken.

In kurzen hellen Momenten sehe ich Frauen zum Fluss laufen. Sie entkleiden sich und werfen die Tücher auf die Wege. Ihr Lachen vermischt sich mit dem Rauschen des Wassers, dann nimmt mir die Dunkelheit wieder die Sicht. Dann sind die Frauen genau in dem Augenblick wieder zu sehen, als sie vollkommen nackt in das dunkle Wasser eintauchen. Ich schaue zu und denke daran, dass wir uns in einem Fluss zum ersten Mal geküsst haben.

Mehr weiß ich Dir jetzt nicht zu schreiben. Bei diesen Briefen kommt es nicht auf die Länge an. Viel wichtiger ist, dass Du, während ich schreibe, mir so gegenwärtig bist wie meine schreibende Hand. Die Tinte verrinnt dunkel, und in flüchtigen hellen Momenten sehe ich Dich auf dem Papier.

Schwalben und Krokodile

Der Regen spürte den Duft des jungfräulichen Mädchens und trat mit seinem warmen Atem in das Haus ein.

Er drang durch die Ritzen der Tür,
gab sich als Nebel aus.

Und so, in dieser konturenlosen Gestalt,
verführte der Regen das Mädchen und ließ sie träumen.

Im Traum sah das Mädchen eine schwebende Wolke.
Die Wolke kniete sich vor ihr Haus,
damit sie sich ihr auf den Rücken setze.

Und dort, auf diesem Lager, verbrachten sie die Nacht,
das Mädchen und der Regen.

Dann stürzten die Himmel herab,
zusammen mit den Göttern.
Und die ganze Erde hüllte sich in Duft.

Es riecht nach Regen, sagen die Menschen.
Aber sie wissen nicht, woher der Duft stammt.
Dabondis Worte

Eine Stunde ist vergangen, seit wir den Posten Languene verlassen haben, doch die Korvette *Capello* ist kaum in Richtung Mündung des Limpopo vorangekommen. Dabondis Vorhersage war richtig – ein Unwetter ist über uns niedergegangen und hat den Fluss zu schäumenden Wellen aufgewühlt. Mit einer Hand die Augen abschirmend, steht der Kommandant Álvaro Soares Andrea im Bug und blickt prüfend auf den Horizont. Feine Gischtwolken peitschen sein sonnengebräuntes Gesicht.

Die breiten Schultern des Kommandanten verdecken den ganzen Ozean. Und dennoch zögert er, der portugiesische Seefahrer – in der Hitze der Tropen ist alles Schein. Wie oft hat er erlebt, dass sich aus der wilden afrikanischen Landschaft plötzlich der Himmel erhob? Wie oft hat er gespürt, dass der Hauch der Hölle Gestalten aus Asche und Feuer in Brand setzte?

Und jetzt, im Bug stehend, die Augen mit der Hand abgeschirmt, spürt der Kommandant, dass das Schiff danach verlangt, die Fahrt abzubrechen. Die im modernen England gebaute Korvette hat nicht gelernt, diesen Ungeheuern zu trotzen, sie schlingert und bockt wie ein wild ausschlagendes Fohlen.

Der Kommandant hat allen Grund, besonders vorsichtig zu sein – noch nie hat die Kriegsmarine eine so kostbare Fracht transportiert. Die Gefangenen müssen heil und unversehrt im Hafen von Xai-Xai ankommen, von wo sie auf einem größeren Schiff, der *Neves Ferreira,* nach Lourenço Marques überführt werden sollen. Dort wird es eine öffentliche Feier geben, um die Kriegstrophäen zu präsentieren. Dann endlich werden die Schwarzen nach Lissabon gebracht. Dort, in der portugiesischen Hauptstadt, wird ihre Präsentation den Höhepunkt erreichen.

Was mit den Gefangenen geschehen wird, darüber weiß ich Bescheid. Aber was aus mir wird, darüber weiß ich nichts. Ebenso wenig darüber, was aus Germano de Melo wird. Nur eine einzige Gewissheit bewegt mich, während ich über meinen gewölbten Leib streiche: Ich, Imani Nsambe, werde Mutter. Und Germano ist der Vater des Kindes. Irgendwo werden wir uns wiederbegegnen und dann glücklich sein.

Wir haben den Anleger von Zimakaze und den Posten Languene hinter uns gelassen. Die Gefangenen haben ihr Leben auf dem anderen Ufer des Flusses zurückgelassen. Nur ich kann meine Vergangenheit nirgends hinter mir lassen.

Álvaro Andrea steht wie ein respektloser Engel im Bug und betrachtet Gottes Unzulänglichkeiten. Die Küstenlinie, unmöglich zu kartografieren, ist der Beweis dafür, dass das Universum lediglich ein Entwurf ist.

»Und was sehen Sie da alles, Kommandant?«, fragt Mouzinho.

Andrea antwortet nicht gleich. Er blickt auf die Wogen, die sich ziellos auftürmen und dann in einen dunklen Abgrund stürzen. »Was ich sehe? Keine Ahnung. Schwalben.«

»Schwalben?«, wundert sich Mouzinho.

»Angeblich hasst Gungunhana Schwalben so, wie er den Ozean fürchtet. Ich habe ihn schon gefragt, warum er sie hasst.«

»Lassen Sie sich einen Rat geben, Kommandant. Stellen Sie diesen Leuten keine Fragen«, sagt Mouzinho. »Das wäre doppelt verkehrt. Erstens, weil man Sie belügen wird. Und zweitens geben Sie ihnen damit eine Bedeutung, die für uns gefährlich werden kann.«

»Die eine Königin hat gesagt, Schwalben seien keine Vögel, sondern Botschafterinnen. Man müsse zuhören, welche Botschaften sie bringen.«

»Törichtes Gerede, werter Andrea. Und noch törichter ist, wer dem Gehör schenkt.«

Die Fahrt nach Xai-Xai hätte zwei Tage dauern sollen. Doch das plötzliche Unwetter hindert das Schiff an der Weiterfahrt, was Mouzinho de Albuquerque verärgert. Für ihn gibt es keine Zeit zu verlieren, in Lourenço Marques wartet auf ihn der Ruhm. Kein aufgewühltes Mündungsmeer soll das Feiern seiner Heldentaten hinauszögern dürfen. Ans Befehlen gewöhnt, fällt es ihm schwer, einen bittenden Ton anzuschlagen: »Fahren Sie weiter, Kommandant Andrea, die Korvette ist dafür gebaut, mit Unwettern fertigzuwerden.«

Álvaro Andrea hält Mouzinhos arrogantem Blick stand und entgegnet gereizt: »Befehle können Sie Ihrem Pferd geben; hier habe ich das Kommando.«

Mouzinho könnte die Diskussion mit einem Federstrich beenden, indem er auf die Rangabzeichen verweist. Denn er ist nicht nur Capitão, sondern nun auch Gouverneur des Militärdistrikts Gaza. Aber er greift stattdessen zu einem gemäßigteren Ton. Da sind die Gefangenen, die Blicke wechseln, erstaunt über den Zwist zwischen den weißen Häuptlingen.

Ngungunyane, der zwischen den Gepäckstücken hockt, scheint zu glauben, er sei der Grund für den Wortwechsel. »Die Portugiesen diskutieren vermutlich über meine sofortige Hinrichtung …«

»Wissen Sie, warum ich den Vátua-Häuptling so mühelos gefangen nehmen konnte?«, fragt Mouzinho den Kommandanten.

Ngungunyanes Krieger hätten geglaubt, erklärt er, das Kommando, das sie vor sich sahen, sei nur eine Abordnung eines riesigen Heeres, das sie jenseits des Horizonts umzingele.

»Und deshalb sage ich Ihnen, werter Andrea, trauen Sie nie der Linie am Horizont.«

Laut Mouzinho gibt es noch einen Grund, das Tempo zu beschleunigen – das mitten in der Mündung liegende Schiff könnte einen Meinungsumschwung bei der Bevölkerung am Flussufer auslösen. Die Schwarzen, die zuvor Ngungunyanes Festnahme begrüßt haben, könnten jetzt ihren Herrscher zurückhaben wollen. Kommandant Andrea bestreitet das; er halte sich an die Abmachungen, die er eingegangen sei.

»Welche Abmachungen?«, fragt Mouzinho.

Capitão Mouzinho solle nicht vergessen, dass die lokalen Häuptlinge schon lange vor Ngungunyanes Gefangennahme Portugal gegenüber Gefolgschaft geschworen hätten. Ihm,

Álvaro Andrea, gegenüber hatten sie sich loyal erklärt. Im Gegenzug hatte er allen versprochen, sollte der Herrscher sich ergeben, würden sie keine Vergeltung üben. Die Herrscherfamilie würde respektiert und der König anständig behandelt werden.

»Das haben Ihnen die Neger versprochen?«, fragt Mouzinho in kaum verhohlen ironischem Ton. »Und ich verspreche Ihnen, werter Andrea: Kein einziger Schwarzer wird sich an dieses Versprechen halten, so wie auch kein einziger Weißer jemals von Ihrem anständigen Abkommen erfahren wird.«

Andrea nimmt die Beleidigung stumm hin. Er blickt zu mir herüber, als solle ich sein Schweigen übersetzen.

Mouzinho hat von der Linie des Horizonts gesprochen. Das hätte er nicht tun sollen. Die Seeleute, die über so viele Ozeane kreuzen, lernen, mit Nebel und Luftspiegelungen umzugehen. Der Kommandant Álvaro Andrea kennt sich mit Horizonten bestens aus.

Mit einem Fernglas sucht Mouzinho de Albuquerque die Flussufer ab. Er ist besorgt. Selbst wenn sie sich für die Weiterfahrt entscheiden, wird die Korvette sich nur mit Schwierigkeiten zwischen den Untiefen im Fluss bewegen können, und die Schiffsschraube am Heck wird sie, falls sie fliehen müssen, nicht so flink vorwärtsbringen wie sein Pferd. Obendrein sind die Kanonen und Maschinengewehre auf dem Deck schwierig zu bedienen. Mouzinho will sich nicht ausmalen, wie ein Regen von tödlichen Pfeilen auf das Schiff niedergeht und, noch schlimmer, womöglich den Gefangenen durchbohrt, der doch heil und unversehrt nach Lissabon gelangen muss. Ironie des Schicksals: Den Feind, den er töten wollte, muss er jetzt unter eigener Lebensgefahr beschützen.

»Mein werter Andrea«, sagt Mouzinho, »vermutlich denken Sie, dass ich es eilig habe, nach Lourenço Marques zu kommen, um Ehrungen entgegenzunehmen. Nur dass Sie es wissen: Ich habe es eilig, diese schlammigen Gewässer hinter mir zu lassen, weil ich darin gerade einen meiner Männer verloren habe. Oder haben Sie das schon vergessen?«

Gleich nach Fahrtbeginn war der Soldat João da Purificação, den ich als 222 kennengelernt hatte, beauftragt worden, Wasser für den Kessel zu schöpfen. Kaum hatte er den Eimer in den Fluss getaucht, stürzte er in das dunkle Wasser und wurde von einem riesigen Krokodil mitgerissen. Vergeblich warfen sie Rettungsringe ins Wasser, schrien verzweifelt und schleuderten Gegenstände auf die Bestie. Man erwartete, dass 222 verzweifelt um sich schlagen, mit den Armen wie von Sinnen im Wasser fuchteln würde. Aber nein. Der Soldat nahm sein schreckliches Schicksal so ruhig hin, als kehrte er heim. Mehrmals kam sein blasses Gesicht an die Oberfläche, seine weiten Augen blickten kindlich gelassen. Schließlich verschwand 222 langsam kreiselnd im schlammigen Wasser des Limpopo. Trotz mehrmaliger Suche wurde sein Körper nicht mehr gefunden. Danach sprach niemand mehr von ihm als Nummer. Erst nach seinem Tod bekam er wieder einen Namen. Für mich hätte der Name João oder Mwanatu lauten können. Beide starben im Wasser, fanden ihr Grab im Fluss.

Nachdem keine Hoffnung mehr bestand, die Leiche zu finden, begann die große Schiffsschraube wieder, sich wie ein Karussell zu drehen. Die Seerosen mit ihren großen Blättern und schönen Blüten hoben sich wie von einem unsichtbaren Krokodil aufgewirbelt in die Luft. Das Schiff war ein Pflug, der dem Fluss die Wurzeln entriss. Das Geräusch der Schaufeln – »feque-feque-feque« – erklärte, woher der Name kam, den die Eingeborenen dem Schiff gegeben hatten: Mafekefeke. Die Seerosen erinnerten mich an das Lied, das meine Mutter immer im Haus sang: »… Blumen, die im Wasser blühen, sind aus Regen gemacht.«

»Er hat sich umgebracht«, bemerkte Mouzinho.

Für uns Schwarze war das kein gewöhnlicher Tod. Das tückische Krokodil gehörte zu jemandem und führte einen

Auftrag aus. Was an ihm erschreckte, war nicht das Raubtierhafte, sondern das Menschliche.

Dabondi trat ein paar Schritte vor, dann fiel sie vor Mouzinho auf die Knie und stimmte auf Xizulu eine Litanei an. Einige Augenblicke lang war nichts anderes zu hören als das in einer den Weißen unverständlichen Sprache vorgetragene Gebet. Mouzinho unterbrach es. Er befahl, die Königin in die Ecke mit den Gefangenen zurückzubringen. Nachdem sein Befehl ausgeführt worden war, fragte er mich: »Hat die verdammte Frau für den unseligen Soldaten gebetet oder sich beim Krokodil bedankt?«

»Der Soldat, der gestorben ist …«

»Der ist nicht gestorben«, unterbrach mich Mouzinho, »er hat sich umgebracht.«

»Der Soldat erinnert mich an meinen Bruder, der von einem portugiesischen Militär erschossen wurde.« Kaum habe ich es ausgesprochen, bereue ich es schon.

»Wie hieß er?«, fragte Mouzinho.

»Mein Bruder?«

»Nein. Wie hieß der, der deinen Bruder erschossen hat?«

»Santiago da Mata«, antworte ich. »Und ich habe da Mata getötet.«

»Irrtum«, sagt Mouzinho. »Santiago hat sein Schicksal selbst gewählt.«

Zweiter Brief des Sargento Germano de Melo

Meine Geschichten sind so alt, dass jeder, der sie hört, verschwindet. Das erschreckt niemanden, denn im nächsten Schweigen kommen alle zurück. Und deshalb erzähle ich möglichst leise flüsternd. Ich habe Angst, die Zeit zu verwirren und dadurch die Verzauberten an der Rückkehr zu hindern.
Dabondi

Inhambane, 30. Dezember 1895

Meine Liebste,

den vorherigen Brief habe ich im Schein von Blitzen geschrieben. Und dabei kam mir ein verrückter Gedanke: Um Dich kennenzulernen, habe ich eine Art Erblindung durchgemacht. Jetzt sehe ich nur mit Deinen Augen, habe nur Hände, wenn ich Dein Körper bin. Ich denke an die Unwetternacht zurück und finde diesen Gedanken inzwischen nicht mehr verrückt. Wenn die Tage doch nur so schnell vergingen wie ein Blitz. Dann müsste ich nicht mehr warten – beim nächsten Aufflackern hielte ich Dich wieder in meinen Armen. Doch hier, in den afrikanischen Tropen, ist die Zeit faul, und die Tage schleichen wie träge Schlangen dahin. Wenn ich Dich nicht berühren kann, habe ich nur zwei halbe Hände und bin wieder so behindert, wie eine von Dir abgeschossene Kugel mich kürzlich gemacht hat. Du hast Dich damals dafür entschieden, mich zu opfern, um Deinen Bruder zu retten.

Das nehme ich Dir nicht übel. Im Gegenteil, diese Entscheidung spricht für die Größe deines Herzens.

Mein vorheriger Brief befindet sich inzwischen bei Álvaro Andrea. Der Überbringer hat mir versichert, dass er ihn ein paar Tage vor deiner Abreise auf dem Posten Languene persönlich abgeliefert hat. Ich kann mir nicht vorstellen, dass der Kommandant ihn nicht sogleich weitergegeben hat. Warum antwortest Du mir nicht, Imani?

Das große Glück mit Liebesbriefen ist, dass man die Antwort schon erhält, bevor man sie geschrieben hat. Vielleicht ist das der Grund, weshalb ich diesen Brief unzählige Male angefangen und ihn immer wieder verworfen und zu Boden habe fallen lassen. In meine Füße haben sich die Worte eingeprägt, die Du nie erhalten hast. Ich lasse die Entwürfe im Staub auf der Erde liegen. Sie bilden einen Teppich, den ich für Deine Rückkehr gewebt habe. Ich trete Wörter, so wie wir in meiner Heimat die Weintrauben treten, damit der Wein entsteht.

Ich lese noch einmal, was ich gerade geschrieben habe, und denke, das ist alles viel zu sentimental, als Lyrik verbrämter Pathos. Im Grunde habe ich mich diesen Träumen hingegeben, wie ein Trinker sich an eine schon geleerte Flasche klammert. Wenn alles gut geht, wird dieser Brief nicht auf den Boden fallen, sondern tatsächlich in die Hände des Kommandanten Álvaro Andrea gelangen, sowie er in Xai-Xai von Bord geht. Kurios: Der erste Brief wurde ihm auch in einem Hafen übergeben, am Anleger von Zimakaze. Alle diese Schreiben verlangen nicht nach einem Briefträger, sondern nach einem Matrosen.

Mir ist auch schon durch den Kopf gegangen, dass der Kommandant vielleicht einfach vergessen hat, den Brief zu übergeben. So wie ich ihn kenne, ist er über Mouzinho derart erbost, dass er alles andere aus den Augen verliert. Trotz alledem verstehe ich, dass man solchen kleinlichen Groll hegt. Was bleibt einem Militär denn nach dem Krieg? Was bleibt von einer Zeit, die man nie mehr vergessen kann?

Im Grunde haben diese beiden Offiziere nichts miteinander gemein. Mouzinho ist loyaler Monarchist und stolz auf seine alten, rein lusitanischen Wurzeln. Álvaro Andrea ist Republikaner italienischer Abstammung. Sein Großvater war ein Genueser Seemann, seine Wurzeln haben mit dem Land und dem Meer zu tun. Mouzinho und Andrea werden sich beide um Dich bemühen, doch dabei geht es einzig um sie selbst. Aber Du hast keine Wahl. Andrea ist ein Freund. Mouzinho ein Verbündeter. Andrea hat das Kommando über das Schiff. Mouzinho über die Route.

Das Schlimmste, mein Liebling, ist, dass der Krieg in Mosambik noch nicht beendet ist. Deshalb nehmen sie Dich als Dolmetscherin mit. Sie erwarten nicht nur, dass Du übersetzt. Du sollst noch viel mehr tun. Du sollst für die portugiesische Krone spionieren. Und das bedrückt mich. Wenn Du wertvolle Geheimnisse weitergibst, gehst Du große Risiken ein. All das raubt mir den Schlaf. Doch am nächsten Tag komme ich wieder zur Vernunft und sage mir, dass Du Dich nicht in so großer Gefahr befindest. Schließlich sind nur die höchsten amtlichen Stellen in Portugal über Deinen Auftrag informiert. Es ist sehr unwahrscheinlich, dass von den Portugiesen irgendjemand herausfindet, wer Du in Wirklichkeit bist. Keiner der Gefangenen (mit Ausnahme von Godido, dem Sohn des Königs) spricht auch nur ein einziges Wort Portugiesisch. Und selbst wenn Godido Dich denunzieren will, wer würde ihm Glauben schenken?

Mein Liebling, dies ist Deine erste Begegnung mit dem Meer. Vor einem Jahr habe ich die Reise in umgekehrter Richtung gemacht – von Portugal nach Mosambik. Es waren zwei lange Monate auf einem Schiff. Damals habe ich begriffen: Nicht nur das Schiff auf dem Ozean ist unterwegs. Auch die Seelen der Passagiere sind auf Reisen und vermischen sich, unabhängig von Rasse und Nation. Ich bin in dieser Welt privilegiert, denn ich bin einer der Wenigen, der schon eine andere Reise unternommen hat. Und es war keine Reise auf dem Meer. Du bist es, bei der ich die Grenzen überwunden habe, die mich von mir selbst trennten. Meine Augen sind blau, damit Du in mich hineinblicken kannst, als wäre ich Wasser.

Zu deinem Trost musst Du daran denken, dass Deine Reise nicht erst jetzt beginnt. Seit Deiner Kindheit emigrierst Du aus Dir selbst. Denk daran, welche Vorteile die unfreiwillige Reise bietet: In dem anderen Land – das mein Geburtsland ist – werden wir gemeinsam ein neues Leben beginnen. Das ist mein allergrößter Wunsch. Doch ich möchte nicht, dass Dir widerfährt, was ich bei anderen afrikanischen Frauen in Portugal erlebt habe. Ich werde nicht zulassen, dass man Dich demütigt. Du wirst Imani de Melo heißen. Du wirst eine Frau, meine Frau sein.

Germano de Melo

Hände und Mütter

Das schlimmste Erbe des Krieges sind weder die Wunden noch die Trümmer. Das schlimmste Erbe sind die Sieger. Sie glauben, ihr Sieg habe sie zu den Herren des Landes gemacht und begründe ihren Anspruch, es ihr Leben lang zu regieren.
Aus dem Brief von Álvaro Andrea

Jetzt verstehe ich, warum die Menschen am Mündungsmeer den Limpopo »Nambo wa Nhimba« nennen, den Schwangeren Fluss. Hier liegt er in den Wehen: Er spreizt die Ufer weiter auseinander, windet sich wie eine Schlange, zerreißt sich, um sein Wasser in das Wasser des Meeres auszustoßen. Die Korvette tanzt über die Wogen, es gibt keinen Platz an Deck, der nicht von den Brechern überspült wird. Ngungunyanes sieben Ehefrauen drängen sich um ihren Mann. Falls sie Trost suchen, werden sie ihn nicht finden – auf der ganzen Welt gibt es kein Lebewesen, das so von Angst gepackt ist wie der König von Gaza. Mich amüsiert, diesen Mann, der in meinem Volk so viel Schrecken verbreitet hat, derart verängstigt zu sehen.

Der Schwangere Fluss erinnert mich an meinen Zustand. Ich hatte noch niemals Übelkeit erlebt. Jetzt möchte ich am liebsten nur die Augen schließen und in eine Art trunkenen Schlaf sinken. Von fern lächelt Dabondi mir schüchtern zu. Sie ist die einzige der Königinnen, die sich mir gegenüber freundlich verhält. Unauffällig kommt sie und setzt sich zu mir. Der König und seine Frauen beobachten uns misstrauisch. Sie befinden sich nicht auf einem Schiff, sie sitzen in einem Sarg. Sie gehen wie Tote über das Wasser. Nur sie, die schöne Dabondi, ist lebendig. Ich beuge mich vor, um ihr Flüstern zu verstehen.

»Ich möchte dich um einen Gefallen bitten, Schwester. Frag die Weißen, ob sie dem Nkossi erlauben, seine Krone aufzusetzen.«

Sie hält halb verborgen den Chilodjo in den Händen, den dunklen Wachsring, mit dem sich bei den VaNguni die Adligen von den übrigen Kasten unterscheiden. Dabondi ist überzeugt, wenn der Herrscher sie aufsetzen dürfte, wäre er erleichtert. Sie sieht sich um, ob uns jemand zuhört. Dann spricht sie weiter: »Ich bin die Einzige, die es eilig hat, unsere Heimat hinter sich zu lassen. Und weißt du, warum?« Wieder macht sie eine Pause. Mit feuchten Augen teilt sie mir dann mit: »Ich werde meinen Sohn wiedersehen!«

Ihr Sohn João Mangueze war mit siebzehn Jahren zum Studieren nach Portugal geschickt worden. »Studieren« ist vielleicht etwas übertrieben. Seit zwei Jahren arbeitet er in einer Sägerei auf dem anderen Ufer von Lissabon. Die Portugiesen hatten dem König von Gaza angeboten, seine Söhne auf lusitanische Schulen zu schicken, die einen auf der Ilha de Moçambique, die anderen in Kontinental-Portugal. Mangueze wurde als Einziger nach Übersee geschickt. Der Herrscher sagte zu den Portugiesen: »Seht nur, wie sehr ich euch vertraue, ich übergebe an euch das Kostbarste, was ich besitze.« Die Frauen taten sich zusammen, um gegen diese Entscheidung vorzugehen. Schließlich waren Kinder der einen ihrer aller Kinder. Sie fürchteten alle, das Meer würde den Jungen verschlingen, den die Portugiesen João getauft hatten. Dabondi war als Einzige glücklich. Doch sie verbarg ihre Freude und tat, als wäre sie auch dagegen. Schon seit langer Zeit betete sie insgeheim dafür, dass João Mangueze weit fortgebracht würde. Lieber sollte er auf dem Meer verschwinden, als in Machtkämpfen vergiftet werden.

»Bald werden alle sehen, dass du schwanger bist«, sagt sie und legt mir eine Hand auf den Bauch.

»Merkt man es schon?«

»Ich habe es gleich gewusst. Ich bin eine Nyamossoro. Ich werfe Muscheln. Und ich habe sie mitgenommen, die Tintxolo.«

Sie streckt die Brust vor und zeigt mir ein Mpacatxu, eine Kette aus kleinen Hölzchen an einer Schnur. Sie zeigt die Kette nicht aus Eitelkeit. Der Schmuck beweist, dass sie von den Göttern erträumt wurde. Sie steht auf und reicht mir eine Capulana, ein Hüfttuch. Ich will es nicht annehmen, doch sie besteht darauf. Bald wird es dunkel und kühl werden. Das Tuch, das ich um die Taille trage, darf nicht über die Schultern gelegt werden, weil sonst das Kind in mir erstickt würde. Das neue Hüfttuch muss einer anderen Frau gehört haben.

»Wir machen diese Reise gemeinsam«, sagt Dabondi. »Ich werde die Patin deines Kindes. Dafür wirst du in Portugal meine kleine Frau, meine Sklavin.«

»Ich war noch nie eine Sklavin …«

»Dann wirst du es jetzt«, erklärte Dabondi. »Dein Kind, habe ich gehört, bringt nicht die richtige Rasse mit. Du brauchst jemanden, der dich vor den Weißen und den Schwarzen beschützt.«

Sie legt mir die Hand leicht gekrümmt auf den Bauch und wagt eine Weissagung – seit drei Monden habe ich meine Tage nicht mehr. Nach der Tradition befinde ich mich im Zustand der Dunkelheit, weil mein Monatsblut zurückgehalten wird. Es sei zwingend notwendig, dass ich auf andere Weise blute. Sie schlägt vor, mir kleine Schnitte ins Bein zu machen, damit das Blut sich nicht im Körper staut. »Ich habe dich beobachtet, Mädchen«, sagt sie. »Es gibt einiges, was du lernen musst. Zum Beispiel, wenn du Wasser trinkst, musst du dich hinknien, damit es dem Kind nicht wie ein Wasserfall auf den Kopf fällt.«

In meiner Heimat lernen die Mädchen, niemand zu sein. Auch Dabondi hat sich ausgelöscht. Sie glaubte, auf diese Weise würde sie nicht leiden, wenn sie ihre Kinder verlor. Als ihr Sohn nach Portugal abfuhr, wachte sie in der Nacht auf und spürte an den Fingern dickflüssiges Öl. Sie glaubte nicht, dass sie noch träumte. Aber sie wartete ab – wenn es ein Traum war, dann sollte er vollständig kommen. In der Dunkelheit vernahm sie den Geruch von Eisen, und da stellte sie fest, dass sie stark blutete. Das Blut lief ihr aus dem Leib – es war João, der sich zurück ins Dunkle zwängte. Der Sohn, von dem alle sagten, er sei auf dem Weg in die Ferne, war also überhaupt nicht zur Welt gekommen. Gestorben war er, als er sich noch in ihrem Leib befand. Ein Ximuku war er, einer, der auf die andere Seite zurückgeht, wie man sagt. So bezeichnet man auch Ertrunkene. Die in einem grenzenlosen Leib gestorben sind, ohne ihre Geheimnisse preiszugeben.

Frühmorgens schlich Dabondi in die Büsche, ohne dass jemand im Dorf es bemerkte. Ob der Erdboden, auf den sie trat, echt war oder von ihr geträumt, wusste sie nicht. Mit einer Schaufel hob sie eine schmale, aber tiefe Grube aus. Darin beerdigte sie ihren Sohn João Mangueze. Später sollten alle sagen, das Grab sei leer zugeschüttet worden. In der Erde sei nichts als Erde beerdigt worden. Sie könnten beschwören, ihr Sohn sei nicht gestorben, sondern auf den Irrwegen des Meeres unterwegs, mit dem Ziel Lissabon.

Das Gerede und die Behauptungen der anderen machten ihr nichts aus. Dabondi wollte sich nur vergewissern, dass die Milch in ihrer Brust versiegt war. So machen es die Mütter, die leblose Kinder gebären. Unzählige Male drückte sie an der Brust, kein einziger Tropfen trat aus. Als sie sicher war, dass sie so trocken wie ein Stein war, ging sie nach Hause und schlief ein.

Am nächsten Morgen ging der Herrscher an ihr vorbei und erkannte sie nicht. Dabondi hatte sich in einen Baum verwandelt. Und so löste sie das, wofür es keine Lösung gibt. Mutter sein ist ein Verb, das keine Vergangenheit kennt, sagte die Königin.

»Das Blut an der Klinge, mit der die Nabelschnur durchtrennt wurde, gehört das der Mutter oder dem Kind?«, fragt sie. Und fügt entschieden hinzu: »Es ist mein Blut, das ich auf dieser Reise wiederfinden werde.«

Einen Sohn besucht man nicht, sagt sie. Man kehrt zu ihm zurück, als wäre er immer noch nicht geboren. Sie schließt die Augen, wiegt die Schultern und trällert ein altes Lied: »Mütter greifen mit den Händen ins Feuer und werfen die noch glühende Asche in den Himmel. Das tun sie seit Anbeginn aller Zeit. So sind die Sterne entstanden. Mit diesen Lichtern wird geschehen, was mit der Sonne geschah: Sie werden zurückkehren. Alle werden zurückkehren. Und die Hände der Frauen zum Strahlen bringen.«

Ich unterbreche den Singsang wenig überzeugt: »Ihr Sohn wird in Ihre Arme zurückkehren. Das besagt das Lied doch, oder?« Sie sieht mich lange an. Ihre Finger gestikulieren in der Leere, so als deutete sie Wahrsagerknochen. Etwas an dieser Frau erinnert mich an meine verstorbene Mutter.

»Ich beneide dich«, gesteht Dabondi leise. »Es tut mir leid, dass ich die Sprache der Weißen nicht spreche.«

»Das muss Ihnen nicht leidtun, Königin«, antworte ich. »So verstehen Sie es nicht, wenn die Weißen uns beleidigen. Sie wissen nicht, wie oft sie uns als Affen bezeichnen.«

»Die Weißen wissen auch nicht, mit welchen Schimpfwörtern wir sie beleidigen.« Und plötzlich strahlt sie: »Ich werde meinen Sohn sehen, das allein ist wichtig.« Dann fordert sie mich auf, ihr Portugiesisch beizubringen. In dieser Sprache will sie mit ihrem Sohn sprechen.

»João hat sein Xizulu nicht vergessen«, wende ich ein.

»Du verstehst nicht, mein Kind. Ich will mich mit meinem Sohn in einer Sprache unterhalten, die keiner von meinen Verwandten versteht.«

Um sich vor den Moskitos zu schützen, hat Capitão Mouzinho in der Kabine des Kapitäns Zuflucht gesucht. Dort legt er die Hand auf das Steuerrad und bleibt so stehen, als ließe er sich von der Menschheit bewundern. Comandante

Andrea knurrt: »Dass er es nicht wagt, mir Befehle zu geben. Wer mir befiehlt, ist das Meer. Und sonst niemand.«

Dabondi nimmt mich an der Hand und geht mit mir zu Mouzinho. Ich soll ihr helfen, sich verständlich zu machen. Mouzinho öffnet die Tür einen Spalt und hört ihr zu. Dabondi hat eine Bitte: »Wenn wir in Portugal sind, möchte ich mit eurem Ältesten sprechen.«

»Unserem Ältesten?«, fragt Mouzinho.

»Dem Ältesten der Weißen. Ich will mich dafür bedanken, dass er meinen Sohn aufgenommen hat. Der König von Portugal ist der neue Vater von meinem João. Und ich bin eine Ehefrau von eurem König.«

Der Capitão lächelt nachsichtig. Dann fordert er uns auf zu gehen und schließt wieder die Tür.

An den Ufern des Limpopo werden kleine Feuer entfacht. Die meisten gehören nicht zu den Dörfern am Fluss. Die Feuer werden von Menschen angezündet, die nur am Fluss kampieren, um mitzuerleben, wie der Herrscher deportiert wird. Hin und wieder ist eine Verwünschung zu hören: »Verschwinde, du Aasgeier, und komm nie mehr zurück!«

Dabondi ist zu den anderen Königinnen zurückgekehrt und hat mich mit Álvaro Andrea allein gelassen. In seinem dunklen Uniformrock ist der Kapitän eine kaum erkennbare Silhouette. Das Licht der Feuer wird von den silbernen Knöpfen der Uniform reflektiert.

»Deine Königin behauptet, sie könne mit den Flüssen sprechen«, sagt der Portugiese. »Du als Übersetzerin, weißt du, was diese Feuer am Ufer bedeuten?«

Er erwartet keine Antwort. Ich betrachte ihn von Kopf bis Fuß. Seine Uniform ist in der tropischen Hitze fehl am Platz. Die Königinnen sind von den Metallknöpfen fasziniert. Ngungunyane verfügt nicht über so viel Glanz, an seiner Brust hängt kein Stück Sonne. Nur ich habe Mitleid mit diesem schweißgebadeten Weißen, denn ohne die feierliche Uniform würde er wie ein mutterloses Kind wirken. Der klitschnasse Uniformrock reicht ihm fast bis auf die Füße, die entgegen der militärischen Vorschrift ungeschützt sind. Der Portugiese ist barfuß. Die Stiefel mussten gewaschen werden, sie waren vollkommen mit dunklem, stinkendem Schlick verdreckt. Die Königinnen blicken belustigt auf den Weißen, als wäre er nicht nur barfuß, sondern gänzlich unbekleidet. Tio Mulungo bemerkt laut: »Das Zebra hat die Hufe abgelegt.« Alle lachen. Die Älteren waren davon überzeugt, dass Europäer wie Huftiere sind. Da sie immer Schuhe trugen, glaubten sie, dies seien Körperteile.

Der Portugiese wischt sich den Schweiß ab, der ihm von der Stirn rinnt, und sagt zu mir: »Wir müssen uns unterhalten, Mädchen. Ich habe einen Auftrag, der weit wichtiger ist, als ein Schiff der Marine zu steuern.«

Bevor es das Meer gab, gab es ein Schiff

Ich warf einen Stein gegen den Wind,
denn ich glaubte, er sei ein Kuerre-Kuerre-Vogel.
Und der Wind hörte auf zu blasen.
Und nach und nach wurde der Wind zu Staub.
Denn ich warf mit einem Stein nach ihm,
und der Wind wirbelte auf, wurde zu Staub und flog davon.
Dann kehrte er zurück, kräftig blasend,
um sich von dem Staub zu befreien.
Und der Wind wurde immer wilder.
Der Wind, der einmal ein Vogel war.

Sage der San, 1870 in Kapstadt gehört und poetisch übertragen von der südafrikanischen Schriftstellerin Antjie Krog

Álvaro Soares Andrea glaubt, er habe ein Schiff steuern gelernt, bevor das Meer entstand. Über Jahrzehnte bereiste er die afrikanische Küste und erforschte Flüsse, die bis heute noch keinen Namen haben. So viele Reisen hat er unternommen, dass es nicht genug Nächte gibt, um von seinen Abenteuern zu erzählen. So erklärt sich seine Verachtung für Mouzinho de Albuquerques Allüren.

»Wer sich mit dem Meer auskennt, der kennt auch den Himmel«, sagt der Kapitän, während er zwischen Bug und Heck der Korvette hin- und herläuft.

Er ist aufgewühlt, die ganze Nacht hat er kein Auge zugetan. Träume hatten ihn heimgesucht, seltsame Vorahnungen. Er hat geträumt, er sei zu einem schwarzen Gefangenen geworden und unterwegs im Bauch seines eigenen Schiffes. Im selben Traum löste Mouzinho die Fesseln an seinen Handgelenken und wedelte mit einem Heft vor seinem Gesicht: »Ist es das hier, was du gegen mich schreibst, du verdammtes Schwein?« Er rieb mit einer nervösen Peitsche an seinem Stiefelschaft. Dann warf er ihm das Heft in den Schoß. Er sollte laut daraus vorlesen. Andrea hielt die Seiten mit zitternden Fingern fest. Er sah, dass es seine Schrift war. Doch gleich darauf stellte er fest, dass er das alles in einer Sprache geschrieben hatte, die er nicht verstand. Vielleicht war es Zulu, aber sicher war er sich nicht. Dann war er aus dem Schlaf aufgeschreckt.

»Wer sich mit dem Meer auskennt, der kennt auch den Himmel«, sagt Andrea noch einmal, als könnte das Motto ihm helfen, wach zu bleiben. Wieder blickt er hinauf zu den dunklen Wolken über dem Ozean. Schließlich unterwirft er sich dem Willen der unergründlichen Kräfte der Natur. Er vertraut mehr auf seinen inneren Stern – den manch einer Intuition nennt –, als auf Karten und Kompasse, die sich in den Meeren der Tropen als untauglich erweisen.

»Sag dem Kapitän, dass dieser Wind einen bösen Namen hat.«

Wieder will Dabondi Andrea über seine Unwissenheit hinweghelfen. Und es ist viel, was der portugiesische Kapitän nicht weiß. Zum Beispiel weiß er nicht, dass der Wind einmal ein Vogel war. Wir, die VaChopi, wir wissen das. Solche Dinge lernen wir von klein auf. Der Wind war einmal ein Vogel und ist aus sich herausgeflohen, als die Menschen ihn einfangen wollten. Seitdem hat er keinen Körper mehr, er baut sich Nester in den Wolken und reist mit ihnen mit, um sich auszuruhen, wenn er zu müde ist. Deshalb singt der Wind. Denn er war einmal ein Vogel. Als Kind sagte ich, der Wind »pfeife«. Und der portugiesische Pfarrer Rudolfo Fernando lächelte nachsichtig. Sprachen sind wie Frauen: Sie verlieben sich, werden schwanger und bringen Kinder hervor.

»Ich kenne diesen Wind«, versichert die Königin. »Er heißt Xidzedze.«

Er sei ganz anders als sonstige Stürme, dieser Xidzedze. Er heult wie ein Tier und entsteht auf Bestellung. Vielleicht hat der Herrscher ihn rufen lassen.

»Der Xidzedze nimmt den gefangen, der unseren König gefangen hat«, sagt Dabondi.

Wenn der Wind es befiehlt, gehorcht der Kapitän: Die Korvette legt am rechten Ufer an, und dort, so nah am aufgewühlten Ozean, findet sie sichere Zuflucht. Ich höre, wie der Anker in den schlammigen Grund hinuntergelassen wird. Wir werden die Nacht an diesem geschützten Ort verbringen, in der Hoffnung, dass wir am nächsten Morgen zum Hafen von Xai-Xai weiterfahren können.

»Horcht, Schwestern!«, fordert uns Dabondi auf. »Hört ihr nicht die Stimmen vom Strand?«

Das Tosen des Meeres verwirrt uns. Der Tumult in unserem Innern raubt uns allen den Schlaf, den Gefangenen genauso wie ihren Kerkermeistern. »Diese Finsternis kommt nicht von der Nacht.« So erklärt Dabondi uns, warum wir nicht schlafen können. »Diese Finsternis kommt von den Felsen von Zongoene.«

Jenseits des Mündungsmeeres befinden sich so hohe Dünen, dass man von ihrem Gipfel aus die andere Seite des Ozeans sehen kann. Am Fuß dieser Dünen liegen die Felsen von Zongoene. Auf der ganzen Welt gibt es keine zweiten Felsen, die so schwarz und so schroff sind. Ihre Wurzel reicht tiefer als die Höhle, aus der der Dämon hervorgegangen ist.

Seit Jahrhunderten kommen die Fischer hierher und beten dafür, dass die Schiffe Schiffbruch erleiden und die Wellen die Reichtümer aus ihren Laderäumen an Land spülen. Dann wird ein junges Mädchen vollkommen nackt zwischen den Felsen gefesselt, während das Geschrei der Alten das Donnern der Wellen übertönt: »Ihr Psikwembo, entfacht die Wut des Meeres, damit die Schiffe kentern und Waren aus fernen Ländern zu uns gelangen.«

»Horch, Mädchen«, verlangt Dabondi, »hörst du keine Stimmen vom Meer her?«

Ich vernehme nur das Rauschen der Wellen und das Pfeifen des Windes. Für Dabondi aber gibt es keinen Zweifel: Am Strand beten Leute zu den Göttern für einen Schiffbruch. Gierige Hände warten darauf, den Laderaum eines Schiffes zu leeren. Und dieses Schiff kann das sein, auf dem wir unterwegs sind.

Die Vorahnungen der Königin haben mich alarmiert. Eine Art Wahnvorstellung überkommt mich: Das ist das Ende der Welt, mein fünfzehnjähriges Leben wird ruhmlos im trüben Wasser des Limpopo versinken. Ich gehe zu Kapitän Andrea, der mit einer Laterne über das Deck spaziert. Er sieht aus wie ein Xipoco, ein Gespenst, das die Kinder erschreckt. Der Portugiese reagiert erst nach einer Weile auf meine Bitte: »Comandante, bitte leihen Sie mir Ihre Laterne.«

»Wozu?«

»Ich weiß nicht. Ich möchte Germano sehen.«

»Germano? Um Gottes willen, Imani!«

»Vielleicht bin ich ja verrückt, aber lassen Sie es mich versuchen.«

»Aber nicht so lange, ich brauche die Laterne. Hier ist einer, der mir Böses will.«

Zitternd, mit fast leblosen Händen reicht er mir die schwache Funzel. Die Flamme flackert vom Wind und beleuchtet mehr mich als den Boden vor mir. Mit jedem Aufleuchten werde ich immer deutlicher sichtbar, wie ein Glühwürmchen in der Dunkelheit. Vielleicht ist das der Grund, warum sich die Blicke der Matrosen gierig und gefräßig auf meine Gestalt richten. Ich suche nach Mouzinho, um ihn um Schutz zu bitten. Um Schutz vor zwei Begierden: der meiner schwarzen Brüder, die mir den Tod wünschen, und der Begierde der Weißen, die mich vergewaltigen wollen.

Da taucht Andrea aus dem Dunkel auf und reißt mir die Laterne aus den Händen. »So, Schluss«, sagt er. »Ich habe mehr Grund, die Dunkelheit zu fürchten.«

Nicht auf dem Thron, sondern in der Verbannung zeigt ein Herrscher sein wahres Gesicht. Das sagte mein Vater immer. Und dazu den Rat: Man solle auf die Schulterblätter des Königs blicken, um zu erkennen, wie gesund sein Reich sei. Ich blicke hinüber zu Ngungunyane, sehe aber keinen Körper. Nur die Krümmung der Unterwerfung. Hingegen ist die Vornehmheit von Nwamatibjana Zixaxa ungebrochen.

»Warum setzen die sich nicht alle zusammen?«, fragt Andrea mit einem Blick zu den Gefangenen.

»Es ist besser so, Kapitän«, antworte ich. »Die beiden Anführer sind sehr zerstritten.«

Mit einer kaum merkbaren Kopfbewegung weist Zixaxa auf die Dünen von Zongoene. Er bestätigt, was Dabondi schon angekündigt hat: Irgendwo jenseits des Mündungsmeeres wurden gerade die Geister geweckt.

»Was sagt er?«, fragt der Kapitän.

»Sag ihm, dass ich von den Sternen spreche«, antwortet Zixaxa. Und langsam, damit ich Zeit zum Übersetzen habe, fährt er fort: »Die Sterne sind die Gemahlinnen des Monds. Das sind sie für uns, für unsere Rasse. Es sind zu viele Gemahlinnen, deshalb magern sie ab. Der Mond gibt ihnen nicht zu essen.«

Ein feines Lächeln zeichnet sich auf Álvaro Andreas Miene ab. Auf die Reling gestützt, schüttelt er den Kopf und murmelt: »Ich hatte vergessen, dass heute der letzte Tag des Jahres ist.«

Ich spare mir die Mühe, es für Zixaxa zu übersetzen. Sein Kalender ist ein anderer. Die Jahre werden nach Dürreperioden, Kriegen und Hungersnot bezeichnet. Das Jahr, das nun beginnt, wird niemals einen Namen haben.

Barfuß gehen hat der Portugiese schon verlernt, und deshalb zieht er sich mit unsicheren Schritten zurück. Als seine

Gestalt nicht mehr richtig zu erkennen ist, frage ich Zixaxa: »Diese Sage von den Sternen kenne ich gar nicht.«

»Das habe ich mir gerade alles ausgedacht. Die Weißen lieben solche Geschichten. Manchmal tun sie mir leid. Ich spreche sie respektvoll mit ›Herr‹ an, und sie glauben, ich meine das ehrlich.«

Schließlich, als das Schiff ruhig liegt, erreicht uns ein Zeichen vom Ufer. Ein Mann winkt mit einer Fackel, dann schreit er etwas auf Txishangana. Er ist ein Induna, ein Vertreter des VaNguni-Hofes. Er überbringt eine Botschaft der Königin Impibekezane, Ngungunyanes Mutter. Er soll sie dem König persönlich übergeben.

Mouzinho zögert. Er fragt Álvaro Andrea um Rat. Überrascht, dass er seine Meinung äußern soll, antwortet der Kapitän: »Ich bin für mein Schiff verantwortlich, Sie für Ihren Gefangenen.«

»Die Königin Impibekezane hat uns immer geholfen«, sagt Mouzinho. »Der Mann soll an Bord kommen.« Und an mich gewandt: »Und du, Imani, weißt ja Bescheid. Nachher erzählst du mir, worum es ging.«

Sie schicken ein Beiboot, um den Induna zu holen, und gleichzeitig hört man vom Ufer Stimmen auf Txishangana: »Verschwinde, du fetter Tyrann, du hast unser Vieh und unsere Hühner gestohlen! Wohin bringen sie dich jetzt?«

Ich gehe mit dem Sendboten zu den Gefangenen. Vor dem Herrscher klatscht der Bote in die Hände und kniet sich zu dem Gruß hin: »Bayete!«

Zunächst erkennt Ngungunyane ihn nicht. Er richtet sich mühsam auf, die Decke fällt ihm auf den Rücken, sodass seine Fußgelenke entblößt werden. Misstrauisch beäugt er den Mann. Der Sendbote gibt sich als Adjutant des General Maguiguana aus und spricht auf Xizulu: »Macht Euch nichts aus den Beschimpfungen dieser Leute am Fluss. Bald schon werden die Euch wieder als den Nkossi aller Völker von Gaza begrüßen.«

»Was willst du?«, fragt Ngungunyane.

»Ich bringe Euch Nachrichten, mein König. Der Kommandant Eurer Ihimpi, General Maguiguana, organisiert eine Bewegung namens ›Ukubuya Nkossi‹, um Eure Rückkehr nach Gaza zu erwirken.«

»Und was noch? Los, rede. Ich kenne doch eure Tricks – ihr fangt mit den guten Nachrichten an, um die schlechten hinauszuzögern.«

»Ich soll Euch mitteilen, dass es schwerwiegende Beschuldigungen gegenüber Eurer Mutter, der Königin Impibekezane, gibt. Sie sei angeblich daran schuld, dass es seit über zwei Jahren nicht regnet und dass das Vieh an einer unbekannten Seuche stirbt. Sagt, was wir tun sollen, um Eure Mutter zu retten.«

»Macht Euch keine Sorgen, Nkossi Kakhulo«, antwortet Tio Mulungo. Der alte Berater hat eine klare Vorstellung von der Zukunft. »Die Weißen werden uns jetzt regieren.« Man müsse nur etwas abwarten. Bald schon werde man die gleichen Anschuldigungen, die heute gegen die Königinmutter vorgebracht werden, gegen die neuen Herrscher erheben.

»Und was sagen sie noch?«, fragt der König weiter.

Der Sendbote zögert, den Blick gesenkt. Als er wieder spricht, wechselt seine Stimme von Respekt zu blanker Angst. »Eure Onkel wollen Impibekezane töten. Man wirft ihr den schlimmsten Verrat vor: Sie habe ihren eigenen Sohn an die Portugiesen ausgeliefert.«

Ngungunyane hört zu, als würde das alles in einer ihm fremden Sprache gesagt. Der Sendbote wartet lange Minuten, in der Hoffnung, dass der König aus seiner Lethargie erwacht. Doch da nichts geschieht, wendet er sich still Tio Mulungo zu. Aber alle wissen: Über manche Stille entscheidet ein Gebieter. Deshalb tut der alte Berater so, als wäre er nicht da. Alle warten darauf, dass der Herrscher, der Gebieter über alle Stille, wieder spricht.

»Da ich hier bin, ein Gefangener der Weißen, hat mich fraglos jemand verraten«, erklärt Ngungunyane. »Sucht nach den Schuldigen und übt Gerechtigkeit. Sucht zuerst innerhalb der Familie.«

Der Sendbote verabschiedet sich mit übertriebenen Verbeugungen. Er entfernt sich rückwärts gehend, ohne sich umzudrehen, und spricht ein letztes Mal zum König: »Soll ich Eurer Mutter oder Maguiguana eine Nachricht überbringen?«

»Sag ihnen, sie sollen den Dokotela holen«, antwortet der Herrscher. Damit meint er den Schweizer Arzt Georges Liengme, der ihn in Manjankhazi betreut hatte.

Immer noch mit gesenktem Kopf erklärt der Sendbote: »Die Portugiesen haben die Schweizer ausgewiesen. Der Dokotela musste nach Transvaal gehen.«

Der Induna steigt wieder in sein Boot, man hört das Plätschern der Riemen im Wasser. Der letzte Bote des Königs verschwindet in der Dunkelheit. Ngungunyane wird nie wieder Abgesandte aus seinem Reich empfangen können. Sein Exil hat schon begonnen, noch ehe er seine Heimat verlassen hat.

Mouzinho de Albuquerque wartet an Deck auf meinen Bericht. Während ich die Treppe hinaufgehe, denke ich an die Worte meines Vaters: In Kriegszeiten ist jeder Übersetzer ein Verräter.

Es ist Nacht, als der Kommandant Álvaro Andrea mir einen Teller Suppe anbietet. Ich lehne höflich ab, worauf er wie selbstverständlich die für mich bestimmte Mahlzeit verzehrt. Er wischt sich die Lippen am Handrücken ab, und ich kann ihn kaum verstehen, als er zu mir sagt: »Du hast von Germano gesprochen.«

»Er ist mein Geliebter.«

»Ich weiß, wer er ist. Ich habe einen Brief von ihm für dich.«

»Warum sagen Sie mir das erst jetzt?«

»Ich hatte es vergessen. Ich bin ein Einzelgänger.«

»Das verstehe ich nicht, Comandante.«

»Einzelgänger merken nicht, wenn sie etwas vergessen. Vielleicht fällt es mir wieder ein. Vielleicht hilfst du mir dabei.«

Die silbernen Knöpfe seiner Uniform glänzen, aber mehr noch funkeln die Augen, mit denen er mich ansieht.

»Ich bin schwanger, Comandante«, sage ich.

Ich bin über meine eigenen Worte überrascht. Ich habe sie nicht zu meinem Schutz ausgesprochen. Sondern als Vorwurf. Für einen Moment senkt der Kommandant beschämt das Gesicht. Doch gleich darauf fasst er sich und wird wieder ganz weißer Mann und Militär.

»Du bist schwanger, hast aber nicht dein Gedächtnis verloren. Du hast mir einiges zu erzählen. Dinge, die du miterlebt hast, als Gungunhana gefangen genommen wurde.«

Der Kommandant ist also im Besitz von Germanos Brief. Ich bin wütend, doch am besten verhalte ich mich wie immer: Streit meiden, Gehorsam vortäuschen. Ich willige ein zu erzählen, warne aber im Vorweg: Wenn wir lange miteinander sprechen, wird dies bei den Schwarzen wie bei den Weißen Misstrauen wecken. Besser wäre es, wenn ich meine Mitteilungen aufschreiben könnte. Er müsse mir nur gestatten, die Abstellkammer zu benutzen, und mir Papier und Federhalter geben. Der Kommandant zögert. Er sagt, die Menschen lügen, meistens sogar, ohne es zu wissen. Wenn sie schreiben, lügen sie noch mehr. Doch dann willigt er ein. Wenn es um die Wahrheit geht, gibt es keine wahrhaftige Lösung. In meinem Fall ist die Lüge fast immer nur ein Übersetzungsfehler.

Die Handschrift des königlichen Analphabeten

Die Pferde sind das, was von den früheren Drachen geblieben ist.
Nwamatibjana Zixaxa

Es ist Abend, ich sitze in der Abstellkammer. Ein Heft, ein Federhalter und ein Tintenfass warten auf einem Tisch. Der Kommandant hat die Tür geschlossen, er glaubt, ich würde Beweise zu Papier bringen, die Mouzinho de Albuquerque belasten. Bevor ich mit meinen Aufzeichnungen beginne, überrascht mich Ngungunyane mit seinem Besuch.

»Ich hasse deine Schuhe«, sagt er als Erstes, als er den kleinen Raum betritt. »Ich hasse dein Verhalten und kann nicht ertragen, wie du mir ausweichst. Aber keine Sorge, ich will dir nichts antun.«

Dann reißt er mir das Heft aus der Hand. Hält es über die Öllampe, als wollte er sein Gewicht prüfen. »Warum schreibst du so viel?«, fragt er. Dann kneift er die Augen zusammen und fährt fort: »Nicht einmal die Weißen schreiben so viel. Ich habe noch keinen Weißen gesehen, der nach Sonnenuntergang geschrieben hätte.«

Ich blicke zu Boden und sehe seine nackten Füße. Wurzeln eines toten Baumes. Ich spüre seinen heißen Atem, als er verlangt, ich solle das Heft und alle anderen Papiere ins Meer werfen.

»Welche Papiere?«, frage ich kleinlaut.

Er greift nach meinem Beutel und zieht die Briefe heraus, die ich nie an Germano abgeschickt habe. Ich wusste selbst nicht, dass es so viele waren. Ngungunyane braucht beide

Hände, um sie halten zu können. Er geht ein paar Schritte, dann lässt er die Blätter fallen. Absichtlich. Damit ich mich bücken muss, um sie vom Fußboden aufzuheben. Er nutzt meine schutzlose Stellung aus. Seine Pfoten begrapschen meine Schenkel, meine Gesäßbacken, und dann, mit einem tiefen Seufzer, greift er mir um die Taille.

Ich lasse ihn gewähren. Er soll abgelenkt sein und fern von der Stelle, wo ich meine anderen Texte aufbewahre. Er kann die Briefe behalten, aber er darf nicht an die Hefte kommen, in denen ich über diese qualvolle Reise berichte. Hastig sammele ich die noch nicht beendeten Briefe zusammen und lege sie ihm in die Hände. Der Herrscher schüttelt den Kopf und murmelt: »Du wirst mir gehören, wirst meine achte Ehefrau, meine neue Zauberin!«

Schaukelnd, als wiegte er ein Kind, begibt er sich zur Luke. Weit ausholend wirft er die Briefe über Bord. Die Blätter wirbeln eine Weile in der Luft wie blinde Möwen. Als sie auf die Wellen fallen, nimmt das ganze Meer eine andere Farbe an. Es wird schwarz wie die Nacht. Ngungunyane nimmt die Veränderung nicht wahr. Der Ozean war für ihn schon immer eine dunkle Decke.

»Ich bin nicht wegen deiner Papiere hier«, sagt er. »Sondern wegen meines Briefs.«

»Welchem Brief, Nkossi?«

»Den ich dir diktieren will. Einen Brief an den König von Portugal.«

Er inspiziert das weiße Blatt, das er selbst ausgesucht hat, betastet die Spitze der Schreibfeder, schnuppert am Tintenfass. Und sagt, ich solle nicht an Ausschmückungen und blumigen Worten sparen. »Schreib so, wie es sich für Könige geziemt«, sagt er. »Denn gebieten nicht wir, die Herrscher der Völker, über die Wörter?« Mit langen Pausen beginnt er zu diktieren. Dabei schließt er die Augen, wie einer, der aus vollem Herzen singt.

Mein Bruder D. Carlos,
König von Portugal

Ich bin Mudungazi Ngungunyane, Sohn des Muzila, der seinerseits Sohn von Manukasse, des Sochangane, ist. Ich schreibe Euch, um Euch für Eure große Güte zu danken. Man hat hier das Gerücht verbreitet, ich sei gefangen genommen. Ich würde auf diesem Schiff wie ein Tier gehalten, gedemütigt und bezwungen. Wir beide wissen, dass dies nicht wahr ist. Ich reise auf Einladung Eurer Exzellenz. Alles – meine Gefangennahme, meine Inhaftierung, meine Reise – ist schiere Inszenierung. All das ist nichts als eine Farce, an der sich die Regierungen Europas ergötzen sollen. Man hat mir keine Fesseln umgelegt, weder um die Hände noch um die Arme oder die Füße. Ich bin festgesetzt, weil ich bereit war, bei diesem Schurkenstück mitzuspielen. Ich befinde mich auf dem Weg nach Lissabon, um mit Euch persönlich über unsere Angelegenheiten zu sprechen. Eine Einladung hätte bei den europäischen Königen Misstrauen und bei den afrikanischen Königen Neid geweckt.

Es gab Augenblicke, das gestehe ich, da habe ich geschwankt. Habe an Euch gezweifelt, um mein Leben gefürchtet. Schuld daran war der Schnaps, richtig. Aber eine fortwährende Angst lässt mich nicht los: die Angst, nicht mehr zurückzukehren. So denken die Zulu: Wer das Meer überquert, kann nicht zurückkommen. Es ist keine Vorahnung. Es ist eine Erfahrung aller Afrikaner, Sklaven wie Sklavenherren. Keiner ist je zurückgekehrt. Wer sich auf das Meer begibt, verliert seinen Namen. Und kann sich nur daran erinnern, was er vor seiner Geburt war. So sagt man in unserem Land.

Ich werde aus der Ferne weiterhin mein Volk regieren, so wie es bereits verstorbene Könige tun. Die Entfernung fürchte ich nicht. Wohl aber Treulosigkeit. Ich habe meine sieben Frauen bei mir, jede einzelne mit ihrem Schatten. Dabondi ist diejenige, die träumt. Jeder ihrer Träume ist ein

Ratgeber, der mich vor Intrigen und Verrat warnt. Sie werden meine Mutter Impibekezane opfern, sie beschuldigen, sie halte zu den Portugiesen. Das Schlimmste daran ist, dass der Vorwurf stimmt. Die Königin Impibekezane hat auf Portugals Wort vertraut. Ich möchte Euch, mein Bruder, bitten, sie wie versprochen zu beschützen. Es heißt, Maguiguana habe einen Aufstand angekündigt, um meine Rückkehr nach Mosambik zu erzwingen. Lasst Euch nicht irreführen, mein teurer Nkossi. Ich glaube selbst nicht, dass dies seine Beweggründe sind. Denn warum hat dieser Maguiguana mit seiner militärischen Kunst nicht versucht, mich durch einen Hinterhalt zu befreien? Warum hat er mich durch Gegenden bringen lassen, wo ein Überraschungsangriff so einfach gewesen wäre? Statt für meine Rückkehr zu kämpfen, hätte Maguiguana verhindern sollen, dass ich das Land verlasse.

Doch das alles überrascht mich nicht, mein König. Dieser mein General hat eine Geschichte. Er stammt von den VaTsonga, dem Volk der Eroberten. Ich habe Maguiguana gezwungen, auf die Knie zu gehen, und mich auf seinen Rücken gesetzt, während man mich wusch. Der Mann wird sich einem anderen auf den Rücken setzen wollen. Und nun kommandiert er eine Armee, die nur in seinem Traum existiert. Maguiguana tut so, als wäre er ein General. Und ich tue so, als wäre ich ein Gefangener. Und Ihr, mein König, tut so, als wäret Ihr mein Kerkermeister. Deshalb sage ich: Schlachten werden mit Waffen gewonnen. Aber Kriege gewinnt man mit Lügen.

Von all diesem spreche ich, mein König, weil gute Sitten gebieten, ein Thema mit einem anderen zu beginnen. Der Hauptgrund für diesen Brief ist eine dringende Bitte. Der Raum, der mir zugewiesen wurde, bedeutet für mich nicht Haft, sondern Schutz. Ich genieße jetzt Schutz vor den Portugiesen, die mir Böses wollen. Meine Bitte ist, Zixaxa nicht länger in meiner Zelle zu belassen. Denn vor ihm muss ich am ehesten beschützt werden. Dieser Nwamatibjana Zixaxa ist kein MuNguni, er zählt nicht zu dem Adel von Gaza. Er ist ein kleiner Induna aus Südmosambik, einer von denen, die Ihr »Häuptling« nennt. Wenn es einen gibt, den Ihr, Exzellenz, hassen müsst, dann ist es dieser Rebell, der nicht einmal mir gehorcht. Mit dem Sieg über mich habt Ihr alle besiegt, die von mir bezwungen wurden.

Dies sollt Ihr wissen: An dem Überfall auf Lourenço Marques war ich, anders als man Euch berichtet hat, nicht beteiligt. Zixaxa hat auf eigene Faust gehandelt. Und nun wirft er mir Verrat vor, beschuldigt mich, ich hätte ihn an die lusitanischen Streitkräfte ausgeliefert. Deshalb flehe ich Euch an: Zwingt mich nicht, mit jemandem, der meinen Tod will, in einem Raum zu schlafen. Wenn es mir beschieden ist, mein Leben zu beenden, will ich lieber von den Portugiesen getötet werden. Erschießt mich, Senhor König.

Ein letzter Wunsch: Bitte übermittelt eine Botschaft an Capitão Mouzinho de Albuquerque. Sagt ihm, dass ich nicht im Zorn an ihn denke. Der Capitão hat mich nicht wie einen Feind gefangen genommen, sondern wie einen Waffenbruder, der sich unterworfen hat. Ich bin ein Sargento derselben Armee. Mehrere Tage lang war ich mit Mouzinho unterwegs und habe dabei festgestellt, dass wir Leidensbrüder sind: Kniebeschwerden. Mouzinho ist in Ausübung seines Dienstes vom Pferd gefallen. Mein Leiden genießt nicht denselben Ruhm. Ich leide allein unter meinem Gewicht. Es sind alte Schmerzen, die jedoch durch die Gefangennahme wiederbelebt wurden. Tagelang hat man mich mit Faustschlägen und Fußtritten malträtiert. Ich weiß, dass Ihr dies nicht angeordnet habt. Noch immer werde ich geschlagen, viel geschlagen. Anfangs habe ich geglaubt, es seien vorgetäuschte Schläge. Aber dafür waren sie zu schmerzhaft. In meinem Versteck Txaimiti hat man mich zuerst geschlagen, damit ich mich setze, und dann, damit ich wieder aufstehe. Auf dem Weg zum Fluss hat man mich geprügelt, weil ich zu langsam ging. Dann, auf dem Schiff, wollten Soldaten Angaben über einen versteckten Schatz aus mir herausprügeln. Aber Mouzinho hat der Prügelei wütend ein Ende gesetzt.

Er hat gerufen: »Finger weg von Ngungunyane! Der Afrikaner ist vom König von Portugal eingeladen!« Ich glaube, dieser Mouzinho vermutet, wir hätten ein Geheimnis. Lasst mich nicht aus den Augen, mein Bruder. Man darf einem, der unsere Wunden kennt, nie den Rücken kehren.

Bald schon können wir uns persönlich unterhalten. Man hat mir nicht gestattet, Geschenke für Euch mitzunehmen. Ich hatte drei Stück Vieh ausgesucht, die ich auf die Reise mitnehmen wollte. Es war nicht möglich. So bleibt es bis zu unserer nächsten Begegnung in Mosambik, wo Ihr, Exzellenz, nicht nur die Rinder, sondern dazu noch die Weiden und Flüsse bekommt, die unsere Herden mästen.

Ich grüße Eure Exzellenz auf unsere Art: Bayete, König D. Carlos!

Mudungazi Ngungunyane

Spitzbübisch lächelnd setze ich einen Schlusspunkt unter den Brief.

»Worüber lachst du?«, fragt Ngungunyane.

»Das kann ja nur ironisch sein, mein König«, wage ich zu sagen.

»Wieso?«

»Das könnt Ihr nicht aufrichtig gemeint haben.«

»Hast du alles geschrieben, was ich gesagt habe?«, fragt er, als hätte er mir nicht zugehört. Ich nicke. Jetzt lächelt er spitzbübisch. Warnend hebt er einen Finger. »Ich lasse von Dabondi überprüfen, ob du dich an mein Diktat gehalten hast.«

Ich wende ängstlich ein: »Dabondi kann doch nicht ...«

Er lässt mich nicht zu Ende sprechen. »Dabondi kann lesen. Während du noch überlegst, was du sagen wirst, liest sie schon deine Worte.«

Ngungunyane nimmt das Blatt und zeichnet mit dem Zeigefinger die Buchstaben nach. So misst er meinen Gehorsam. »Willst du wissen, warum ich an den König von

Portugal schreibe?«, fragt er. In Txaimiti, sagt er, hängen die Jäger die Totenschädel der Löwen an den heiligen Baum. Alle halten das für Ausdruck von Eitelkeit. Dabei beweisen die Jäger lediglich Demut: Sie ehren die Bezwungenen, bitten die Götter der Tiere um Vergebung.

»Verstehst du, warum ich diesen Brief schreibe?«, fragt Ngungunyane.

Ein weißes Tuch, das die Vergangenheit erhellt

Den Ozean überqueren – ob hin oder zurück – muss in den Augen der Afrikaner wie das Überqueren eines Flusses sein.

Alberto da Costa e Silva, in: Um Rio Chamado Atlântico

Schiffe sind wie Muscheln – man hört in ihnen die Stimme des Meeres. Die *Neves Ferreira* ist eine riesige, auf dem Rücken liegende Metallmuschel. Die Schornsteine sind drei Mäuler, sie verschlucken die Wolken und speien sie anschließend schwer und schmutzig wieder aus. Das Schiff, das uns im Hafen von Xai-Xai erwartet, erschreckt die Gefangenen so sehr, dass der Ozean unsichtbar wird.

Der König von Gaza sitzt auf Baumwollballen und fragt, wie lange die Reise nach Lissabon dauern wird. Ich teile ihm mit, was man mir gesagt hat: Nach Lourenço Marques sind es zwei Tage. Von dort dauert es länger als zwei Monate, bis wir die portugiesische Hauptstadt erreichen. Die Monate übersetze ich auf Xizulu in Monde. Ich dachte, Ngungunyane würde betrübt reagieren. Das Gegenteil geschieht. Ein Lächeln erstrahlt in seinem Gesicht: »Zwei Monde?«, fragt er erstaunt. Die Portugiesen haben einen so weiten Weg zurückgelegt, nur um ihn zu bekämpfen? Stolz hebt er die Schultern. Für einen Moment wird er wieder zum Herrscher.

Stundenlang warten die Gefangenen am Kai auf die Anweisung, an Bord zu gehen. Sie sollen im Laderaum untergebracht werden. Die Portugiesen beginnen damit, die

Waren zu verladen. Danach wird eine andere Fracht folgen, eine Fracht, die spricht, weint und betet.

Mit dicken Ketten ist die *Neves Ferreira* im Hafen festgemacht. An der Nase, wie man es mit Rindern macht. Das Schiff ist genauso gefesselt wie der König, dem man vorübergehend Sisaltaue um die Handgelenke gebunden hat.

Das Staunen meiner schwarzen Brüder erfüllt Kapitän Andrea mit Stolz. Im Gegensatz zu Mouzinho. Dieser will die Kriegsmarine und ihre Soldaten verspotten. »Schiffe sind nur an Land schön«, sagt er. »Und mit dem Kiel nach oben.«

Die Matrosen lachen laut. Mouzinho treibt es noch weiter: Um die wahre Natur eines Schiffes zu verstehen, sagt er, müsse man es umdrehen.

Die Königin Muzamussi fürchtet, das Schiff könnte sich in die Erde bohren. Schreiend fleht sie, es nicht loszumachen. Ngungunyane befiehlt ihr, still zu sein. Fortan wird keine seiner Frauen ohne seine Genehmigung den Mund aufmachen. Dabondi lächelt verächtlich. Endlich erkennt der Herrscher, wie schwach seine Herrschaft ist. Mit Blut hat er sich das Land angeeignet. Mit seinem Samen die Frauen. All diese Macht entgleitet ihm jetzt. Deshalb schreit er seine Frauen an. Seine Macht besteht nun einzig darin, ein Mann unter Frauen zu sein.

Im Hafen von Xai-Xai überwacht Capitão Mouzinho de Albuquerque, wie sein kostbares Pferd an Bord gebracht wird. Es geht nicht nur um ein Tier, nicht nur um eine einfache Fracht, die da verladen wird. Das Pferd ist Teil des Bildes, das der Capitão von sich selbst hat. Mouzinho de Albuquerque als Neuauflage des Zentauren, als lebenslanger Reiter. Zum Glück vernimmt der schneidige Offizier nicht, was Zixaxa bemerkt: »Irgendwann werden wir das Pferd aufessen.«

Jetzt lacht Mouzinho. Er lächelt immer noch, während er an Bord der *Neves Ferreira* geht. An Deck wird er von dem

Kapitän Tenente Jaime Leote do Rego begrüßt. Dieser ist ein Mann von ganz anderem Schlag als Álvaro Andrea. Für Mouzinho mag dies eine Erleichterung darstellen. Für mich ist es ein Albtraum. Seiner Aufgabe entbunden, bleibt Álvaro Andrea mehr Zeit, meine Nähe zu suchen. Nicht dass mir seine Gesellschaft unangenehm wäre. Aber ich bringe nicht den Mut auf, von ihm zu verlangen, was er mir schuldet: den Brief von Germano.

Das Schiff sticht in See, und sekundenlang kommt es mir vor, als bewegte sich das Land. Wir treten die Reise nicht auf einem Schiff an. Wir werden reisen, wie man es immer tut: durch Erinnerungen und Träume. Doch ich kann mich nicht mehr erinnern und träume auch nicht. Ich bin fünfzehn Jahre alt. Ich begebe mich weit fort von mir selbst, ohne Gepäck und Briefe. Aber ich habe mein Kind bei mir, den Anfang meiner Ewigkeit.

Mitten in der Nacht werden Dabondi und ich in die Kabine des Kapitäns Jaime Leote do Rego gerufen. Als wir eintreten, umfasst Dabondi beide Arme des Kapitäns. Nur selten erlaubt sich eine unserer Frauen eine solche Vertraulichkeit. Doch die Königin hat Gefallen gefunden an dem Militär mit seinem grauen Bart. Die Zuneigung beruht auf Gegenseitigkeit. Der Tenente sieht die Königin an, als studierte er ihr Antlitz. »Perfekt, genau die meinte ich«, sagt er begeistert.

Hinten in der Kabine befindet sich eine Leinwand auf einer Staffelei. Auf einem Stuhl liegen zwei Pinsel und eine Palette, auf der unterschiedliche Blautöne angemischt sind. »Ich will das Meer malen«, sagt der Tenente. »Im Hafen habe ich diese Frau singen hören. Sag ihr, sie soll wieder singen!«

»Nicht ich bin es, die singt«, entgegnet Dabondi. »Andere benutzen meine Stimme.«

»Sag dieser Frau, dass ich nicht gewohnt bin, um etwas zu bitten.«

Die Königin antwortet lachend: »Frag den Mann, ob er auf Befehl träumen kann.« Dabondi streicht mit den Fingerspitzen über die Leinwand. Sie glaubt, sie habe einen Webstuhl vor sich und der Kapitän sei Weber.

Mit ausholenden Bewegungen, als spräche er mit den Armen, stellt der Tenente sein künftiges Werk vor: »Das Meer sieht man nicht – wir sehen uns in ihm.« Und weiter: »Ich habe den Ozean gesehen, als ich diese Frau im Hafen singen hörte.«

Er schenkt Dabondi ein Glas Schnaps ein. Sie leert es auf einen Zug. Das leere Glas schwenkend, verlangt sie nach einem zweiten Schluck. »Wenn dieser Weiße mir beim Singen zugehört hat, kann er kein Feind sein«, sagt sie. »Der Schnaps ist gut, ich tue ihm den Gefallen.« Dann erhebt sie die Stimme. Der Kapitän schließt die Lider, und langsam schwappt das Wasser des Ozeans in die Kabine.

Den rechten Arm halb erhoben, die Schritte im Rhythmus des Gesangs, kommt der Kapitän Jaime Leote do Rego auf mich zu und fragt: »Hast du schon einmal mit einem Weißen getanzt?«

Es ist der Morgen des 4. Januar 1896, und die *Neves Ferreira* wirft den Anker in der Espírito-Santo-Bucht. Vor uns liegt die Stadt, die vor genau einem Jahr Zixaxa zu überfallen gewagt hat. Die Weißen nennen sie Lourenço Marques, wir haben sie Xilunguíne getauft. Ich denke daran, wie die Italienerin Bianca Vanzini klagte, die Stadt sei so klein. Doch für uns, die wir noch nie eine Stadt gesehen haben, ist die Ansammlung von Straßen, Häusern und Lichtern überwältigend. Und deshalb nennen wir es Xilunguíne, den Ort, wo man mit den Weißen lebt und spricht.

Naiv, wie ich bin, glaubte ich, wir würden bald von Bord gehen. Doch dann habe ich begriffen: Alle Besatzungsmitglieder werden in Barkassen abgeholt, nur nicht wir, die Schwarzen. Das Schiff, das in der Bucht ankert, ist ein Gefängnis. Die Portugiesen brauchen Zeit. In der Stadt werden die Vorbereitungen für das große Fest getroffen. Journalisten, Diplomaten und ausländische Würdenträger werden erwartet. Außerdem Regierungsmitglieder, Kaufleute und hochrangige Mitglieder des Klerus. Und schließlich wird sich die Bevölkerung der benachbarten Regionen versammeln, um zu sehen, wie der Löwe von Gaza gedemütigt und besiegt durch die Stadt geführt wird, die Füße im Dreck der Straßen von Lourenço Marques.

Álvaro Andrea weigert sich, von Bord zu gehen. Mit dem Argument, wenn er auf dem Schiff bleibt, kann er für die Sicherheit der Gefangenen sorgen. Wir alle wissen, dass er andere Gründe hat. Dies ist seine letzte Gelegenheit, den Bericht gegen Mouzinho zu vervollständigen. Auf dem Schiff befinden sich, ihm uneingeschränkt zur Verfügung, die Zeugen, die er dringend befragen möchte.

Am nächsten Morgen erhalten wir Besuch an Bord. Mouzinho de Albuquerque kommt in Zivil, in Jacke, Hüftschärpe und einem breitkrempigen Hut, begleitet von einem Dutzend Journalisten und Diplomaten. Mit ihm kommt ein großer, schlanker Schwarzer, in Schuhen und europäisch gekleidet.

»Erkennst du mich ohne Uniform, Mädchen? Ich bin nach Alentejaner Art gekleidet.« Er lässt die Gefangenen zusammenrufen und stellt ihnen den Schwarzen vor: »Dies ist Zeca Primoroso, der Dolmetscher, unsere ›Zunge‹, wie wir ihn nennen. Er wird uns bei den Gesprächen mit Gungunhana helfen.« Und zu mir gewandt: »Du bist entlassen, Mädchen.«

Der König wird, umrahmt von zwei seiner Königinnen, fotografiert. Dabondi strahlt, sie freut sich, eine der beiden zu sein. Nachdem die Presse zufriedengestellt ist, fordert Mouzinho den Dolmetscher auf: »Frag Gungunhana, ob er den Mann erkennt, der ihn in Chaimite gefangen genommen hat.«

Ngungunyane erhebt sich schwerfällig und zeigt auf Mouzinho: »Der da!«

»Sehen Sie?«, fragt Mouzinho stolz. »Selbst in dieser Kleidung hat er mich sofort erkannt. Schreiben Sie das, damit alle Zweifler verstummen.«

Während der weiteren Gespräche nimmt Mouzinho mich beiseite, um zu erklären, warum sie einen anderen Dolmetscher geholt haben. Es sei nicht persönlich gemeint. »Es ist immer dasselbe Problem mit Spionen«, sagt. »Nachher horcht sie immer einer aus. Dafür bezahlt, den einen zu verraten, verraten sie am Ende alle.« In meinem Fall sei noch größeres Misstrauen angebracht. Ich sei schwarz, eine Frau, habe meine Familie und meinen Glauben aufgegeben. Schlimmer noch: Ich habe einen Weißen zum Geliebten. Wie könne ich da Vertrauen wecken? »Du hast deine Leute verraten, noch einfacher wirst du uns verraten. Selbst wenn du fast weiß bist, eines wird sich nie ändern: Die Familie eines Schwarzen, das sind sämtliche Schwarzen der Welt.«

Die Gruppe verabschiedet sich und wird in die Stadt zurückgebracht. Alle, bis auf Zeca Primoroso.

Der neue Dolmetscher ist das, was wir als Muzwalana bezeichnen, ein Schwarzer, der lesen und schreiben kann. Kaum sind die Weißen gegangen, fragt Primoroso mich: »Man hat den Missionar Roberto Machava verhaftet. Und noch mehrere andere. Bist du auch von ihrer Kirche?«

»Nein, ich gehöre zu einer anderen«, antworte ich trocken.

»Und welche ist das?«

»Die kennst du nicht. Sie hat keinen portugiesischen Namen.«

Die Gefangenen beobachten verblüfft unser Gespräch. Zum ersten Mal erleben sie, dass zwei Schwarze sich auf Portugiesisch unterhalten.

Zixaxa schüttelt den Kopf und lacht. Manchmal ist Lachen die beste Anklage.

Álvaro Andrea lässt Zeca Primoroso zur Kommandobrücke kommen. Wir sehen, dass er Anweisungen erhält und halb ehrerbietig, halb eingebildet nickt. Dann kehrt er an Deck zurück und stolziert vor den Gefangenen auf und ab. Er ist europäisch gekleidet, trägt blank polierte Schuhe und das Haar zurückgekämmt entlang einem breiten Scheitel, der sich über seinen ganzen Schädel zieht. Auf Xizulu zählt er auf, was ihn seiner Meinung nach von anderen seiner Rasse unterscheidet.

»Man sagt, in Mosambik gibt es schwarze Könige und siegreiche Krieger. Doch nichts davon zählt, denn ich gehorche einem fernen König, dem König Dom Carlos. Außerdem trage ich seit langer Zeit Schuhe und Socken, schlafe in einem Bett, und die Mahlzeiten werden mir an einem Tisch serviert. Versteht ihr?«

Der rebellische Zixaxa fuchtelt mit den Armen zu einer übertriebenen Verbeugung und verkündet mit Fistelstimme: »Si ya vuma!«

Das ist eine zynische Zustimmung, ein ironisches »Amen«. Zeca Primoroso reagiert gereizt: Nie wieder sollen sie auf seine Worte mit einheimischen Ausrufen antworten. Sie können ihm zustimmen, vielmehr, das müssten sie, aber sie sollten nicht vergessen, dass sie eine lusitanische Autorität vor sich haben. Dann gibt er bekannt, dass Álvaro Andrea sie gleich befragen komme. »Wir haben zwei Ohren und einen Mund. Denkt daran, meine Landsleute: Die Ohren gehören uns, aber der Mund gehört uns nicht.«

Der Capitão kommt auf das Deck herunter, wo sich die Gefangenen stumm aufgestellt haben. Álvaro Andrea schickt mich zu ihnen. »Du bist keine Dolmetscherin mehr«, erklärt er, als er an mir vorübergeht.

Ngungunyane wird als Erster befragt. Andrea will von dem König von Gaza hören, wie schlecht er behandelt wurde. Es nützt nichts, dass die Frage auf Xizulu wiedergegeben wird. Der König bleibt stumm. Die Frage wird auf verschiedene Arten formuliert. Doch der König macht den

Mund nicht auf. Andrea wird zum Ankläger. Der, den er mit seinem Schweigen schütze, sei daran schuld, dass seine Berater seiner eigenen Mutter misstrauten. Er fährt fort: Wisse Ngungunyane, wo sich der silberne Kelch befindet, den die englische Königin ihm geschenkt habe? Könne er das nicht erraten? Wisse er, wer nach seiner Gefangennahme befohlen hat, alle seine Rinder zu töten?

Der König von Gaza bleibt stumm. Álvaro Andrea scheint aufzugeben. Er beugt sich über Ngungunyane und flüstert ihm ins Ohr: »Mouzinho kann sich bei dir bedanken. Dank dir ist er zum Helden geworden, dank dir hat ihn König Dom Carlos belobigt. Dank dir werden ihm in den Straßen von Lourenço Marques Schwarze und Weiße zu Tausenden applaudieren. Wenn es dich nicht gäbe, wäre der Capitão nichts anderes als ein vornehmer Unbekannter.«

Zeca Primoroso bemüht sich um eine gute Übersetzung, da wird er von Stimmen unterbrochen, die vom Meer her kommen. Dutzende von Booten umringen in der Dunkelheit unser Schiff. Der Portugiese verlangt eine Erklärung.

Mit geschlossenen Augen deklamiert Primoroso den Singsang:

»Das ist er, unser junger Mann, den sie töten wollen.
Er ist ruhmreich, verkörpert unseren Ruhm,
hat gegen die Weißen gekämpft, ist nach Cossine geflohen.
Jetzt ist er gefangen. Und sie bringen ihn weit fort …«

Primoroso räuspert sich verlegen: »Das ist eine Litanei in ihrer Sprache.«

»Geht es dabei um Gungunhana?«, fragt Andrea.

»Nein, Capitão. Die Leute singen zu Ehren von Zixaxa.«

Der Capitão läuft an die Reling. Es ist stockdunkel, man kann die Hand nicht vor Augen sehen. Aufgeregt befiehlt Andrea den Wachposten, ein paar Schüsse auf die Boote abzugeben.

»Aber auf welche Boote?«, fragen die Soldaten.

»Schießt einfach in die Luft, haltet sie uns vom Leib!«

Das Manöver hat Erfolg, die Boote entfernen sich, rings um das Schiff kehrt wieder Stille ein.

Ngungunyane ist in der Kabine des Kapitäns eingeschlossen. Vor der Tür zwei Wachposten, ein Schwarzer und ein Weißer. Zusammengerollt wie ein Schuppentier schläft der besiegte Chef der VaNguni in seiner Zelle ein.

Ich denke an die Worte meines Vaters: Jedes Verlies ist zu klein; jedes Gefängnis ist lebenslänglich.

Die gespenstischen Boote haben Álvaro Andrea erschreckt. Er vermutet, sie wollen den schwarzen König umbringen. Noch größer aber ist sein Verdacht, dass sie es auf ihn selbst abgesehen haben. Also beeilt er sich, Herr der Situation zu werden. Welcher Art auch immer die Gefahr ist, die Bewachung an Bord muss verstärkt werden.

Zeca Primoroso und ich werden schnellstens nach Lourenço Marques geschickt. Wir sollen einen Sargento namens Duarte Amaral um Hilfe bitte, der nicht nur ein erfahrener Militär ist, sondern auch ein treuer Freund des Capitão. Wir sollen ihn in den Freudenhäusern suchen. Bevor wir aufbrechen, gibt uns Álvaro Andrea die Anweisung, Mouzinho dürfe nicht davon erfahren. Die Bitte um Hilfe wäre fraglos Anlass zu Spott. Deshalb hat Andrea uns, unbekannte Zivilisten, für den heiklen Auftrag ausgesucht.

»Seid vorsichtig«, sagt er. »Und bringt Sargento Amaral mit.«

Er blickt wie von Sinnen, Schweiß rinnt ihm über das Gesicht. Ich erkenne kaum den ruhigen Mann wieder, der den wütenden Sturm Xidzedze bezwungen hat.

Nach wenigen Minuten gehen wir bei einem Fort an Land, das Zeca Primoroso als die Festung Nossa Senhora da Conceição identifiziert. Hastig überqueren wir einen großen, von engen Gassen umringten Platz. »Das ist die Straße, das ist die Rua dos Mercadores!«, stellt Zeca fest. »Wir müssen vorsichtig sein. Abends ist die Stadt sehr gefährlich, selbst Gott hat da seine Schwierigkeiten.« Während wir gehen, redet er weiter. »Ich habe meinen Passierschein, aber du als einheimische Schwarze darfst um diese Zeit nicht mehr unterwegs sein.« Stolz wedelt er mit dem Papier, das ihm erlaubt, sich in Gebieten zu bewegen, die nach Sonnenuntergang Europäern vorbehalten sind. Wir müssen Polizisten aus dem Weg gehen, die das Einhalten der Ausgangssperre kontrollieren. Zeca rechtfertigt die Razzien: »Die armen Portugiesen meinen es ja nicht böse. Aber es macht sich nicht gut, dass Schwarze unterwegs sind, wenn es schon dunkel ist. Ein Weißer kann sich erschrecken, denn einen Schwarzen bemerkt er erst, wenn er mit ihm zusammenstößt.«

Wir gehen die Rua dos Mercadores entlang. Zwar spreche ich Portugiesisch wie nur wenige Portugiesen, zwar habe ich viele Bücher gelesen, doch in einer Stadt war ich noch nie, ich bin noch nie unter Straßenlaternen gegangen. Stolz erklärt mir Zeca die Stadt, die meine Augen nicht verstehen. Vor den Bars stehen spärlich bekleidete Frauen. Hunderte von Nachtschwärmern sind unterwegs, fast alle betrunken, sie machen Witze und fluchen in den fremdartigsten Sprachen. Seit in der Gegend Gold gefunden wurde, wird Lourenço Marques von Abenteurern überschwemmt. Engländer, Buren, Syrer, Libanesen, Italiener, Griechen und Leute aus so fernen Ländern, dass man sie auf keiner Landkarte findet.

Während er mir die Stadt erklärt, betrachtet Zeca die Fassaden der Gebäude genau. Er geht auf die andere Straßenseite, die weniger beleuchtet ist. Ich komme dazu und er hebt mich hoch wie ein Kind, damit ich in die verrauchten Räume sehen kann. Die Frauen sind fast nackt und gleichzeitig üppig ausstaffiert. »Fast wäre ich so eine geworden«, sage ich laut.

»Wie das?«, fragt Zeca und setzt mich wieder ab.

Ich erzähle ihm, dass Bianca Vanzini mich in einen ihrer Nachtklubs mitnehmen wollte.

»Für das Bohemian Girl?«, wundert sich Zeca.

Ich zucke die Achseln. »Keine Ahnung. Ich weiß nur, dass ich Black Lilly heißen sollte.«

»Ein hübscher Name«, bemerkt Zeca. »Den solltest du annehmen.«

Es ist kurz vor Mitternacht, als Zeca vor einem Haus mit dem Schriftzug »La Folia« stehen bleibt. »Hier ist es«, murmelt er aufgeregt. Er spricht einen Wachmann vor dem Bordell an. Sofort entsteht große Aufregung. Zeca wird am Eintreten gehindert, er darf auch nichts erklären. Er wird geschlagen und als dreckiger Neger beschimpft. Verzweifelt suche ich in der Menge: Wo mag der Sargento Amaral sein?

Ich gehe zu Zeca, der auf der Erde liegt, und schleppe ihn auf die andere Straßenseite. Wische ihm das Blut ab, das ihm über das Gesicht läuft, während er sein Haar ordnet. In dem Handgemenge hat er den Absatz von einem Schuh verloren. Er bittet mich, ihn zu suchen. Ein Schuh ist wichtiger als jeder Passierschein. Für ihn das Wichtigste: wieder Haltung annehmen. Während ich auf allen vieren das Pflaster abtaste, entschuldigt Zeca die Angreifer – ich solle ihre Gewalttätigkeit nicht falsch verstehen, das war ein unbedeutendes »Versehen«. »Sie haben mich bestimmt verwechselt. Sonst werde ich überall mit größtem Respekt behandelt.«

»Sei jetzt still, Zeca«, sage ich, während ich ihm das blutverschmierte Gesicht abwische. »Wenn du weiterredest, hört die Wunde nie auf zu bluten.«

Und wieder ordnet er seine Frisur, der blutbeschmierte Finger streicht den Scheitel entlang, der sein dichtes Haar unterteilt. Ich gebe ihm ein Tuch, damit er seine Hand abwischen kann. Während ich ihn versorge, erzählt er mir, dass er etliche Empfehlungsschreiben verfasst hat, um meine Brüder zu retten. Tausendfach ist er in die Haut eines Weißen geschlüpft und hat Passierscheine unterschrieben, mit falschem Namen, einem typisch portugiesischen Namen. Seine Schreiben waren so makellos, dass niemand auf die

Idee gekommen wäre, sie könnten von einem Schwarzen verfasst worden sein.

»Verstehst du, Imani?«, sagt er. »Die Leute sagen, ich hätte meine schwarzen Brüder verraten. Dabei hat ihnen niemand so viel geholfen wie ich …«

Auf der anderen Straßenseite ruft jemand meinen Namen. Es ist Bianca Vanzini.

Wir umarmen uns so stürmisch, dass die Passanten sich misstrauische Blicke zuwerfen. Ich merke nicht, dass Zeca sich zwischen den Gaffern hindurchdrängt, um den Sargento Amaral zu suchen.

»Ich wusste, dass du in Lourenço Marques bist«, sagt Bianca. »Germano hat mir geschrieben. Er hat dir schon zwei Briefe geschrieben. Hast du sie nicht erhalten? Hat Andrea sie dir nicht gegeben?«

Ich schüttele den Kopf. »Andrea?«, frage ich fast tonlos. Jemand zieht mich am Arm. Es ist Zeca. Er drängt, wir müssen zu unserem Schiff zurück. So drückt er sich aus: zu »unserem« Schiff.

»Geh du, Zeca. Das ist nicht mein Schiff.«

»Komm«, sagt er wieder. »Sargento Amaral ist hier, wir dürfen ihn nicht warten lassen.«

Ich kralle mich an Biancas Kleid fest, lehne den Kopf an ihre Brust und flehe sie an: »Behalten Sie mich hier, Bianca. Verstecken Sie mich zwischen Ihren Frauen. Ich warte hier auf Germano.«

Das sei keine gute Idee, erwidert Bianca. Erstens würde man mich suchen. Zweitens wisse niemand, wann Germano nach Lourenço Marques komme. Und schließlich, und das sei das Wichtigste: Wenn ich dieses Schiff verpasse, würde ich nie nach Lissabon kommen. In Portugal, da solle ich auf meinen Mann warten.

»Geh zurück auf das Schiff. Zeca hat recht, das ist dein Schiff, dein einziges Schiff.«

Ich löse mich von Bianca, lasse mich zur *Neves Ferreira* schleppen. Die Italienerin bleibt zurück, das Licht der

Straßenlaterne fällt auf ihr Haar. Plötzlich winkt sie heftig. Sie ruft etwas, doch die Musik aus den Bordellen übertönt es, sodass ich nichts verstehe. Sie scheint mit einem Brief zu wedeln. Aber vielleicht ist es auch nur ein weißes Taschentuch, mit dem sie zum Abschied winkt.

Brief von Germano de Melo an Bianca Vanzini

Es geschah einmal in einem Krieg, dass Soldaten, die auf einen Einsatz geschickt worden waren, umdrehten und in die Kaserne zurückkehrten. Erstaunt sah der General das Bataillon ankommen. Sie hatten die Grenze, die sie schützen sollten, nicht gefunden. So rechtfertigten sie sich.
»Ihr kennt die Grenze nicht?«
»Wo ist sie denn, Herr General?«
»Also, die Grenze … das heißt, die Grenze … sagt nicht, ihr hättet sie nicht gefunden!«
»Deshalb sind wir zurückgekommen, Herr General.«
»Also, die Grenze ist dort, wo das Land endet.«
Die Soldaten brachen wieder auf. Und kehrten nie mehr zurück.
Geschichte unbekannten Ursprungs, aufgeschrieben von Germano de Melo

Inhambane, 2. Januar 1896

Liebe Bianca,

ich schreibe Ihnen voller Verzweiflung. Ich habe zwei Briefe an Imani geschrieben, aber keine Antwort erhalten. Ich weiß nicht, ob sie die Briefe bekommen hat. Beide Briefe habe ich über Álvaro Andrea geschickt, einen Kapitän der Marine, dem ich wie einem Bruder vertraue. Keine Nachricht, weder von ihm noch von Imani.

Der Krieg bewirkt merkwürdige Veränderungen in der Seele derer, die warten. Wir nähren das unwiderstehliche Verlangen, eine Nachricht zu erhalten, trotz der Gewissheit, dass es die schlimmste aller Nachrichten sein kann. Die Hölle ist uns lieber als alles andere.

Nicht zu wissen, wo Imani ist, hat Ängste geweckt, die ich vergessen glaubte. Ich erlebe mich wieder, als hätte ich keine Hände, keinen Körper, keinen Willen. Mitunter denke ich, dass Imani einem anderen Mann begegnet ist. Oder noch schlimmer, dass sie mich ohne besonderen Grund nicht mehr liebt. Es sind Wahnvorstellungen, die mir die Ruhe rauben, aber nicht die Hoffnung. Bald schon werde ich Imani in meiner Heimat wiedersehen. Mit ihr zu meinem Dorf fahren und sie meiner Mutter vorstellen. Und dann werde ich auf Imanis Bauch weisen und verkünden: Hier ist dein Enkel! Und ich bin in einem anderen Leben.

Ich habe viel an Sie gedacht, meine liebe Italienerin, und daran, unter welchen Umständen wir uns kennengelernt haben. Ich erinnere mich an den Tag, an dem Zixaxa Lourenço Marques überfallen hat und wir in den Ruinen Zuflucht gesucht haben. In den Trümmern haben wir für einen Moment vergessen, dass da draußen eine Welt zusammenbrach.

Irgendwann komme ich Sie wieder besuchen. Aber wohl nicht rechtzeitig, um die Parade mit Gungunhana mitzuerleben. Es wäre der richtige Zeitpunkt, Imani wiederzufinden. Doch fällt weit mehr ins Gewicht, dass andere nicht anwesend sein werden. Das gilt insbesondere für António Enes. Der Königliche Kommissar wird die Nachricht auf dem Weg nach Lissabon erhalten. Die höheren militärischen Ränge befinden sich zum größten Teil bereits im Mutterland. Alle Helden, mit Ausnahme von Mouzinho, haben Urlaub, erschöpft von den drei einzigen Schlachten, die sie schlagen mussten. Man wird ihnen in Lissabon einen triumphalen Empfang bereiten, umjubelt für die Heldentaten, die zu verhindern sie sich mit allen Mitteln bemüht haben.

Ihr Held, dieser fahrende Ritter, wird sich nicht über mangelnde Anerkennung beklagen können. Aus England, Frankreich und Deutschland wurden Botschaften, Medaillen und Orden geschickt. Allein, Portugal hat nicht daran gedacht, ihn nach Lissabon zu holen, damit er dort die ihm zugedachten Ehrungen entgegennehmen kann. Der Befehl lautete klar: Mouzinho bleibt in Mosambik. Der Krieg ist beendet. Aber nicht ganz so, wie sie es glauben machen wollen. Wer weiß, vielleicht kommt der fahrende Ritter Sie in Lourenço Marques besuchen. Vielleicht quartiert er sich in Ihrem Etablissement ein.

Ich bitte um Entschuldigung, Bianca, aber Ihre Schwärmerei für Mouzinho kann mir nicht gleichgültig sein. Sie sind genau wie ich frei, sich zu verlieben, in wen Sie wollen. Aber um Gottes willen doch nicht in diesen Idioten! Bedenken Sie nur, welch kindische Begeisterung er für England hegt. Sie wissen, was die Engländer von uns, den Portugiesen und Italienern, halten – in ihren Augen sind wir das, wofür wir die Afrikaner halten.

Und deshalb ist es so, meine liebe Freundin: Je beschränkter eine Nation ist, desto schwieriger wird es, Helden zu küren. Nicht, weil es keine gäbe, denn wenn es in solchen Ländern eine Spezies zuhauf gibt, dann sind es Helden. Portugal hat mehr Helden als Einwohner. Die Schwierigkeit liegt einzig in der Sorge, Missfallen zu erregen.

Mit der pompösen Siegesfeier bemäntelt die Monarchie, dass ihre Zukunft ungewiss und düster ist. Sie haben Gungunhana gefangen genommen und bringen ihn für immer ins Exil. Wollte man Afrika vor der Gier der Europäer und auch der Afrikaner bewahren, brauchte man ein Schiff von der Größe eines ganzen Kontinents.

Der Herrscher von Gaza ist Portugal seit jeher im Weg gewesen, nicht durch das, was er tat, sondern eher durch das, was er nicht zuließ. Wenige Tage nach seiner Gefangennahme liefen bereits unsere Soldaten durch die Dörfer und kassierten die »Strohhüttensteuer«. Jede Familie muss fortan ein halbes Goldpfund zahlen. Es klingt wenig, ist aber ein Vermögen für alle, die als Bauern fernab von jedem Geld leben. Die Frauen weinen, die Alten klagen. Um Geld zu verdienen, müssen die Männer sich in den Minen von Transvaal verdingen. Da es keine Beamten gibt, werden aus Lourenço Marques Soldaten und schwarze Polizisten geschickt. Wir wissen genau, wie sie vorgehen: Sie drohen, verlangen Schnaps, lassen Enten und Hühner schlachten. Und nehmen die Kühe mit, die nicht an der Rinderpest eingegangen sind.

Ich habe selbst erlebt, wie eine solche Brigade in ein Dorf kam und der portugiesische Soldat sich auf einen großen Mörser setzte. »Tun Sie das nicht«, bat ein alter Mann. Unterwürfig erklärte er dem Steuereintreiber, einen Mörser als Sitz benutzen stelle einen schweren Frevel dar, einen Verstoß gegen die guten Sitten. Ungerührt sah der Soldat den Mann lange Zeit an, schließlich sagte er: »Ich mache den Fehler gut, den ich aus Versehen begangen habe.« Dann steckte er die Hütte und allen Besitz der armen Familie in Brand. Das Feuer breitete sich unkontrolliert im ganzen Dorf aus. Das war vielleicht ein Einzelfall, doch mit der Zeit wurde diese Arroganz so üblich, dass jene, die unter dem Tyrannen von Gaza gelitten hatten, sich bald nach ihm sehnten.

Damit komme ich zum Schluss dieses schon zu langen Briefes. Vielleicht habe ich mich so weit ausgelassen, weil ich spüre, dass mein Aufenthalt in Afrika zu Ende geht. Zugegeben, es tut mir leid, dieses Land zu verlassen. Im Grunde ist es so, dass Mosambik mich verlässt. Ich kehre in mein Vaterland ohne den Ruhm von Heldentaten zurück, ich habe keine großen Geschichten zu erzählen. Das Einzige, was ein Krieg einem Soldaten mitgeben kann, sind die entstandenen Bindungen zu den Waffenkameraden. Nicht einmal das habe ich erlebt. Ich war Soldat ohne Armee, der einzige Bewohner einer toten, leeren Kaserne. Ich habe eine Liebe und ein Kind bekommen, werden Sie, Bianca, sagen. Und ich habe Sie kennengelernt, füge ich hinzu.

Nur Ihnen – denn vielleicht werde ich nie den Mut aufbringen, darüber mit Imani zu sprechen – erzähle ich, was ich auf der Fahrt von Portugal nach Mosambik erlebt habe. In Kapstadt lockte mich eine Malaiin mit dunkler Haut und fleischigen Lippen in eine Nische unter einer Treppe, presste mich an ihren Körper und bot mir ihren Mund zu einem langen Kuss. »Das ist ein ›War Kiss‹«, murmelte sie und verschwand in der Dunkelheit. Dieser Kriegskuss sollte mir in den künftigen Schlachten Glück bescheren. Es kam aber zu keiner Schlacht. Doch in den langen Nächten der Einsamkeit rettet dieser Kuss mich noch heute vor mir selbst.

Ich habe in Afrika ein unbändiges Verlangen nach Schlaf entwickelt und eine unbezwingbare Angst vor dem Einschlafen. Kaum schließe ich die Lider, schlagen die Toten in mir ihre großen Augen auf. Und nur die Liebkosung dieses nicht endenden Kusses bringt mir meine Ruhe zurück.

Hiermit verabschiedet sich Ihr treuester Freund

Germano de Melo

PS: Wenn ein glücklicher Zufall es will, werden Sie bei den Feiern in Lourenço Marques Imani begegnen. Sollte dies geschehen, flehe ich Sie an, erzählen Sie ihr von mir und von den Briefen, die ich ihr geschrieben habe. Falls sie sie nicht erhalten hat, soll sie darauf dringen, dass der Capitão sie ihr aushändigt. Für alle Fälle – und um jegliche Unannehmlichkeit zu vermeiden – habe ich Zweitschriften meiner Briefe angefertigt, die ich Ihnen hier mitschicke. Bei Gott, geben Sie sie Imani.

Fußspuren im Tau

Deine Vorfahren waren große Herren, die über viele Jahrzehnte ganze Armeen gegen die Zulu-Invasion befehligten. Doch sie wurden gezwungen, sich den Zulus, die das Territorium besetzten, zu unterwerfen und ihnen Steuern zu zahlen. [...] Unser Unterdrücker Gungunhana, ein Zulu, der die Weißen vertreiben wollte, wurde von ihnen gefangen genommen, in den Norden geschickt und nie wiedergesehen.
Worte der Mutter von Eduardo Mondlane, erster Präsident der Frente de Libertação de Moçambique, im Gespräch mit ihm als Kind. In: Khambane, Chitlango und Clerc, André-Daniel, Chitlango: Filho de Chefe, 1990

Ein Boot bringt Zeca Primoroso und mich zurück zur *Neves Ferreira.* Sargento Amaral übernimmt persönlich die Riemen. Durch die Stille wirkt die Strecke kürzer. Als das Boot an den Schiffsbauch der *Neves Ferreira* stößt, ertönt ein vertrauter Klang, so wie früher die Blechdose, die beim Wasserschöpfen gegen den Brunnen schlägt. Ich sehe mich wieder in meinem Dorf, das Gewicht des ganzen Himmels auf meinen Schultern. Wie viele Wolken haben die Frauen schon auf dem Kopf getragen?

Ich steige über eine Strickleiter an Bord. Dabei wird mir genauso schwindlig wie früher, wenn ich zur Fledermausjagd in die Bäume kletterte. Ich steige meine Vergangenheit hinauf, denke ich. Falls meine Füße versagen, falle ich nicht ins Meer, sondern auf den Boden meiner Kindheit. Mein Vater breitet noch immer die Arme aus, um mich aufzufangen. Seine Arme sind gewachsen und reichen um die ganze Welt.

Ich verabschiede mich von Zeca und gehe in der Dunkelheit weiter, bis ich über eine Gestalt stolpere. Es ist Dabondi. Sie sitzt mitten auf dem Deck und blickt auf ihre Füße. »Sieh mal!«, ruft sie begeistert. »Eine Fußspur hier auf dem Boden!« Ich bücke mich ungläubig. Der Boden ist aus Metall. Dabondi weist hartnäckig auf etwas, das nur sie sehen kann. »Mein Sohn Mangueze ist auf diesem Schiff gewesen.« Sie kann wie ein Jäger Fährten lesen. »Hier ist mein Junge gegangen, da hat er sich hingesetzt und geweint. Er war traurig und furchtbar hungrig, als er sich schlafen gelegt hat.«

Ich helfe ihr beim Aufstehen. Sie versteht das nicht als Hilfe, sondern als Tadel. In diesem Augenblick ist sie keine Seherin mehr. Nur eine Mutter, die Sehnsucht nach ihrem Sohn hat. Sie malt sich die Szene aus: ein schwarzer Junge, der allein an Bord eines Schiffes geht und nur in der Gesellschaft von Weißen den heiligen Ozean überquert. Auf diesem Deck sind noch die Spuren der Angst erhalten.

Für Dabondi besteht kein Zweifel: Dieses Schiff, ganz aus Eisen, wurde aus Resten von Kanonen und Gewehren gebaut. Außen riecht es nach Meer, innen nach Schießpulver. Alle anderen Frauen am Hof wissen nicht mehr, wie viele Kinder sie zur Welt gebracht haben. Einzig sie, Dabondi, hat nur ein Kind geboren. So schmächtig, so zart, welche Geborgenheit hätte er an einem Ort aus Kanonenresten finden können?

Ich betrachte Dabondi und denke: Die junge Königin ist verloren. Wäre das Leben gerecht, müsste es ausreichen, Frau zu sein, um Königin zu sein. Diese Königin aber ist so traurig und bedürftig wie kein anderes Geschöpf. Damit sie sich lebendig fühlt, braucht sie das Verlangen ihres Mannes. Deshalb müssen die Frauen am Hof alle schön sein. Dabondi ist schön, aber sie weiß, dass ihre Schönheit in ihrer prekären Lage nicht lange währt. Deshalb macht sie es wie ein Schatten: Jeden Tag verschwindet sie. Eine Fata Morgana altert nicht. Und so möchte sie von ihrem Mann, dem König, überrascht werden – als Fata Morgana, die das Meer überquert.

»Der König will dich sehen«, sagt Dabondi. »Mich?«, frage ich. »Es vergeht kein Tag, ohne dass er dich im Traum sieht«, antwortet sie.

Dabondi führt mich zur Kabine des Kapitäns. Dort befindet sich Ngungunyane. Die Befragung ist gut verlaufen. Nur so erklärt sich, dass Álvaro Andrea dem König von Gaza gestattet, seine Kabine zu benutzen. Ngungunyane fordert Dabondi auf, sich zurückzuziehen. Er ist besorgt, der Herrscher der VaNguni. Sein Bruder, der König D. Carlos, hat auf seine Bitte nicht reagiert. Zixaxa teilt noch immer den gleichen Raum mit ihm, schlafend plant er eine Verschwörung gegen ihn im Dunkeln. »Man hat Dom Carlos meinen Brief nicht ausgehändigt.« Er ist davon überzeugt, dass ihn jemand verraten und sein Schreiben an einen anderen geschickt hat. »Der Brief kann noch gar nicht in Lissabon angekommen sein«, sage ich. Vergeblich. Ngungunyane hört nur sich selbst zu.

»Soll ich einen neuen Brief schreiben?«, frage ich.

Lächelnd wedelt Ngungunyane mit einem Blatt Papier und erklärt: »Du kommst zu spät, meine Liebe. Andrea hat mir gerade geholfen. Ich habe ihm ein paar Geheimnisse verraten, und er hat dafür diesen Brief geschrieben.« Übersetzt hat Godido. Er kann weniger Portugiesisch, sagt Ngungunyane, dafür weiß er besser, was Loyalität ist.

»Wenn Ihr einen anderen Schreiber genommen habt, warum bin ich dann hier?«, frage ich wütend.

Ich bin selbst darüber überrascht. Dann wird mir klar, dass die Schrift die Hierarchie verändert. Wer einen Brief diktiert, hat weniger Macht als derjenige, der ihn schreibt.

Der König lehnt sich an mich. Reibt sich wollüstig an mir. Ich rühre mich nicht, warte, dass er aufhört. Er fordert mich auf, ihm die Knie zu massieren. Und wundert sich, dass ich ihm nicht sofort gehorche.

»Die Knie«, sagt er noch einmal. »Ich will dir erklären, warum ein Mann gute Knie braucht.«

Bevor ein Familienvater in den Krieg zieht, kniet er sich vor seine Frau und fordert sie auf, die Namen ihrer Liebhaber zu nennen. Er bleibt so lange auf den Knien, bis sie Untreue gestanden hat. Falls der Soldat im Kampf fällt, ist das der Beweis dafür, dass die Frau gelogen hat.

»An dieser Geschichte stimmt etwas nicht, mein König. Kein Mann geht vor einer Frau auf die Knie.«

Ngungunyane lacht. »Du hast nichts verstanden«, sagt er. »Es geht nicht um die Ehefrauen, von denen die Familienväter das verlangen. Das wäre Zeitvergeudung, Frauen lügen immer. Die Männer knien sich nur hin, damit die Frauen denken, sie seien unterwürfig.«

Ich bewege mich langsam von ihm weg, während er immer weiterredet. Als er es merkt, befinde ich mich am anderen Ende des Raums.

»Ich will keine Zeit mehr verlieren«, sagt Ngungunyane. »Du sollst mir nur einen Brief vorlesen, den ich Andrea diktiert habe. Damit ich genau weiß, was er geschrieben hat.«

Es dauert, bis ich das Blatt Papier in die Hand nehme, das er mir entgegenstreckt. Ich mache mich wichtig, wie meine Mutter gesagt hätte. Und schon in den ersten Zeilen stelle ich fest, dass Álvaro Andrea es mit der Verschönerung des Textes zu weit getrieben hat. Wir beide portugiesieren die Worte des VaNguni-Königs zu sehr. Ich übersetze langsam, damit Ngungunyane mir folgen kann:

»Mein Bruder
König von Portugal

Ich möchte zu Euch über Verrat sprechen. Ist Verrat nicht das, was den Königen der ganzen Welt am meisten Sorgen bereitet? So war es seit jeher: Das Blut der königlichen Familie ist das gleiche, das in den Adern ihrer Mörder fließt.

Seit Beginn dieser Reise habe ich einen Klotz am Bein, einen Verräter. Es war keine weiße Hand, die ihn mir angebunden hat. Aus diesem Grund danke ich Euch für die Genehmigung, dass mein getreuer Feldadjutant, der junge Ngó, mich auf dieser Reise begleiten darf. Wir wissen beide, dass sich unter der Kochjacke eine andere Funktion verbirgt: der Vorkoster des Königs. Und wir müssen beide zugeben: Wir setzen diese stille Waffe missbräuchlich ein. Wir haben so viele Brunnen vergiftet, dass wir schließlich unsere eigenen Leute umgebracht haben. Dieses Geheimnis wollen wir für uns behalten. Gift hat auch diesen Vorteil: Der Tod tritt spät ein, zu einem Zeitpunkt, der zu niemandem gehört.

Nun, da die große Reise beginnt, bitte ich Euch noch einmal: Haltet Zixaxa von mir fern. Ich will diesen verdammten Mfumo nicht in meiner Nähe haben, er soll weder meinen Schlaf sehen noch meine Träume hören können. Meine Zellenkameraden haben mich schon beim Schlafen, Essen, Urinieren und beim Stuhlgang gesehen. Wie kann ich da für sie eine Autorität sein? Bitte, mein Bruder D. Carlos, entfernt diesen Verräter aus meiner Nähe. Beseitigt diesen Mann, niemand wird es merken, niemand nach ihm fragen. Wie das Gift, das wir im Übermaß einsetzen, bleibt auch dies ein Geheimnis zwischen uns.

Der König von Gaza
Lourenço Marques, 4. Januar 1896

Nachdem ich zu Ende gelesen habe, betrachtet Ngungunyane prüfend mein Gesicht, als möchte er davon ablesen, was er auf dem Papier nicht entziffern kann. »Glaubt Ihr, dass ich gelogen haben, Nkossi?«, frage ich. »Ich schwöre, ich habe mir keine einzige Zeile ausgedacht.«

»Ich weiß«, sagt der König. »Ich weiß es, weil du genau wie die Weißen geworden bist.« Alles, was man über mich,

Imani Nsambe, erzähle, sei gelogen. Die Menschen wüssten über meine Vergangenheit Bescheid. Und es stimme nicht, sagt Ngungunyane, dass ich meine Kindheit in einer katholischen Mission verbracht habe, weit weg von meinen Eltern und meinem Dorf. Dass ich so wie die Weißen geworden bin, sei durch Zauberei bewirkt worden. »Dabondi hat begriffen, wer du wirklich bist«, fährt er fort. »Niemand kann eine Zauberkundige so gut erkennen wie eine andere Zauberkundige.«

Wieder nähert er sich mir. Ich spüre, wie sein gieriger Blick meinen Körper verzehrt. »Du bist eine Zauberin, Imani Nsambe, ja, das bist du. Und du weißt, was wir mit einer Zauberin machen: Entweder töten wir sie oder …«

Er lehnt sich an mich, streicht mir über den Hals. Ich weiß nicht, ob er mich liebkost oder bedroht. Seine dicken Finger wandern von meinen Schultern hinunter zur Taille. Und dann weiter zu den Knien. Dort verharren sie. »Lass dein Hüfttuch fallen«, befiehlt er.

Innerlich höre ich die Stimme einer anderen Frau. Diese Frau sagt mir, ich solle so tun, als ob ich gehorche. Dieser König, den ich immer gehasst habe, ist jetzt ein Verbündeter. In seiner Gesellschaft werde ich nach Lissabon reisen, und dort werde ich den Mann wiedersehen, den ich liebe. Ich tue so, als löste ich mein Hüfttuch, und flüstere ihm ins Ohr: »Eure Mutter, die Königin Impibekezane, hat mir gesagt, nicht die Nebenbuhler muss ein Ehemann fürchten. Ein Rivale kann uns die Frau rauben. Aber der Alkohol raubt dem Mann das, was in ihm steckt … Versteht Ihr, was ich sage, mein König?«

Er hört meine Worte, und plötzlich erschlaffen seine Hände. Wütend stampft er mit den Füßen auf. Er erhebt sich, stößt mich weg. »Wer bist du«, schreit er, »dass du von meiner Mutter sprichst? Eine MuChope bist du, mehr nicht. Deine Leute sind von den Weißen beherrscht.«

Dann droht er, dass er dem König von Portugal schreiben wird, er solle mich nach Mosambik zurückschicken. Und dass man eine andere Dolmetscherin besorgen solle. Die Portugiesen hätten ja schon zu verstehen gegeben, dass sie Zeca Primoroso vorziehen. Denn diese Aufgabe müsse von einem Mann übernommen werden. »Dein Freund Kapitän Andrea ist von Bord gegangen. Diesen Brief hat er für dich hiergelassen«, sagt Ngungunyane und reicht mir ein Kuvert.

Brief von Álvaro Andrea an Imani

Gungunhana war bereit, sich dem Kommando meines Schiffes zu ergeben, und bat lediglich, ihm nicht den Kopf abzuschlagen und Garantie für das Leben seiner Söhne und Onkel zu geben. Diese im Kampf getroffene Vereinbarung wurde für mich feierlich geschlossen und nachher in Chaimite feige verraten, als die Onkel Queto und Manhune, die den sich ergebenen König begleiteten, treulos erschossen wurden.
Auszug aus Marinha de Guerra na Campanha de Lourenço Marques e contra o Gungunhana, 1894–1895, Bericht von Álvaro Soares Andrea, veröffentlicht in: Anais do Clube Militar Naval, 1897–1898

Heldenhaft und couragiert sind die Schwarzen Manhune und Queto gestorben, und als sie zu Boden stürzten, ging der Tenente der Artillerie Aníbal Miranda zu ihnen und stieß ihnen ein Schwert ins Herz, womit er vor den Augen der Soldaten wehrlose Sterbende misshandelte, was einen groben Verstoß gegen das Kriegsgesetz darstellt und nach dem Militärgesetz mit der Todesstrafe geahndet werden muss. […] Die Erschossenen hätten verdient, dass ihnen von ihren Gleichgesinnten ein Denkmal errichtet wird, weil sie gekämpft haben, ohne ihr Fähnchen nach dem Wind zu drehen, Vátuas mit Haltung, die es vermocht haben, auf ihrem Kampfposten zu sterben …
Álvaro Soares Andrea, in der Zeitung O Liberal am 27. Dezember 1908 veröffentlichter Artikel

Lourenço Marques, 5. Januar 1896

Werte Imani,

der dir hier schreibt, ist Álvaro Andrea. Dieser Brief ist eine Ergebenheitserklärung und zugleich eine Bitte um Entschuldigung. Ich ergebe mich dir ebenso wahrhaftig, wie ich mich schäme, dich benutzt zu haben. Dazu verleitet hat mich blinder Groll gegenüber Mouzinho. Vielleicht habe ich es dabei übertrieben. Ich habe mich meinem Widersacher gegenüber so verhalten wie Portugal gegenüber Gungunhana: Ich habe ihn größer gemacht, um meinem Leben einen Sinn zu geben, habe seinen Sieg aufpoliert, um meine Niederlagen zu vergessen.

Es gibt tausend Fragen, die ich dir nicht mehr stellen konnte. Zum Beispiel: Stimmt es, dass Mouzinho in Chaimite betrunken war? Stimmt es, dass er eine Zauberkundige befragt hat, wie sein Wagnis ausgehen würde? Wird bestätigt, dass die Gefangenen auf dem Marsch nach Limpopo fortwährend geschlagen wurden?

Aber vergessen wir diese Fragen. Schließlich verfolgt dieser Brief eine andere, vielleicht egoistischere Absicht – ich will dir zeigen, welche Wunden der Krieg in meine Seele geschlagen hat. Vielleicht erzähle ich dir das alles, weil du eine Frau bist, weil du schwarz bist und einfach deshalb, weil mir das meine Qualen erleichtert.

Während der beiden letzten Monate war ich einer der Kommandanten der »Limpopo-Schwadron«. Unser Auftrag bestand darin, die Bevölkerung an beiden Ufern des Flusses zu bombardieren. Und so sind wir vorgegangen – es verging kein Tag, ohne dass die Korvette von den Kanonenschüssen erzitterte. Im selben Augenblick zuckten unwirklich wie auf einem Aquarell riesige Lichtblitze über den Himmel. An den Ufern stiegen dichte Rauchwolken auf, als würde es schon dunkel. Nach Beendigung der tödlichen Schüsse sprangen meine Soldaten von Bord und verteilten sich in der Savanne wie Schalentiere, die bei Ebbe auftauchen. Für die Schwarzen waren die Gestalten im Dunst wie riesige Krebse mit brennenden Fackeln in den Scheren. Und mit diesen Fackeln steckten sie Hütten und Pflanzungen in Brand. Dutzende von Dörfern wurden niedergebrannt und die Boote der Fischer versenkt.

Von der Korvette aus blickte ich auf die Rauchwolken, die gespreizten Finger zum Schutz vor dem Gesicht. Ich fürchtete, ein Funke könnte mich treffen und ich würde blind nach Portugal zurückkehren. Dabei war ich schon blind, wusste es nur noch nicht. Die Matrosen berichteten mir von der Zerstörung. Sie erwähnten keine zerstörten Militärbasen oder gefallene Soldaten. Getötet wurden wehrlose Zivilisten. Nach Beendigung der Berichte herrschte um mich herum nur Dunkelheit. Ich bin Kapitän der Kriegsmarine. Es wäre meine Pflicht gewesen, die Dörfer aufzusuchen, um die Verwüstung in Augenschein zu nehmen. Ich hätte den Mut haben müssen, die Toten zu begraben und den Überlebenden zu helfen. Doch ich tat nichts. Ich stand da, zitternd und apathisch, bis mich ein Soldat am Arm fasste und unter Deck führte. Ich sank auf die Pritsche, als stürzte ich in den letzten Abgrund.

Die Schuld lastete so schwer auf mir, dass ich, selbst als Gungunhana sich ergab, nicht die Reichweite dieser Wende begriff. Zwar konnte ich Vorbehalte haben, was die Seriosität des Vátua-Herrschers betraf. Aber die Botschaft war klar: Der Herrscher war bereit, an Bord zu kommen, vorausgesetzt, dass weder ihm noch einem seiner Verwandten etwas angetan würde. Ich gab ihm dafür mein Ehrenwort. Ich hatte es versprochen. Doch Mouzinho ist schuld daran, dass es anders ablief.

Das ist die Schuld, die ich in mir trage, meine liebe Imani. Vor ein paar Tagen versuchte ein Matrose mich zu trösten, überzeugt, ich sei wegen Liebeskummer so bedrückt. Wenn es doch das wäre. Mein Gefühlsleben war seit jeher eine Wüste. Ich erinnere mich an eine wunderschöne, geheimnisvolle Frau, die in Lissabon immer am Kai stand. Anfangs dachte ich, sie komme sich von einem Matrosen verabschieden. Später habe ich erfahren, dass sie es bei allen Schiffen machte, die ausliefen. Schwarz gekleidet, wie es sich für Traurigkeit gehört, blieb sie am Kai stehen, bis alle anderen nach Hause gegangen waren. Sie stand im Hafen, bis ihr Auge das Schiff nicht mehr wahrnahm. Einer meiner Adjutanten versicherte, es sei die Witwe eines Matrosen, der vor langer Zeit in Afrika gestorben sei. Mit der Zeit bekam die Frau den Blick der Blinden – sie kannte kein anderes Land mehr als den Horizont. Später behauptete derselbe Matrose, die »Wartende« – so nannte er sie – komme, um mich zu verabschieden. Die Frau habe ihm erzählt, unter welchen Umständen wir uns begegnet seien, sie und ich. Ich bat den Matrosen, Stillschweigen zu bewahren, ich wollte selbst zu ihr gehen. Doch die rätselhafte Frau erschien nie wieder am Kai. Angeblich hatte man sie als Verrückte eingeliefert. Ich habe sie nie besucht, habe nicht einmal in Erfahrung bringen wollen, wo man sie untergebracht hatte. Ich hatte Angst, sie zu erkennen, Angst, sie würde mich erkennen. Courage, meine Liebe, erwächst nicht aus Gedanken. Courage steckt nicht im Kopf. Sie kommt aus dem Bauch.

Jetzt gestehe ich: Diese Frau hat es nie gegeben. Ich habe diese Figur erfunden, habe die Kulisse jahrelang aufrechterhalten. Ich habe mir die Geschichte ausgedacht und sie so oft erzählt, dass ich sie am Ende selbst geglaubt habe. Auch wenn ich es erfunden habe, der Trost, dass jemand auf mich wartet, war immer echt.

Die einzigen Geschichten, die es wert sind, erzählt zu werden, sind Geschichten unerfüllter Liebe. So wie die Liebe, die ich für dich empfinde und durch die ich mir immer wieder vorstelle, dass du mich nach einer imaginären Reise an einem Kai erwartest. Noch heute erzähle ich meinen Kameraden von dieser Frau, die eine Liebe lebte, die nur aus Warten bestand. Das letzte Mal, als ich sie erzählte, waren wir auf dem Limpopo unterwegs, und ein schwarzer Matrose sagte: »Ich kann auch eine Geschichte erzählen.« Er begann, eine Sage aus seinem Dorf am Flussufer zu erzählen. Früher, sagte er, war das Firmament vollkommen schwarz, ohne einen einzigen Stern. Eines Tages brach eine junge Frau aus lauter Sehnsucht nach ihrem Geliebten auf, ihn in der Finsternis zu suchen. Auf halbem Weg schichtete sie einen unerhört hohen Feuerhaufen. Als kein Holz mehr vorhanden war, warf sie die Tücher, die sie um den Körper trug, oben auf den Stapel. Dann zündete sie, nackt, wie sie war, den Feuerhaufen an und sah zu, wie die Funken in die Nacht aufstiegen. So entstanden die Sterne.

»Warum erzählst du diese Geschichte?«, fragte ich. Der Matrose wies auf das nahe Flussufer und antwortete: »Eines Abends sind von diesem selben Schiff Kanonenkugeln abgefeuert worden, die wie Sterne über meinem Dorf leuchteten. Diese Sterne weckten die Neugier der Kinder, sie liefen aufgeregt nach draußen. Kein Kind hat es überlebt.« Er machte eine Pause, dann fuhr er fort: »Wegen dieser Sterne kann ich nie mehr von Bord gehen.«

Der Matrose wollte offensichtlich den Dolch des schlechten Gewissens in mich bohren. Doch er bewirkte das Gegenteil. Seine Worte wiesen mir einen Ausweg. Wenn ich schon meine Verbrechen nicht ungeschehen machen konnte, oblag mir, die Schuldigen zu bestrafen. Ich beschloss, nicht nur meine Schuld zu gestehen, sondern auch die von unserer Kriegsmarine begangenen Schandtaten anzuprangern. Ich schickte eine erste Fassung des Dokuments an den Königlichen Kommissar, ohne eine Reaktion zu erwarten. Groß war meine Überraschung, als ein Bote mir eine Antwort von António Enes brachte. Ich gebe hier einen Teil wieder:

»In jedem zivilisierten Land würden kriegerische Handlungen wie die von unserer Limpopo-Schwadron begangenen nicht nur aufgrund humanitärer Prinzipien verurteilt und von Männern mit Schneid als abstoßend bezeichnet, sondern sie würden auch Gewalt, Hass und Rachegelüste seitens der durch Verschulden des Herrschers malträtierten Völker hervorrufen; in Afrika jedoch kommt es nicht zu solchen Reaktionen, weil diese allein aus einem hochentwickelten Moralverständnis und dem Sinn für Gerechtigkeit und Würde erwachsen können, die aber fehlen den Schwarzen.«

Eigentlich müsste ich dich mit diesen Beleidigungen deiner Rasse verschonen. Aber ich möchte, dass du weißt, wie meine Vorgesetzten denken. Nach dieser Antwort von António Enes habe ich auf schriftliche Beschwerden verzichtet. Stattdessen habe ich mich darauf konzentriert, einen Bericht über die von Mouzinho de Albuquerque begangenen Untaten zu verfassen. Ich bin naiv, aber nicht dumm. Von derlei Anklagen will niemand wissen. Das Abenteuer in Chaimite dient der Monarchie als Rettungsring. Die Feiern müssen erst abkühlen, bevor die Menschen eine andere Version der Heldengeschichte akzeptieren.

Vielleicht hat Mouzinho dir berichtet, wie er mich auf dem Posten von Languene getroffen hat. Es war Weihnachten, und unser heldenhafter Capitão musste unbedingt das Fest lächerlich machen, das ich mit so großem Einsatz für unsere Soldaten vorbereitet hatte. Er ließ sich einen Degen geben und warf ihn in einem blödsinnigen Anfall in den Sumpf. Tenente Miranda holte ihn heraus und nahm ihn versehentlich mit nach Chaimite. Und dort geschah das Unvorstellbare, meine liebe Imani: Ausgerechnet meinen Degen haben sie den beiden Erschossenen ins Herz gebohrt. Wenn ich die Augen schließe, sehe ich Blut.

Du wirst mich bei der Parade morgen nicht sehen. Ich werde weit weg sein, wieder zurück am Rio Limpopo. Ich könnte diese Zirkusnummern nicht ertragen. Im Grunde unterscheiden sie sich kaum von den Inszenierungen anderer europäischer Pfaue. Welch eine Illusion! Wir behaupten, Herren eines Kontinents zu sein, den wir gar nicht kennen. Es stimmt nicht, dass Europa Afrika erobert hätte. Hier wird der Wunsch für Wirklichkeit gehalten. Wir gebieten lediglich über ein paar kleine, an der Küste verstreute Faktoreien. Ich kenne sie, man kann sie an den Fingern abzählen. Der übrige Kontinent wird weiterhin von afrikanischen Königen und Herrschern regiert. Zwei Afrikas wechseln sich ab wie zwei geheimnisvolle Frauen: eine der Nacht, die andere des Tages. Wir kennen keins von beiden. Um den Anschein unserer Macht zu wahren, müssen wir den König von Gaza in Lissabons Straßen zur Schau stellen. Das ist keine Deportation. Es ist ein Jahrmarkt.

Dich grüßt
Álvaro Andrea

Paraden und Begeisterungswahn

Ein Mann durchquerte einen Wald und wurde von Räubern überfallen. Sie schlugen ihn zusammen, zogen ihn nackt aus, rissen ihm die Augen aus und fesselten ihn an einen Baum. Mitten in der Nacht begannen die Augen des armen Mannes seine Beine hochzuklettern. Sie wollten zurück in sein Gesicht. Der Mann spürte, dass sie seinen Körper hinaufkamen, und bat sie, ihn in Ruhe zu lassen. »Bitte kommt nicht zurück«, flehte er. »Ich will mich nicht mehr sehen, ich will die Welt nie mehr sehen.«

Dann hörte er knurrende Tiere kommen. Im Nu war er aufgefressen. Nicht einmal Knochen blieben übrig. Schnüre um einen Baum herum, das war alles, was von ihm blieb. Da die Augen nun zu keinem Körper mehr zurückkonnten, irrten sie durch die Wälder. Und mit diesen Augen sehen alle, die im Wald unterwegs sind, ihre eigenen Träume.

Bericht von Dabondi

Schon vor langer Zeit habe ich vergessen, welcher Rasse ich angehöre, habe die Bräuche meines Volkes abgelegt. Aber ich setze mich immer noch wie eine schwarze Frau: die Beine nebeneinander angewinkelt, ein Knie auf dem anderen. Der Herrscher hat mich fest im prüfenden Blick, ob ich alte Ängste respektiere, er bewacht meine Hände, die ich ehrfürchtig gefaltet halte.

Es ist Morgen. Vor wenigen Stunden befanden wir uns noch an Bord. Als die Gefangenen schließlich in die Stadt kamen, atmeten sie erleichtert auf. Die Königinnen lächelten sogar. Doch die Freude währte nur kurz. Sie wechselten lediglich von einem Gefängnis ins andere. Und nun, im Gefängnis von Lourenço Marques, werden die Gefangenen in zwei Gruppen geteilt. Ein angolanischer Soldat treibt sie brüllend an: »Landins auf die eine Seite, Vátuas auf die andere!«

»Solche Leute gibt es hier nicht«, knurrt Zixaxa halblaut.

Im Schatten eines Mangobaums befinden sich Ngungunyane und seine Angehörigen. Unter einem anderen Baum sitzen Nwamatibjana Zixaxa und seine drei Frauen.

Zixaxa spottet, statt sich damit zu beschäftigen, die königliche Krone wieder herzurichten, sollte Ngungunyane seine Frauen auffordern, ihm die Uniform der Weißen anzulegen. »Oder ist der Herrscher von Gaza etwa kein Sargento der portugiesischen Armee mehr?«, fragt er.

Er will den König demütigen, will die Königinnen herabsetzen. Dabei weiß Zixaxa nicht, dass er, der stolze, vorbildliche Rebell, an ebendiesem Tag selbst in die portugiesische Armee aufgenommen worden ist. Die Gefangenen sind alle seit heute Angehörige einer Armee, gegen die sie immer gekämpft haben. Genau genommen müssten sie alle in Stiefeln und Uniform in der Parade mitmarschieren. Stattdessen werden sie barfuß und spärlich bekleidet teilnehmen. Ihre Rasse wird ihre Uniform sein, die einzige, die die Kolonisatoren anerkennen.

Ich gehe zu Ngungunyane. Es dauert, bis ein König die Anwesenheit einer anderen Person wahrnimmt. Und es dauert noch länger, wenn es eine Frau ist. Da ich auf diese Launen vorbereitet bin, kränkt mich das Warten nicht. Schließlich gestattet Ngungyane mir mit einem leichten Kopfnicken, das Wort zu ergreifen.

»Ich soll Euch erklären, wie die Zeremonie ablaufen wird.«

»Wird man mich gefesselt vorführen?«, fragt der König.

Eigentlich soll ich die Fragen stellen und ihm Geheimnisse entlocken. Deshalb hat man mich geschickt – um sicherzustellen, dass keine Verschwörung das Fest verdirbt. Ich bin wirklich nicht dafür geeignet, andere zu kontrollieren. Der König legt die Stirn in Falten, sein Blick sucht den Horizont nach Viehgehegen und Rinderherden ab. Aber er entdeckt kein Tier mit Hörnern. Was für ein verflixter Ort ist das hier, wo man nur Menschen sieht?

Seine sieben Ehefrauen, die damit beschäftigt sind, die Krone in das Haar des Herrschers zu flechten, kümmern seine Sorgen nicht. Ngungunyane mag gefesselt in der Parade mitgeführt werden, aber niemals ohne sein Chilodjo. Kein Friseur dieser Welt kann sich mit dem Geschick dieser Frauen messen. Die Fäden, mit denen die Krone gehalten wird, sind von kostbarstem Material – dünne Sehnen aus Rinderlenden. Mehrere Stück Vieh müssen geopfert werden, um ein Dutzend solcher Fäden zu erhalten, die nacheinander mit dem Haar des Königs verknüpft werden. Es gibt keinen vornehmen Nguni, der nicht so eine Wachskrone trägt. Aber keine wird mit diesem zarten Garn ins Haar geflochten.

Dabondi verlässt den Kreis und bietet mir eine Kalebasse mit Ukanyu an. Zunächst lehne ich ab. Ich weiß, wie ich auf dieses angeblich aphrodisischste aller Getränke reagiere. Aber dann willige ich doch ein.

»Hat man die Engländer geholt?«, fragt der König.

Die Frage war zu erwarten. Die Zeremonie wird vor allem für die Engländer veranstaltet, weil sie die Kolonie Mosambik haben wollen und, wie man in Lissabon sagt, immer den König von Gaza unterstützt haben.

»Weißt du, was für ein Tag heute ist?«, fragt Ngungunyane. Ohne eine Antwort abzuwarten, redet er weiter. »Heute wird Umnkosi Nkwayo gefeiert, das Fest der ersten Früchte.«

Dieses Fest gehört nicht den Portugiesen. Es ist sein Fest, ihm zu Ehren wird es gefeiert. Die Weißen erteilten immer nur die Erlaubnis. Verbieten konnten sie es nicht. Die Portugiesen haben die Kosten getragen, aber das Fest richtete sich gegen sie. So denkt der abgesetzte König von Gaza. Und befiehlt mit erhobenem Arm: »Geh und sag deinen Dienstherren: Die Portugiesen haben meine Soldaten besiegt, aber nicht unsere Götter.«

Der König ist betrunken, denke ich. Seine Hände zittern, als er sich erneut eingießt. »Nutz die Gelegenheit, Mädchen«, sagt er. »Dies ist das letzte Mal, dass wir unsere Getränke genießen können.«

Ngungunyane ist verzückt. Mit seinem halbfertigen Kopfschmuck sieht er lächerlich aus, ein Haarbüschel steht hoch aufgerichtet auf seinem Kopf.

Er fabuliert laut vor sich hin, wie die Zeremonie abliefe, wenn wir uns an seinem Hof in Manjankhazi befänden. Er würde bestimmen, welche Rinder geopfert werden sollten. Er würde weibliche Tiere aussuchen, wie es Tradition ist. Sie müssten sie zuerst blenden, bevor ihnen der Hals aufgeschnitten würde. Sie dürfen den Tod nicht sehen, weil sonst ihr Fleisch zäh würde. Und so, verlangt er von mir im Vertrauen, soll man es auch mit ihm machen, wenn man ihn töten will – zuerst soll man ihm die Augen ausstechen. Blindsein, sagt Ngungunyane, ist in Zeiten des Schreckens ein Geschenk.

Mich überrascht nicht, wie ergeben seine Frauen ihm zuhören. Wohl aber staune ich darüber, wie gut der abgesetzte König über die Vorbereitungen für die Parade informiert ist. So weiß er zum Beispiel, dass sein Gegner, der Krieger Xiperenyane, in diesem Augenblick die Straßen der Stadt fegt.

»Der große Held deines Volkes, dieser Xiperenyane, war bereit, sich mit den Portugiesen zu verbünden«, sagt er. »Jetzt ist er ein Sklave der Weißen. Und muss für mein Fest arbeiten. Als mein Sklave. So enden alle, die es wagen, sich gegen mich zu stellen.«

Auch wenn sie den Herrscher in Fesseln halten, fernab von seinem Heer, seinem Hof, verfügt er immer noch über eine Waffe, die stärker ist als Schießpulver: ein Netz von Nachrichten und Gerüchten. Was man ihm über den Anführer der VaChopi erzählt hat, entsprach der Wahrheit. Ich selbst war gerade erst Xiperenyane begegnet. Vor dem Haus des Gouverneurs stand er mit Besen und Eimer in der Hand. Der Mann, der der Anführer meines Volkes gewesen war, der den Portugiesen am meisten geholfen hatte, Ngungunyane zu besiegen, war jetzt ein namenloser Dienstbote.

Als ich, überrascht und betroffen, ihn grüßte, wirkte er nicht beschämt: »Ich helfe, die Gefangennahme meines größten Feindes zu feiern. Ist das nicht eine Freude für jeden Kämpfer?«

Damit ist also Biblianas Prophezeiung eingetreten. Xiperenyane ist durch den falschen Respekt, den die Portugiesen ihm gezollt haben, blind geworden. Wie von ihr vorhergesagt, haben wir hier das Abbild von uns allen vor Augen, den armen Schwarzen, der für die Feste der anderen die Welt sauber fegt.

Ich hätte nie gedacht, dass es so viele Weiße auf der Welt gibt. Und auch nicht so viele Schwarze, ehrlich gesagt. Aber nun sehe ich die einen wie die anderen begeistert den portugiesischen Truppen applaudieren, die auf der einzigen Avenida der Stadt vorbeimarschieren. Soldaten aller Rassen salutieren vor einer Tribüne mit Vertretern der Kolonialmächte. In der Tribünenmitte befindet sich der Interims-Generalgouverneur Correia Lança, eingerahmt von Diplomaten verschiedener Nationen. Die Ehrenplätze sind den Kommandanten des deutschen und des englischen Kreuzers vorbehalten, die im Hafen liegen. Rund um die Tribüne drängeln sich portugiesische und englische Journalisten. Kurzum, auf der Tribüne befinden sich alle bis auf den, der den größten Anspruch auf einen Platz dort hätte: Capitão Mouzinho de Albuquerque. Dass er nicht da ist, scheint den Gouverneur nervös zu machen, wiederholt knurrt er einem Bediensteten etwas ins Ohr.

Ein Bote wird auf die Suche nach dem Helden geschickt. Er wird ihn am Sterbelager von Major Caldas Xavier finden. Mouzinho hat am Tag zuvor zu mir gesagt, dies sei der schlechteste Moment zum Feiern. Der große Architekt der portugiesischen Militäroffensive in Mosambik kämpfe als Opfer einer Tropenkrankheit mit dem Tod. Monatelang war Caldas Xavier Verwalter der Companhia de Ópio da Zambézia gewesen. Mohnfelder, so weit das Auge reicht, wiegten den portugiesischen Major in den Schlaf. Das rote Blütenmeer verblasst jetzt unter seinen Lidern.

Für die Weißen war Caldas Xavier einer Krankheit erlegen. Für uns, die Schwarzen, war er das Opfer eines bösen Blicks. Bei uns stirbt man nicht durch »etwas«, sondern durch »jemanden«. Der Tod hat keine Ursache. Nur einen Schuldigen.

Schließlich erscheint Mouzinho de Albuquerque, und ohne die Würdenträger zu begrüßen, geht er auf die Tribüne, um sich an die Menge zu richten. Für den Bruchteil einer Sekunde begegnen sich unsere Blicke. Ich grüße ihn mit einem Kopfnicken. In starrer Haltung an der Vorderkante der Tribüne, spricht Mouzinho mit zitternder, halb erstickter Stimme: »Ich habe diese Veranstaltung nicht verdient«, beginnt er. Seine Stimme wird lauter. »Man ehrt nicht einen Soldaten, während ein anderer mit dem Tod kämpft.« Bewegt verkündet er: »Meine Herren, Caldas Xavier, der tapferste aller Portugiesen, liegt im Sterben.«

Er macht eine Pause, wischt sich diskret den Schweiß aus dem Gesicht. Dann holt er tief Luft und stößt hervor: »Ich beneide ihn, denn er stirbt für das Vaterland.«

Darauf ertönt der laute Ruf der Menge: »Wir sind Portugiesen!«

Ich betrachte die verzerrten Gesichter derer, die da wie besessen schreien, so erregt, als wären sie von einer anderen Rasse. Für einen so überspannten Patriotismus ist es viel zu warm. Und dann begreife ich: Was hier gefeiert wird, ist nicht nur ein militärischer Sieg. Was der Capitão den Leuten geschenkt hat, ist ein Zauberheilmittel für ihr armseliges Dasein.

Auf einmal wird mir so schwindlig, dass es mir fast den Boden unter den Füßen wegzieht, ob wegen der Hitze und des Getränks, weiß ich nicht. Ich kann mich nirgends abstützen. Ich bin umringt von Unberührbaren. Ich schließe die Augen. Das Schwindelgefühl hört nicht auf. Ich hätte ablehnen sollen, so viel Ukanyu zu trinken. Nun ist es zu spät.

Nach den Reden wird den Afrikanern erlaubt, sich zu äußern, unter der Bedingung, dass sie auf der anderen Straßenseite bleiben. Ich lehne an einem Balken der Tribüne, der Schwindel ist noch stärker geworden, die Welt ist verschwommen und weit weg. Trommeln schlagen, Frauen tanzen wie von Sinnen, Gesänge in den verschiedensten Sprachen erklingen. Der Lärm der Schwarzen wird so ohrenbetäubend, dass die Gefangenen sich mehr noch als die Weißen verängstigt zusammenkauern. So verharren sie auch, als Ngungunyane sich schließlich aufrichtet und losbrüllt.

Er ist von einem rasenden Geist besessen. Keiner der Weißen versteht ein Wort von dem, was er schreit. Er verkündet: Was in der Avenida stattfinde, sei keine Militärparade, sondern das Fest der ersten Früchte. »Das ist Umnkosi Nkwayo«, ruft er euphorisch. Er weist auf mich und fordert mich auf, den Weißen den Grund für seinen Überschwang zu erklären. Die Schwarzen erweisen ihm die Ehre, wie es die Tradition verlangt: Sie beleidigen ihn an diesem Tag, an dem nichts heilig ist. All die unübersetzbaren Schimpfwörter bestätigen nur seine göttliche Autorität.

Der Klang der Trommeln bringt mich zum Tanzen, der Erdboden schwankt so trunken wie das Meer. Mein Herz ist jetzt eine Trommel, mein Körper gehört mir nicht mehr. Ich blicke in die Runde, alles ist verschwommen. Unter den Tausenden Schwarzen, die der Parade zuschauen, kann ich die Gefangenen nicht mehr genau ausmachen. Alle haben sich miteinander vermischt, die Weinenden und die Feiernden. Die Tyrannen tanzen zusammen mit den Sklaven. Die zuvor gegeneinander gekämpft haben, tanzen jetzt Arm in

Arm in der Stadt der Weißen. In der Rechten halten sie den Wurfspeer der VaNguni. In der Linken die sichelförmige Axt der VaNdau. Über ihren Schultern hängen die Bögen, mit denen wir, die VaChopi, uns gegen die Okkupation die VaNguni gewehrt haben. Und alle winken mit den gleichen Waffen, mit denen sie umgebracht wurden, als wären es Fahnen von Siegern. Im Scheitern vereint, nehmen die Besiegten die Stadt in Besitz. Afrika hat die Festung der Europäer erobert. Xilunguíne hat Lourenço Marques geschluckt.

In Panik geraten, suchen die Kolonialherren das Weite, schützen ihre Kopfbedeckungen, als ginge ein Unwetter nieder. Die weißen Frauen ziehen ihre Schuhe aus, um mit ihren laufenden Ehemännern mithalten zu können, und alle suchen Zuflucht im Palast des Gouverneurs.

Ich stehe dicht an der Tribünenkante, als der Krieger Xiperenyane an mir vorbeitanzt. Hinter ihm folgen Bibliana – die im Gehen betet – und Chikazi, meine verstorbene Mutter. Sie zieht den Strick hinter sich her, mit dem sie sich erhängt hat. Die beiden Frauen kommen über die Avenida auf mich zu. Sie umarmen mich. Bibliana flüstert mir ins Ohr: »Die Tänzer sind die Krieger, die in Marracuene, Magul und Coolela gefallen sind. Jetzt sind sie alle zusammen. Das ist die Armee der Toten, derer, die man nie entwaffnen kann.«

Ich greife nach der Hand meiner Mutter, lege sie auf meinen Bauch und flehe sie unter Tränen an: »Mutter, hilf mir. Nimm mich mit nach Hause.«

»Für dich gibt es kein Zurück. Wenn das Fest zu Ende ist, werden die Schwarzen dich als Verräterin verfolgen. Und die Weißen werden dich wegen des nicht zu tilgenden Makels deiner Haut verachten. Das ist das Los, das du gewählt hast, Imani.«

Tanzend verschwinden die beiden Frauen in der Menschenmenge. Wie betäubt gehe ich auf die Tribüne und schreie: »Rettet mich, um Gottes willen. Rettet mich!«

Mein herzzerreißender Hilferuf ist mehr als ein Schrei. Es

ist meine Seele, die ich herausstoße, als wäre es eine Geburt. Plötzlich verstummen alle, der irrsinnige Lärm zieht sich zurück wie eine Schnecke in ihr Haus. Ich schüttele den Kopf, als wollte ich mich von innen säubern. Schließlich komme ich wieder zu mir.

Vor mir sitzen die weißen Würdenträger, sie starren mich sprachlos mit weit aufgerissenen Augen an. Die Menge ringsum wartet gespannt darauf, was nun geschehen wird. Wie man bei uns sagt: Die Stille hat sich verknotet. Ich muss so verändert aussehen, dass selbst Mouzinho sich auf Distanz hält.

»Wer ist diese Negerin?«, fragt der Gouverneur. Er weist die Polizei an, mich festzunehmen. Da stürzt Bianca Vanzini auf die Tribüne, neigt sich hastig zu einer Verbeugung und erklärt: »Meine Herren, dieses Mädchen ist krank, ich nehme sie mit.«

Ohne ein Wort hebt Mouzinho die Arme und lässt sie wieder sinken. Die Italienerin führt mich durch die neugierige Menge, die aus Angst vor einer ansteckenden Krankheit zu einem Spalier zurückweicht. Auf halbem Weg bleibt Bianca stehen und legt mir die Hände auf die Schultern. Sie wirkt erschöpft. Ihre Stimme ist halb tränenerstickt, als sie fragt: »Was ist mit dir los, Mädchen?«

In Biancas Bordell ist keine Menschenseele. Ich gehe durch die Flure, die Zimmer mit rosa Tapeten. Bianca erlaubt mir, ein rotes Seidenkleid anzuprobieren. Meine Hände verziert sie mit langen schwarzen Handschuhen. Sie macht mir Komplimente für meine Figur und bedauert, dass ich es abgelehnt habe, eine ihrer Damen für die Nacht zu werden. Ich winke mit der behandschuhten Hand ab.

»Ich bin schwanger, bald ist mein Körper nur noch dicker Bauch.«

Aus einer Schublade holt sie zerknitterte Papiere. Es sind Germanos Briefe. »Das sind die Kopien, die Germano eigenhändig geschrieben hat.«

Meine Hände können die Blätter, die sie mir reicht, kaum halten, so sehr lässt mein Herz meinen Körper zittern.

»Ich wollte sie dir gestern Abend geben«, sagt Bianca, »aber sie haben dich durch die Straßen gezerrt und auf ein Schiff gebracht.«

Etwas tropft auf meine Schuhe. Die Papiere sind klitschnass. Wie leblos hängen sie an meinen Händen. »Warum sind die Briefe so nass?«, frage ich. »Wie soll ich sie lesen, wenn sie vor Wasser triefen?«

Bianca sieht mich mit ängstlichem Blick an, als wäre ich ihr fremd. »Da ist kein einziger Tropfen Wasser«, versichert sie. Sie will meine Wange berühren, zögert aber. Will mir über die Haare streichen, doch ihre Hand zuckt zurück. Schließlich bittet sie mich sanft: »Gib mir die Briefe zurück, Imani. Ich lese sie dir vor.«

Ich reiche ihr die tropfenden Blätter. Bianca sieht mich eine ganze Weile ungläubig an. Sie schüttelt den Kopf und beginnt zu lesen. Sie bewegt die Lippen, doch ich höre nur das Murmeln des Flusses, desselben Flusses, in dem Germano und ich uns geliebt haben.

Als Bianca zu Ende gelesen hat, bin ich leer. In mir ist nichts als dumpfer Zorn auf Álvaro Andrea. Wie konnte er es wagen, etwas zu behalten, was nicht für ihn bestimmt war? Ich wirbele durch den Raum und verfluche den Kapitän: »Ich bringe den Mann um!«

»Beruhige dich, Mädchen«, befiehlt mir Bianca. Ich soll mich hinsetzen und an Germano schreiben. »Ich gebe ihm den Brief, wenn er hier durchkommt.«

Es dauert, bis ich die Handschuhe abgestreift habe. Ich will schreiben, weiß aber nicht, wie ich anfangen soll. Der Hass auf Andrea wiegt schwerer als die Sehnsucht nach Germano. Ich werde später schreiben, verspreche ich Bianca. Ihre Hand greift in mein krauses Haar, und wie bei unserer ersten Begegnung gebe ich mich der Liebkosung hin.

»Ich komme dich noch in diesem Jahr in Lissabon besuchen«, sagt Bianca. »Denn auch ich gehe weg. Zurück nach Italien.« Bianca öffnet das Fenster, und ihr Seufzer vermischt sich mit dem Staub, der sich von den Vorhängen löst. »Mouzinho möchte sich vom Leben verabschieden; ich will nur weg aus Afrika.« Sie tut so, als blickte sie aus dem Fenster. Ihre Hand streicht über den Vorhangstoff, als suchte sie Halt. »Es ist nicht der Tod, den der Capitão ersehnt.« Mouzinho hofft auf eine Liebe, die sich niemals erfüllen wird. Alle reden von seiner hoffnungslosen Liebe zu Dona Amélia, der Königin im fernen Portugal. »Er hofft wenigstens noch«, seufzt Bianca.

Die Italienerin hadert mit dem Leben, sie hadert mit der Stadt, die sie zuvor gerettet hat. Sie blickt hinaus, wo sich die Menschen drängen. Um diese Uhrzeit sind Schwarze und Weiße noch gemeinsam unterwegs.

»Weißt du, was mich in deinem Land am meisten bedrückt, Imani? Das Weinen der Kinder.« Woanders, erklärt sie, weinen die Kinder so, wie man beten lernt – sie hoffen darauf, dass alles besser wird. Bei den afrikanischen Kindern sei es anders. Sie weinen lautlos, weinen vor sich hin, als erlebten sie ihren letzten Tag. Ihr Weinen sei wie ihr Bauch: aufgebläht, aber nichts darin. »Ich gehe nach Italien zurück. Man kehrt immer nach Hause zurück.« Sie lächelt traurig. »Als ich das erste Mal heimgekehrt bin, hat mich niemand in meinem Dorf erkannt.«

»Sie waren wohl zu lange fort gewesen.«

»Nein, die Zeit war nicht der Grund. Sie haben mich nicht erkannt, weil ich glücklich war.« Sie faltet Germanos Briefe zusammen und steckt sie in die Tasche. Ein Tintenfleck bildet sich auf ihrem Kleid.

Unterwürfiger Ungehorsam

Die Priester sagen, wenn wir gestorben sind, kommen wir in den Himmel. Mein Himmel ist der Erdboden, Imani. Ich gehe jeden Tag über meine künftige Bleibe. Ich wohne schon lange im Himmel. Wenn ich sterbe, würde ich lieber woandershin gehen.
Zixaxa

Du bist ein Idiot, mein werter Álvaro. Ich könnte dich schlicht ignorieren. Doch das Leben hat mich gelehrt, dass es die Idioten sind, die wir am meisten fürchten müssen.
Aus einer Nachricht von Mouzinho de Albuquerque an Álvaro Andrea

Ich habe die Nacht in einem Bordellbett verbracht, zwischen Laken, die noch nie den Schlaf eines Menschen gehütet haben. Ich wusste schon lange nicht mehr, was ein Bett ist. Vielleicht habe ich deshalb so tief und fest geschlafen.

Am nächsten Morgen weckt mich die sanfte Stimme von Álvaro Andrea. Der Portugiese hat das Ende der Parade abgewartet, bevor er von Bord gegangen ist.

»Was machen Sie in meinem Zimmer?«

»Ich habe dir etwas mitgebracht.«

»Die Briefe?«

»Welche Briefe?«

»Die Briefe von Germano.«

»Ich muss etwas gestehen«, sagt Andrea. »Ich habe die Briefe nicht mehr. Mouzinho hat sie an sich genommen.«

Andrea wirkt niedergeschlagen. Er habe mir die Briefe

nicht gegeben, weil er sie als Unterpfand dafür benutzen wollte, dass ich ihm Informationen liefere. Doch mit der Zeit sei ihm klar geworden, dass er sie aus einem anderen Grund zurückhielt. Er habe gehofft, dass ich Germano vergesse, gesteht er. »Ich bitte um Vergebung, Imani. Ich habe einen Kameraden verraten und eine Freundin getäuscht.«

Er spricht weiter, ohne den Kopf zu heben. Die Aussichtslosigkeit, geliebt zu werden, habe seine Seele vergiftet. Die Liebe kann Berge versetzen. Aber unerwiderte Liebe reiße Abgründe auf.

»Gehen Sie, Comandante«, sage ich leise.

Er hebt den Arm. Eine gebieterische Bewegung. Keine Bitte. Er verlangt, dass ich ihm zuhöre. Und er erklärt, was geschehen ist: Vor ein paar Tagen hat Mouzinho ihn dabei überrascht, dass er Papiere in der Tasche verschwinden ließ. In der Annahme, es sei der Bericht, der ihn angeprangert habe, ließ er die Taschen von Álvaros Uniform und die Schubladen seines Zimmers durchsuchen. Dabei habe Mouzinho Germanos Briefe an sich genommen.

»Und warum haben Sie sie nicht zurückgefordert?«

»Ich werde mein Leben lang diesem Betrüger keinen Gefallen schuldig sein!«, sagt Andrea. »Ich weiß, dass Germano mir nicht verzeihen wird. Und du wirst mich jetzt hassen. Aber ich konnte nicht anders.«

»Gehen Sie, Comandante«, sage ich gereizt. »Bitte lassen Sie mich allein.«

Andrea rührt sich nicht. Nach einer Weile streckt er mir liebenswürdig wie ein Verlobter den Arm entgegen: »Komm, ich will dir die Stadt zeigen.«

Ich lehne höflich, aber entschieden ab: »Ich will sie nicht sehen, ich will nicht mit Ihnen sprechen.«

Aus dem Fenster sehe ich, wie Álvaro Andrea weggeht. Und ich muss zugeben, er ist wirklich ein schöner Mann. Er hat etwas Hilfloses und Zartes, was nicht zu seinem Status als Offizier passt. Das verwirrt mich.

Ich warte eine Weile ab, dann gehe ich hinaus, ohne darauf zu achten, dass meine Bekleidung unpassend ist. Der Ort, der gestern so strahlend schien, wirkt jetzt grau und trübsinnig. Die Straßen sind noch vom nächtlichen Nieselregen nass. Ich schleppe das Kleid, das Bianca mir geliehen hat, über die schlammigen Wege.

Schilder in portugiesischer Sprache zeigen die Straßennamen an. Alle anderen Schilder sind englisch beschriftet. Die Stadt selbst wird »Delagoa Bay« genannt. Ich gehe die Rua dos Mercadores entlang, im Tageslicht wirkt sie leblos und leer. Ein Stück weiter biege ich in die Rua da Gávea ab und treffe auf indische Händler, die mich mit ihrer eigenartigen Sprache locken: »Kommen in Geschäft, können sehen, nix kosten!«

Ich bleibe im letzten Straßenzug stehen, der Rua da Linha. Hier stehen alte eiserne Straßenlaternen, in denen früher Walöl verbrannt wurde. Das alles ist jetzt nur Erinnerung. Die Laternenpfähle wecken eine furchtbare Erinnerung – der schwankende Körper meiner Mutter an dem Baum, an dem sie sich erhängt hat. Ich kehre der Zeit den Rücken zu, gehe fort von dem Sumpf, der hier beginnt. Die Laternenpfähle sind Wachposten an der Grenze zwischen zwei Welten im Krieg.

Plötzlich treten drei Matrosen aus einer Tür. Sie umzingeln mich bedrohlich. Einer sagt: »So eine elegante schwarze Hure habe ich noch nie gesehen!« Sie schubsen mich in eine Treppennische. Wortlos teilen sie sich die Arbeit, als wäre das Vergewaltigen einer Frau eine angeborene Fähigkeit. Der eine hält meine Beine fest, der andere meine Arme. Der Dritte liegt auf mir, zerreißt mir das Kleid und sabbert an meiner Brust. Ich rufe um Hilfe. Offenbar erregen meine Schreie sie noch mehr. Ich weiß, dass ich aufgegeben habe, als mir eine Träne über die Wange rinnt und mehr schmerzt als alles andere. Dann geschieht etwas, das ich niemals werde beschreiben können. Denn plötzlich bin ich von Gestalten umringt, die wild fuchteln, zu Boden stürzen, sich dann erheben und fliehen. Ich spüre Erleichterung wie aus den Gräbern Auferstandene. Als ich die Augen vollkommen öffne, blicke ich in das Gesicht von Álvaro Andrea. Er hilft mir auf. Schweigend wartet er ab, während ich meine Kleidung ordne.

Immer noch schweigend gehen wir zu Biancas Bar zurück. Der Portugiese reicht mir die Hand, um mir über die Wasserpfützen zu helfen. Ich zögere, bevor ich die freundliche Geste akzeptiere. Schließlich berühren sich unsere Finger. Doch gleich darauf ziehe ich sie energisch zurück. »So, wir sind da«, sage ich rasch. Bianca – die schon von dem Vorfall erfahren hat – erwartet uns vor dem Haus. Sie schließt mich in die Arme und tröstet mich: »So, nun bist du zu Hause.« Noch nie habe ich ein fremdes Haus so sehr als mein Zuhause empfunden.

Aus irgendeinem Grund erzählt Bianca davon, wie ihr verstorbener Mann mitten in der Nacht nach Hause kam. Volltrunken drückte er sich in eine Ecke, um den peinlichen Fragen zu entgehen. »Ich weiß nicht, wann ich nach Hause gekommen bin, Frau«, sagte er dann. »Wenn ich ins Haus komme, gibt es keine Uhrzeit mehr.«

»Männer«, sagt Bianca lachend und gießt sich einen Zitronenlikör ein. »Die sind wie dieser Likör, die Männer: lieblich, wenn wir sie uns bitter wünschen, grob, wenn wir hoffen, dass sie liebenswürdig sind.«

»Dona Bianca, ich bitte Sie: Geben Sie mir Germanos Briefe. Ich weiß, dass es Kopien sind. Aber sie sind mehr wert als die Originale.«

Die Italienerin ist unentschlossen, als stöberte sie weit hinten in ihrem Gedächtnis. Ich erinnere sie daran, dass sie mir vor einem Tag beide Briefe vorgelesen hat.

»Ich habe sie mit der Wäsche weggelegt. Ich muss sie suchen.«

»Wissen Sie noch, was genau darin stand?«, frage ich.

»In Liebesbriefen, mein Kind, steht nie etwas Genaues.«

Ich esse mit der Italienerin zu Mittag. Sie spricht mehr, als dass sie isst. Sie erzählt Geschichten. Sie weiß alles über alle ihre Kunden, von den Militärs bis hin zu den Missionaren. Irgendwann will sie ein Buch schreiben und Geheimnisse veröffentlichen, die selbst die angesehensten Leute bloßstellen werden.

»Man nennt mich die Frau mit den goldenen Händen. Doch nichts wird so teuer erkauft wie Schweigen.«

Prostituierte, die gerade aufgestanden sind, gehen an uns vorbei. Sie blicken erschrocken wie geblendete Nachtvögel.

»Ich kann mich noch genau an unsere erste Begegnung erinnern. Ich hatte noch nie eine weiße Frau gesehen.« Ich denke an die Situation vor ein paar Monaten in meinem Dorf zurück. An das liebliche Parfum der Italienerin und ihren noch lieblicheren Akzent. Und spüre wieder ihre Hände, die mir das Haar kämmen. Eigentlich eine einfache Begebenheit, aber nur wenige Erlebnisse sind in mir so lebendig geblieben. Eine weiße Frau, die zu mir sagte, ich hätte schönes Haar und müsse es nicht unter einem Tuch verbergen. Unvergesslich ihre traurige Mitteilung, sie sei nach Afrika gekommen, um ihr Leben zu beenden. Und dass Lourenço Marques ihr damals ein passender Ort zum Sterben zu sein schien.

»Und Ihr Märchenprinz?«, frage ich.

»Welcher Märchenprinz?«

»Ihre leidenschaftliche Liebe zu Mouzinho.«

»Das ist längst vorbei«, sagt sie lächelnd. Liebe, setzt sie hinzu, sei die vergänglichste aller tödlichen Krankheiten.

Am späten Nachmittag gehe ich Ngungunyane im Gefängnis besuchen. Der Gefängnisdirektor hat mich dazu aufgefordert. Er macht sich wegen der Niedergeschlagenheit des Häftlings Sorgen. Man hat ihn über Nacht besonders bewacht. Nach der Parade hat man ihn in eine Einzelzelle gesteckt. Sie befürchten, wenn er mit den anderen Gefangenen zusammen ist, gibt es Probleme. Gleichzeitig aber sorgen sie sich, dass die Einzelhaft seinen schon angeschlagenen

Gemütszustand verschlechtert. Und deshalb werden meine Dienste benötigt.

Die Wärter drehen den Schlüssel geräuschvoll im Schloss, was den schläfrigen Gefangenen aufweckt. Ngungunyane sieht mich erstaunt an, denn er weiß, dass Besuch verboten ist. Mit einer Flasche auf dem Schoß dasitzend, ist er der Inbegriff von Hoffnungslosigkeit. Ich bitte ihn um Erlaubnis, ihm Gesellschaft zu leisten.

»Du, die du ja fast von Geburt eine Weiße bist, weißt du, wann sie mich töten werden?«

Ich schweige und lasse ihn leiden. Jede Sekunde meines Schweigens ist ein Messerstich in seine Seele. Ich weiß, dass er mich ratlos betrachtet. Er bewundert meine Schönheit, wie er schon einmal gesagt hat. Aber er begreift nicht, warum ich ihm nicht gehorche. Deshalb spricht er weiter.

»Ich mache dir einen Vorschlag: Wir verbünden uns.« Er sagt, ich hätte Macht. Dass ich mehr Macht hätte, als er je besessen habe. Ich sei die einzige Schwarze, auf die die Portugiesen hören. Er schlägt vor, eine andere Version der Ereignisse zu erfinden. Eine Version, der zufolge Nwamatibjana Zixaxa die Schuld trage.

»Um Zixaxa zu schützen, bin ich Risiken eingegangen, die sich niemand vorstellen kann. Die Portugiesen haben wegen Zixaxa Krieg gegen mich geführt. Und jetzt wirft der Kerl mir vor, ihn an die Portugiesen ausgeliefert zu haben?«

Er hat länger Widerstand geleistet, als alle erwartet hatten. Erst als ihm keine Wahl mehr blieb, hat er den Mfumo-Flüchtigen ausgeliefert. Das Leben ist undankbar, klagt Ngungunyane.

»Zixaxa verbreitet überall, ich sei genau wie die Weißen und peinige meine schwarzen Brüder. Angeblich quäle ich die Ärmsten der Armen und misshandele meine Sklaven. Aber ich frage: Was macht er mit seinen Leuten?«

Er hat recht, möchte ich am liebsten sagen. Denn so kommt es immer: Die Gedemütigten werden irgendwann genauso wie ihre Unterdrücker.

»Ich bin sehr traurig, ich brauche Trost«, klagt der König. »Heb deine Tücher an, ich will deine Beine sehen.«

Ich schließe die Augen und atme tief ein. Diese Aufforderung allein ist schon ein Angriff. Der König merkt mein Unbehagen und murmelt: »Ist gut, dann hol mir noch eine Flasche süßen Wein.«

Ich gehe. Ngungunyane knurrt noch etwas, bevor die Tür verschlossen wird. Wenn er mit dem König von Portugal zusammentrifft, werde er nichts haben, was er ihm schenken könnte.

»Ich schenke ihm dich«, höre ich ihn noch schreien. »Aber vorher muss ich die Qualität meines Geschenks überprüfen.«

Am nächsten Tag kommt Álvaro Andrea wieder bei Biancas Etablissement vorbei. Und wieder lädt er mich ein, mir die Stadt zu zeigen. Auf meine Ablehnung reagiert er mit dem Argument: »Wir sehen uns jetzt zum letzten Mal. Dein Schiff geht morgen.«

Schließlich willige ich ein. Der Portugiese führt mich zu einem Hang voller Gemüsegärten. Darin arbeiten indische Frauen in ihren bunten Saris. Wir setzen uns und betrachten den lebhafter werdenden Betrieb in der Stadt. Eselskarren transportieren Buren aus Transvaal und Engländer aus Natal. Diese Männer werden wie Motten von dem Nachtleben angelockt, das die Puritaner in ihren Heimatorten verboten haben, erklärt der Portugiese.

Die ersten Häuser aus Stein und Kalk wurden von Schwarzen gebaut. Ein Maurer, ein Schreiner und ein Schmied waren dafür aus Inhambane gekommen. Zu ihnen hatte sich ein ortsansässiger Kalfaterer gesellt. Vom vielen Abdichten mit geteertem Werg hatte der Kalfaterer vollkommen schwarze Finger. Die hielt er stolz hoch und verkündete dazu: »Ich bin der wirklich richtige Schwarze.«

Wir lachen. Und abermals schlingen sich unsere Finger umeinander, bis ich sanft, aber entschieden von Andrea abrücke. Und mich frage, was ich hier tue, Hand in Hand mit einem überraschend so ganz anderen Mann. Irgendwo wartet Germano auf mich. Und ich warte ebenso sehnsüchtig auf ihn. Jenes Irgendwo aber verliert seine Konturen wie die Fußspuren, die wir beide, Andrea und ich, im feuchten Sand der Landstraße hinterlassen.

Nach einer Weile begegnen wir einem alten Zauberkundigen. Andrea begrüßt ihn mit »Herr Doktor«. Und das ist nicht ironisch gemeint. Bis vor Kurzem gab es im ganzen Ort keinen Arzt. Die Weißen wurden von diesem Nyamossoro vom Volk der Mfumo behandelt. Der alte Zauberkundige lacht, als Andrea von den alten Zeiten spricht. Für jeden Soldaten, den er gesund machte, sagt er in gebrochenem Portugiesisch, habe er ein Hüfttuch erhalten. Und da die Weißen ständig krank wurden, sammelten sich so viele Tücher an, dass er sie bei sich zu Hause nicht mehr lagern konnte. Wie viele Ehen er eingegangen ist, um die vielen Tücher zu verwenden, weiß er nicht mehr.

»Vorsicht mit den Frauen«, sagt der alte Zauberkundige und weist auf mich. »Die beste Krankheit, die es gibt.«

Da taucht ganz außer Atem der Dolmetscher Zeca Primoroso auf. Er ist fast nicht wiederzuerkennen, aufgerissene Augen, zerzaustes Haar. Er fordert den Zauberkundigen auf, sich zu entfernen. Was er uns zu sagen habe, sei vertraulich.

»Ich bin einberufen, Capitão. Ich werde an die Front geschickt.«

Zeca kommt von einer Dringlichkeitssitzung des Militärkommandos Süd, wo er als Dolmetscher eingesetzt war. In der Stadt sind beunruhigende Nachrichten über die Lage in Gaza eingetroffen, nachdem der König gefangen genommen wurde. Es gibt Anzeichen dafür, dass sich die Streitmacht der VaNguni neu formiert.

»Hat Gungunhana sich dir gegenüber dazu geäußert?«, fragt mich Andrea.

Ich zucke die Achseln. Ich versuche zu vergessen, was der

abgesetzte König in den letzten Tagen ständig gesagt hat: »Der Krieg fängt nicht neu an. Er hat nie aufgehört.«

Bis eben noch war ich der Mittelpunkt der Welt. Von einer Sekunde auf die andere bin ich unsichtbar geworden. Die Nachrichten aus Gaza nehmen Andrea und Zeca vollkommen in Beschlag. Die Besitztümer des Herrschers sind von einer Elitetruppe übernommen worden, die sich aus weißen oder aus Angola stammenden Soldaten zusammensetzt sowie aus Cipaios, hiesigen schwarzen Polizisten. Man hat ihnen die Aufgabe übergeben, aber nicht für ihren Unterhalt gesorgt. Nun ziehen sie vergewaltigend und plündernd durch das Land.

»Und was macht Maguiguana?«, fragt Andrea.

»Maguigana zieht von Dorf zu Dorf, um die Menschen für den Aufstand zu mobilisieren«, antwortet Zeca. Überall, wohin er kommt, schreit der Nguni-Krieger: »Vambuyisa inkosi«, sie sollen uns den König zurückgeben.

»Also zurück in die Hölle am Limpopo«, klagt Andrea.

Falls der Krieg wieder aufflammt, wird man neue Kontingente nach Gaza schicken. Höchstwahrscheinlich wird man ihn wieder als Kapitän der Korvette *Capello* einsetzen.

Zeca und Andrea verabschieden sich. Die schlanke Gestalt des Dolmetschers verschwindet zwischen den Gebäuden. Schweigend gehen wir zurück zu Biancas Etablissement. An der Haustür frage ich: »Und Germano? Glauben Sie, dass er auch eingezogen wird?«

Álvaro Andrea zuckt die Achseln. »Was weiß ich …« Dann, in beschämtem Ton: »Germano kommt so davon, der muss nur auf seine Kriegsverletzungen verweisen. Ich habe keine Verletzung, die mich davor bewahrt …«

Ich denke an Germanos Hände. Aber es sind die Hände eines anderen Mannes, die ich bei einem hastigen Abschied drücke.

Weder Mähne noch Krone

Am Anfang der Zeit
gab es nur ein Dorf und einen Brunnen.

Das war die ganze Welt:
Ein Dorf und ein Brunnen.

Einmal, als er seinen Krug füllen wollte,
ließ der Mann seine Augen in den Brunnen fallen.

Er tauchte die blinden Arme in das Dunkel
und stellte fest, dass der Brunnen keine Wände hatte.

Da spürte der Mann,
dass das Wasser ohne Boden nach ihm rief.

Als er seine Augen fand,
war das Meer geboren.
Von Dabondi erzählte Sage

Man lässt mich nicht das Gefängnis verlassen, wo ich soeben mit Ngungunyane gesprochen habe. Für kurze Zeit bin ich auch nur eine Gefangene. Die Militärs sagen, dass wir alle direkt zum Hafen gehen werden. Es ist stockdunkel, als sie uns schweigend im Gänsemarsch auf den Weg zum Hafen von Lourenço Marques schicken. Aus Angst vor einem Hinterhalt haben sie die Dunkelheit gewählt. Schließlich erahnen wir in der Ferne die Lichter eines Schiffes, das in der Bucht auf uns wartet. Um nicht zu fallen, stütze ich mich auf Dabondis Schulter, die neben mir geht. Sie wehrt mich ab. »Lass mich stolpern, ich möchte so gern hinfallen«, erklärt sie. Und fügt flüsternd hinzu: »Das ist das letzte Mal, dass wir auf unseren Boden treten. Ein Jammer, dass du nicht barfuß bist, Imani.« Keiner von uns fährt allein weg – der Staub der Toten heftet sich für immer an unsere Füße.

Das Schiff, auf dem wir gekommen sind, war schon groß, doch dieses scheint größer zu sein als die Stadt Lourenço Marques. Die *África* ist so groß, dass sie nicht im Hafen anlegen kann. Wenn sie ans Festland stieße, würde der ganze Kontinent auseinanderbrechen. Deshalb werden wir in Barkassen an Bord gebracht. Während der kurzen Fahrt halten die Frauen den Kopf gesenkt. Nur ich betrachte den Sternenhimmel. Dabondi sagt, ich soll den Blick senken. Als werdende Mutter darf ich nicht zu den Sternen hinaufsehen.

Der Kapitän erwartet uns, als begrüßte er uns an seiner Haustür. Er hat eine Glatze, ein breites Gesicht und ein freundliches Lächeln. Von seiner dunkelblauen Uniformjacke heben sich vier goldene Streifen auf den Schultern und Ärmeln ab. Die vielen Orden auf seiner Brust erwecken den Eindruck, als trüge er eine Rüstung.

»Ich bin Fregattenkapitän und heiße António Sérgio de Sousa«, sagt er. Dann weist er auf eine untersetzte Gestalt neben ihm: »Das ist mein Adjutant Sargento Júlio Araújo.«

Der Sargento ist das Gegenteil des Kapitäns: klein, hohlwangig, schwarze Haare, daran anschließend ein Vollbart, tief liegende, unter den buschigen Brauen fast verborgene Augen.

Ngungunyane geht als Erster an Bord. Stocksteif bleibt er vor dem Kapitän stehen und versperrt den nach ihm Kommenden den Weg. Plötzlich fällt er auf die Knie. Auf meinen Arm gestützt, verlangt er: »Sag ihm, dass ich sein Sohn bin.«

Der Kapitän lacht, er versteht es nicht. Er fordert den König von Gaza auf, sich zu erheben, doch dieser verharrt auf den Knien. Ngungunyane zupft an meinem Hüfttuch und fragt auf Xizulu: »Ist das nicht der König Dom Carlos?«

Ich muss gestehen, es dauert mich, diesen Mann, der so viele auf die Knie gezwungen hat, gedemütigt zu sehen.

»Übersetz, Imani!«, wiederholt Ngungunyane. »Sag ihm, dass ich sein Sohn bin, ein Sohn des Königs von Portugal!« Dann greift er nach den Händen des Kapitäns und wechselt vom Schmeicheln zum Jammern: »Bitte bringen Sie mich nicht weg. Ich bin schon tot, ich bin mausemausetot.« Auf Anweisung des Sargento wird Ngungunyane weggezerrt, während er ohne Unterlass sein Ableben verkündet.

Im Anschluss an die ersten Gefangenen gehen weitere dreißig an uns vorbei, an ihrer Spitze der protestantische Missionar Roberto Machava. Diese Schwarzen, in Lourenço Marques gefangen genommen, der Konspiration gegen das lusitanische Vaterland beschuldigt, werden an einen anderen Ort verbannt, nach Kapverde. Keiner von ihnen weiß von dieser Anschuldigung, keiner weiß, was dieses Vaterland ist, dem sie angeblich so Schlimmes angetan haben.

Schreiend dirigiert der Sargento Júlio Araújo den Ablauf. »Die Häftlinge in zwei Gruppen teilen, sonst kommen wir nie klar! Die sehen ja alle gleich aus.« Dann befiehlt er, sie zu inspizieren. Nicht dass sich einer unterwegs das Leben nimmt. Er selbst führt die Leibesvisitation der Gefangenen durch. Bei den Frauen hält er sich absichtlich besonders lange auf.

»Gott behüte, Comandante, dass wir keine bösen Geister im Laderaum mitnehmen«, erklärt Júlio Araújo.

Alle Weißen bekreuzigen sich bei diesen Worten des Sargento.

Von Soldaten eskortiert, müssen wir eine Eisentreppe hinuntersteigen. Dann führt man uns durch einen von flackernden Öllampen beleuchteten Gang. Ich höre Ngungunyane stammeln: »Dieses Schiff ist mein eiserner Sarg.« Die Frauen brechen beim Anblick der dunklen Kammer, in der sie einquartiert werden, in Tränen aus.

»Sag ihnen, wie sie verteilt werden«, befiehlt der Sargento.

Es ist ein Wunder, dass fünfzehn Personen in einen so winzigen Raum passen. Zwei übereinanderhängende Bretterflächen sollen sämtlichen Gefangenen, Männern und Frauen, als Schlafplatz dienen. Ich übersetze die Anweisungen: Oben sollen der König und alle seine Frauen liegen, unten und am Eingang Godido, der Koch Ngó und Mulungo. Auf derselben Ebene, aber weiter hinten, Zixaxa und seine drei Frauen.

Die fünfzehn Gefangenen aus Gaza werden in die Kammer gepfercht, und die Tür wird abgeschlossen. Mir weisen sie eine separate Zelle zu, eine Art Abstellkammer, genau gegenüber von dem Raum mit Ngungunyanes Leuten.

Roberto Machava und die dreißig Gefangenen aus Lourenço Marques werden in einen Laderaum geführt. Als die Luke geöffnet wird, weichen der Missionar und seine Gefährten entsetzt zurück. In ihrer Vorstellung ist der Laderaum eines Schiffs ein dunkles Loch, das zum Meeresgrund führt. Und dass dort die Sklaven verbrannt werden und nachher aus der Asche ihrer Knochen Schießpulver hergestellt wird.

»Das glaube ich nicht«, sage ich.

»Du glaubst es nicht?«, fragt ein Gefangener zurück. »Was ist denn aus unseren Brüdern geworden, die sie mitgenommen haben? Ist jemals einer zurückgekommen? Aufgegessen haben sie die«, sagt er im Brustton der Überzeugung.

Ein anderer warnt: »Keiner isst auf dieser Fahrt Fleisch! Sonst essen wir unsere eigenen Leute.«

»Macht, was ihr wollt«, sage ich.

»Sie wollen uns mästen, das wollen sie.«

Bevor das Schiff den Anker lichtet, bitte ich den Wachposten, mich an Deck gehen zu lassen. »Ich brauche etwas frische Luft«, sage ich. Da erst merke ich, dass der Soldat ein Mischling ist. Sinnierend betrachte ich die Bronzefarbe seiner Haut, sein großgelocktes Haar. Und denke: So wird mein Kind aussehen.

»Woher kommst du?«, frage ich.

»Aus dem Maschinenraum, ich bin schmutzig, voller Staub.«

Er hat meine Frage nicht verstanden, versteht auch nicht, warum ich lächele. Wir gehen schweigend die Treppe hinauf. Oben angekommen, macht er eine Handbewegung, als öffnete er einen Vorhang. Dann kehrt er zurück auf seinen Posten.

An Deck drängen sich die Passagiere, um das Auslaufen zu beobachten. Das Ganze ist nicht frei von Ironie: Ein Schiff mit dem Namen *África* trägt mich fort von dem afrikanischen Kontinent, ein Mischlingskind im Bauch, und mein weißer Mann bleibt zurück im Land der Schwarzen.

»Du darfst hier nicht bleiben«, sagt einer.

Gleich darauf höre ich António de Sousa sagen: »Ist gut, Matrose, überlassen Sie die mir.«

»Ich bin schwanger, Senhor Capitão«, sage ich beschämt, weil ich so eine traurige Figur mache. Er weist auf meine Füße und schüttelt missbilligend den Kopf. »Ich bitte um Entschuldigung, Senhor Capitão«, sage ich leise. »Meine Füße passen nicht mehr in die Schuhe.«

Wir werden umringt von Passagieren, Zivilisten und Militärs, die das Ablegen beobachten wollen.

»Der Soldat hatte recht, du musst hineingehen«, weist mich der Kapitän an.

»Bitte lassen Sie mich hierbleiben. Ich ziehe mir die Schuhe wieder an.«

Aber es geht nicht um meine Füße. Der Kapitän lässt sich über Zahlen aus, er will mich nicht kränken. Es sind zweihundertsechzig Zivilisten an Bord und über zweihundert Militärs. Rund fünfhundert Passagiere wollen die Abfahrt miterleben, aber keiner von ihnen möchte dabei einer Frau meiner Rasse begegnen.

Die Schuhe in der Hand trete ich den Rückweg an, da überlegt es sich António de Sousa anders.

»Du kannst bleiben, dahinten in der dunklen Ecke, da wird dich niemand bemerken.«

Ich zwänge meine Füße wieder in die Schuhe und denke an meinen Bruder Mwanatu mit seinem getrübten Verstand, der ihn so glücklich sein ließ, und daran, wie er zu Gott betete, er wolle nicht mehr wachsen, damit seine Füße für immer in sein einziges Paar Schuhe passen würden.

Man hat Dabondi erlaubt, zu mir an die Reling zu kommen. Sie setzt sich mit dem Rücken zum Land. Ich ermuntere sie, die Lichter der Stadt zu betrachten.

»Wer die Flucht ergreift, blickt nur nach vorn«, sagt sie.

Ein Paar geht an uns vorbei und wundert sich, uns hier zu sehen. Nicht ahnend, dass ich Portugiesisch verstehe, bemerkt der Mann: »Ich wette, die gehören zu einer folkloristischen Tanzgruppe zur Unterhaltung der Passagiere in der ersten Klasse.« Und die Frau setzt hinzu: »Ja, tanzen, das können die.«

Lachend gehen sie weiter. Dabondi blickt dem Paar hinterher, und als ihre Stimmen und ihr Lachen kaum mehr zu hören sind, gesteht sie mir, dass sie mit dem Portugiesischlernen nicht auf mich gewartet hat. Godido bringt es ihr jetzt bei. Als ich lächele, verteidigt sie sich, sie brauche nur Grundkenntnisse.

Ich verspreche, dass ich ihr Unterricht geben werde. Ich schlage vor, das Zimmer mit ihr zu teilen. Dabondi lehnt ab. Bis ans Ende ihrer Tage wird sie bei ihrem Mann schlafen.

»Aber der König schläft zwischen Muzamussi und Tuka.«

»Mich interessiert nicht, bei wem er schläft«, erwidert Dabondi. »Ich bin die Einzige, von der er träumt.«

Dabondi geht die Namen der übrigen Frauen durch. Sie zählt sie wie Perlen eines Rosenkranzes an den Fingern ab. Dann sagt sie die Namen noch einmal laut vor sich hin: Muzamussi, Namatuco, Patihina, Machacha, Xesipe und Fusi. »Sieben Ehefrauen«, sagt sie. »Aber nur ich hüte die Träume des Königs.«

In dieser Nacht hat Dabondi ihren Mann nicht vor Albträumen behüten können. Ngungunyane ist schreiend aufgewacht: »Das war ich nicht, das war ich nicht!« Im Raum bricht Chaos aus, Fußtritte gegen die Eisentür hallen durch den Gang und alarmieren den Wachposten. Die Tür wird aufgeschlossen, Ngungunyane werden die Hände gefesselt, den Gefangenen wird befohlen, sich im Gang zu versammeln. Im Raum bleiben nur der König, der wütende Sargento Araújo und ich.

Es dauert, bis der König wieder ruhiger atmet. Er ist vollkommen nackt, seine Wachskrone zerdrückt, Speichel rinnt ihm über das Kinn. Verängstigt gibt er die Dämonen preis, die ihm den Schlaf geraubt haben. Der Albtraum steckt ihm noch im Kopf: Ein Boot nähert sich dem Strand, im Boot liegt ein Körper. Irgendwann erkennt er, dass es sein Bruder Mafemane ist, der im Boot liegt. Der König wahrt Abstand vom Wasser, denn das Meer ist ein verbotenes Territorium. Als das Boot auf den Strand stößt, merkt er, dass es in Wirklichkeit ein Sarg ist. In dem offenen Sarg liegt der Bruder und spricht, so wie die Toten sprechen, ohne die Lippen zu bewegen.

»Mein Bruder Mundungazi«, bittet ihn der Tote, »du musst diesen Sarg schließen.«

Ngungunyane rührt sich nicht. Um das letzte Brett auf das Boot zu legen, muss er ins Meer treten, nicht auszudenken, eine Beleidigung der Götter. Aber wenn er den Sarg nicht schließt, wird er sein Leben lang von dem Toten heimgesucht werden. In Panik bewegt er sich auf die Wellen zu und versucht dabei, das Boot an Land zu ziehen. Kurz steckt das Boot auf einer Sandbank fest. Mafemane spricht wieder: »Steig in den Sarg, dann rudern wir gemeinsam an Land.« Die Wellen sind jetzt höher, der König fühlt keinen Grund mehr unter den Füßen. Ihm bleibt nichts anderes übrig, als in das Boot zu steigen. Sowie er drin ist, fällt der Sargdeckel über ihm herunter. Es wird so dunkel wie in dem Raum, in den ihn die Portugiesen gesperrt haben. Das Schiff ist der Sarg, in dem er mit seinem verstorbenen Bruder Mafemane, dem ewig Sterbenden, unterwegs ist.

Der Sargento befiehlt mir, dem König zu helfen, sich

wieder zu fassen. Dazu führen sie ihn an Deck. In eine Decke gewickelt, bewegt Ngungunyane sich mit kleinen, schleppenden Schritten.

»Das ist der König der Schwarzen«, verkündet ein Passagier, der trotz der späten Stunde an Deck ist.

Ich übersetze es, damit Ngungunyane weiß, dass er erkannt worden ist. Er will wohl lächeln, doch es ist eine Fratze, die ihm das Gesicht verzerrt. Er ist sich dessen bewusst, dass er keine Macht mehr besitzt.

»Sag mal, Imani: Gibt es auf diesem ganzen Schiff kein Stückchen Erde, in das man eine Grube graben kann?«

Ngungunyane wird nicht nur von Unwissenheit, sondern mehr noch von Illusionen beherrscht. Schließlich wissen wir alle: Die Toten bestatten wir nicht in Erde. Die von uns gegangen sind, finden nur in unserer Brust Ruhe. Mafemane, der Bruder, den er hat töten lassen, ist lebendiger aus dem Leben geschieden, als er in das Leben eingetreten ist.

Ngungunyane sucht mit den bloßen Füßen auf dem Eisenboden nach einem Spalt. Er sagt, er sehne sich nach dem Sand, in dem der Regen, der Tau und das Blut versickern. Wenn er die Augen schließt, sehe er einen roten Fluss durch die dürre Landschaft seines Reiches fließen.

Ngungunyanes Albtraum hat die angebliche Harmonie unter den Gefangenen gestört. Als er zurückkommt, stehen alle im Gang versammelt. Zixaxa ist an einen Balken gefesselt. Sowie er den König kommen sieht, brüllt er: »Bilde dir nichts ein, Ngungunyane. Die Portugiesen nehmen dich nicht mit, weil du groß wärst. Sie nehmen dich wegen der Engländer mit. Glaub nicht, dass sie dich umbringen. Im Gegenteil, sie bewahren dich davor, von deinen eigenen Leuten in deinem Reich umgebracht zu werden. Die VaTsonga respektieren dich nicht, die VaChopi hassen dich, die VaNdau erkennen dich nicht als Autorität an. Die Mabuingela, die dich früher angebetet haben, haben auf deine Beine gespuckt, als du festgenommen wurdest. Du bist jetzt nichts mehr, du hast keine Freunde, du hast keine Brüder, du bist allein mit deinen Frauen. Du bist wie eine deiner Frauen, eine Königin-Witwe. Für die Portugiesen bist du kein Feind mehr. Am Ende dieser Reise wirst du nicht mal mehr als Kriegstrophäe taugen.«

Godido und der Koch Ngó warten auf ein Zeichen, Zixaxa zum Schweigen zu bringen. Die Königinnen blicken ängstlich auf ihren Mann. Ngungunyane beschränkt sich darauf, halblaut zu fluchen: »Du hast kein einziges Wort ausgesprochen. Nichts als Gebell hast du von dir gegeben. Du bist nur ein Hund.«

Die Soldaten sorgen wieder für Ordnung, die Gefangenen werden wieder in die dunkle Kammer gepfercht. Auf dem Weg zurück zu meiner Zelle muss ich mich zwischen den im Gang versammelten Soldaten hindurchzwängen. Die Blicke der Männer sagen mir, dass ich eine Frau bin. Ich höre ihre Begierden. Aber sie fassen mich nicht an. Die Rundung meines Bauches besagt, dass ich bald Mutter werde. Ich öffne die Tür mit einer Gewissheit – ich bin nur ein junges Mädchen. Vielleicht nicht einmal das. Denn ich rolle mich zum Schlafen zusammen, sodass meine Knie ans Gesicht stoßen. In der gleichen Haltung, wie in mir mein Kind schläft.

Bartolomeu und der Seeweg zum Himmel

Dabondi hat recht, wenn sie sagt, das Schiff sei ein Gefängnis. Der Atlantik ist so unendlich groß, dass man das Gefühl bekommt, eingesperrt zu sein. Das Geräusch des Kiels, der durch die Wellen pflügt, das unterirdische Vibrieren der Schraube, das düstere Klagen der Schornsteine, das blecherne Scheppern der Ankerketten – das alles vermittelt mir uralte Strapazen.
Gungunhana klagt zu Recht, dass es auf diesem Schiff keinen einzigen Stein gibt, auf den man sich setzen könnte. Heutzutage gibt es schon kaum mehr Holz auf den Schiffen. Sie verlangen nicht viel vom Wind. So wie Frauen, die das Träumen aufgegeben haben und dick werden, leisten diese Schiffe sich den Luxus, schwer zu sein.
Ich kann nicht sagen, dass ich der schwimmenden Gefängnisse überdrüssig würde. Allem zum Trotz spüre ich immer, wenn ich an Land bin, den Ruf eines fernen Meeres. Und dann gehe ich wieder in den Hafen und trete die nächste Reise an.
Das ist die unergründliche Verführungskraft des Meeres – keine Stimme ist so menschlich, keine Stille so erfüllt von Geschichten.
Auszug aus dem Tagebuch des Kapitäns António Sérgio de Sousa

Bei der Abfahrt aus Lourenço Marques hat Dabondi vorhergesagt, dass es regnen wird. »Das eine Wasser kann man vom anderen ablesen«, hat sie gesagt und mir dabei lange in die Augen gesehen. Sie hatte recht, die Königin. Seit gestern regnet es so stark, dass man das Meer nicht mehr sieht.

Ich gehe langsam über das Deck, als bewegte ich mich in einer Wolke. Kapitän Sérgio de Sousa hat mich rufen lassen.

Ich richte meine Kleidung und betrete ängstlich die Kabine des Kapitäns. Sie ist geräumig und hell. Das Erste, was ich wahrnehme, ist ein Vogel auf der Schulter des Portugiesen. Er beäugt mich neugierig, halb Prinz, halb Schalk. Dann erschrickt er und flüchtet in einen an der Decke hängenden Käfig. Der Kapitän ruft ihn: »Bartolomeu!« Und der Vogel, ein Papagei aus dem Kongo, antwortet: »Jawohl, Kapitän!« Er flattert auf den Tisch und spaziert darauf herum wie ein schwankender Zwerg.

»Ab und zu beschmutzt er mir die Karten«, beklagt sich der Kapitän.

Der Papagei setzt zu einem unbeholfenen Flug an, wobei der rote Schwanz unter dem grauen Gefieder sichtbar wird. Ich frage, ob ich die Tür schließen soll. »Nein, lass sie offen«, sagt der Kapitän. Bartolomeu hat seine Routine entwickelt – auf hoher See flattert er über das Deck; an Land verlässt er nicht die Kabine, aus Angst vor den Möwen.

»Was den Vogel betrifft, mache ich mir keine Sorgen. Aber ich bin mir nicht sicher, ob wir nicht diesen Zixaxa vom König von Gaza trennen sollten.«

»Zixaxa wird Ngungunyane nichts antun.«

»Wie kannst du so sicher sein?«

»Zixaxa glaubt, wenn Ngungunyane stirbt, werfen die Portugiesen ihn ins Meer. Aber ohne ihren König sind die Gefangenen wertlos.«

António de Sousa will den Papagei seinem Sohn zum achten Geburtstag schenken. Der Junge ist in Indien geboren und in Afrika aufgewachsen. Jetzt ist er in Lissabon und leidet an Asthma. Der Kapitän glaubt, dass sein Sohn den afrikanischen Himmel vermisst. Nicht der Erdboden, sondern der Himmel ist für ihn am afrikanischsten.

»Aber ich habe dich nicht wegen eines Papageis kommen lassen«, sagt der Kapitän und schüttelt die Hände, als wären die Finger heiß wie Feuer. Er hat es eilig. Mein Besuch muss enden. »Ich bin der Kapitän«, sagt er, »man darf mich nicht mit dir in meiner Kabine sehen.«

Er hat mich kommen lassen, weil er besorgt ist. Einer der Gefangenen aus dem Laderaum, aus der Machava-Gruppe, hat sich in der Nacht zuvor das Leben genommen. Der Kapitän fürchtet, andere könnten seinem Beispiel folgen. Er hat befohlen, ihnen besseres Essen zu geben. Es hat nichts genützt. Die Leute brauchen geistigen Beistand. Was am Wohlbefinden mangelt, kann durch Glauben ausgeglichen werden. »Diese Leute sind tiefgläubig«, sagt er. Es wäre ungemein hilfreich, wenn die Gefangenen glauben könnten, dass die Götter das Schiff schützen und die Reise segnen.

Am Tag zuvor hat er Roberto Machava holen lassen. Er wusste, welchen Einfluss der Missionar auf die übrigen Schwarzen hat. Sousa hat ihm erklärt, was er plant. Er will die Gefangenen zu einer großen Versammlung zusammenrufen, damit der Pastor eine afrikanische Segnung vornimmt und ihnen auf diese Weise versichert, dass das Schiff glücklich in den Hafen einlaufen wird. »Eine afrikanische Segnung?«, hat Pastor Machava gefragt. »Entschuldigen Sie, aber hier liegt ein Irrtum vor. Ich bin ein christlicher Missionar. Ich kenne keinen afrikanischen Glauben. Sie und ich glauben an denselben Gott, den einzigen, der dieses Schiff segnen kann.«

Ohne ein Wort hat António Sérgio de Sousa den Missionar wieder gehen lassen. Aber er hat nicht aufgegeben. Deshalb hat er mich an diesem Morgen holen lassen und beauftragt mich seltsam eilig: »Mit dem Pastor hat es nicht geklappt. Aber mit der zauberkundigen Königin wird es funktionieren. Bring sie zu mir in meine Kabine. Die Gefangenen sollen wissen, dass ich sie empfange. Und dass sie hier, in meiner Kabine, die Reise segnen wird.«

Ich begleite die Königin zur Kabine des Kapitäns. Anfangs wehrt sie ab. Die anderen Gefangenen sollen nicht wissen, dass sie in der Kabine des Kapitäns die Kaurischnecken werfen wird. Sonst werden sie von ihr sagen, was man schon über mich sagt: Sie habe sich an die Weißen verkauft. Bevor wir hineingehen, sagt sie schroff: »Ich gehe nur hinein, wenn der Weiße mir etwas über meinen Sohn sagt.«

Der Kapitän reagiert wohlwollend. Er notiert sich den Namen, den die Königin ihm buchstabiert. Warum, frage ich mich, verknoten sich unsere Namen so im Mund von Portugiesen?

»Ich schicke sofort eine Nachricht nach Lissabon!«, verspricht António de Sousa. »Morgen wissen wir, wo der Junge steckt.«

Trotzdem zögert die Königin in der Tür. »Dieser Vogel«, sagt sie und weist auf Bartolomeu. Der Kapitän beeilt sich, ihn in den Käfig zu sperren.

Schließlich setzt sich Dabondi auf den Teppichboden und holt aus einem Beutel die magischen Knochen. Der Kapitän gibt klare Anweisungen: »Sag ihr, sie soll sich die Zeit lassen, die sie braucht. Es ist gut, wenn alle wissen, dass sie hier war.« Die Königin ruft die Namen der Verstorbenen an, die der Portugiese ihr nennt. Sie spricht die Namen auf ihre Weise aus, sodass die meisten für António de Sousa nicht wiederzuerkennen sind. Die Tinhlolo, kleine Knochen, Samen und Muscheln, verteilen sich auf dem Boden. »Vorsicht mit den Samen«, warnt sie der Kapitän. »Für Bartolomeu sind das Leckerbissen!«

Dabondi schwankt hin und her, schnauft, niest, hustet und verfällt schließlich in Trancezuckungen. Mit verdrehten Augen und verzerrter Stimme verkündet sie: »Ein Mann durchquert mit bloßen Füßen einen Fluss, der vom Himmel herabfällt. Dort regnet es so viel, dass niemand einen Brunnen bohren muss ...«

»Das ist der Kongo! Das kann nur der Kongo sein!«, ruft Kapitän Sousa.

»Sie glauben, dass Sie uns als Gefangene an Bord haben«, sagt Dabondi. »Aber der einzige Gefangene sind Sie, Herr Kapitän. Dieses Schiff ist Ihr Gefängnis.«

Mit geschlossenen Augen unterstreicht sie jedes Wort mit einer wiegenden Körperbewegung. Ich gehe so sehr mit ihren Worten und Bewegungen mit, dass der Kapitän mich fragt: »Warum gestikulierst du so beim Übersetzen?«

»Weil ich sie bin, wenn ich übersetze.«

Ich träume, dass ich auf einem Schiff mit einem schwarzen Kapitän fahre. Das Schiff heißt *Europa*, und sein Rumpf ist in den bunten Farben afrikanischer Stoffe angestrichen. Die Masten sind richtige Bäume, sie spenden Schatten an Deck. Der Wind treibt Laub über das Meer.

Ein Klopfen an der Tür weckt mich aus meinem Traum. Das ist wahrscheinlich Dabondi, denke ich schlaftrunken. Ich ordne mein Haar und binde mir mit überraschender Schwierigkeit ein Hüfttuch um. Ich bin im fünften Monat, demnächst verschlingt mich mein eigener Bauch.

Wieder klopft es. Ich öffne die Tür einen Spalt breit. Es ist der Missionar Roberto Machava. Hände drängen sich vor dem Gesicht des Besuchers herein.

»Sieh dir diese Zeichnung an«, fordert er mich auf.

Ich erbebe. Es ist ein farbiges Bild, das ich als Kind für meinen Vater gezeichnet habe. Es zeigt ein abgebranntes Dorf und auf dem Boden liegende Körper. Darunter steht ein an Ngungunyanes Truppen gerichteter Racheschwur.

»Woher haben Sie das?«, frage ich aufgeregt.

»Lass mich hereinkommen. Hier auf dem Gang kann ich nicht sprechen.«

»Kommen Sie zu einer anderen Zeit.«

»Jetzt ist es am besten. Alle sind durch die Ankunft in der nächsten Stadt abgelenkt.«

Der Missionar kommt herein, schließt die Tür hinter sich und lehnt sich dagegen, als wollte er sie verstärken. Nun spricht er nicht mehr Portugiesisch, sondern in seiner Muttersprache. Er ist am Rio Save gewesen und hat meinen Vater Katini Nsambe und dessen Frau, die Weissagerin Bibliana, besucht. Mein Vater war davon überzeugt, dass der Missionar mir in Lourenço Marques begegnen würde. Als er ihm die Zeichnung übergab, hat mein Vater gesagt: »Gib das hier Imani, damit sie nicht vergisst, was sie versprochen hat.«

»Ich habe dasselbe versprochen«, sagt Machava. »Ich will auch Rache üben und brauche deine Hilfe.«

»Bitten Sie Zixaxa um Hilfe.«

»Jeden anderen, nur nicht den. Dank diesem Verräter sind meine Kameraden und ich gefangen.«

Er öffnet die Tür und überprüft, ob jemand gelauscht hat. Dann schließt er die Tür wieder. Sein Gesicht ist dicht an meinem, als er mir anvertraut: »Ich plane einen Aufstand.« Ich schüttele den Kopf, er wiederholt es: »Ja, das plane ich, einen blutigen Aufstand.« Der Plan ist einfach, aber von verblüffender Logik. Er will den König von Gaza töten. Ohne Ngungunyane würden die Portugiesen mit leeren Händen in Lissabon ankommen, ohne einen Beweis für ihren so laut verkündeten überwältigenden Sieg. »Würden wir ihn jetzt umbringen, könnten sie die Leiche unmöglich bis zur Ankunft in Lissabon aufbewahren«, sagt Machava. Die europäischen Staaten würden denken, Portugal habe eine stümperhafte Geschichte inszeniert. Als Krönung des Ganzen sah der Plan des Missionars vor, dass die frommen Protestanten im Hinterland von Mosambik verkünden, Ngungunyane sei noch am Leben und wandere durch die Berge von Transvaal. Und wer auf dieser Welt würde das Gegenteil beweisen können?

»Ich will dir sagen, was du tun sollst«, erklärt Machava.

»Nein! Sagen Sie nichts. Ich bin dazu nicht bereit.«

Ein schrecklicher Zweifel überkommt mich. Wenn Ngungunyane unterwegs stirbt, warum sollten sie uns dann weiter nach Lissabon mitnehmen? Bestimmt würden sie uns in Luanda oder auf den kapverdischen Inseln aussetzen. Ich würde niemals Germano wiedersehen, mein Kind würde niemals seinen Vater kennenlernen. Ich habe Rache geschworen, richtig. Aber ich muss das Versprechen nicht jetzt einlösen.

»Hör zu, meine Tochter.«

»Gehen Sie, Pastor Machava. Gehen Sie oder ich schreie!«

»Denk darüber nach«, murmelt er an der Tür.

Er geht am schlafenden Wachposten vorbei. Ich sehe ihn im Laderaum verschwinden, schließe die Tür und seufze. Mehrere Ängste nehmen mir die Luft. Meine Weigerung, mich an dem Mord zu beteiligen, genügt nicht. Der Plan muss vereitelt werden. Ich muss den Missionar verraten. Doch was das zur Folge haben würde, ist unschwer zu erraten: Man wird Machava und seine Glaubensbrüder ins Meer werfen. Mir bleibt die Wahl zwischen zwei Verbrechen.

Die *África* nähert sich jetzt einem Land, das keinem anderen gleicht. Am Horizont erahnt man Kapstadt. Ein graues Gebirgsmassiv umrahmt die Stadt. Ich betrachte die Berge, wie ein Gefangener auf einen Streifen Himmel blickt.

Von Soldaten bewacht, dürfen die Gefangenen die Landschaft genießen. Dabondi gesellt sich zu mir und dem Kapitän. Sie drückt meine Hände, fasziniert von dem Anblick eines Kontinents, der wie soeben entstanden wirkt. Sie prophezeit: »Es wird der Tag kommen, da wird ein Schwarzer ein Schiff wie dieses befehligen.« Dann sagt sie mir: »Übersetz das, Imani. Der Portugiese soll von dieser Zukunft wissen.«

»Nur wenn das Meer zum Fluss wird«, entgegnet António de Sousa.

»Das Meer ist seit jeher ein Fluss gewesen«, sagt Dabondi.

Der Kapitän und ich lachen. Auf Dabondis Miene deutet sich ein unsicheres Lächeln an. Der Portugiese sieht sich ängstlich um, ob uns jemand in der fröhlichen Runde ertappt. Dann beugt er sich zur Königin hinunter: »Es ist schön, Land zu sehen, nicht wahr?«

Er erwartet keine Antwort. Er möchte nur gehört werden. In der Nacht zuvor hat er kein Auge zugetan, weil er an Dabondis Worte denken musste. Sie hatte recht: Das Schiff war ein Gefängnis. Während er wach lag, dachte er an seine Kollegen, die aus der Marine ausgeschieden waren und nun durch Afrika zogen. Sie hatten sich nicht dafür entschieden, Pioniere zu werden. Sie waren nur das Eingeschlossensein auf dem Meer leid. Die wilden Tiere, der Urwald und die primitiven Völker, all das war besser als die ewige Einsamkeit auf dem Ozean.

Es ist schön, Land zu sehen, sagt er noch einmal zu sich selbst. Bevor er sich zurückzieht, gibt er Sargento Araújo Anweisungen: »Gehen Sie mit diesen beiden Frauen nach unten und bereiten Sie den Häuptling so vor, dass er Besuch empfangen kann. Geben Sie ihm Wein und vorzeigbare Kleidung. Ich will ihn herausgeputzt sehen.«

Europäisch gekleidet, wird der König von Gaza in seinem Raum allein gelassen. Alle anderen Gefangenen werden in den Laderaum gesperrt. Mit Ausnahme von Dabondi, die bei mir bleibt.

»Ihr beiden geht in eure Kabine und wartet da auf mich«, ordnet Araújo an.

Das Schiff liegt still, die Kessel sind abgestellt. So wird man immer verfahren, wenn die *África* einen Hafen erreicht. Es muss Kohle gespart werden. Da die Heizung nicht mehr funktioniert, wird es kalt auf dem Schiff. Im Halbdunkel meiner Kabine schmiege ich mich an Dabondi, als wären wir ein einziger Körper. Die Königin formt mit ihren Händen eine Muschel, mit der sie meinen Bauch wärmt.

Plötzlich wird die Tür aufgerissen, und Sargento Araújo kommt herein. Beim Anblick von Dabondis liebevoller Geste flackert in seinen Augen ein seltsames Leuchten auf.

Der Raum ist sehr klein, aber der Sargento findet, es ist genug Platz für drei. Und er spornt uns an: »Weitermachen, weitermachen, ich will das sehen!« Nicht ich bin es, die er begehrt. Ich bin ihm zu nah, zu europäisch. Seine Fantasien gelten den Frauen des Königs, deren Namen er nie wird richtig aussprechen können. Doch die Angst, sich Krankheiten zu holen, ist stärker als seine Begierde. Er beschränkt sich darauf, sie im Traum zu vergewaltigen, ohne ihnen in die Augen blicken und ohne ihren Schweiß riechen zu müssen.

Wahrscheinlich glaubt er, Dabondi und ich liebkosten uns schamlos. Und dass wir ihn damit erregen wollen.

»Geht näher ran. So wie Mann und Frau«, befiehlt der Sargento.

Seine Hand schiebt sich in die Hose, seine gierigen Augen nehmen den Anblick schon vorweg. Da wir uns nicht rühren, hebt der Sargento die Stimme und verlangt: »Zeigt eure Brüste!«

Angst muss man nicht vor denen haben, die schreien, hat meine Mutter mich gelehrt. Die wirklich Bösen heben nie die Stimme. Wenn das zutrifft, sollte mich das Geschrei dieses Mannes nicht ängstigen. Trotzdem hat es etwas, das mich erschaudern lässt.

»Wir sind schwanger«, sage ich.

»Nichts da«, entgegnet der Sargento, »aber nicht mehr lange, dann werdet ihr geschwängert.«

Dabondi steht auf und lässt ihr Hüfttuch fallen. Der Sargento weicht vor Überraschung einen Schritt zurück. Noch verblüffter bin ich, als Dabondi mich auffordert, mich ebenfalls zu entblößen. Ich schüttele den Kopf, denn ich fürchte, sie habe nicht verstanden, was sich da abspielt. Mit einem Ruck entreißt sie mir meine Bekleidung. Wehrlos und nackt stehen wir beide vor dem wild gewordenen Portugiesen.

Dabondis Hände bewegen sich provozierend auf den Sargento zu, der schon die Augen schließt. Doch sie hat anderes im Sinn. Mit einem Ruck reißt sie die Tür auf und stößt mich hinaus in den Gang. »Soll er doch hinterherkommen, so wie brunftige Stiere«, erklärt sie, während wir nackt Hand in Hand unter Deck durch die Gänge gehen. Wir steigen die Treppe zum Deck hinauf. »Wie weit geht der Mann wohl?«, fragt Dabondi. Da erst begreife ich ihre Strategie. Unsere Blöße, die uns so verletzlich macht, ist in diesem Fall unser bester Schutz. Auf dem offenen Deck wären wir vor Araújos Attacken geschützt. Hinter uns, weit hinter uns hören wir, wie der Sargento wütend gegen die Wände tritt.

Ein unfreiwilliger Freitod

Durch dein Herz ist ein Schiff gefahren,
Das unaufhaltsam seinen Weg fortsetzt ohne dich
Sophia de Mello Breyner Andresen in: Navegações

Oh, Daude! Daude! Geh und sag dem Verwalter Madekhise, Weiße sind gekommen und haben den Henker gefangen. Möge er ihm begegnen!
Auszug aus einem Lied über die Gefangennahme von Ngungunyane. Das Lied wurde von dem Maestro Katine Nyamombe komponiert und 1939 von seinem Timbila-Orchester anlässlich des Besuchs des Präsidenten Óscar Carmona in Magul in Südmosambik vorgetragen. Daude war ein Bediensteter der Verwaltung der Stadt Zavala.

Man hat uns, den Schwarzen, gesagt, dass wir nicht von Bord gehen dürfen. Das ist Vorschrift in Kapstadt. Der Kapitän erlaubt uns, an Deck zu kommen und den hektischen Betrieb im Hafen zu beobachten, wo ohne Unterlass Waren entladen und geladen werden. Die Gefangenen weisen auf die Maschinen im Hafen und suchen nach Namen, die es in ihrer Sprache nicht gibt. Dann lachen sie über die vielen Mulatten, die schwere Lasten tragen. Sie sind nicht wie die Mischlinge bei uns, die sich von anstrengender Arbeit fernhalten. Also lachen meine Brüder über diese Mischlinge, die wie Bergarbeiter in der Hölle schwitzen. Nur ich lache nicht. Ich denke an meinen Sohn. Er wird ewig ein Stauer sein, der die Last seiner Hautfarbe trägt.

Stundenlang kommen Journalisten, Diplomaten und Missionare an Bord, um mit Ngungunyane zu sprechen.

Kapstadt ist der erste Ort außerhalb von Mosambik, wo der afrikanische König öffentlich gezeigt wird. Die Portugiesen haben an Deck ein entsprechendes Szenarium aufgebaut: Sie haben den König in einen Ledersessel gesetzt, in geliehenen Kleidern und Militärstiefeln, die ihm wie Blei an den Füßen hängen. Die Fremden ahnen nicht, unter welchen unmenschlichen Bedingungen der König untergebracht ist. Ngungunyane lächelt und winkt jedem Besucher zu. Keiner erwidert den freundlichen Gruß.

Dabondi sitzt auf ihrem Bett und horcht mit aufgerissenen Augen auf die Geräusche aus dem Hafen von Kapstadt. »Wie viele Tage dauert es noch bis Lissabon?«, fragt sie.

»Wir haben noch nicht einmal die halbe Strecke hinter uns«, antworte ich.

Dabondi zieht einen Sonnenschirm aus dem Kram, der sich in dem kleinen Raum angehäuft hat. Sie will an Deck spazieren, aber nicht braun werden. »Die Frauen werden dunkler und sind dann nicht mehr begehrenswert«, erklärt sie. Die schwarzen Männer hätten gelernt, eine Frau mit dunkler Haut sei hässlich.

Dabondi lehnt mein Angebot, sie zu begleiten, ab. Sie ist nicht allein. Godido wartet am Ende des Gangs auf sie, an der rechten Hand baumeln ein Paar Sandalen. Der Prinz hatte seine eigene königliche Krone auseinandergenommen und daraus eine Art Sandalen gefertigt. Er hat die Krone zu einer dunklen Paste geknetet, sie in zwei Teile geteilt und darüber Segeltuchstreifen gespannt. Aus den restlichen Streifen hat er eine Art Schnürsenkel gemacht. Dabondi weiß, dass diese provisorischen Sandalen wenig nützen. Tagsüber wird der Metallboden des Decks zu einem kochenden Kessel. Ein paar Schritte, und von dem großzügigen Geschenk ihres Stiefsohns bleibt nichts übrig. Dennoch sind die Sandalen das schönste Geschenk, das sie jemals erhalten hat.

Ich sehe sie den Gang entlanggehen, den Sonnenschirm wie die strahlendste aller Fahnen hoch erhoben. Auf Godidos

Arm gestützt, steigt Dabondi langsam die Treppe hinauf, mehr darauf bedacht, die Schuhe zu schonen, als richtig auf die Stufen zu treten. Am Ende der Treppe umfängt sie das Licht. Dabondi und ihr Stiefsohn treten in das unendliche Rund der Sonne.

Kurz darauf kommt Dabondi, von dem Spaziergang mit Godido aufgeregt, wieder in unseren Raum gestürmt. Sie lehnt sich an mich und zeigt mir einen tiefen Einschnitt am Handgelenk.

»Wir haben gekämpft«, keucht sie.

In der Tradition ihres Volkes werden untreuen Ehefrauen zwei lange Stäbe am Körper befestigt. Dann werden ihnen in einer öffentlichen Zeremonie mit einem spitzen Eisen die Augen ausgestochen. Doch es ist nicht die Vorstellung der Strafe, die Dabondi beunruhigt. Auch nicht der Kampf, den sie mit ihrem Stiefsohn Godido geführt hat. Es ist die Verletzung am Handgelenk. Sie hat sich geschnitten, aber es blutet nicht, und das erschreckt sie.

»Mein Blut ist gestockt. Meine Adern sind ausgetrocknet.«

Sie streckt die Arme aus und zeigt mir die schlimmste aller Krankheiten. Sie zittert am ganzen Körper. Zum ersten Mal muss ich sie trösten. Ich weiß nicht, was ich machen soll. Schüchtern, fast hilflos setze ich mich neben sie und spanne den Sonnenschirm auf. In unserem Raum berühren sich unsere Schatten, als wären wir eins. So verharren wir stumm, bis wir Gebrüll aus Ngungunyanes Kabine hören. Man hat seine Körpermaße genommen, und wieder glaubt er, dass sie schon vor seinem Tod seine Leiche präparieren. Ich werde gerufen, um ihm die beruhigende Nachricht zu übermitteln: Beim nächsten Halt, in Luanda, wollen die Portugiesen für ihn und alle anderen Gefangenen Kleider besorgen. Nicht um sie vor der Kälte auf See zu schützen. Sie sollen nur bei der Ankunft in Lissabon einigermaßen ordentlich aussehen.

Die Erklärung beruhigt Ngungunyane nicht. Warum haben sie ihn angezogen und wieder ausgezogen? Einmal schon habe ich ihn ausgezogen und angezogen. Das hat er akzeptiert, weil es Frauenhände waren. Nun aber sind es Männer, die seine Arme, seine Beine, seinen Hals, seinen Bauch messen. Ausgerechnet den Bauch! Für solch eine Demütigung kann es nur eine Erklärung geben: Die Kerkermeister sind zu Henkern geworden. Deshalb versucht er wütend, sich den verdammten Maßbändern zu entziehen. Denn sie messen nicht ihn. Sie berechnen, wie groß sein Sarg sein muss. Ngungunyane verlangt, ich soll einschreiten. Ich tue so, als hörte ich nicht zu. Ich lasse ihn leiden. Manchmal beweist man den größten Mut, indem man nichts tut.

Die Kessel werden wieder geheizt. Wie eine unsichtbare Schlange kriecht der elektrische Strom wieder durch das ganze Schiff. Wir sind zur Abfahrt aus Kapstadt bereit, da kommt Sargento Araújo ohne anzuklopfen in meine Kabine. Wie ein misstrauischer Ehemann durchwühlt er den Raum. Seine Finger streichen langsam über die Tücher, die ich über eine Vorhangstange gehängt habe. Langsam, wie eine Liebkosung. Dann fragt er: »Hast du nichts für mich?« Ich schüttele den Kopf. Er fragt weiter: »Bist du sicher?« Angesichts meines beharrlichen Schweigens wirft er die Tücher auf den Fußboden. »Dann komm jetzt«, sagt er. »Der Kapitän verlangt nach dir.«

Er drängt mich zur Eile, geht aber nicht aus dem schmalen Durchgang, sodass ich mich zwischen ihm und der feuchten Wand hindurchzwängen muss. Ich spüre seinen sauren Atem, während er mir mit seiner behaarten Hand an die Brust fasst: »Spiel nicht die Schlaue«, sagt er. »Ich habs auf dich abgesehen, meine kleine Negerin.«

Er befiehlt mir vorauszugehen. Ich weiß, was er damit beabsichtigt. Er will mir an das Gesäß und die Schenkel fassen. Der Gang ist kurz, seine Finger arbeiten in Windeseile. Als wir an Deck kommen, siegt die Scham über die Begierde.

Der Kapitän sitzt in seiner Kabine am Schreibtisch und wedelt mit einem Telegramm. »Traurige Nachricht! João

Mangueze, der Sohn von Gungunhana, der in Lissabon lebte, ist tot.«

Für mich klingt es, als spräche er von einem Fremden. Der Sohn von Gungunhana? Dann dämmert es mir. Für mich war João Mangueze nur der Sohn von Dabondi.

»Ich habe schon mit Gungunhana gesprochen«, fährt der Kapitän fort. »Er hat mich gebeten, die traurige Nachricht der Mutter persönlich mitzuteilen.«

Bei Ngungunyane hat die Nachricht mehr Angst als Traurigkeit ausgelöst. Er fürchtet, wie er selbst sagte, Dabondis Reaktion. Er hat Angst, sie würde ihn der Mitschuld an einem eventuellen Mord bezichtigen. Oder schlimmer noch: der Zauberei verdächtigen.

Als Kind – und lange bevor er das Meer überquerte – war João Mangueze auf die Kunstschule auf der Ilha de Moçambique geschickt worden. Nach einigen Monaten kam er mit neuem Wissen, aber gravierenden Gedächtnislücken zurück. Zum Beispiel hatte er vergessen, dass die Bestimmung eines jungen Nguni der Krieg ist. Aus der Schule kam nur die Hälfte desjenigen zurück, den Ngungunyane dorthin geschickt hatte. Sie hatten ihm das Kriegerblut der Mangueze verdünnt, der junge Mann weigerte sich, in die Schlacht zu ziehen. Allein bei der Vorstellung, jemanden zu töten, brach er in Tränen aus. Der Herrscher wies seine Wachen an, in der Nacht mit seinem Sohn zum Viehgehege zu gehen, ihn zu zwingen, einem Rind die Kehle durchzuschneiden, und ihn anschließend an die Hörner des toten Tiers gebunden liegen zu lassen. Das sollte seinen Sohn abhärten. Am nächsten Morgen fand die Mutter João blutüberströmt vor und führte ihn in eine Decke gehüllt nach Hause, damit ihn niemand in diesem jämmerlichen Zustand sah.

Kapitän Sousa braucht jetzt meine Hilfe, um der Mutter die Nachricht zu überbringen. Es geht nicht um meine sprachlichen Fähigkeiten, er hat mich als Frau kommen lassen.

Als man Dabondi geholt hat, saß sie unter dem geöffneten Sonnenschirm auf meinem Bett. Jetzt, an der Tür zur Kapitänskabine, zögert sie. Sie fragt mich mit gesenktem Kopf und fast tonloser Stimme: »Ist es João?«

Ich gehe einen Schritt vor die Tür, will sie an den Händen fassen, doch Dabondi weicht mir aus. Machtlos sehe ich zu, wie ihre bloßen Füße sich entfernen. Dabondi hat recht: Es gibt Fußspuren, die sich in Eisen einprägen.

Erst vor wenigen Minuten hat Dabondi die schlimmste aller Nachrichten erhalten und ist fortgelaufen, doch es scheint, als wäre sie schon vor hundert Jahren verschwunden. Allein in meiner Kammer fürchte ich, sie hätte sich aus Verzweiflung ins Meer gestürzt. Doch da wird die Tür aufgerissen, und Dabondi erscheint, von zwei Soldaten geleitet. Sie ist zerzaust und voller Asche. Die Soldaten stoßen sie auf das Bett und befehlen: »Da bleibst du jetzt schön ruhig liegen!«

Dann lassen sie mich übersetzen: Ab sofort wird die Königin in diesem Raum mit einem Wachposten vor der Tür eingesperrt.

»Was ist passiert?«, frage ich.

»Deine Freundin wollte sich umbringen. Sie ist nach unten in den Maschinenraum gegangen und wollte sich in den Heizkessel werfen. Wären wir nicht dagewesen, wäre sie jetzt ein Stück Kohle.«

»Ein Stück Kohle ist sie schon immer gewesen«, spottet der andere Soldat. Dann hören sie auf zu lachen und teilen mir mit, dass nun ich für Dabondi zu sorgen habe. Dass sie Königin ist, spielt für die Portugiesen überhaupt keine Rolle. Die Anzahl weiblicher Gefangener hingegen muss gewahrt bleiben. Je mehr Frauen in Lissabon gezeigt werden können, umso mehr gilt der König als echter afrikanischer Herrscher. Das sagen die Soldaten. »Pass auf sie auf«, sagen sie noch einmal, dann gehen sie. Ich höre, wie von außen der Schlüssel umgedreht wird. Und mir wird klar, dass von nun an auch ich eine Gefangene bin.

Ich betrachte die Königin eine Weile lang. Sie ist in sich zusammengefallen, wie leblos. Ich bin so hilflos wie noch nie. Angesichts dieses immensen Schmerzes ist jeder Versuch zu trösten lächerlich.

Plötzlich richtet Dabondi sich auf, als wäre ihr das Herz nicht mehr schwer: »Aufmachen! Ich will mit Ngungunyane sprechen.«

Ich verhandele mit den Wachposten. Sie sind unerbittlich, die Königin darf nicht hinaus. Stattdessen erlauben sie, dass der König zu uns kommt. Kurz darauf erscheint Ngungunyane. Er ist noch nicht über die Türschwelle getreten, da erklärt Dabondi: »Alle denken, dass Mangueze dein Lieblingssohn war. Alle glauben, du hättest ihn aus Liebe nach Lissabon geschickt. Das Gegenteil ist richtig. Du wolltest ihn beiseiteschaffen. Du hofftest, er würde im Meer untergehen.«

»Dabondi, meine Ehefrau«, spricht der König sie an. »Du beschuldigst mich, weil du leidest.«

»Ich bin nicht deine Ehefrau«, erwidert Dabondi. »Ich war nie eine Ehefrau, von niemandem. Du wirst erleben, wie schwer Schuld wiegt. Und kein Alkohol wird dir die Last erleichtern.«

Dann folgen Drohungen. Litt er unter schlechten Träumen? Fortan wird er Albträume auch dann haben, wenn er nicht träumt. Und Selbstmord würde ihm nicht helfen. Selbst nach dem Tod würden die Geister ihn weiterhin heimsuchen. Erst als Ngungunyane ohne ein Wort die Kammer verlassen hat und die Tür hinter ihm geschlossen wird, bricht Dabondi in Tränen aus.

Eine Todesnachricht reist schneller als der Wind. Auf dem engen Raum des Schiffs hat die Nachricht von Manguezes Tod rasch wie ein Wimpernschlag die Runde gemacht. Durch den Trauerfall in der königlichen Familie alarmiert, bittet Roberto Machava um ein Gespräch mit dem Kapitän. Er verbeugt sich vor António de Sousa und spricht in gewähltem Portugiesisch, das alle erstaunt: »Die Gefangenen möchten eine Messe für die Seele von João Mangueze lesen. Ich bitte um Genehmigung, die Kapelle zu benutzen.«

»Ich weiß nicht, ob ich das erlauben kann«, antwortet der Kapitän. »Herr über die Kapelle ist Pater Martinho, aber er ist erkrankt und musste in Kapstadt bleiben.«

Der Sargento Araújo mischt sich ein. Er kennt António de Sousas Schwächen und fürchtet, er könnte den Schwarzen gegenüber abermals nachgiebig werden.

»Ich traue diesem Schwarzen nicht, der sich hier so demütig präsentiert«, erklärt Araújo, »er nennt sich Missionar, ist aber in Wirklichkeit ein Subversiver, der die Interessen der Protestanten vertritt. Fragen Sie ihn, Herr Kapitän, ob er weiß, dass die Kapelle ein Ort des katholischen Glaubens ist.«

»Man hat mich gelehrt, dass wir nur einen Gott haben«, führt der Missionar an.

»Es gibt nur einen Gott, aber verschiedene Gemeinden«, erwidert der Sargento.

Der Missionar geht. Als er an mir vorbeikommt, fragt er, ob ich über seine »Angelegenheit« nachgedacht habe.

Die vergesslichen Verstorbenen

Einmal sahen sie, wie ein Fischer am Strand eine riesige Grube aushob. Sie fragten ihn, was er da mache. Er wies auf ein altes, schon halb zerfallenes Boot in den Dünen. Mit diesem Boot war er viele Jahre auf das Meer hinausgefahren, weit über die Brandung hinaus. Nachdem sie so oft gemeinsam über die Wellen geritten waren, hatten Mann und Boot einander so sehr ins Herz geschlossen, dass der Fischer nur in seinem Boot schlafen konnte.
»Wenn ein Boot stirbt, muss man ihm ein Begräbnis geben.«
Zum Schluss rammte er neben dem Grab einen Riemen in den Boden. Als er sich bekreuzigte, hallte in seiner Brust das Echo von dem Schlag auf das Holz nach.
Aus dem Tagebuch des Kapitäns António Sérgio de Sousa

In der Kunst des Tötens haben wir uns seit Urzeiten nicht weit entwickelt. Was ist eine Kugel anderes als ein kleiner Stein, der fliegen gelernt hat?
Roberto Machava

Die ganze Nacht hindurch hat Ngungunyane gebrüllt, er sei ein »Sohn des Königs von Portugal«. Sein gellendes Geschrei war deutlich in unserer Kabine zu verstehen.

Bei dem vielen Jammern nach dem portugiesischen Vater hat er vergessen, dass er gerade erst die Nachricht vom Tod eines Sohnes erhalten hat. Der Name des Sohnes ist seinem Gedächtnis entfallen. Er will die Ahnen anrufen, aber keiner fällt ihm ein. In Panik ruft er seine Angehörigen zusammen und murmelt: »Die Weißen wollen mich umbringen. Aber ich bin ihnen zuvorgekommen. Ich war schon tot, als ich an Bord kam.«

Beunruhigt sehen die Frauen sich an. Alle wissen, es gibt keine schlimmere Verwirrung als diesen plötzlichen Gedächtnisschwund. Noch schlimmer als die Tatsache, dass der König seine Toten vergessen hat, ist, dass diese sich nicht mehr an ihn erinnern. Alle Bemühungen, seinen klaren Verstand wiederherzustellen, erweisen sich als nutzlos.

»Dabondi, tu etwas«, fleht eine der Königinnen.

Muzamussi, die Lieblingsfrau, hebt wortlos gebieterisch den Arm. Nur ihr steht es zu, die Aufregung zu beruhigen. Sie lässt ihre vierundzwanzig Messingarmreifen klimpern. Dann bahnt sie sich einen Weg zwischen den anderen Frauen, hebt dabei den Saum des Morgenmantels an, der ihr bis auf die Füße hängt. Der übergroße Morgenrock wurde zusammen mit anderen Kleidungsstücken in Luanda gekauft.

»Macht Platz, ich bin die Nkossikazi.«

Die »große Frau«, wie sie genannt wird, macht ihrem Namen alle Ehre. Sie ist hochgewachsen und voluminös, ihr Haar ist zu einem Kegel frisiert, wodurch sie noch größer wirkt. Sie kniet sich vor ihren verwirrten Ehemann. Das Licht, das durch das Bullauge fällt, glänzt auf ihren Schultern.

»Buia, Nkossi wa mina!«, so spricht sie ihren Mann an. Leise, als betete sie, lädt sie ihn ein, seinen Kopf auf ihren Schoß zu betten.

Die anderen Frauen drücken sich an die Wände, und der König kuschelt sich an Muzamussis Schoß. Er sackt kraftlos zusammen, krank, weil ihm der Alkohol fehlt. In seiner Verwirrung spricht er Muzamussi mit Vuiaze an, dem Namen seiner alten und einzigen großen Liebe. »Danke, liebe Vuiaze«, stammelt er. Muzamussi tut, als hätte sie es nicht gehört. Ihr Mann liegt an sie geschmiegt, und in diesem Augenblick ist sie wieder Königin. Sie gibt den anderen ein

Zeichen, alle sollen den Raum verlassen. Sie gehorchen und sammeln sich im Gang. Die Frauen betrachten die Lampen an der Decke und recken die Finger hoch, um das Feuer in den Lampen zu spüren.

Als er sich erholt hat, geht der König von Gaza, von zwei Wächtern eskortiert, den Gang entlang. Vor dem Lagerraum stehen Machavas Gefangene und warten darauf, dass der improvisierte Kerker desinfiziert wird. Der König von Gaza erscheint, und alle gehen auf die Knie. Sie planen, den Tyrannen umzubringen. Und dennoch erweisen sie ihm, ohne zu zögern, die Ehre.

»Steht auf, meine Brüder!«, befiehlt Machava wütend.

Doch niemand erhebt sich. Die Gefangenen erweisen dem Herrscher von Gaza den gleichen Respekt, mit dem sie vor dem Kreuz Christi niederknien. Ngungunyane breitet die Arme aus und verkündet fast stimmlos: »Ich bin der Sohn des Königs von Portugal!«

Machava schüttelt bedauernd den Kopf – der König hat den Verstand verloren. Nicht weil er Alkohol getrunken hat. Im Gegenteil. Er ist trunken von der Abstinenz. Seine Hände zittern unkontrolliert. Womöglich stirbt der König, ohne dass ein Verbrechen begangen werden muss.

Machava appelliert nicht noch einmal an den gesunden Menschenverstand seiner Schäfchen. Energisch schiebt er den König von Gaza weg. Ngungunyane hat keine Kraft, sich zu wehren, und bricht zusammen. Zu meiner Überraschung kommt ihm plötzlich Zixaxa zu Hilfe. »Lasst ihn in Ruhe!«, ruft er, während er dem König auf die Beine hilft. Dann, an mich gerichtet: »Sag den Soldaten, sie sollen diesen schwarzen Pater wegschicken. Wir wollen den nicht sehen. Und sag ihnen, sie sollen dem König von Gaza Wein bringen.«

Vor der Kabinentür sitzen die Wachposten auf Kisten voll Portweinflaschen. Der Alkoholvorrat gehört zur besonderen Behandlung des königlichen Gefangenen. Er soll bei Laune sein, aber nicht bei klarem Verstand. Das ist ihm als Exil bestimmt, nicht mehr bei sich zu sein, ohne Erinnerungen und ohne Ziel. Ein Soldat gibt dem Herrscher eine Flasche, er trinkt begierig. Wein läuft ihm über das Kinn, als er mich lange ansieht. »Imani«, sagte er, »ich werde dich dem König von Portugal schenken.«

»Gehen Sie, Pastor Machava«, sagt Zixaxa. »Ngungunyane hat sich dem Getränk der Weißen verschrieben, Sie haben sich deren Gott verschrieben.« Der Wein und die Priester, sagt Zixaxa, werden vollenden, was die Portugiesen mit ihren Waffen angefangen haben. Irgendwann werden wir keinen Ort mehr haben, den wir unser Zuhause nennen können, niemanden mehr haben, den wir Bruder nennen können.

»Ist Ihnen meine Anwesenheit unangenehm?«, fragt Machava. »Fühlen Sie sich dann schuldig?«

»Ich habe Sie nicht denunziert«, verteidigt sich Zixaxa. »Das ist die reine Wahrheit. Oder glauben Sie etwa den Portugiesen mehr als mir?«

Der Missionar gibt mir ein Zeichen. »Komm, wir beten«, fordert er mich auf.

»Hier im Gang?«, frage ich.

»Komm mit, der Kapitän hat erlaubt, dass wir die Kapelle benutzen«, behauptet Machava.

Schweigend gehe ich mit. An Deck wird der Missionar genauestens durchsucht, Soldaten begleiten uns zur Kapelle. Sie ist leer. Den Blick fest auf das Kreuz gerichtet, gibt Machava vor zu beten. Kniend, mit geschlossenen Augen und gefalteten Händen stimmt er einen Kirchengesang in seiner Muttersprache an. Aber es ist kein Gebet. Was er von sich gibt, ist die Planung eines Verbrechens. Die Weißen werden in zwei Tagen ein Fest organisieren. Das ist eine Tradition beim Überqueren des Äquators. Nach dem, was man Machava gesagt hat, wird es wie ein afrikanisches Fest mit Alkohol, Tanz und Masken. Die Gefangenen sollen daran teilnehmen dürfen. »Deine Aufgabe«, sagt Machava,

»besteht darin, den Sargento abzulenken, während wir uns um Ngungunyane kümmern.«

»Ich habe Angst.«

»Vertrau mir«, antwortet der Missionar. »Ich habe Visionen. Ich werde dir erzählen, wie ich zu Gott gefunden habe.«

Roberto Machavas Berufung zum Missionar offenbarte sich, als er, noch ein junger Mann, zu Fuß die Strecke von Lourenço Marques zum Land des Rand zurücklegte. Er suchte nach einem besseren Leben. Er wusste, was er wollte, kannte aber nicht den Weg dorthin. Am dritten Tag brach er, von Hitze und Durst geschwächt, hilflos in der Savanne zusammen. Als er wieder zu sich kam, befand er sich im Haus eines Bauern. Gerettet hatte ihn ein VaTsonga, der auf den Plantagen der Engländer missioniert worden war. Sie knieten sich gemeinsam hin, und Machava, der das nie zuvor getan hatte, betete, als wäre es in seiner Muttersprache. Sein Gastgeber sagte: »Niemand kommt zufällig hierher.«

Dann setzte er sich nach draußen und betrachtete das in der Dürre verbrannte Land. So schlief er ein, die Hand auf dem Zweig einer Akazie. Im Laufe der Nacht wuchsen seine Finger zu Ästen des Baums und reckten sich mit der Verzweiflung eines aus dem Grab Auferstandenen gen Himmel. Mit dem längsten Finger stach er in den Bauch einer Wolke. Da regnete es.

Am selben Morgen überquerte Roberto Machava die Grenze mit umwölktem Kopf, erstaunt über seine neuen Fähigkeiten. In Lydenburg schloss er sich der Methodistenkirche an und wurde Pastor. Zurück in Mosambik, gründete er Jahre später eine Schule in der Bucht von Lourenço Marques. Die Römisch-Katholische Kirche verlangte, er müsse sich der »einzig wahren Kirche« anschließen. Machava weigerte sich. Sie verboten die Schule. Das war der Anfang von vielen weiteren Verboten. Schließlich begriff er, dass er selbst verboten war.

Der Pastor bittet mich, ihm beim Aufstehen zu helfen. Er ist im Gefängnis misshandelt worden. Er kann sich hinknien, aber nicht ohne Hilfe aufstehen. Im Gefängnis hat man ihm gesagt, Zixaxa habe ihn denunziert. Man hatte dem Mfumo-Krieger in unverständlicher Aussprache eine Liste von Namen vorgelesen. Bei dem Namen des Pastors hat Zixaxa genickt. »Ist das der Mann, der dir gesagt hat, du solltest gegen die Regierung kämpfen?«, hatten sie ihn gefragt. Und Zixaxa hatte erneut genickt. Wenige Stunden später war der Pastor verhaftet worden. Während seines Verhörs haben sie ihn so geschlagen, dass er alles zugegeben hat, was man ihm anlastete. Am nächsten Tag wurde er an Bord der *África* gebracht, um auf die kapverdischen Inseln deportiert zu werden.

»Es gibt Dinge, die du wissen sollst«, erklärt der Pastor. »Der Laderaum, in dem sie mich eingesperrt haben, ist eine Waffenkammer.«

»Eine Waffenkammer?«

»Alle meine Anhänger sind bewaffnet.«

»Mit welchen Waffen?«

Der Pastor zeigt mir die halb geöffneten Hände. »Mit diesen!« Anfangs sehe ich nichts. Dann merke ich, dass zwischen seinen Fingern ein Stück Glas glänzt. Es ist eine Scherbe von einer Flasche. Von einer, wie sie jeden Tag vor Ngungunyanes Tür zerschlagen werden.

»Mit diesen Waffen werden wir Ngungunyane töten«, erklärt Machava und schließt die Faust um die Scherbe, ohne auf das Blut zu achten, das ihm zwischen den Fingern entlangrinnt.

Eine Überraschung erwartet mich auf dem glitschigen Deck: Ngungunyane sitzt auf einer einzelnen Holzbank im Regen. Wasser rinnt ihm den Oberkörper hinunter, das Tuch um seine Hüften tropft. Die Soldaten, die ihn bewachen, erklären: »Er hat darum gebeten, er wollte den Regen fühlen.« Ich entgegne in mütterlichem Ton: »Er sollte aufpassen, dass er nicht krank wird.« Und die Soldaten, herablassend: »Geh und sprich mit ihm. Und nimm diesen Umhang mit.«

Ich hänge dem König den Umhang über die Schultern. Sein Körper zittert stärker als seine Stimme, als er mir leise anvertraut, er habe sich danach gesehnt, nassgeregnet zu werden. Er steht auf und geht neben mir wie ein Schlafwandler, seine bloßen Füße platschen auf dem Metallboden. Auf der Treppe, die zu unseren Kabinen führt, stützt er sich mit einem Arm auf mich und mit dem anderen auf Dabondi, die dazugekommen ist. Aber seinen sauren Atem richtet er auf mein Gesicht: »Wie heißt Gold in deiner Sprache, auf Txixope?«

Er wartet keine Antwort ab, sondern redet einfach drauflos. Die Weißen, sagt er, messen ihren Reichtum in Gold, wofür wir in unseren Sprachen kein Wort haben. Wenn er an Reichtum denkt, sieht er Rinderherden, so weit das Auge reicht, Hufe und Hörner. Und er sieht Regen, Regentropfen, so wie diese, die an seinem Körper hinunterlaufen.

Der König drückt meine Hand und bittet inständig, ich möge mich für ihn einsetzen. Er hat das dringende Bedürfnis, wieder mit Dabondi zu schlafen. Man solle sie in den Raum der Gefangenen zurückkehren lassen. Er spricht, als wäre Dabondi nicht anwesend. »Ich habe so viele Frauen gehabt, dass ich zum einsamsten aller Männer geworden bin«, klagt er. Jetzt, da man ihn von Dabondi getrennt hat, sei er kein Mann mehr. Er sinniert eine Weile, dann wendet er sich an seine Ehefrau und bittet: »Ich möchte, dass du mich in den Schlaf wiegst, Dabondi.«

»Wozu diese Eile, mein König«, fragt Dabondi. »Hast du keine Angst, wieder von Albträumen heimgesucht zu werden?«

»Manchmal«, antwortet der König, »sind Albträume die einzige Möglichkeit, die Vergangenheit zu bewahren.«

Wie viel wiegt eine Träne?

Ich blicke auf das Meer und sehe das Leben.
Aus dem Tagebuch von Kapitän António Sérgio de Sousa

Am frühen Morgen stehe ich vor der Tür des Kapitäns. Ohne auf meinen Gruß beim Eintreten zu reagieren, sitzt er über einen Tisch voller Karten gebeugt. Der leere Vogelkäfig liegt mitten im Raum. Vom Papagei keine Spur.

»Ich habe ihn beim Auslaufen aus Luanda freigelassen«, sagt der Kapitän, ohne aufzublicken. »Ich konnte meinem Sohn keinen eingesperrten Vogel schenken.« Plötzlich, in anderem Ton: »Ich bin beschäftigt, was willst du?«

Ich habe einen festen Vorsatz: Ich will die Pläne von Machava verraten. Ich nenne keine Namen, erwähne auch keine Einzelheiten, lasse aber keinen Zweifel daran, dass es eine Verschwörung gibt, Ngungunyane zu ermorden. Offenbar habe ich mich so vage ausgedrückt, dass der Portugiese weiter darin vertieft bleibt, ein kleines Lineal auf den Seekarten zu verschieben. Ich wiederhole meine Warnung, nun aber deutlicher.

»Es ist dringend notwendig«, erkläre ich nachdrücklich, »die Wache vor dem Laderaum zu verstärken. Ngungunyane soll umgebracht werden, von Leuten, die dadrin sind.«

»Das hast du alles geträumt, Imani?«, fragt António de Sousa ironisch.

Er richtet seinen müden Blick ungläubig auf mich. Er hat die Dringlichkeit und den Ernst der Lage nicht verstanden. Mit dem Lineal zeichnet er einen Bogen in die Luft, der mir bedeuten soll, ich möge ihn in Ruhe lassen.

Bevor ich gehe, frage ich noch nach Germano. Vielleicht

sind ja telegrafisch Nachrichten aus Mosambik gekommen? António de Sousa schüttelt den Kopf. Dann frage ich nach Álvaro Andrea. Der Kapitän legt das Lineal ab und seufzt: »Ich bitte dich, Imani, frag mich nicht nach anderen Leuten. Ich bin die Menschen so leid ...«

Er sei schon immer verschlossen gewesen, sagt er. Viele seiner Kameraden würden sich über die Einsamkeit in Übersee beklagen. Für ihn sei das Alleinsein das größte Geschenk. Nichts sei so anstrengend wie Menschen kennenlernen. In Afrika bleibe ihm das erspart. Die Weißen befänden sich dort nur vorübergehend. Und die Schwarzen seien, nichts für ungut, alle gleich. Deshalb sei nie jemand da.

Als ich Anstalten mache zu gehen, lässt er das Lineal kreisen und schlägt vor, ich solle bleiben.

»Ich habe von ihm gehört«, sagt er.

»Von Germano?«

»Nein, von Álvaro Andrea. Der soll wieder an die Front gegangen sein, an der Mündung vom Limpopo.«

António de Sousa empfindet Mitleid mit dem Capitão Andrea, für den der Limpopo der schlimmste Ort der Welt ist. Er weiß, wie sehr das Massaker an unschuldigen Zivilisten das Gewissen seines Landsmanns quält. Aber diese Schuld, versichert Sousa, haben die Feinde erfunden, die er sich innerhalb der Armee gemacht hat. Dieser Andrea täuscht sich – der größte Teil der Ziele, die er bombardiert hat, waren keine Siedlungen, sondern unbewohnter Busch.

»Andrea ist überzeugt, er habe viele Leute getötet ... hat er jemals die Leichen gesehen?«, fragt Sousa.

Nein, hat er nicht, möchte ich am liebsten antworten. Kein portugiesischer Militär sieht uns, die Schwarzen, nicht einmal, wenn wir noch am Leben sind.

»Álvaro ist ein guter Mann«, sagt er noch. »Man will ihn von seinen Überzeugungen abbringen.« Er beugt sich wieder über die Karten und murmelt herablassend: »Es war gut, dass du mich gewarnt hast. Ich gebe das an Sargento

Araújo weiter. Wir kümmern uns verstärkt um die Sicherheit des Königs.«

»Bitte lassen Sie den Sargento außen vor«, flehe ich ihn verängstigt an.

»Du hast mir nichts Neues erzählt, Mädchen«, beruhigt er mich. »Ich weiß schon seit Langem von Roberto Machavas Plänen. Ich habe meine Quellen.«

Er schiebt den Stuhl beiseite, steht auf und sieht mich an, als hätte er vergessen, wie ich aussehe. Ich weiche ängstlich zurück.

»Warum hast du solche Angst vor Araújo?«, fragt er. Er sieht mir forschend in die Augen. »Was hat mein Sargento dir getan?« Auf mein Schweigen hin reibt er sich die Hände und sagt leise: »Ich verstehe.«

Es ist dunkel geworden, und das Deck ist nicht wiederzuerkennen. Hunderte von Passagieren singen und tanzen kostümiert. Bald werden wir den Äquator überqueren, die »Wirbelsäule der Welt«, wie die Seeleute ihn nennen.

In der Mitte sitzt auf einem improvisierten Podest ein maskierter Mann. Er trägt einen goldenen Umhang, einen falschen Bart und eine Krone. Ngungunyane ruft begeistert aus: »Das ist der König Dom Carlos!« Die Soldaten lachen.

Die Matrosen werden mit Öl besprengt und anschließend geduscht und gereinigt. Das wird als neue Taufe bezeichnet. Unglaublich, wie sehr sich unsere Zeremonien ähneln, die der Weißen und der Schwarzen. Und die Rituale, mit denen wir die Seele läutern! Letztlich sind die Engel der Weißen nicht die strengen Wächter, die sie uns glauben machen wollten. Sie sind genau wie unsere, Trinker und Narren.

Der chaotische Prunk der Feier erinnert mich an die Zeremonien meiner Kindheit am Rio Inharrime. Plötzlich sehe ich Bibliana, die sich aus der Menge löst. In ihrer roten Tunika und den weißen Tüchern um die Hüften verkündet sie: »Die Meere sind wie das Blut – man meint, es wären viele, aber sie sind alle zusammen nur eins.«

Ich tue das, was ich schon immer getan habe. Bei Feiern halte ich mich am Rand, fern von Lichtern und Lärm. António Sérgio de Sousa gesellt sich zu mir, die Hände tief in den Jackentaschen. Zwei Soldaten kommen vorbei, sie zerren den alten Mulungo mit, den Onkel von Ngungunyane. Sie gehen mit ihm zum Sargento Araújo. »Dieser Halunke ist aus dem Laderaum entwischt«, sagen sie und stehen stramm. Mulungo ist schlank, würdevoll und distanziert. Er will kein Wort Portugiesisch lernen und schämt sich für die Panikattacken des Königs von Gaza. Kapitän Sousa erkennt ihn. Er befiehlt, ihn freizulassen. »Der Mann ist der Onkel von Gungunhana. Er darf an der Feier teilnehmen. Die anderen nicht.«

»Die anderen« sind die Glaubensbrüder von Roberto Machava. Sie sind im Laderaum geblieben, die Bewachung ist verdoppelt. Meine Warnung hat gewirkt, denke ich, nicht ganz ohne schlechtes Gewissen.

»Diese ganze Reise ist eine Farce«, seufzt Sousa. »Wir erfinden hier einen König, den es nie gegeben hat.«

Das Ritual der Äquator-Überquerung hat eine Geschichte, sagt António de Sousa. Die Feiernden wissen das nicht. Aber der Kapitän erzählt mir die Geschichte. Zur Zeit der Karavellen, so fängt er an, waren es nicht die Stürme, die die Seeleute am meisten fürchteten, sondern die Windstillen. Um den Äquator herum gab es viel Sonne, aber wenig Wind. Immer wenn ein Schiff nicht weiterkam, verdarb nicht nur der Proviant. Auch die Disziplin und das Hierarchiegefühl nahmen Schaden. Man musste ein Notventil schaffen, eine Art Karneval, in dem alle alles sein konnten. So entstand das Ritual der Überquerung der »Wirbelsäule der Welt«. Der Atlantik war eine Frau, und der Fingernagel der Seeleute zog wie eine scharfe Klinge eine Linie auf den Rücken der Frau. Der Atlantik lachte, und das Lachen war die Erlaubnis, die sie brauchten. Die Grenze zwischen Norden und Süden fiel den Seeleuten wie ein zerrissenes Kleid vor die Füße.

Die katholische und die protestantische Kirche verboten das Ritual. Sie sahen darin ein heidnisches Überbleibsel. Doch nicht das Verbot der Kirche schwächte den Brauch, sondern der technische Fortschritt. Die vom Wind unabhängigen Dampfer unterstützten die christlichen Bemühungen. Doch der Brauch blieb erhalten, wenn auch abgeschwächt. Solange die Angst lebt, werden die Götter nicht von Maschinen vernichtet.

Ich verabschiede mich vom Kapitän, und auf dem Weg zurück zu meiner Kabine hält mich der Sargento auf. Ein halbes Dutzend Soldaten sind bei ihm.

»Ich brauche dich«, sagt der Sargento. »Ich muss mit dem Halunken Machava sprechen.«

»Gestatten Sie mir eine Bemerkung, Sargento«, sage ich ängstlich. »In dieser Sache brauchen Sie mich nicht. Der Pastor spricht perfekt Portugiesisch.«

»Mir ist scheißegal, was dieser Machava zu sagen hat«, antwortet der Sargento. »Mir geht es darum, dass die anderen Schurken genau verstehen, was ich sage.«

Ich war seit Beginn der Reise nicht mehr im Laderaum. Mir wird schwindlig, als befände ich mich in einer erloschenen, stickigen und kalten Hölle. Es ist so dunkel, dass ich zu atmen vergesse. Zum Glück, denn das rettet mich vor dem grässlichen Gestank. Ein Soldat hebt die Eingangsluke an, sodass uns ein Lichtspalt und ein Lufthauch streifen. Man ahnt die Gestalten der Gefangenen, die sich in einer Ecke drängen. Der Sargento brüllt sie an. Er sei informiert über die Verschwörung. Die Gefangenen sollen reden, verlangt er. Doch statt zu sprechen, beten sie im Chor.

»Was soll das? Ihr betet, um die Dämonen zu vertreiben? Ich werde euch zeigen, was die Hölle ist.«

Sein Gebrüll hallt im Raum wider, er beugt sich über mich, als wollte er meine Übersetzung kontrollieren.

»Sargento«, sage ich schüchtern, »wir haben in unserer Sprache kein Wort für Hölle.«

Araújo hört mir nicht zu. Er ist entschlossen, seiner Wut Ausdruck zu verleihen, seine großen Schritte hallen durch den Raum. Schließlich bleibt er vor Roberto Machava stehen und befiehlt ihm: »Such einen aus, der sterben soll.«

Der Pastor rührt sich nicht. Er tut, was wir in unserem Dorf machten, wenn wir von Weißen oder den VaNguni heimgesucht wurden – er verzieht keine Miene. Sein Gesicht ist nur noch eine Maske, wie dunkler Stein.

»Wenn du keinen aussuchst, bringen wir drei um«, droht Araújo.

Kein Muskel bewegt sich in Machavas Körper. Auch dann nicht, als die Soldaten nach drei seiner Gefährten greifen.

»Ich nehme die hier mit, das sind wohl die Jüngsten«, erklärt Araújo. »Wenn wir euch töten müssen, fangen wir am besten mit denen an, die noch ein langes Leben vor sich haben.«

Der Missionar tritt mit ausgebreiteten Armen einen Schritt vor und verkündet: »Ich habe einen ausgesucht!«

»Und wen?«, fragt Araújo.

»Mich«, erklärt Machava. »Mich selbst.«

»Also gut«, sagt Araújo zu seinen Soldaten, »tötet die drei.«

»Aber ich habe doch …«, stammelt der Missionar.

»Dich selbst hast du ausgesucht. Aber du bist niemand.«

Sie zerren die verängstigten jungen Männer in den Gang. Der Sargento und ich gehen als Letzte. Ein Soldat schließt hinter uns die Luke. Dann frage ich schüchtern: »Entschuldigen Sie, Sargento, sollen die richtig getötet werden?«

»Kann man falsch töten?«

»Man hat uns aber gesagt, wir sollen auf die Gefangenen aufpassen …«

»Das hier sind die anderen«, erwidert Araújo gereizt. »Die aus dem Laderaum, von denen weiß niemand. Je weniger am Ziel ankommen, umso besser. Geht mit ihnen runter in den Maschinenraum, da hört niemand die Schüsse.«

Das Fest an Deck geht weiter. Ich kann die Schüsse nicht hören. Eine verstümmelte Erinnerung ist eine Wunde, die nicht verheilt. In den folgenden Nächten suchen mich die versteinerten Gesichter der Erschossenen heim. Und ich weine alle Tränen, die ich nicht um meine Toten geweint habe. Dann schlafe ich ein. Die gewichtslosen Tränen bleiben an meinen Augen haften.

»Warum haben Sie die erschossen, Sargento?«, fragt Sousa.

Araújo steht stramm vor der Tür zu António de Sousas Kabine. Sein Blick ist angespannt, doch in seinen Worten klingt ruhige Zuversicht. »Soll ich in dieser Situation antworten, Kapitän?«, fragt er.

Mit »dieser Situation« meint er mich. Ich habe die Nachricht von der Erschießung überbracht. António de Sousas Schweigen ist eine Anklage und zwingt den Untergebenen, sich zu verteidigen.

»Sie haben mir den Befehl erteilt, ein Problem zu lösen, Kapitän«, erklärt Araújo. »Ich habe zwei gelöst: das eine, mit dem wir es hier zu tun hatten, und das andere, das in Kap Verde auftreten würde, wenn wir aufsässige Schwarze in eine Region bringen, die uns zwar gehört, die wir aber kaum kontrollieren.«

»Was haben sie verbrochen, um sie standrechtlich zu erschießen?«, fragt António de Sousa.

»Was sie verbrochen haben? Um Gottes willen, Kapitän, die Halunken wollten Gungunhana umbringen, einen Portugiesen, einen Sargento unserer Armee.«

»Und was ist mit den Leichen?«, fragt der Kapitän. Es ist keine Frage. Es ist das Eingeständnis seiner Resignation. Die Erschossenen wurden ins Meer geworfen, informiert der Sargento.

Im Grunde vergeht kein Tag, an dem nicht ein Toter über Bord geworfen wird. Viele der portugiesischen Soldaten sind sterbenskrank an Bord gekommen, von Wunden und Sumpffieber geschwächt. Die meisten wissen, dass dies eventuell ihr Schicksal sein wird: dass sie ohne Grab sterben, den Meeresströmungen und Seeungeheuern ausgeliefert verwesen werden. Aber das ist ihnen lieber, als auf afrikanischem Boden begraben zu werden.

António de Sousa richtet den Blick fest auf den Horizont, was eine Möglichkeit ist, nichts mehr zu sehen. Der Sargento versteht, dass dieses Schweigen für ihn der Befehl ist zu gehen.

Kurz vor dem Festland

Wer Angst vor Wasser hat, ertrinkt am Ende an Land.
Sprichwort aus Nkokolani

Frühmorgens klopft ein bleicher Matrose an meine Tür. Er kommt von António Sérgio de Sousa und überbringt zwei Briefe. Der Kapitän möchte, dass ich sie beide lese und sie dann dem Boten zurückgebe. »Du sollst mit dem hier anfangen«, sagt der Matrose und wedelt mit einem Umschlag in der rechten Hand. Er streckt den Arm aus und zögert, als wollte er das Gewicht der beiden Umschläge taxieren. »Ich habe mich vertan.« Er reicht mir den anderen Umschlag und zieht sich in den Gang zurück. Dort will er warten, bis ich den Brief gelesen habe.

Der erste Brief ist von Kapitän Sousa geschrieben und richtet sich an den Sargento Júlio Araújo. Dabondi bittet mich, ihn zu übersetzen, während ich lese. Sie schließt die Augen, als könnte sie dann besser hören.

Werter Sargento Araújo,

morgen erreichen wir Lissabon, und ich werde meine letzte Fahrt absolviert haben. Ich weiß, wie es meinen Kameraden ergangen ist, die pensioniert wurden. Binnen weniger Jahre werde ich dahinsiechen und mich nach all dem sehnen, worüber ich mich immer beklagt habe. Sie hingegen werden Ihre Laufbahn bei der Kriegsmarine fortsetzen. Höchstwahrscheinlich werden wir uns nie wieder begegnen. So viele Monate haben wir auf demselben engen Raum verbracht, und doch – oder gerade deshalb? – haben wir es nie geschafft, das zu führen, was man ein »Gespräch« nennt.

Ich weiß, was Sie von mir denken. Ich beabsichtige nicht, diese Wahrnehmung zu ändern. Sie halten mich für schwach, finden, dass ich den Afrikanern gegenüber zu nachsichtig bin. Gegen diesen Eindruck kann und will ich nichts vorbringen. Ihre Worte, die Sie wie eine Anklage vertreten, sind für mich das größte Lob. Vielen Dank für Ihre kleinen Hassbezeugungen.

Ich will jetzt über mich sprechen. Das Schreiben erlaubt uns, Dinge auszusprechen, die zu äußern wir unter anderen Umständen nicht den Mut hätten. Ich bin in Afrika geboren, wo die Bäume in den Himmel wachsen. Meine Mutter, Gott hab sie selig, hat mich gelehrt, diese Geschöpfe zu lieben, als ahnte sie, dass sie mir mehr fehlen werden als das Land. »Bäume sind wie Menschen«, sagte sie immer. Wir sind uns nicht dessen bewusst, dass das, was wir von ihnen sehen, nur ihre Oberfläche ist. Was wir nicht sehen, in Bäumen wie Menschen, ist die Zeit, die unendliche Weberin. Die Wurzeln, sagte sie, sind wie unsere Lebensgeschichten. Wer sieht sie? Wir, werter Sargento, gehen aneinander vorbei wie an einem Baum und sehen nichts als Schatten. Wir kennen uns nicht, werter Araújo. Und das ist vielleicht auch besser so. Wir müssen nicht so tun, als verabschiedeten wir uns.

Mein Vater ist auf indischem Boden gestorben. Damit hat er wahr gemacht, was er für sich selbst bestimmt hatte. Wie oft hat er zu uns gesagt: Niemand kann dort sterben, wo er geboren ist. Er hätte nicht in größerer Ferne sterben können. Nach der Beerdigung packte ich die Papiere zusammen, die sich im Laufe seiner Jahre in seinem Arbeitszimmer angesammelt hatten. Es waren keine Papiere, es war sein Leben, das ich da langsam durchblätterte.

In einer Mappe mit der Aufschrift »Dokumente aus dem Kongo« entdeckte ich eine Fotografie von drei Sklaven, eingerahmt von zwei Weißen. Das Foto war in Belgisch-Kongo aufgenommen worden. Die Schwarzen präsentierten die abgehackten Hände anderer Sklaven. Die Finger der Lebenden waren kaum von denen der Toten zu unterscheiden. Als klammerten sich die abgehackten Hände an einen lebenden Körper. Als könnten sie nicht sterben.

Es war nicht nur der makabre Anblick, der mir für immer den Schlaf geraubt hat. Es war auch der Blick der Sklaven, ihr gepeinigter Ausdruck. Diese Augen waren der Seele entrissen. Die Gesichter der Männer waren leere Masken, als müsse das Menschlichste an ihnen – was ich die »Stimme des Gesichts« nenne – vor der Indiskretion des Fotografen geschützt werden. So retteten sie den allerletzten Rest ihrer Würde.

Diese Barbarei haben nicht wir Portugiesen begangen. Das werden Sie sagen. Richtig, wir waren es nicht. Aber wir alle, wir Europäer, weben an einer Decke des Schweigens über das ungeheure Verbrechen Sklaverei. Die jungen Männer, die Sie – auf einem Schiff unter meinem Kommando – erschossen haben, werden Ihre Hölle sein. Bis an Ihr Lebensende, werter Sargento, wird diese Erinnerung Sie nicht loslassen.

Tausendmal schon habe ich gehört, dass der Weltuntergang stattgefunden hat. Keiner von uns – nicht einmal Gott – hat davon Notiz genommen. Die Wirklichkeit sieht anders aus, mein Guter. Wer allen Grund hat, an die Apokalypse zu glauben, sind nicht wir, verehrter Sargento. Es sind die Schwarzen, die erleben, dass ihr Land überfallen wird, dass ihnen die Hände abgehackt und ihre Träume zunichtegemacht werden. Während wir über die Apokalypse philosophieren, erleben diese Menschen ganz real den Weltuntergang. Und Ihre Theorie von einer Hekatombe ist sehr passend – wenn es keine Zukunft gibt, werden wir zu Tieren. Und für den Krieg gibt es nichts Besseres als ein Tier in der Uniform eines Soldaten.

Ich schicke Ihnen das Foto mit, das mir meine Seele geraubt hat. Begnügen Sie sich nicht mit einem Blick darauf. Lassen Sie sich selbst von dem Bild ansehen. Wenn die Blicke dieser Schwarzen Sie durchbohren, werden Sie vielleicht verstehen, dass die Schwäche, die Sie mir vorwerfen, weit weniger schlimm ist als der Mut, den Sie sich auf die Fahne geschrieben haben.

Ich hoffe, werter Sargento, dass wir uns nie wieder begegnen. Ich wünsche Ihnen nichts Böses. Ich will nur vergessen. Nur das, vergessen. Mich vergessen, Sie vergessen und auch alle anderen. Ich wünsche mir vielleicht noch etwas mehr: Ich bete dafür, dass es Sie niemals in meinem Leben gegeben hat. Und dass dieser Brief an niemanden geschrieben wurde.

12. März 1896
António Sérgio de Sousa

Vielleicht war meine Übersetzung nicht gut, denn Dabondi wirkt vollkommen gleichgültig. Kurz glaube ich, sie sei eingeschlafen. Doch dann schüttelt sie die Arme und klimpert mit den Reifen. Sie vertreibt die Geister, die aus den Briefen herausgekommen sind.

»Du hast zu dem Weißen gesagt, dass ich zu meinen Göttern bete. Das ist verkehrt. Es gibt keine Götter der anderen, meine Liebe. Es sind immer unser aller Götter.«

Der Soldat klopft an. Er fragt, ob er die Briefe mitnehmen kann. Ich bitte noch um etwas Zeit. Dabondi schließt wieder die Augen und wartet auf den zweiten Brief.

Sehr geehrter Herr Kapitän
António Sérgio de Sousa

wir verabschieden uns auf diese merkwürdige Art, schreiben einander, als hätten wir zu sprechen verlernt. Und es ist gut so. Dies ist Ihre letzte Fahrt, Herr Kapitän. Mein Weg aber endet nicht hier. Ich werde auf dem Meer sterben und in unbekannten Gewässern beigesetzt werden. Ohne Erde, sagen Ihre Afrikaner, findet der Tote nie den Tod. Ich rede wie ein Neger, möge Gott mir vergeben.

Zunächst einmal muss ich zugeben, dass Sie ein guter Mensch sind. Allerdings frage ich mich, welchen Wert Güte in dieser Welt hat. Eins steht für mich fest: Ich habe nicht den geringsten Wunsch, gut zu sein. Mein einziger Vorsatz ist, gerecht zu sein. Und wer Gerechtigkeit üben will, darf keine Angst davor haben, grausam zu sein.

Sie haben recht, verehrter Herr Kapitän. Ich bin besessen von der Idee des Weltuntergangs. Es ist nicht nur das neunzehnte Jahrhundert, das zu Ende geht, nicht nur die Monarchie, die in ihren letzten Zuckungen liegt. Es ist das ganze Universum, das wie Sand zwischen den Fingern zerrinnt. So steht es in den Büchern, Herr Kapitän. Oft genug habe ich die Schwarzen gefragt, welche Vorstellung sie von der Entstehung der Welt haben. Alle fanden meine Frage sinnlos und haben mir dasselbe geantwortet: »Die Welt hat keinen Anfang und kein Ende.« Geschaffen ist die Welt aus Zeit, es gibt keine Worte, um das eine vom anderen zu unterscheiden. Das haben mir die Neger in ihren schlichten Worten geantwortet. Sie mit Ihrem unverbesserlichen Paternalismus werden sagen, dass in dieser Antwort eine tiefe Weisheit liegt. Ich sage, es ist ein vollkommener Mangel an Logik.

Warum schreibe ich jetzt darüber? Im Grunde geht es darum: Gerechtigkeit kann es nicht ohne die Vorstellung vom Jüngsten Gericht geben. Da die Afrikaner den Begriff eines göttlichen Urteils nicht kennen, scheren sie sich nicht um ihre Mitmenschen. Ein Volk ohne jeden Gemeinsinn muss von zivilisierten Menschen geführt werden. Wenn wir diese Aufgabe nicht auf uns nehmen, mangelt es uns an Mut und Güte.

Wenn die Welt sich mitten im Untergang befindet, ist es mir lieber, auf dem Rücken der Dämonen unterzugehen. Das ist der einzige Vorteil, die Meere des Südens zu befahren – sie sind von Dämonen bevölkert. Diese bösen Geschöpfe sind heute meine einzigen Ratgeber und beschützen mich besser als alle Engel. Man sagt, unsere Schiffe brächten lauter »Zinkmäntel«, wie unsere höfliche Bezeichnung für Särge lautet. Bei mir ist es umgekehrt: Ein Teil von mir kehrt nicht mehr nach Portugal zurück. Ein Teil bleibt bei den Negern und vor allem bei den Negerinnen.

Unser Herrgott war umsichtig: Europäer und Afrikaner sind nicht nach demselben Muster geschaffen. Und das ist gut so. Denn ich habe weder die Zeit noch die Geduld, sie nach Gut und Böse zu sortieren. Hätte ich die Gefangenen wie Menschen behandeln sollen? Wenn es umgekehrt wäre, wenn wir die Gefangenen wären, glauben Sie, die Schwarzen würden uns so behandeln? Kennen Sie einen Weißen, der im afrikanischen Urwald gefangen wurde? Und wissen Sie, warum Sie keinen kennen? Weil sie alle umgebracht wurden.

Mitten im Kampf habe ich einmal Ihre Stimme rufen hören: »Keine Frauen und keine Kinder töten!« Ich habe bei mir gedacht, dieser Typ ist ein naiver Anfänger. Auf afrikanischem Boden gibt es weder Frauen noch Kinder. Hier sind alle Feinde, alle wollen uns töten. Und deshalb sage ich: Je zufriedener sie sich geben, umso mehr hasse ich sie. Ich kann es nicht ertragen, wenn sie lachen, wenn sie laut reden, wenn sie singen oder tanzen. Sagen Sie mir ehrlich, Herr Kapitän: Was ist an diesem Leben so bedeutend, dass man es so feiern muss?

Es hat keinen Sinn, noch mehr Zeit zu vergeuden. Ich bin ein Mann der Tat, und für mich ist die Sache ganz einfach: Sie sind von dieser Imani vergiftet worden. Sie gehen so vor: Sie impfen uns ein süßes Gift, und wir merken es erst, wenn wir schon tot sind. Ich kann mir vorstellen, was das Mädchen alles an Lügen über mich erzählt hat. Ich habe sie nie angefasst. Lust hätte ich schon gehabt. Diese Ziege – entschuldigen Sie, aber das ist der richtige Ausdruck – ist ein hinterhältiges Ding. Und lassen Sie mich Folgendes sagen: Es gibt Gerüchte unter der Besatzung. Das ist dummes Gerede, werden Sie sagen. Und zu Ihrer Verteidigung werden Sie anführen, dass es in diesem Fall weder Rauch noch Feuer gibt. Dennoch wurde mehrmals beobachtet, dass Imani Ihre Kabine betreten hat. Hoffentlich hat es sich für

Sie gelohnt. Denn ehrlich gesagt ist das Mädchen nicht mein Geschmack. Ich will keine Schwarze, die so gut Portugiesisch spricht wie ich und mir arrogant in die Augen sieht. Mich interessieren die anderen, die richtigen Negerinnen, die echter sind und wilder. Die, ja. Ich habe gerade beobachtet, wie sie sich waschen. Und ob sie das tun – zweimal am Tag! Aber bei Schamlosigkeiten mit ihren Männern habe ich sie nie gesehen. Der Koch hat mir erklärt, wenn sie auf Reisen sind oder im Krieg, ist ihnen Sex verboten. Wer sich nicht daran gehalten hat, sind Dabondi und Godido. Ich habe sie erwischt, im Kohlenraum. Da haben sie sich hingelegt und es in der Asche getrieben.

Ich komme zurück auf das Foto, das Sie mir geschickt haben, und kann dazu sagen: Dieses Bild beweist gar nichts. Fotos sind wie wir Sargentos: Sie sagen, was man ihnen zu sagen befiehlt. Was daruntersteht, ergibt eine Aussage. Aber ich sehe keinen Text. Ich leugne es nicht. Da ist fraglos eine barbarische Tat verübt worden. Aber die Täter waren Belgier, die noch fremder sind als alle anderen Europäer. Oder es sind womöglich die Neger selbst gewesen? Haben Sie noch nie von Kannibalismus gehört, von Kultpraktiken oder Stammesrache?

Jedenfalls sind wir Portugiesen nicht zu solch sinnloser Grausamkeit fähig. Wir sind nicht wie die Nordeuropäer, die morgens Schmetterlinge jagen und abends Neger töten. Wir Lusitaner sind anders. Selbst wenn wir strafen – und die Strafe kann noch so streng sein –, bleiben sie doch immer unsere Söhne. Wir hassen mit Liebe, und das wissen Sie genau. Niemand hat sich mehr vermischt und mehr Mulattenkinder gezeugt als wir. Sehen Sie sich den Fall Imani an. Ist das Kind, das sie im Bauch hat, nicht von einem von uns? Das wird bestimmt ein prächtiger Bengel. Sie können sicher sein, die anderen Europäer machen selten Mischlingskinder, und wenn doch, dann nicht so schneidige.

Bei allem Respekt, Herr Kapitän, seien Sie vorsichtig mit diesem Foto, es ist ein zweischneidiges Schwert. Denn ich habe mit meinen eigenen Augen gesehen, wie Weiße von rasenden Schwarzen niedergemetzelt wurden. Es war kein Fotograf da, um das Grauen im Bild festzuhalten. Ich kann dazu sagen, dass die Wahrheit sich nicht fotografieren lässt. Die Wahrheit liegt im Auge des Betrachters. Deshalb bitte ich Sie: Werfen Sie dieses Foto weg. Denn so ein Bild, Gott möge mir vergeben, schürt nur Rachegelüste gegen die Weißen.

Es ist einfach, gut zu sein, wenn man einmal glücklich war. Das Leben war für mich eine betrügerische Gemahlin. Besser wäre es, Witwer zu sein, mein verehrter Herr Kapitän. Ein Witwer schließt die Augen und träumt. Ein Mann, der vom Leben betrogen wurde, verliert für immer die Fähigkeit zu träumen.

Ich gebe Ihnen Ihren Brief und das verfluchte Foto zurück. Ich spare mir die Mühe, beides zu zerreißen. Vielleicht möchten Sie sie aufbewahren. Sie werden gute Nahrung für Ihr schlechtes Gewissen sein.

Sargento
Júlio Araújo

Das Licht von Lissabon

Ich fuhr zur See
in nie endendem Traum von Schiffen
und hatte von den Inseln
die runde Illusion von Unendlichem.

Und ich traf auf keinen Strand,
an dem ich nicht die Stimme der Mutter hörte:
Wo Meer ist, sagte sie,
wirst du einen Hafen finden, wirst Sehnsucht, Ferne
und Warten sein.

Dann
brachen die Riemen
und der Rumpf aller Schiffe riss auf.

Man sagt, es war das Werk des Teufels.
Aber es war die Zeit.
Sie ließ die Riemen brechen
und löschte das Verlangen nach Reise.

Mein Schiffbruch
geschah ohne jede Größe.
Es war ein simples Ebben.
Und im Sand auf dem Strand
verlöschte für immer die Erinnerung,
dass es jemals ein Meer gegeben hat.
Verse aus dem Bordtagebuch des António Sérgio de Sousa

Da ist Lissabon, der letzte Hafen, das Ende der Reise. Die Soldaten an Bord winken unter Tränen mit ihren Mützen denen, die sie am Kai erwarten. Im Krieg haben wir Afrikaner und Europäer überraschend etwas gemeinsam: Auf der anderen Seite des Meeres, in dem fernen Land, in dem wir geboren sind, glauben alle, wir seien tot.

Mit kräftigen Schritten und angespannter Miene bahnt sich Dabondi auf dem Deck den Weg zwischen den Matrosen. Aus dem Maschinenhaus hat sie eine Schaufel mitgebracht und schleift sie scheppernd hinter sich her. Sie spürt den Sand, der sich in ihrem Mund sammelt, und spuckt aus, damit sie atmen kann. Sie sucht nach dem Kapitän, sie will wissen, wo ihr Sohn João Mangueze begraben ist. Sobald sie von Bord gegangen ist, will sie als Erstes das Grab besuchen. Wenn sie das nicht tut, wird sich die Erde, die vom Grab übrig geblieben ist, weiter in ihr ansammeln. Alle Mütter, die Kinder verloren haben, sind innerlich begraben, sagt Dabondi. Und spuckt wieder Sand aus.

Der Kapitän erklärt, dass wohl kaum jemand sagen könne, wo sich das Grab befindet. Die Stadt sei sehr groß. Dabondi wundert sich. Wie groß ist ein Ort, der nicht weiß, wo seine Toten bestattet sind?

»Schlimmer noch, als einen Sohn sterben zu sehen«, sagt sie, »ist, ihn noch zu Lebzeiten zu vergessen lernen.«

Kapitän Sousa schüttelt verwirrt den Kopf. Leise fragt er mich: »Ist ihr Sohn denn nicht tot?« Und ich antworte: »Nach ihrem Tod werden die Kinder noch lebendiger.« Dabondi hustet, und der Boden ist mit Sand bedeckt. Der Kapitän weicht erschrocken einen Schritt zurück. Als Dabondi wieder atmen kann, sagt sie: »Die Frau und die Erde haben denselben Mund.« Und sie reicht dem Kapitän die Schaufel. »Graben Sie mich aus, Kapitän«, bittet sie. »Graben Sie mich aus, bevor ich ersticke.«

Ein Soldat flüstert António de Sousa zu: »Fesseln Sie ihre Hände, in Afrika gibt es Frauen, die bringen sich um, indem sie Erde essen.« Der Kapitän sitzt da, die Schaufel auf den Füßen. Er weiß nicht, was er tun soll. Er hört nur das Klagen einer Mutter.

»Wir bringen jeden Tag denselben Sohn zur Welt«, sagt Dabondi. Jeden Tag wächst die Nabelschnur nach, um erneut durchtrennt zu werden. Ihr Leben lang beginnt für die Mutter erneut die Geburt, hört sie den ersten Schrei, das erste Lachen. Jede Geburt beginnt immer wieder aufs Neue.

Dabondi tut, was seit Anbeginn der Zeit alle Mütter getan haben – sie sammeln die Fußspuren der von ihnen gegangenen Kinder. So wird der Erdboden lebendiger. Und die Erde wölbt sich wie ein Leib.

Ein Soldat überbringt Ngungunyanes Bitte um eine Audienz. Er wünscht sich ein wenig Aufmerksamkeit, so kurz vor der Ankunft. »Gut, ich gewähre ihm ein paar Minuten«, sagt António de Sousa. Also gehe ich als ewige Dolmetscherin mit hinunter zu dem Raum der gefangenen VaNguni. »Ich habe bis ans Ende der Reise darauf gewartet, dass Sie mich besuchen kommen«, erklärt Ngungunyane. Stockend fährt er fort: »Ich bin zwar ein Gefangener, aber ich bin immer noch ein König.« Mehr als zehn Jahre lang habe er alle portugiesischen Botschafter mit Respekt behandelt. Er habe noch immer die Hoffnung, dass man ihn endlich zu seinem Amtskollegen bringe, dem König von Portugal.

António de Sousa hört sich das alles schweigend an. Schließlich erklärt er: »Heute ist Freitag, der Dreizehnte. Hast du keine Angst?«

Ngungunyane wundert sich. »Fürchtet sich dieser Weiße vor einem Aberglauben?« Denn für ihn, den König von Gaza, bedeute dieser Tag sogar eine gewisse Erleichterung. Ein heftiger Hustenanfall unterbricht ihn. Sein Atem riecht nach Rost. Der König zittert. Nicht vor Kälte. Er hat Fieber. »Doktor Liengme fehlt mir«, beklagt er sich fast tonlos.

»Wir haben hier bessere Ärzte«, beruhigt ihn Sousa. »Du wirst nicht jetzt sterben, Gungunhana!«

Beide lachen. Ein neuer Hustenanfall, und der Kapitän verabschiedet sich rasch aus Sorge vor einer Ansteckung. Ngungunyane streckt ihm eine Hand entgegen. Zum ersten Mal in seinem Leben gibt Sousa einem Schwarzen die Hand. Der Händedruck währt länger als erwartet. Behutsam zieht der Kapitän seine Hand zurück. Ngungunyane hält ihn am Arm fest und murmelt: »Ich habe große Angst, mein Freund.« Der Kapitän setzt sich wieder zu dem Gefangenen und sucht nach den richtigen Worten. Schließlich zieht er aus seiner Jackentasche eine Flasche. »Trink den Wein. Es ist besser, wenn du nicht nüchtern bist an diesem Tag.«

Nach einer Weile geht er auf die Kommandobrücke zurück. Ngungunyane streckt mir die Flasche entgegen. Ich schüttele dankend den Kopf. Er führt die Flasche an den Mund, ich höre es leise gluckern. Das Tuten des Dampfers klingt wie das Brüllen eines mächtigen Rinds. Ngungunyane hebt den Kopf und blickt wie mit Kinderaugen zum Himmel.

»Das ist genau das, was Sie denken, mein König«, sage ich. »Man opfert ein Stück Vieh zur Feier Ihrer Ankunft.«

Das Lächeln des Königs ist schwachsinnig. Aber es erhellt seine Seele. Für einen Augenblick kehren die Götter zurück, und Ngungunyane lässt keine Angst mehr erkennen. »Dieses Rind, das wir jetzt hören, ist dasselbe, das bei der Beerdigung meines Vaters gebrüllt hat.«

Seine Frau Muzamussi rät ihm, nicht an traurige Dinge zu denken. Doch er müsse jetzt sprechen, sagt Ngungunyane. Er denkt zurück an die Beerdigung seines Vaters König Muzila. Der Leichnam wurde in eine Kuhhaut gewickelt und an der Decke des Herrenhauses aufgehängt. Dort blieb er, um die Ehrungen entgegenzunehmen. Das Defilee der Gäste wurde nicht von den königlichen Ratgebern eröffnet. Auch nicht von den militärischen Anführern. Allen voran ging der Inkomo ya Mdlozi, der Stier der großen Geister. Und er ist es, den man jetzt unter dem Lissabonner Himmel hört.

In diesem Fluss muss es eine Sonne geben. Anders lässt sich das Licht von Lissabon nicht erklären. Das sage ich zum Kapitän, während wir auf die Hügel der Stadt blicken.

Es ist der Morgen des dreizehnten März 1896. Das Schiff läuft langsam in das Mündungsmeer des Tejo ein. Rings um uns sind mehr Boote als Möwen. Boote aller Größen und Arten: Barkassen, Kanus, Fregatten, Motor-, Segel- und Ruderboote, alle voller Menschen, die pausenlos aufgeregt winken. Für die Portugiesen ist es ein Fest. Für die Gefangenen die Ankündigung des Weltuntergangs.

Als wir näher am Kai sind, sehen wir, dass die Menge sich wie ein zweites Meer erstreckt und wogt. Rufe sind zu hören: »Er ist da! Gungunhana ist da!«

Die Motoren werden abgestellt, in der Ferne schaukelt das Festland konturenlos und trunken. Ich gehe in die Kabine hinunter, um die Übelkeit zu lindern. Ich blicke über meinen Bauch hinweg auf die Stufen. Ich bin im sechsten Monat schwanger.

Wir haben noch nicht festgemacht, doch schon beginnt die Invasion der Journalisten, die in Barkassen ankommen. Sie klettern so begeistert an Bord, dass niemand sie daran hindert, zu der Kammer vorzustoßen, die zwei Monate lang als Gefängnis für meine Landsleute diente. Der Sargento drängt mich, den Journalisten zu folgen. Und es wäre gut, wenn ich als eine der Ehefrauen aufträte. Beim Übersetzen solle ich einen stärkeren afrikanischen Akzent vortäuschen. Die Leute von der Presse, sagt er, seien Spezialisten im Erfinden von Geschichten und Skandalen. Dann wendet er sich, von seiner Eitelkeit übermannt, den Besuchern zu und weist mit theatralischer Gestik auf die Tür: »Dort, meine Herrschaften, befinden sich die Neger!«

Mit Tüchern vor dem Gesicht spähen die Journalisten in den engen Raum. Zixaxas Stimme ist zu hören, er bemerkt in seiner Sprache: »Wie gut, dass wir stinken. So kommen sie uns nicht zu nah.«

»Ist der da Gungunhana?«, fragen die Journalisten und

weisen auf Zixaxa. Sie haben kein einziges Wort verstanden, aber allein die Tatsache, dass der Mann gewagt hat, etwas zu sagen, legt für sie nahe, dass er etwas Besonderes ist.

Der Sargento Araújo hebt das Tuch an, mit dem Ngungunyane sich bedeckt hat. Der Herrscher braucht sich nicht zu verstecken. Er hat kein Gesicht mehr. Übrig geblieben sind runde Augen wie die eines Neugeborenen. Er versteht nicht, wonach die Reporter gieren. Sie können nur seine Seele wollen. Aber die Seele des Königs ist auf der anderen Seite des Ozeans geblieben.

Ngungunyane weint, und die Reporter wundern sich. Sie hatten eine würdevollere Haltung erwartet. Die Fotografen verschieben das ersehnte Foto auf später. Der Raum wird eng, da ist eine Schwarze, die Staubwolken hustet, und ein in Tränen aufgelöster König. Schnellstens hinaus. Euphorisch führt Araújo das Regiment der Schreiberlinge an: »Kommen Sie mit, wir gehen mit der ganzen Horde aufs Oberdeck.« Ngungunyane schwankt an der Spitze der Gefangenen. Er hat den Rat des Kapitäns befolgt und so schnell getrunken, dass der Alkohol aus seinem Hirn eine flockige Wolke gemacht hat. Betrunkene begnügen sich nicht mit Traurigkeiten. Sie wollen Tragödien. Und er ist überzeugt von seinem Ende: Man wird ihn erschießen, wie man seine Ratgeber in Txaimiti erschossen hat. Er weint, er fleht, er birgt das Gesicht in den Händen, er verspricht alles, was er ja gar nicht mehr hat, um sich freizukaufen: Geld, Vieh, Gold, Elfenbein, Sklaven, Ländereien. Und er bettelt darum, von D. Carlos empfangen zu werden. Er will ihm beweisen, dass man ihn belügt, will seinem lusitanischen Amtskollegen Loyalität schwören.

Ich soll sein Betteln und Flehen übersetzen. Ich bitte Godido, das für mich zu übernehmen. Der Sohn des Herrschers beginnt sofort. Seine hochmütige Haltung und das Beherrschen der portugiesischen Sprache machen ihn zum Mittelpunkt der Aufmerksamkeit. Söhne der Chefs sind fast immer unerträglich, was ihnen an Reife fehlt, haben sie im Übermaß an Arroganz. Später, als bekannt wird, dass dieser

Godido seinen Namen schreiben kann, werden ihn feine Damen belagern, um ein Autogramm zu ergattern.

Rot und weiß gestreifte Schultertücher werden an die Königinnen verteilt. Das sind die Farben, mit denen sie den Regen rufen. Ich war nicht vorgesehen, ich bekomme nichts zum Überziehen. Bis zu diesem Tag war Winter für mich ein Wort aus den Büchern. Jetzt ist es ein weißer Pfeil, der meinen Körper durchbohrt. Ich habe Angst, dass er mein Kind durchdringt. Kapitän Sousa legt mir einen schwarzen Umhang über die Schultern und sagt: »Der steht dir gut, du kannst ihn behalten.«

Überraschend gesellt sich eine vornehme Person zu den Journalisten: António Enes, der Königliche Kommissar. Er ist in einer besonderen Barkasse gekommen, und an Deck stehen alle Spalier und verneigen sich vor ihm. Er will die Gefangenen sehen. Beim Anblick des weinerlichen Herrschers schüttelt er den Kopf.

»Es ist keine gute Idee, ihn öffentlich zu zeigen«, sagt er. »Er wird Sympathie und Mitgefühl wecken. Eine gewisse Presse wird sich mit Vergnügen zum Beschützer eines armen Schwarzen aufwerfen.«

»Können wir nicht statt seiner Zixaxa präsentieren?«, fragt António Sérgio de Sousa.

Ein trauriges Lächeln ist die resignierte Reaktion. Eine verlockende Idee, räumt Enes ein, aber das Risiko dürfen wir nicht eingehen. Das Schlimmste, was Portugal passieren könnte, wäre, dass diese Propagandaaktion scheitert.

»Gungunhana ist trübselig«, sagt der Königliche Kommissar. »Man muss ihn aufmuntern. Sagen Sie ihm, dass er vom König von Portugal empfangen wird.«

»Und das stimmt, Kommissar?«, fragt der Sargento Araújo.

»Wir lassen ihn in dem Glauben. Wir belügen ihn. Das hat er ja jahrelang mit uns gemacht.«

Der Sargento Araújo dreht eine Runde um den Stuhl des Kommissars. Er ist angespannt, seine Füße malträtieren den Boden. Schließlich nimmt er allen Mut zusammen und stößt hervor: »Mit Verlaub, Exzellenz, aber fehlt hier nicht einer?«

»Ich verstehe nicht.«

»Fehlt hier nicht unser Capitão Mouzinho de Albuquerque?«

António Enes rückt seine Brille zurecht. Er hat nicht zugehört. Es ist Freitag, der Dreizehnte. An solchen Tagen gibt es Dinge, die man nicht hören darf. Er verabschiedet sich mit den Worten, in Lissabon warteten dringende Angelegenheiten auf ihn.

An Deck herrscht betretenes Schweigen. Der Sargento Araújo wendet sich an António de Sousa: »Sagen Sie, Herr Kapitän, müsste nicht Mouzinho hier sein?«

Sousa blickt weiter auf das Meer, während er antwortet. Der Sargento sollte doch inzwischen den Unterschied zwischen einem Politiker und einem Militär kennen. Der Politiker weiß – oder glaubt zu wissen –, wann er sprechen muss. Der Militär hat gelernt zu schweigen. Und so, schweigend, hat er immer recht.

Endlich werden wir an Land gebracht. Als Erste gehen die Frauen von Bord, sie tragen ihre Bündel auf dem Kopf. Dann die Männer, von einem Soldatenkordon geleitet, der die Menge auf Abstand hält. Zunächst bringen sie uns in einem riesigen Lagerhaus unter, das sie Arsenal nennen. Dort erwarten uns Regierungsvertreter, Journalisten, Herren und Damen. Der Lärm draußen ist ohrenbetäubend. »Wo sind wir, Herr Kapitän?«, frage ich António de Sousa. »Wir befinden uns in einer Fabrik für Kriegsmaterial«, antwortet er. »Eine gute Art, dieses Land zu betreten. Unsere Fabriken sind weder Fabriken, noch gehören sie uns. Was sie machen, kommt schon fertig aus dem Ausland.«

Ngungunyane setzt sich auf eine Holzbank. Der Sitz ist hoch, seine Beine baumeln in der Luft. Er ruft nach mir, bittet mich, in der Nähe zu bleiben. Er will wissen, was die Weißen sagen. Dabondi setzt sich daneben. Die Bretter knarren. Die schlanke Hand der Königin streicht über das Holz.

»Jetzt sind wir in Portugal, Nkossi«, sage ich.

»Ich bin in keinem Land«, erklärt Ngungunyane. »Ich leiste meinem Sohn João Gesellschaft, ich bin unter der Erde.«

»Seht euch die Bäume an«, sagt Dabondi. »Die sind tot, so tot, dass die Raben sich nicht trauen, sich auf sie zu setzen.« Die Bäume wurden von einem Tier ausgesaugt, das einen Herrn hat. Auf den Straßen und Fußwegen kauern die trockenen Blätter wie frierende Witwen. Das sagt die zauberkundige Königin. Und fragt: »Antwortet mir ganz ehrlich: Habt ihr jemals etwas so Trostloses gesehen?« »Ja, ich«, antwortet Ngungunyane. Als sein Vater, König Muzila, spürte, dass sein Ende nahte, schoss er einen Pfeil in den Himmel. Im Nu warfen die Wolken ihr Gefieder ab und fielen in Trümmern zu Boden.

Fünf von Pferden gezogene Wagen halten vor uns. Die Soldaten schieben uns zu den Wagen. »Seht ihr?«, sagt Ngungunyane, »ich bin kein Gefangener, sondern ein Besucher. Sie setzen mich in eine Kutsche, wie einen König, hat man mir erzählt.«

Dabondi sondert sich von den anderen Gefangenen ab. Es ist so kalt, dass die Schatten sich nicht von den Körpern lösen. Sie kniet sich vor die Pferde und gräbt mit den Fingern zwischen den Pflastersteinen. »Was macht die Frau da?«, fragt Araújo. »Wir treten auf einen Friedhof«, erklärt Dabondi. »Die Weißen legen Steine auf die Toten, damit sie nicht zurückkommen.« Was als Straße bezeichnet wurde, war für sie ein Friedhof.

Die Pferde schlagen auf die Pflastersteine wie die Tingoma, die Trommler in meiner Heimat. Die Pferde, sagt Dabondi, haben Angst vor ihrem eigenen Schatten. Deshalb halten sie die Hufe nicht still. Eine Militärkapelle nimmt Aufstellung. Die Trommeln schlagen jetzt im Rhythmus der

Pferde. Die Pferde schütteln die Hufe wie die Ikanyamba, jene Geschöpfe, die das Wasser und die Träume der VaNguni bevölkern. Ihren Nüstern entspringt ein Feuer. Ihre Augen sind voller Flüsse und dunkler Ebenen. »Die Augen der Pferde eignen sich gut zum Weinen«, sagt Dabondi. Die toten Blätter fliegen auf, und der Herrscher blickt ihnen hinterher, weil er sie für Schwalben hält. Er hat sie doch vernichten lassen. Aber sie sind wiederauferstanden aus dem Boden, in dem sein Sohn beerdigt wurde. Der portugiesische Erdboden ist auch seiner, er gehört ihm, seit er sein Blut aufgenommen hat.

Die Gefangenen werden auf die Wagen verteilt. In die ersten drei setzen sie die zehn Ehefrauen. In dem vierten Wagen nimmt der Koch Ngó Platz, er sitzt auf den Bündeln und Schlafmatten, unserem einzigen Gepäck. Im letzten Wagen sitzen Ngungunyane, Godido, Zixaxa und Mulungo.

Einen kurzen Moment lang ist unklar, wo ich sitzen soll. Die Presse hatte schon bekannt gegeben, dass es zehn Frauen seien. Man würde über mich diskutieren. Schließlich wird entschieden, dass ich mich im Wagen des Kochs Ngó verstecken soll.

Dann beginnt das Defilee. Von dreißig Soldaten eskortiert, bahnen sich die Wagen den Weg durch die Menschenmenge. Zu Tausenden drängen sich die Menschen in den Straßen, sind in Bäume und auf Laternenpfähle geklettert, beugen sich aus Fenstern und von Balkonen. Sie alle sind ein einziges Geschöpf, das wogt wie ein tosendes Meer. Es regnet Beschimpfungen und Drohungen. Die Menschen spucken aus, werfen Gegenstände, verlangen, denen die Kehle durchzuschneiden, die es gewagt haben zu rebellieren.

Hin und her geschüttelt, äuge ich zwischen den Bündeln hinaus. Mit Ausnahme von Dabondi wirken alle Königinnen neugierig und unbesorgt. Sie glauben an Ngungunyanes Version, all der Lärm sei eine Begrüßung. Und das Geschrei der Frauen sei als Mukulungana zu verstehen, das Heulen, mit dem sie selbst zu Hause Besucher begrüßen. Hin und wieder sehen sie Schwarze in der Menge. Und winken, als wäre es ein Wiedersehen. Allmählich jedoch setzt die Wirklichkeit sich durch, und die Frauen machen es wie der Pangolin, sie rücken eng zusammen, als wären sie ein einziger runder, gepanzerter Körper.

Die Männer sind von Anfang an bedrückt, starr vor Kälte und Angst. Nach und nach jedoch nimmt Ngungunyane eine ruhige, zuversichtliche Haltung ein. Aber es ist nicht Würde, was er verströmt. Es ist Gleichgültigkeit. Wenn er beabsichtigt hatte, sich der Demütigung zu entziehen, hat er es mit dem Trinken übertrieben. Vom Schaukeln des Wagens schläft er ein. Das wird von den Portugiesen nicht gern gesehen, sie hatten erwartet, in Ngungunyanes Miene den Ausdruck der Unterwerfung einer ganzen Rasse zu sehen. Der Afrikaner ist geistesabwesend, in sich versunken, wie es sich für einen Herrscher geziemt. Sie beleidigen ihn, aber er reagiert nicht. Sie werfen mit Gegenständen nach ihm, und er weicht nicht aus. Dabondi lächelt, sie hebt die rechte Hand und lässt ihre Armreifen klimpern. Die trockenen Blätter fliegen vom Boden auf und wirbeln zurück zu den Bäumen.

Ein Zimmer unter der Erde

So machen sie es: Mit dem Schwert töten sie die gottlosen Lebenden; mit dem Kreuz töten sie die Götter der Überlebenden.
Nwamatibjana Zixaxa

Im Forte de Monsanto führt man uns eine Kellertreppe hinunter, als wollten wir unsere letzte Ruhestatt besichtigen. Selbst Tote wohnen nicht in so einer Tiefe, stöhnt Ngungunyane. Der Kerker ist dunkel, feucht und kalt. Wasser läuft an den Wänden herunter, es riecht nach alten Sachen. »Sie wollen uns lebendig begraben«, jammert Godido.

Der König sitzt auf dem Steinboden und bittet um Hilfe, ihm die Stiefel auszuziehen. »Die brauche ich nicht. Ich habe keine Füße mehr. Die Kälte hat sie aufgefressen, die Kälte hat großen Hunger.« Der König deliriert: Wenn der Winter länger währt, gewöhnt er sich vielleicht daran, ohne Füße zu gehen. Und wenn man ihn nicht umbringt, vielleicht wachsen sie ihm wieder nach?

Meine Augen gewöhnen sich an das Halbdunkel, und ich sehe, dass der Raum größer ist als die Zellen, in denen wir vorher gelebt haben. Doch tief in der Erde wirkt alles eng. Wir schlafen dicht aneinander, Dabondi rollt sich um mich zusammen. Sie ist meine Decke, mein Kopfkissen, mein Glutbecken.

Wir wissen nicht, wie lange wir geschlafen haben. Es gibt nur ein kleines Fenster hoch oben in der Wand. Durch diese Öffnung können wir einen Streifen des Himmels über Lissabon sehen. Godido reckt sich hoch, um einen Blick auf die Menge zu werfen, die sich auf dem freien Gelände ringsum sammelt. Hunderte Neugierige finden sich ein. Während der nächsten Tage entsteht auf dem Brachland vor dem Fort ein Markt. Imbissbuden werden aufgebaut, Ansichtskarten mit Gungunhana verkauft, Faltblätter mit epischen Berichten über die Gefangennahme des afrikanischen Königs. Die Stände bieten »Gungunhanas« an, Kekse mit der Abbildung eines vierschrötigen Mannes mit dickem Schädel. Bald schwärmt der König für die Kekse. Nicht ein Tag vergeht, ohne dass er sich selbst verzehrt.

Die Portugiesen feiern so wie alle Unglücklichen, murmelt Dabondi. Ihnen ist nicht bewusst, dass die Stadt verflucht ist. Sie spuckt aus. In denselben Straßen, durch die wir heute ziehen, wird das Blut des Königs vergossen werden. Und der Körper von Mouzinho de Albuquerque wird fallen. Wie ein totes Blatt wird er auf die Steine der Stadt fallen.

Wir leben wie Maulwürfe in einem in fremder Leute Erde gegrabenen Loch. Die Königin Dabondi gibt zu, dass es traurige Umstände sind, klagt aber nicht. Irgendwann, sagt sie, wird aus den Steinen Wasser quellen und die Wände hinaufsteigen. Ihr Appell an uns ist klar und deutlich: Überleben werden alle, die sich in Fische verwandeln. Das sei auch mit den Portugiesen geschehen.

Heute vor einer Woche haben sie uns in der Finsternis eingekerkert. Ich höre Schritte. Ein Wachposten kommt, mit Zeitungen beladen. Er wirft sie durch das Türgitter. Du sollst sie den anderen vorlesen, sagt er zu mir. Ich zeige dem König von Gaza die Fotografien. Er strahlt zufrieden. »Der König von Portugal hat angeordnet, dass die mich abbilden«, verkündet er. Ich verzichte darauf, die Überschriften zu übersetzen. Darin wird er als »grausame Bestie«, »blutrünstiger Häuptling« und »brutaler Tyrann, Verbündeter der Engländer« bezeichnet.

Dann werden die Zeitungen unter den Gefangenen verteilt. Sie zerteilen sie, als wären es Stoffbahnen, und nutzen sie, um sich warm zu halten. Sie, die niemals lesen gelernt haben, schlafen jetzt unter Buchstabendecken.

Am achten Tag werden die Räume gesäubert und die Wände gekalkt. Angeblich kommt D. Carlos Monsanto besuchen. Ngungunyane ist nicht überrascht. »Ich habe die Gesandten des lusitanischen Königshofs immer freundlich empfangen. Jetzt werden sie mich empfangen, so halten es die Könige.«

Am nächsten Tag wird das Säubern und Anstreichen abgebrochen. Der König D. Carlos hat den Besuch abgesagt. Eine politische Entscheidung, erklärt man. Sie haben Ngungunyane geholt, damit er im Zentrum der Aufmerksamkeit steht. Doch die Anwesenheit des Löwen von Gaza ist ihnen peinlich geworden. Der Grund hat auch einen Namen: die Frauen. Ngungunyane mag ja Afrikaner sein, er mag ja ein Feind Portugals sein. Aber er kann nicht so ungestraft die sündige Polygamie präsentieren. Die Kirche protestiert, die Zeitungen beschweren sich, auch die Gesellschaft spricht dagegen. Die Ratgeber warnen D. Carlos: Mit einem Besuch bei Ngungunyane würde er die unmoralischen Verhältnisse gutheißen.

Enttäuscht lässt Ngungunyane von seinem Sohn das einzige Fenster abdecken, durch das Licht in den Kerker fällt. »Wenn sie mich nicht empfangen, will ich auch nicht das Licht, das sie mir aus Barmherzigkeit schicken«, erklärt er. Lauter, als könnte ihn jemand jenseits der Wände hören, fügt er hinzu: »Sie haben mich mit meinen sieben Frauen eingeladen. Habe ich jemals die Frauen gezählt, die sie auf ihren Besuchen in Mosambik begleiteten?«

Es ist nicht so sehr die Sonne, die mir fehlt. Am meisten vermisse ich den Mond. Ich sehe ihn nicht mehr leuchten. Vielleicht denke ich deshalb so viel an Germano. Die Erinnerung an ihn leuchtet wie der Mond, den ich nicht mehr sehe.

Dabondi fordert mich auf, nicht an Erinnerungen zu

denken. Ich solle singen. Und zwar in meiner Sprache. »Welcher Sprache?«, frage ich. Wortlos wendet sie sich ab.

An den folgenden Tagen erhalten wir Besuch von Hofdamen. Sie sprechen gestikulierend, und bald erweist sich, dass sie ein Ziel haben. Sie wollen ihre afrikanischen Geschlechtsgenossinnen zivilisieren. Die erste Lektion gilt dem richtigen Gebrauch von Essbesteck. Die schwarzen Frauen mögen sie in einer unverständlichen Sprache beleidigen. Aber dass sie mit den Händen essen, das wird nicht akzeptiert. Mit den Fingern essen ist so inakzeptabel und unanständig wie die Polygamie.

Nach dem Besuch gehen die Portugiesinnen in der Kirche beichten. Sie waren an einem sündigen Ort. »Gott akzeptiert nicht, dass ein Mann mehrere Frauen hat«, erklärt uns die eine. »Haben die Männer hier nur eine Frau?«, fragt Dabondi. Die Portugiesin lächelt, antwortet aber nicht.

Schließlich wird der Besuch der Hofdamen verboten. Von da an verbringen die Königinnen die meiste Zeit mit Kartenspielen. Während sie spielen, kämmen sie sich gegenseitig. Der ewige Müßiggang ist ihnen nicht fremd; noch nie waren sie sehr beschäftigt. Am Hof von Gaza gab es andere, die für sie die Arbeit machten. Ngó, Godido und Mulungo machen Körbe und Glasperlenketten. Zixaxa lernt Portugiesisch mit einem kleinen Heft, das man ihm auf dem Schiff gegeben hat. Ngungunyane trinkt, hustet und schläft. Der alte Mulungo geht hin und her. Er macht es wie alle Gefangenen, er zählt seine Schritte, um der Zelle ihre Begrenzung zu nehmen. Er freut sich, dass er kein Wort Portugiesisch versteht. So wie die Zulu-Krieger, die sich mit dem Saft des Impundu einreiben, ist auch er unsichtbar geworden. Sein Nichtsein sorgt dafür, dass die Wände nicht vorhanden sind. Der alte Berater ist der Einzige, der niemals in Gefangenschaft geraten ist.

Mich in meiner Ecke der Zelle beschäftigt nur eins: meine Schwangerschaft. Der Bauch ist meine Sanduhr: Er schwillt an in dem Maße, wie die Zeit abnimmt. Ich bin jetzt im siebten Monat. Und mache, was Dabondi mir geraten hat: Ich singe. Aber ich singe ohne Worte. Wir entscheiden nicht, in welcher Sprache wir geboren werden. Was man einem Kind vorsingt, ist wie ein Leib, der über die Geburt hinaus erhalten bleibt.

Jeden Abend schlafe ich Arm in Arm mit Dabondi ein. Die Kälte erfordert einen zusätzlichen Körper. In diesen doppelten Bauch kuschelt sich nun mein Kind. Schon vor seiner Geburt hat es mehrere Mütter. Nachts, wenn alle schlafen, nehme ich das Tuch vor dem Fenster weg. Weil ich nicht schlafen kann, blicke ich in die Nacht hinaus wie eine Ertrinkende, die an der Wasseroberfläche auftaucht. Es gibt keine Schlaflosigkeit, sagt Dabondi. Es ist nur eine andere Art von Schlaf. Während dieses anderen Schlafs höre ich den König stöhnen und krampfartig husten. Das ist keine Krankheit, versichert Dabondi. Jemand drängt aus seinem Körper heraus. Der König ist schwangerer als ich. Ein böser Geist hat sich in ihm eingenistet und verzehrt seine Brust und zermalmt seine Knie.

Seit gestern ist der Höllenlärm von draußen nicht mehr zu hören. Man hat den Rummel verboten. Die Händler haben ihre Stände abgebaut und verkaufen jetzt woanders die Bilder vom König von Gaza. »Die haben Angst vor mir«, sagt Ngungunyane ironisch. »Ich habe schon ihrem König Konkurrenz gemacht.«

Jeder Gefangene pflegt seinen eigenen Zeitvertreib. Doch eine Beschäftigung ist uns allen gemeinsam: Schlafen. Alter und Gefangenschaft lehren dasselbe: Schlafen hebt die Zeit auf. Neben mir schnarcht pausenlos der, den die Portugiesen den »Löwen von Gaza« nennen. Der Titel verleiht ihm den Adel eines Königs. Löwen bieten Europäern drei Möglichkeiten: Man kann sie jagen, in einen Zoo sperren oder in einem Zirkus dressieren. Der König von Gaza vereint alle drei Möglichkeiten in einer Person.

Die Tage vergehen ereignislos, bis wir an einem grauen Nachmittag Besuch eines Arztes erhalten. Man hat ihn wegen Ngungunyanes Schmerzen im Brustkorb und seinem fiebrigen Zustand alarmiert. Während der Patient abgehorcht wird, verkündet Dabondi ihre Diagnose: Der König habe einen Vogel in der Brust. Man könne ihn in der Nacht piepen hören. Es sei eine *Xikhova,* eine Eule. Man müsse sie vertreiben, sagt Dabondi. Der Arzt schüttelt den Kopf. Es ist eine Krankheit, eine Rippenfellentzündung, erklärt er bestimmt.

Am nächsten Tag nehmen sie Ngungunyane auf einer Tragbahre mit. Godido begleitet seinen Vater als Dolmetscher. Das herzzerreißende Weinen der Frauen vermischt sich mit der Sirene des Krankenwagens, der den König zum Krankenhaus bringt. Die Königinnen trauern. Sie wissen nicht, wie sie sich im fremden Land von ihrem Mann verabschieden sollen. Sie lassen sich eine Klinge bringen und rasieren sich das Haar ab. Sie wollen es erst wieder wachsen lassen, wenn ihr Mann zurückkommt. Dabondi nimmt mich in der Nacht nicht mehr in den Arm. Sie darf mich nicht berühren, solange der König nicht da ist. Ich sei unrein, rechtfertigt sie sich. Weil ich einen Mischling in mir trage.

Ngungunyane kehrt aus dem Krankenhaus mit gesundem Körper und einem Plan im Kopf zurück. Auf der Krankenstation hat sein Sohn Godido Gespräche gehört. Und begriffen, dass es ein Thema gibt, das dem lusitanischen Hof den Schlaf raubt: der Bericht von Álvaro Andrea. Dessen Version des Bravourstücks von Txaimiti ist eine Bombe, die jederzeit hochgehen kann. Die Republikaner sind wild darauf, das Dokument zu veröffentlichen. Es besteht die Gefahr, dass die Heldentat der Monarchie sich in Staub auflöst.

Ngungunyane verlangt, den Kommandanten des Forts zu sprechen. Er will mit der Gefängnisleitung verhandeln, ihnen sagen, dass er die Version von Mouzinho bestätigt, wenn man ihm dafür bessere Haftbedingungen gewährt. Die Forderung hat Erfolg. Am nächsten Tag werden uns zwei geräumige, gut belüftete Zellen und Kleidung zugewiesen. Außerdem wird uns erlaubt, den Vormittag im Innenhof zu verbringen.

Am selben Tag lege ich mich auf den Rasen, ziehe die Bluse hoch und lasse mir den Bauch von der Sonne wärmen. Mein Kind soll wissen, dass es aus einem anderen Land mit viel Wärme und Licht kommt.

Die Sonne ist nicht nur ein Geschenk. Für mich, die ich das Beten aufgegeben habe, ist sie ein Heilmittel. Jeden Morgen strecke ich mich im Patio mit den Füßen Richtung Süden aus. Die Zehenspitzen berühren mein Heimatdorf. So bleibe ich liegen, bis die Haut brennt. So allmählich finde ich Gefallen an Lissabon mit seinen klaren, blauen Morgen. Kann man einen Ort nur wegen seines Himmels lieben?

In diesen sonnigen Stunden denke ich an die Frauen in meiner Heimat. Und komme zu dem Schluss, wenn es in diesem Fort eine Königin gibt, dann bin ich es. Alle Frauen, die mit mir hier sind, unterscheiden sich nicht besonders von den einfachen Leuten in meiner Heimat. Hätte ich nicht mein Dorf verlassen, wäre ich auch nur eine von denen, die seit Jahrhunderten in den Wald gehen und mit trockenen Zweigen beladen zurückkommen. Das ist ihre Aufgabe, seit sie laufen können. Ihre Arme wachsen schneller als der übrige Körper, damit sie den Männern besser dienen können. Dem Anschein nach arbeiten sie für ihr Zuhause. Aber es ist mehr als das, sie sammeln Brennholz, um die Welt in Brand zu setzen. Irgendwann kommt der Tag, da werden die Mädchen in meiner Heimat in die Schule gehen und in den Armen Bücher tragen. Davon träume ich an den sonnigen Vormittagen in Lissabon.

Tage später weist man mir einen eigenen Raum zu. Ich dachte, es sei ein Privileg. Es ist eine Verurteilung. In diesem Raum kommt der Kommandant des Forts zu mir. Seine Anweisungen sind unmissverständlich. Ich soll aus den Gefangenen Informationen herausholen und denunzieren, wer was gesagt hat. Ngungunyane und Zixaxa besitzen Geheimnisse, davon sind die Portugiesen überzeugt. Sie glauben, die Gefangenen dirigieren noch aus der Ferne den Widerstand in Mosambik. Das ist vielleicht eine übertriebene Verschwörungstheorie. Tatsächlich aber ist der Krieg mit der Gefangennahme des Königs von Gaza nicht zu Ende. Neue Aufstände sind in der Gegend um Lourenço Marques und in Magude aufgeflammt.

Diese Nachrichten strafen die lusitanische Propaganda Lügen. Für die Portugiesen sind sie schlecht, für mich bedeuten sie eine Katastrophe. Jeden Abend wechsele ich die Rolle, die Dolmetscherin wird zur Denunziantin. Ich habe keine Wahl – entweder verrate ich meine Brüder und Schwestern oder man schickt mich nach der Entbindung zurück nach Mosambik. Ohne mein Kind, ohne Germano, ohne meine Träume.

Ich beschließe, mir Geschichten auszudenken, um meinen Peinigern zu gefallen. Der einzige Unterschied zwischen Fantasie und Wirklichkeit ist der Glaube daran. Und so kommt es, dass jeden Abend ein Sekretär erfundene Verschwörungen aufschreibt. Das Schlimmste ist, dass es anfängt, mir Spaß zu machen.

Schließlich erreicht uns eine Nachricht aus Gaza: Man hat Maguiguana umgebracht, den Krieger, der sich in einen Vogel verwandelte. Man hat den Mann ermordet, der den letzten Funken von Ngungunyanes Reich am Leben hielt. Man hat ihn enthauptet. Als Beweis für seinen Tod wurde sein Kopf auf eine Eisenstange gespießt und von Dorf zu Dorf getragen. Nach wenigen Tagen war der Kopf so verwest und mit Fliegen übersät, dass es der Kopf von jedem beliebigen

Menschen hätte sein können. Die Leute sahen hin, senkten den Blick und liefen weg. Diesen Beweis brauchten sie nicht. Sie kannten die Wahrheit. Über Wege, von denen die Portugiesen nichts wussten.

Die Nachricht wird uns von einem MuNguni überbracht, der aus Mosambik eingetroffen ist. Er hat einen Zweig von dem heiligen Baum Umphafa mitgebracht. Der Zweig ist dort abgeschnitten worden, wo Maguiguana gestorben ist, dann hat man den Toten gebeten, in den kleinen Zweig einzudringen.

Die ganze Reise über hat der Sendbote mit dem Zweig gesprochen. Wenn er sich setzen musste, hat er immer um zwei Stühle gebeten, damit er den Zweig auf dem anderen Stuhl ablegen konnte. Auf seinem Tisch gab es immer einen zusätzlichen Teller. Die Häfen, in denen sie haltmachten, beschrieb er laut an der Reling. Die Matrosen lachten über die Wahnvorstellungen des Sendboten. Sie glaubten ihm nicht, dass der tote Maguiguana Khossa, der gefürchtete Anführer der feindlichen Truppen, auf dem Schiff mitreiste.

Dieser Zweig wird jetzt dem König überreicht, und er zerdrückt die Blätter zwischen seinen Fingern und den Dornen. Blut tropft auf den Steinboden. »Wer hat ihn umgebracht?«, fragt Ngungunyane. »Mouzinho«, antwortet der Sendbote. Der König von Gaza entlässt den Boten. Dann legt er den Zweig auf sein Lager und deckt ihn mit einem Tuch zu. Er flüstert: »Du bist zu mir gekommen, mein Krieger. In unserer Heimat findet sich kein Fleckchen Erde, um dich zu begraben.« Ein Hustenanfall zwingt ihn, sich zu unterbrechen. Dann fährt er fort: »Ich habe den Portugiesen gesagt, du seist ein Verräter. Ich habe gelogen, um dich zu schützen. Und du hast meine Anweisungen bis zum Schluss befolgt.«

In einem Wutanfall entreißt Zixaxa Ngungunyane den Zweig, zerbricht ihn und wirft die Stücke aus dem Fenster. Ngungunyane ist fassungslos, die Königinnen weinen. Nie hätten sie geglaubt, eine solche Schändung zu erleben, zu sehen, dass der Ruhestätte eines Toten so ein Frevel angetan wird. »Das ist alles gelogen«, schreit Zixaxa. Gerade erst sind wir hier angekommen, und schon bringt jemand Nachrichten aus Mosambik? Auf welchem Schiff ist der Sendbote gereist? Nur ein Trinker könne diese Fantasiegeschichte glauben. Oder wolle Ngungunyane damit vielleicht selbst beweisen, dass Maguiguana Khossa tot sei?

Eine weitere Verbesserung wird angekündigt – die Gefangenen dürfen ihre Mahlzeiten selbst zubereiten. Dabondi ist glücklich, will aber nicht, dass der junge Ngó kocht. Mit Töpfen und Pfannen beladen kommt sie zu mir.

»Versteck sie in deinem Zimmer und gib sie nur den Königinnen«, sagt sie. »Wir dürfen nicht zulassen, dass ein Mann das Essen für Nkossi kocht.«

»Und warum nicht?«, frage ich.

»Es war schon immer so: Die Männer zünden das Feuer an, die Frauen nutzen das Feuer.«

In der Küche herrschen strenge Bräuche: Asche wird in alle vier Himmelsrichtungen gestreut. Nur so wird das Dorf gereinigt. Jetzt ist das Gefängnis unser Dorf.

»Lass Ngó kochen«, bitte ich sie. »Wenn er nichts zu tun hat, werfen ihn die Weißen ins Meer.«

Mit einem Stück Kohle malt Dabondi ein Kreuz auf jeden Topfboden. »So, jetzt sind sie gesegnet«, seufzt sie. »Die Weißen haben starke Zaubermittel. Kochen, mein Kind, heißt nicht Essen machen. Es bedeutet, die Götter an unseren Tisch zu setzen.«

Wir haben vergessen, sagt Dabondi, wie wir es bei uns gehalten haben, um diese unsichtbaren Gäste zu empfangen. In unseren Patios setzen sich die Männer mit dem Gesicht nach Süden. Die Frauen sitzen ihnen gegenüber. Der Nordwind heißt Nwalungo, der »Mann«. Der Südwind wird Dzonga genannt, dieses Wort bezeichnet auch eine Frau. Diese Regeln werden nicht mehr eingehalten. In diesem neuen Haus – das Dabondi ein vergrabenes Boot nennt – kennt niemand mehr die Himmelsrichtungen. Wenn uns die Geister eines Tages befreien wollen, werden sie nicht wissen, wo sie uns finden. Sie werden es schaffen, den weiten Ozean zu überqueren, aber vor unseren Zellen stehen bleiben.

Meine einzigen Besucher sind meine Träume. In dieser Nacht habe ich von dem geträumt, von dem man nicht träumen darf: von meinem noch ungeborenen Kind. Im Traum wird mein Kind in der Kirche von Nkokolani getauft. Alle Verwandten sind da, die lebenden und die toten – mein Vater mit seinem Marimba-Orchester, meine Mutter mit dem Strick, mit dem sie sich aufgehängt hat; mein Bruder Dubula in seiner Kriegerbekleidung und Mwanatu in der geflickten Uniform der portugiesischen Armee. Als Letzter kommt Großvater Tsangatelo dazu, von oben bis unten voller Staub. Wenn er hustet, krümmt er sich, als wollte er den ganzen Staub der Minen, in denen er war, aus sich heraushusten. Mit tiefer Stimme sagt er: »Ich habe die Erde durchquert, um zu dieser Taufe zu kommen. Dieser Enkel bin ich selbst.«

Mit erhobener Stimme werden all jene genannt, die mit den Sklavenschiffen verschleppt wurden oder im Krieg gefallen sind. Über jeden einzelnen Name wird Meerwasser gegossen. Die Prophetin Bibliana ruft nach denen, die von uns gegangen sind, und die Wände der Kirche beginnen zu knarren. Sie hebt die Stimme, und in den Wänden tun sich Risse auf. Schließlich löst sich das Dach, schwebt einen Moment und steigt dann höher. Am Ende verschwindet es am Himmel wie ein trunkener Vogel.

Bibliana bringt den Krug mit Meerwasser. Sie fordert Pater Rudolfo auf, den Körper meines Kindes zu beträufeln. Das Kind weint, verschluckt sich und hustet. Bibliana nimmt das Kind hoch und erklärt: »Die Meere sind wie das Blut – scheinbar riesengroß und unterschiedlich, aber alle passen in einen einzigen Körper.«

Bibliana stellt sich hinter mich und umarmt mich innig.

Ich drücke ihre Arme und schmiege mich noch mehr in die Umarmung.

Es wird Morgen. Und ich ertappe mich dabei, dass ich Dabondis Armreifen berühre.

Ein zerrissener Körper

Nicht alle Wilden sind meine Feinde. Aber sie brauchen nur Feinde zu sein, dann werden sie zu Wilden.
Sargento Araújo, zitiert von Zixaxa

Eines Nachts kommen Patihina und Xesipe in mein Zimmer gestürmt und reißen mich aus dem Schlaf. Ich solle mich beeilen, der König habe einen Anfall. Die Zelle, in die sie mich führen, liegt im Dunkeln. Misstrauen regt sich in mir. Warum haben sie alle Lampen gelöscht? Auf dem Bett liegt eine Gestalt. Plötzlich drängen mich Arme von allen Seiten. Es sind die Königinnen, sie zerren mich zu dem Lager. Ich bin so überrascht, dass ich vergesse zu schreien. Die Frauen halten mich an Armen und Beinen fest. Die Königin Muzamussi drückt mir ein Knie auf die Brust: »Sieh dir an, wer hier bei uns ist!« Auf eine Handbewegung hin wird eine Öllampe entzündet, und die drei Frauen von Zixaxa treten einen Schritt vor.

Das gleiche rätselhafte Lachen verzerrt allen drei Frauen das Gesicht. Die älteste Königin beschuldigt mich vehement: »Hältst du dich für eine Weiße? Trägst Schuhe und kleidest dich ohne Respekt, und obwohl du noch nicht Mutter bist, sprichst du mit den Männern, ohne den Blick zu senken. Wir wissen, warum: Du bist eine Zauberin, du willst die Männer verrückt machen. Und das hast du schon getan. Wir sehen, dass die Wimpern unserer Männer in der Nacht brennen. Sie träumen von dir, das hat Dabondi uns gesagt.«

Muzamussi spricht energisch weiter: Hier seien die am meisten verehrten Mütter des Reiches Gaza versammelt.

Aber sie seien immer auch noch Frauen – überall würden sie wie Eindringlinge behandelt.

Die Matriarchin wendet sich an ihren Mann: »Die hier ist schuld, diese Frau respektiert dich nicht wie einen Mann, sie beleidigt deine Menschenwürde. Bestraf sie, zeig deine Macht!«

»Dabondi!«, rufe ich verzweifelt.

Sie befinde sich nicht im Fort, sagen die anderen Frauen. Man habe sie in die Stadt mitgenommen. »Du bist allein, ohne deine Beschützerin, ohne deine Patin.« Ngungunyane schleppt sich wie eine riesige, klebrige dunkle Nacktschnecke heran. Ich verschwinde zur Hälfte unter seinem Gewicht. Eine Hand hält mir den Mund zu. Ich spähe in das Halbdunkel. Das Gesicht des Königs hängt über mir.

»Tu meinem Kind nichts, Nkossi«, flehe ich und kämpfe gegen die mich knebelnde Hand. Der König geht auf meine Bitte ein. Er setzt sich auf das Lager, die Füße auf dem kalten Steinboden. Er schickt die Frauen hinaus. Er will mit mir allein sein. Muzamussi verlangt: »Wir wollen die Ziege stöhnen hören.« Dann verlassen die Frauen den Raum.

Jetzt befinden nur wir beide uns in der Zelle. Ngungunyane sitzt auf dem Bettrand und betrachtet eine Weile seine Knie. Dann spricht er, ohne aufzublicken. »Du bist nur eine MuChope, die mich bespitzeln soll.«

Es war sinnlos zu leugnen. Godido hatte die Wachleute belauscht. Sie wussten nicht, dass er Portugiesisch kann. Sie haben sich über mich, Imani Nsambe, und die Geheimnisse unterhalten, die ich an den Fort-Kommandanten weitergebe. Inzwischen war allen klar, was ich tat.

»Dass ich spioniert habe, hat Sie gerettet, Nkossi.«

»Wie das?«

»Auf dem Schiff. Ich habe dafür gesorgt, dass Machavas Pläne gescheitert sind.«

Unerwartet kräftig packt Ngungunyane mich an den Armen, als wollte er mich an einen Abgrund zerren. Ich spüre, wie das Gewicht des ganzen Universums auf mich sinkt. Der

Herrscher von Gaza ist vollkommen nackt endgültig auf meine Schenkel gesunken. Sein übler Atem ekelt mich, mir wird von seinem nach Tier riechenden Schweiß schlecht.

»Stöhn, wehr dich, schrei!«, flüstert er mir ins Ohr.

Ich verstehe nicht.

»Tu so, als ob ich dich vergewaltige.« Und er schüttelt seinen Körper hin und her, bis das Bett knarrt.

Auf einmal wird mir alles klar. Ich mache das Spiel mit. Ich schreie nach meiner Mutter, so laut und echt, dass mir der ganze Körper wehtut und die Tränen mir über die Wangen laufen. Und kein wirkliches Leiden hat mir jemals solche Schmerzen beschert.

Der König erhebt sich und tut in der Ecke mit dem Waschplatz so, als wüsche er sich. Das Wasser läuft aus einem Eimer in den anderen, während er redet. »Die Frauen wissen, dass ich impotent bin.« Er schüttelt die Hände im Eimer, das Plätschern tröstet ihn. »Du hattest recht, ich bin seit Monaten kein Mann.« Doktor Liengme führte das auf den Alkohol zurück. Aber er glaubt das nicht. »Die Schweizer kennen sich mit unseren Zaubereien nicht aus. Es ist nicht der Wein, meine Frauen sind schuld, dass ich schlapp mache.«

Dass sie mich ihrem Mann ausgeliefert haben, war nur eine perfide Falle, versichert Ngungunyane. Die Königinnen wussten genau, dass er versagen würde, so wie sie sich auch dessen sicher waren, dass ich gedemütigt würde. Aber Ngungunyane hat sich eine passende Reaktion ausgedacht.

»Jetzt bin ich an der Reihe, die Frauen zu bestrafen«, sagt der König. »Tu du weiter so, als ob, Imani.«

»Das brauche ich nicht, Nkossi. Ich bin wirklich vergewaltigt worden.«

Ngungunyane schüttelt vage lächelnd den Kopf. Denn jetzt erst versteht er: Die Portugiesen haben ihn nicht hierhergeholt, um ihn zu töten. Als er an Bord kam, war er schon tot. In dem Moment, als Mouzinho vor den Augen seiner Untertanen sein Leben verschont hat, in genau diesem Moment wurde er hingerichtet. Ein Herrscher stirbt, wenn er sich als sterblich erweist, wenn er zeigt, dass er menschlich und verletzlich ist, wenn er unterwürfig zu Füßen eines anderen Herrschers kniet. »Du kannst nicht vergewaltigt worden sein, Mädchen«, erklärt er. »Denn du hast nicht mit einer lebendigen Person im Bett gelegen.«

Ich verlasse den dunklen Raum. Mit schmerzender Seele und nassen Augen gehe ich an den Königinnen vorbei, die stumm im Gang Spalier stehen. Ich spüre ihre Blicke, die sich mir wie Messer in den Rücken bohren. Ich schließe die Tür meiner Zelle, verschränke die Arme über dem Bauch und denke: Es ist wirklich traurig, was die Königinnen mir angetan haben. Noch trauriger aber ist, was das Leben diesen Frauen angetan hat. Dass sie mich beneiden, ist ganz verständlich. Sie werden Königinnen genannt. Aber keine von ihnen hat je davon geträumt, ihr eigenes Leben in die Hand zu nehmen.

Am frühen Morgen kommt man mich holen. Da sei jemand im Warteraum, sagen sie, jemand, der von weit her gekommen sei, um mich zu sehen. Das kann nur ein Irrtum sein, denke ich, während wir durch große Räume und kahle Flure gehen. Vielleicht ist es Germano, denke ich, und das Herz klopft mir bis zum Hals. Er ist rechtzeitig zur Geburt unseres Kindes gekommen.

Der Soldat, der mich geleitet, weist auf die hohen Decken und erklärt stolz: »Alles aus Stahlbeton, keine Bombe der Welt kriegt das kaputt.« Ich gelange in einen seltsamen Raum mit roten Teppichen. In einem ebenfalls roten Sessel sitzt eine schlanke Frau, unter einem schwarzen Kopftuch sieht man ihr graues Haar. Sie strickt etwas in der Farbe des Sessels und der Teppiche. Einen Moment lang sieht es aus, als verwebte sie den ganzen dunklen Raum. Sie bewegt die Ellbogen auf und ab, damit das Garn sich um die Stricknadeln legt.

»Das ist für mein Enkelkind«, sagt sie. »Es wird an dem Tag zur Welt kommen, wenn ich die Jacke fertig habe.«

Jetzt habe ich Gewissheit. Vor mir befindet sich Laura de Melo, Germanos Mutter. Die Dame erhebt sich gewandt und lässt das Wollknäuel über den Teppich rollen. Das Knäuel folgt ihr wie eine gezähmte Katze. Sie hält das Strickzeug an mein Gesicht und schüttelt missbilligend den Kopf: »Du bist dunkler, als ich dachte. Ich hätte eine hellere Farbe nehmen sollen.«

Ich bücke mich nach dem Knäuel, ich will nützlich sein, mehr als nützlich, ich will mich untertänig zeigen. Noch kniend hebe ich das Knäuel mit beiden Händen hoch. Laura de Melo scheint mich nicht zu sehen. »Komm mir nicht näher«, befiehlt sie. Plötzlich hebt sie die Arme an und spießt mit einem Ruck die Stricknadeln in die Wolle. Das Knäuel zieht sich krampfartig wie ein Lebewesen zusammen.

Als käme sie wieder zu sich, bekreuzigt Dona Laura sich und sieht mich wieder an: »Ich will keine Nähe. Womöglich finden wir noch Gefallen aneinander, und das ist das Schlimmste, was uns passieren kann.«

Sie mustert mich von oben bis unten. Ihre Augen sind so blau wie Germanos.

»Ich bin nur aus einem Grund hier. Ich bringe dir einen Brief von meinem Sohn.«

Aus der Tasche ihres Kleides zieht sie einen Umschlag. »Hier, der ist für dich.« Sie streckt mir den Arm entgegen. Da ich mich nicht rühre, wedelt sie nervös mit dem Brief und beklagt sich: »Germano hat schon immer gern geschrieben. Ich hoffe, das gewöhnt er sich bald ab. Briefe schreiben ist etwas für Frauen.«

Schließlich greife ich nach dem Brief. Öffne ihn aber nicht. Ich halte ihn mir ans Gesicht und atme tief ein.

»Das habe ich auch gemacht«, sagt Laura lächelnd. »Die Briefe davor rochen nicht nach meinem Sohn. Aber dieser riecht nach ihm, jetzt ist Germano wieder mein Sohn.« Ihre alte Mutter, sagt Laura, schnupperte immer an ihrem Haar, um zu sehen, ob sie gesund war. Als sie schon sterbenskrank war und nichts mehr schlucken konnte, ernährte die alte Frau sich von Düften. Morgens legte man ihr Apfelsinenschalen ans Kopfende vom Bett. Abends zerbröselte man Minzblätter auf ihrem Kopfkissen. Und die alte Frau schlief lächelnd ein. »Es lohnt sich nicht, dass du an dem Brief riechst, meine Gute. Du wirst deinen Geliebten nicht finden.«

Den Brief in der Hand, mache ich mich auf den Weg in den Gang, da höre ich die furchtbaren Worte: »Er kommt nicht, meine Gute. Er bleibt in Afrika, mein Germano.«

Ich gehe die kalten Flure entlang. Derselbe Soldat, der mich hergeführt hat, folgt mir. Ich blicke zu den Betondecken hinauf und wünsche mir, dass das ganze Gebäude über mir einstürzt.

Ich habe mich in meinem Zimmer hingelegt. Die Tür wird aufgerissen, aber ich mache nicht die Augen auf. Ich höre Dabondis Klagen. Sie ahnt nicht, wie niedergeschmettert ich selbst bin.

»Sie haben ihn umgebracht«, schreit Dabondi. Sie kommt aus der Stadt, vom Grab ihres Sohnes. Godido hat sie zum Friedhof begleitet. »Er ist gestorben, und dann haben sie ihn umgebracht«, murmelt sie. Sie haben ihn nach den Regeln der Weißen begraben, aber nicht daran gedacht, die Nachricht nach Mosambik zu übermitteln. Und dort sind niemals die vorgeschriebenen Worte gesprochen worden. João Mangueze, ihr einziger Sohn, ist wic cin Prinz nach Portugal gekommen und wurde wie ein Entrechteter begraben, ohne Namen und ohne Familie. Jetzt zieht er wie ein Xipoko umher, eine Seele ohne Angehörige.

»Weißt du, warum ich zum Friedhof gegangen bin?«

Die Antwort ist so offensichtlich, dass ich schweige. Dabondi ist inzwischen ruhiger, ein leichtes Lächeln tritt sogar auf ihr Gesicht. »Ich habe den Verstorbenen besucht, aber ich habe ihm auch seinen neuen Bruder vorgestellt.«

Ich laufe zu ihr und umarme sie. Seit dem Beginn unserer Reise habe ich vermutet, dass Dabondi schwanger ist. Der

Augenblick ist so schön, dass ich beschließe, ihr nichts von der Vergewaltigung zu erzählen. Dennoch gibt es etwas, das ich nicht verbergen kann. Dabondi tritt einen Schritt zurück, um mich genauer anzusehen. »Warum bist du so traurig, Imani?«, fragt sie. »Germano kommt nicht«, antworte ich. Sie sagt, das habe sie schon gewusst. Sie sagt immer, dass sie es schon wusste. Und ich glaube ihr.

Dabondi blickt ziellos in den Raum, während sie an der Wand schabt. Dann malt sie mit dem Kalk am Finger einen weißen Kreis auf meine Brust. »Wenn du entbindest, wirst du leer sein.«

»Leer?«, frage ich verwundert. »Ist es nicht umgekehrt?«

»Darüber lass uns jetzt nicht sprechen«, bittet sie.

Doch weil ich nachhake, erklärt sie es mir: Die Götter schenken mir das Glück, Mutter zu werden. Doch wollen diese Psikwembo gleichzeitig ihr Missfallen äußern – sie sind enttäuscht, weil ich sie nicht wahrhabe. »Sie werden dich von innen auslöschen.«

»Mich auslöschen? Was bedeutet das, Dabondi?«, frage ich verängstigt.

Ich werde das gleiche Schicksal erleiden wie der wilde Feigenbaum, der Umbombe – meine eigenen Wurzeln werden mich aufzehren. Dabondi spricht diese Worte aus, dann verlässt sie den Raum. Die Prophezeiung raubt mir den Schlaf. Die Nacht ist jetzt ein Brunnen ohne Boden. Und der Brunnen wird noch tiefer, als ich beschließe, Germanos Brief zu lesen. Ich reiße den Umschlag auf, und etwas in mir zerreißt.

Liebe Imani,

dies ist kein einfacher Brief. Ich fange deshalb ohne Umschweife hiermit an: Ich komme nicht nach Lissabon. Es wird kein Schiff, keine Reise geben. Ich bleibe in Lourenço Marques. Wir werden uns bestimmt später wiedersehen, hier in Mosambik oder vielleicht auch dort, in Portugal.

Ich will dich nicht verletzen, ich will dich nicht verlieren. Alle Liebe, die ich für dich empfunden habe – und noch immer empfinde –, ist vollkommen echt. An meiner Treue darfst du nicht zweifeln. Die Gründe für diese Trennung sind andere. Ich kann dein Mann sein. Aber ich werde nicht der Vater dieses Kindes sein können. Ich bin in einer Zelle in Portugal eingesperrt gewesen. Ich war in Mosambik eingesperrt, ohne Mauern, ohne Tür, ohne Gitter. Ich will nicht in häuslicher Routine eingesperrt werden. Das habe ich von meinen verheirateten Kameraden gelernt. Das Eheleben ist die längste Gefangenschaft. Vielleicht bin ich krank, vielleicht hat mir eine Familie gefehlt. Mein Vater verbreitete eine spezielle Art von Atheismus – er glaubte nicht an Glücklichsein. Und sagte von den Leuten im Dorf: »Je stupider, umso glücklicher. Je dümmer, umso leichter schlafen sie ein.«

Es gibt einen weiteren Grund für meine Entscheidung. Ich kann erst nach Portugal zurückkehren, wenn die Monarchie gestürzt ist. Vorher würde man mich sofort in ein Verlies sperren. Dann hättest du auch keinen Mann. Und unser Kind würde seinen Vater nicht kennenlernen.

Bedauere mich nicht. Mir geht es hier gut, Imani. Besser, als es mir jemals in meiner Heimat gegangen ist. Meine Mutter hat geweint, als ich in den Krieg gezogen bin. Sie hat geweint, als verließe ich einen Ort, wo Frieden herrschte. Sie hat sich getäuscht. Ich habe im Krieg in Afrika mehr Frieden erlebt als jemals in meinem Heimatdorf.

Entschuldige diese knappen Zeilen. Aber dies ist die grausame Wahrheit: Der Krieg entblößt die Menschen. Die Nähe des Todes legt die menschliche Seele bloß, unverkleidet, ungeschminkt, unverstellt. Und glaub mir, Imani, die Seele der Menschen möchte man eigentlich nicht sehen. Deshalb ist es vorläufig das Beste, dass ich mich fernhalte. Die Liebe, die wir erlebt haben, und wir haben sie uneingeschränkt erlebt, die wird überleben.

Kein Wort kann ausdrücken, was diese Liebe war. Und

kein Schweigen kann uns vergessen machen, was diese Liebe uns gegeben hat.

Du weißt nicht, wie schwer mir diese letzten Worte fallen.

Dein, immer dein
Germano de Melo
Lourenço Marques, 21. März 1896

PS: Vielleicht sprechen wir uns nie wieder. Ich muss den Mut haben, dir alles zu sagen. Wir haben es mit mächtigen Regierungen und Armeen zu tun, die töten, gefangen nehmen und Menschen entzweien. Doch es gibt etwas, das mächtiger ist als jede Regierung oder Armee, und das ist die verderbte Gesinnung um uns herum. Gegen die Gewalt dieser heimtückischen Umzingelung können wir wenig ausrichten. Keine Insel und kein Exil bewahrt uns vor der Herrschaft dieser Beschränktheit.

Alles, was ich geschrieben habe, war aufrichtig. Es stimmt, dass mir die Vorstellung, wir wären ein Ehepaar mit seinem bescheidenen Alltagsleben, nicht gefällt. Es stimmt, dass ich nicht gern Kinder hätte. Unsere Beziehung ist jedoch aus keinem der genannten Gründe gescheitert. Sie ist schon lange bevor wir uns kennengelernt haben, lange bevor wir geboren wurden gescheitert. Dieselben Verhältnisse, die unsere Begegnung ermöglicht haben, machen unsere Liebe unmöglich. Wir werden uns getrennt näher sein, als wenn wir zusammenlebten. Man würde dir vorwerfen, eine Schwarze zu sein. Und ich würde dafür gehasst, dass ich der Mann der Schwarzen bin. Anfangs würden wir es noch aushalten. Doch am Ende würden wir vor der unsichtbaren Streitkraft Vorurteil kapitulieren. Die einzige Möglichkeit zu überleben ist, den Kampf zu verweigern. Unsere Liebe wird leben wie diese Briefe. Nur deine Augen werden die Worte wecken, die wir schlafen gelegt haben.

Was das Licht der Welt erblickt

Wer halb lebt, bekommt doppelte Angst vor dem Leben.
Sprichwort aus Nkokolani

Wenn in meiner Heimat eine Frau schwanger wird, dann wird die ganze Familie schwanger. Während der Schwangerschaft gehört der Körper nicht mehr der Frau – er ist ausgeliehen, an den Mann, an die Schwiegereltern, an die Familie des Mannes. Und auch die Geburtswehen gehören ihr nicht. Denn die Tradition besagt: Nicht die Frau gebärt. Vielmehr hauchen die Vorfahren denen, die geboren werden, das neue Leben ein. Die Frau ist wie der Mondschein – lediglich Widerschein anderer Sonnen.

In der Nacht zum fünfundzwanzigsten Mai wache ich mit Wehen auf, meine Beine und das Bettzeug sind klitschnass. Ich rufe nach Dabondi. Dabondi ruft nach Muzamussi. Und Muzamussi ruft nach niemandem, denn sie ist die große Frau, die *Nkossikazi*. Und zudem die erfahrenste Hebamme. Alle anderen Frauen verlassen wortlos den Raum. Ich knie mich vor die älteste Königin, lege meine Arme um ihren Hals. Muzamussi kniet ebenfalls und hält mich um die Taille. Ihre Hände rutschen ab, denn ich bin gerade mit Öl eingerieben worden, das meinem Kind aus mir heraushelfen soll.

Die Wehen sind wie Dolche, die mir in den Rücken gestoßen werden. Sie kommen und gehen wie Ebbe und Flut. Plötzlich vergesse ich, dass ich fünfzehn Jahre alt und immer noch Tochter bin. Mein Körper hat ein anderes Alter und gehorcht einer anderen Wahrheit. Und selbst meine Stimme ist mir fremd, als ich frage: »Ist alles in Ordnung mit mir, Muzamussi?«

»Um dich geht es jetzt nicht, sondern um den, der da kommt.«

Auch sie löscht mich aus. Ich selbst verlösche allmählich, während die Geburt sich hinzieht. Zu den Schmerzen kommt die Erschöpfung, mein Rücken und meine Arme ertragen meine Haltung nicht mehr. Muzamussi stützt mich, sie schwitzt noch stärker als ich. »Mein Kind«, sage ich, um mir Mut zu machen, »ist wie Großvater Tsangatelo – schon vor der Geburt dickköpfig.« Muzamussi findet das nicht komisch. Dass es so lange dauert, beweist für sie, dass ich nicht treu war. Ich soll den Namen des Mannes nennen, mit dem ich betrogen habe. »Sag, wer es war«, drängt die Königin. »Germano«, murmele ich fast unhörbar. »Nein, den nicht, den Namen des anderen!« Die Schmerzen sind so stark, ich bin so erschöpft, dass ich mir einen Betrug ausdenke. Doch in diesem selben Moment beschließt mein Sohn, aus mir herauszukommen. Und es ist, als würde ich selbst wieder geboren. Meine Augen füllen sich so sehr mit Tränen, dass ich Germano sehe, der meine Hand hält.

Ich spüre nicht, dass die Nabelschnur durchgeschnitten wird. Ich spüre nicht, dass man uns trennt, nichts hindert uns daran, weiterhin ein einziges Lebewesen zu sein. Sie halten das Kind über mein Gesicht, er schwebt über mir mit seiner gelblichen Haut, seine kleinen Hände stochern in der Luft. Die großen hellen Locken sind wie die Locken der gemalten Engel, die ich in der Kirche gesehen habe. Ich höre seinen kräftigen Protest. Ich weine mit ihm zusammen. Muzamussi fordert mich auf, nicht zu weinen. Das rufe die bösen Geister.

Ich schließe die Augen und denke an Germano. Ich kann in diesem Moment nicht allein sein. Die korpulente Hebamme geht um mich herum. Die Plazenta und das Blut werden sorgfältig entfernt. »Damit dir niemand Böses tut«, erklärt Muzamussi.

»Warum helfen Sie mir, warum beschützen Sie mich?«, frage ich.

Die Königin antwortet nicht. Sie fordert mich auf, mich auszuziehen. Sie wird meine Wäsche mitnehmen, sie in unkenntliche kleine Fetzen zerreißen. Als sie die Tür schließt, gibt sie klare Anweisungen. In den folgenden Tagen darf kein Mann meinen Raum betreten. Ich lächele. Welcher Mann würde das wollen? Wenn sogar Germano in weiter Ferne wartet, in einem anderen Land, in einer anderen Zeit?

Nach ein paar Stunden kommt Dabondi mich besuchen. »Ich bin schwanger«, sagt sie, »ich darf dein Kind anfassen, keine Angst.« Eine Frau mit Blutung – die mit dem Monat, wie wir sagen – darf ein Neugeborenes nicht anfassen. Auf Dabondi trifft das nicht zu.

Dabondi tanzt mit dem Baby auf dem Arm. »Wie soll er heißen?«, fragt sie.

»Er heißt Tsanga«, antworte ich. Den Namen hat Großvater Tsangatelo bestimmt. Die Königin zuckt die Achseln. Eigentlich müsste der Vater entscheiden. Germano kann sich ja später beschweren.

Ich frage Dabondi nach einer Erklärung. Sie hatte gedroht, nach der Entbindung würde ich leer sein. So hat sie es gesagt: leer. Die Götter würden mich innerlich auslöschen.

»Wieso leer, wo ich mich doch so erfüllt fühle wie noch nie?«, frage ich.

»Darüber sprechen wir ein andermal.«

»Sag es mir jetzt, Dabondi. Was für ein Fluch ist das?«

»Nachdem dein Sohn jetzt geboren ist, kannst du die Sprache der Weißen nicht mehr sprechen.«

Ich lache ungläubig. Das kann nicht sein. Diese Sprache war Teil meines Körpers.

»Du glaubst es nicht? Dann versuch, etwas auf Portugiesisch zu sagen.«

Ich schüttele lachend den Kopf. Und will ein paar Wörter sagen. Was ich höre, ist etwas anderes als das, was ich sage.

Ich wiederhole es, es bleibt dabei: Ich denke auf Portugiesisch, heraus kommen die Wörter auf Txitxope. Der Fluch stimmt also: Ab heute kann ich kein Portugiesisch mehr. Sie hatte recht. Meine Wurzeln verschlingen mich. Ich bitte und flehe. Sie möge mir die Stimme meiner Seele zurückgeben.«

»Das war schon immer dein Irrtum«, antwortet sie. »Deine Seele hat andere Stimmen. Ab heute nützt du den Portugiesen nicht mehr.« Sie strafe mich nicht, sagt sie und legt mir das Kind in den Arm. Im Gegenteil, sie habe mir nur einen Teil von mir selbst zurückgegeben.

Am nächsten Tag kommt mich Germanos Mutter besuchen. Sie wirft einen Blick auf das improvisierte Kinderbett und bemerkt erleichtert: »Der ist ja ganz hell!«

Ich stehe mühsam auf, stütze den Bauch mit den Händen. Bewegt frage ich: »Ist er nicht hübsch, Dona Laura?«

»Keine Vertraulichkeiten, meine Liebe! Ich bin zwar Großmutter, aber ich bin nicht deine Schwiegermutter.« Eines Tages wird sie das Kind holen, kündigt sie an. Nicht aus Bosheit, nur weil sie es Germano versprochen hat. Wenn ich die Möglichkeit hätte, mich um das Kind zu kümmern, würde sie es nicht tun.

Ich halte meinen Tsanga in den Armen und schwöre mir: Wer ihn mir entreißen will, muss mich selbst zerreißen. Hilflos weine ich. Ich fordere sie auf zu gehen, aber wie ich geahnt habe, gehorchen mir die Worte nicht. »Famba khaya, Dona Laura!« Das hört sie. Aber meine Worte bewirken das Gegenteil. Dona Laura setzt sich auf mein Bett.

»Ich bin ganz allein«, seufzt sie. »Wenn ich doch jemanden hätte, der sich um mich kümmert.«

Sie betrachtet das Baby, berührt es aber nicht. Ihr Mann ist nie wirklich Vater gewesen. Und Germano tritt ihrer Ansicht nach in seine Fußstapfen.

Kurz vor seinem Tod hat ihr Mann ihr zum ersten Mal gesagt, dass er sie liebe. Daraufhin ist sie in Tränen ausgebrochen. »Warum weinst du?«, hat er gefragt. »Ich will nicht geliebt werden«, hat sie schluchzend geantwortet. Für sie war die Liebeserklärung alles andere als ein Geschenk, sie dachte daran, was das Leben ihr alles nicht gegeben hatte.

Nachdem der Mann gestorben war, gewöhnte Laura sich an, auf seinem Grab liegend zu schlafen. Nicht aus Sehnsucht. Aus Angst, der Verstorbene könne zurückkommen. Ihr Körper war ein Stein, eine Steinplatte, die den alten Lebensgefährten einsperrte. Der Pater kam sie morgens holen. Er zerrte sie durch das Dorf, während sie nach ihrem Mann schrie. Aber sie vertat sich mit dem Namen. Denn sie rief nach Germano. Sie wurde nicht ins Irrenhaus gesteckt. Ihr zufolge war das Dorf selbst eins. Sie ging auf den Friedhof und sah die vertrockneten Blumen auf dem Grab. Der Verfall störte sie nicht. Ihre Gleichgültigkeit war für sie der Beweis, dass sie nicht zu trauern brauchte. Sie war schon Witwe gewesen, bevor ihr Mann starb.

Eine Woche später kommt Dona Laura wieder zum Fort. Sie will das Kind holen. Ich lasse sie nicht näher kommen. Mit dem Kind auf dem Arm laufe ich über den Hof. Die Wachposten verfolgen mich. Ich denke an alle Mütter, die im Laufe der Jahrhunderte ihre Kinder retten wollten. Die Kraft und Verzweiflung dieser Frauen beherrschen jetzt meinen Körper. Ich laufe über den Hof, bis ich zwischen den Waschtrögen eingekesselt bin. Dona Laura schreit, ich solle aufpassen, der Boden sei nass, dass ich nicht falle und ihren Enkel verletze.

Plötzlich tauchen hinten aus der Waschküche die zehn Königinnen auf. Alle mit Messern in der Hand. Sie drohen den Soldaten. Dieses Kind ist unser aller Sohn, verkündet Muzamussi. Die Messer, die man ihnen gegeben hat, damit sie zivilisiert essen, blitzen jetzt rebellisch in ihren Händen. Besteck ist zu Waffen geworden. Jedes Mal wenn sie das Geschirr abwuschen, verschwand ein Messer. Hätte man sie weiter mit den Händen essen lassen, wären sie jetzt keine Bedrohung.

Der betrunkene König von Gaza sieht aus dem Fenster zu und lacht. Vor Zeiten hat er sich einmal eine Armee nur aus afrikanischen Frauen vorgestellt. Es war kein Traum. Es war ein Albtraum. Jetzt standen die Frauen da und boten den weißen Soldaten die Stirn. Es sind nicht die kleinen Messer, die sie fürchten. Viel mehr erschreckt sie, dass sie auf Widerstand stoßen. Sie haben gelernt, gegen eine Armee zu kämpfen. Aber sie wissen nicht, wie sie ein knappes Dutzend Frauen besiegen sollen.

Die Schlacht war jedoch schon entschieden, bevor sie überhaupt begonnen hatte. Die Frauen werden bezwungen, und mein Kind wird mir aus den Armen gerissen. Dona Laura wickelt es in eine Decke und eilt davon. In der Ferne wird das Weinen meines Kindes immer leiser. Bis ich nur noch das Wasser auf den Waschtrog tropfen höre. Von nun an bleibt es so: Nur das Geräusch von Wasser wird für mich die Stimme meines kleinen Sohnes sein.

Zwischen Exil und Verbannung

Ein großer König ist nicht jener, der sein Volk in den Krieg führt, sondern jener, der den Krieg von seinem Volk fernhält.
Zixaxa

Am späten Nachmittag des zweiundzwanzigsten Juni stürmen die Soldaten in die Zelle der Gefangenen. Sie schreien, Ngungunyane, Zixaxa, Mulungo und Godido sollen die Koffer packen. »Die Koffer?«, fragt Godido, der als Einziger versteht, was sie sagen. In aller Eile packen sie ihre wenigen Habseligkeiten in einem Bündel zusammen. Und nicht einmal dafür lässt man ihnen genug Zeit.

Ngungunyane setzt sich in Tränen aufgelöst auf den Fußboden. Jetzt, ja, da sie ihn so drängen und grob behandeln, jetzt ist er sich sicher, dass sie ihn erschießen wollen. Die Frauen schreien und klagen, die Soldaten führen die vier Gefangenen mit Gewalt hinaus. Ich sehe mir das alles gleichgültig an. Man hat mir mein Kind weggenommen, alles andere spielt für mich keine Rolle mehr.

Ich soll mitkommen, man vertraut Godidos Übersetzung nicht. Wir fahren in zwei Droschken, die Stadt ist leer. Die Aktion findet heimlich statt. Im Hafen wartet das Schiff *Zambeze*. Da erst verraten sie: Die Gefangenen werden auf die Azoren gebracht. Im Hafen müssen wir etwas warten. Ngungunyane ist ruhiger, er hat begriffen, dass man ihm nichts tun wird. Doch er sieht vollkommen verwahrlost aus – das Hemd hängt aus der Hose, die Hose ist zerrissen, das Haar zerzaust.

»Sie sind alle falsch, die Weißen«, erklärt der König von Gaza. »Hätten wir jemals mit ihnen gemacht, was sie mit uns gemacht haben? Hätten wir sie gefangen genommen, in ein fremdes Land gebracht und sie wie Tiere öffentlich zur Schau gestellt?«

»Haben wir jemals Gefangene gemacht?«, erwidert Zixaxa.

»Wieso ergreifst du die Partei der Weißen?«

»Wir sind nicht besser als sie. Nur das sage ich.«

»Du, Zixaxa, redest viel, weil sie es nicht auf dein Leben abgesehen haben.«

»Das, Nkossi, ist nicht das Problem. Das Problem ist, dass sie nicht wissen, was sie mit dir machen sollen.«

Ngungunyane wendet sich ab, er sagt, er verstehe die Sprache der VaTsonga nicht. »Das ist die Sprache, in der wir beide immer miteinander gesprochen haben«, erwidert Zixaxa. Und herausfordernd geht er hinter dem König her: »Der Grund, warum du mich nicht verstehst, ist nicht das, was ich sage. Du verstehst mich nicht, weil ich bin, was ich bin.« Bevor sie ihn an Bord stoßen, schreit Zixaxa: »Bedank dich bei den Portugiesen, dass sie dich verschont haben! Bedank dich bei ihnen, Ngungunyane, hast du das nicht schon immer gemacht?«

Ich sehe, wie das Schiff mit den Gefangenen im Dunst verschwindet. Zurück im Fort denke ich, das Exil genügt nicht, um diese Rebellen von Mosambik zu entfernen. Es darf kein Land dort sein, wohin sie verbannt werden.

Am nächsten Tag bekomme ich Besuch vom Kapitän António Sérgio de Sousa. Er ist überrascht, dass der König nicht da ist. Die Entscheidung, die Gefangenen auf die Azoren zu bringen, ist so geheim gehalten worden, dass selbst er nichts davon wusste. Er überreicht mir einen Blumenstrauß. Er weiß, dass ich entbunden habe, er möchte das Kind sehen.

»Wo ist der Bengel?«, fragt er.

Ich will erklären, dass man mir mein Kind weggenommen

hat, kann aber vor Weinen nicht sprechen. Der Kapitän ist bestürzt, er denkt, das Kind sei tot. Er versteht nicht, was ich sage, weiß nicht, warum ich nicht auf Portugiesisch spreche.

Ich tue so, als hätte ich Halsschmerzen, und bitte um Papier und einen Federhalter. Ich schreibe eine kurze Nachricht auf und gebe sie ihm zu lesen. »Man hat mir mein Kind weggenommen. Helfen Sie mir!«

»Ich will sehen, was ich tun kann«, antwortet er.

Ich lasse den Federhalter fallen, die Tinte läuft mir über die Beine. Ich spreche, weine, gestikuliere. »Er ist doch so klein«, stammele ich. »Er passt fast in eine Hand.« Und ich halte die Hand hoch, als hielte ich noch mein Kind. »Die Männer wissen das nicht, Senhor Capitão, aber wenn wir das erste Mal ein Kind in die Hände nehmen, dann fangen unsere Hände an zu wachsen.«

Ich lehne den Kopf an die Schulter des Kapitäns und verharre so, während ich weinend eine endlose Reihe von traurigen, unübersetzbaren Klagen von mir gebe, alle auf Txitxope. Der Kapitän tut, als verstünde er mich, hilflos angesichts meines unerklärlichen Gefühlsausbruchs. Noch nie habe ich einen so freundlichen Menschen erlebt. »Ich habe einmal *Cinza* geheißen, Asche. Der Name sollte mich beschützen. Wenn wir Asche sind, kann uns nichts Schmerzen zufügen. Wie gern hätte ich die Krankheit meiner Mutter gehabt, sie hat niemals Schmerz empfunden! Wie sehr wünsche ich mir diesen Fluch!«

Offensichtlich kann der Kapitän mit meiner traurigen Stimmung nicht umgehen. Unbeholfen versucht er, mich zu trösten. »Kannst du lesen und schreiben?«, fragt er. »Du hast Glück, Mädchen. Meine Nachbarn, die sich als gebildet und wohlhabend bezeichnen, haben ihren Töchtern verboten, zur Schule zu gehen, damit sie nicht irgendwann Liebesbriefe an die Jungen schreiben würden.«

António Sérgio de Sousa führt mich auf die Dachterrasse, von wo man auf der einen Seite das Meer und auf der anderen die Stadt sieht. Seine Hände auf meinen Schultern bringen mir die Ruhe von früher zurück.

»Es gibt einen Grund, warum ich gekommen bin«, sagt er.

Ich hebe neugierig die Augenbrauen. Der Kapitän reibt sich die Ellbogen, als wäre ihm auf einmal kalt. Als er heute früh aufwachte, konnte er nicht aufstehen. Einen Moment lang glaubte er, man hätte ihm in der Nacht die Gelenke versteift und die Knochen wären zu Eisen geworden. Er sagte zu sich selbst: Heute werden sie mich zusammen mit meinem alten Schiff verschrotten. Er setzte sich im Bett auf und dachte, es gebe Dinge, die er nicht mit ins Grab nehmen dürfe.

»Ich habe dir Blumen mitgebracht, Imani«, sagt er. »Aber eine Blume hat nur dann einen Wert, wenn sie eine Geschichte hat.«

Ich warte auf die Geschichte. Doch der Kapitän schweigt, er kämpft mit seinen Gespenstern. Ich lasse etwas Zeit verstreichen, dann frage ich nach Álvaro Andrea. »Glauben Sie, er kann mir helfen?«, schreibe ich. »Wenn doch nur ihm selbst geholfen würde«, antwortet Sousa. Eine Zeitung hat seinen Bericht gegen Mouzinho zum Teil veröffentlicht. Und nun kann er die Kaserne nicht mehr verlassen. Unter dem Vorwand, ihn immer wieder zu verhören, verwehrt man ihm jeden Kontakt nach draußen. Für die Mehrzahl derer, die sich gegen Andreas Bericht gewandt haben, war nicht ausschlaggebend, dass er den Nationalhelden angeprangert hat. Am meisten irritierte sie, dass Andrea die Schwarzen als Menschen behandelt, die jeden Respekt verdienen.

Der Kapitän legt mir wieder die langen Arme über die Schultern und sagt: »Ja, und jetzt komme ich zu dem, was mich hierhergeführt hat. Die Frage, die mir keine Ruhe lässt: Hat dir Sargento Araújo während der Seereise etwas angetan?«

Ich antworte nicht. Selbst wenn ich es wollte, wäre ich nicht in der Lage. Der Kapitän stößt einen langen Seufzer aus: »Ich habe es ja vermutet. Es ist meine Schuld, ich habe mich nie durchsetzen können.« Wenn er ein Vogel wäre, erklärt er beschämt, wäre er ein Papagei. Niemals ein Adler. Ihm fehlt das Verlangen, hoch hinauszuwollen, die Freude am Befehlen. Deshalb hat er immer eine Ergänzung gebraucht. Und das war Sargento Araújo.

Das ist seine Art, mich um Entschuldigung zu bitten. »Ein Papagei, ja, das bin ich«, sagt er noch einmal, dann geht er. Jetzt ist er im Frieden mit sich selbst, der alte Kapitän der *África*. Nicht er hat mich besucht. Nein, ich habe seine Gespenster beruhigt. Seine Großzügigkeit besteht darin, dass ich ihm Gutes tun konnte.

Der Horizonte trinkt

Ich sehe nicht mit den Augen. Ich sehe mit den Träumen.
Dabondi

Liebe Imani,

dieser Brief ist eine Überraschung. Ich bin es, Nwamatibjana Zixaxa, der dir von den Azoren schreibt. Wie du siehst, war es sehr gut, dass ich Portugiesisch gelernt habe. Unterwegs habe ich sprechen gelernt. Und jetzt, auf der Insel, lerne ich schreiben. Bei diesem ersten Brief ist mir noch ein Soldat behilflich, der mir zu einem Kameraden geworden ist. Ich nenne ihn Munganu. Er hat gelacht, er weiß nicht, dass ich ihn »Freund« in meiner Sprache nenne. Ich verbringe mehr Zeit mit ihm als mit irgendeinem von denen, die aus Mosambik gekommen sind. Die Weißen wundern sich darüber. Ich müsse doch unter »meinen Leuten« bleiben. Für sie sind wir alle schwarz, ohne Unterschied. Sie wissen nicht, dass ich ein Mfumo bin und die anderen drei VaNguni, vom Adel der Zulu. Sie verstehen nicht, warum ich dem weißen Soldaten mehr vertraue als meinen Zellengenossen. Den nächsten Brief, haben Munganu und ich verabredet, schreibe ich allein.

Wir sind auf einem Schiff namens *Zambeze* zu den Azoren gefahren. Das Schiff, das uns aus Mosambik gebracht hat, hieß ja *África*. Ngungunyane glaubt, die Namen wurden ihm zu Ehren ausgesucht. Er ist krank, der Löwe von Gaza. So betrunken sein wie früher reicht ihm nicht mehr. Jetzt sucht er in seinem Wahnsinn eine letzte Zuflucht. Die ganze Reise über hat er sich beim Schlafen an eine Weinflasche geklammert. Frühmorgens hat er mit den leeren Flaschen nach den großen Vögeln geworfen, die über dem Schiff flogen.

Auf der Insel Terceira wurden wir besonders empfangen – es gab weder Beleidigungen noch Drohungen wie in Lissabon. Man hat uns gesagt, wir seien Gäste, keine Gefangenen. Sie haben uns ein Haus in der Festungsanlage gegeben. Wir dürfen uns auf dem großen Gelände frei bewegen. In eins der weiß gekalkten Gebäude hat jemand einen Satz gebrannt, über den wir Exilierten nur lachen können. Der Satz lautet: »Lieber in Freiheit sterben als in Frieden unterworfen.« Die Worte erinnern mich an Pastor Machava, als er in Kap Verde von Bord ging. António Sérgio de Sousa verabschiedete sich sichtlich schuldbewusst von ihm: »So manches würden wir nicht tun, wenn nicht Krieg wäre.« Und der Missionar antwortete: »Niemand wünscht sich den Frieden mehr als meine Glaubensbrüder, die hier gefangen gehalten werden. Denn für uns ist Leben schon Krieg.« Und der Kapitän Sousa verteidigte sich mit dem Argument, er verfolge mit allem, was er tue, nur das Ziel, den Krieg zu beenden. Die letzten Worte hat Roberto Machava in seiner eigenen Sprache gesagt: »Sie wollen Frieden, mein Herr? Wir hier wollen das und noch viel mehr. Wir wollen ein anderes Leben.«

Ich habe gehört, dass man Machava nach Mosambik zurückgeschickt hat. Die Engländer haben so einen Druck auf die portugiesischen Behörden ausgeübt, dass diese schließlich nachgegeben haben und ihn zurückkehren ließen. Aber die anderen, seine Anhänger, sind in Kap Verde geblieben. Sie haben noch gehofft, Machava käme sie holen. Oder dass Gott ihnen Gerechtigkeit widerfahren ließe. Man hat sie zur Arbeit in die Salinen geschickt. Die meisten sind gestorben, wie man mir gesagt hat. Sobald das Salz in Säcke gefüllt war, wurde es steinhart. Das lag an der Qualität des Salzes, aber die Chefs machten die Sklaven aus Mosambik dafür verantwortlich und ließen sie zur Strafe zum Schlafen an die Säcke binden. Die Männer magerten ab, siechten dahin. Als sie weinten, haben sie sich aufgelöst. Kann sein, dass das erfunden ist. Aber so hat man es mir erzählt. Dafür genau sind Abwesende gut – dass man sie zu Geschichten macht. Diese Geschichten gelangen wieder nach Mosambik. Und so finden die Abwesenden ihren Weg zurück.

Ich kann mir vorstellen, dass du wissen möchtest, wie ich meine Zeit verbringe bei so viel Meer ringsum. Aber ich sage dir: Wenn diese Insel ein Gefängnis ist, dann verbüße ich mit Tausenden von Azorern die gleiche Strafe. Ich bin hier alles andere als ein Gefangener. Hinter der Festung gibt es dichten Wald, da jagen wir Kaninchen. Die Bäume sehen hier anders aus. Wir wissen nicht, welche Seelen darin wohnen. Ngungunyane zieht nicht die Schuhe aus, um in den Wald zu gehen. Ohne um Erlaubnis zu fragen, geht er zwischen den Bäumen umher, die er nicht kennt. Verrückte brauchen die Götter nicht zu fürchten. Für die Kaninchenjagd benutzt Ngungunyane einen Stab, den er aus Mosambik mitgebracht hat. Wenn er den wirft, trifft er immer. Ngungunyane sagt, Dabondi habe den Speer besprochen. Eines Tages, sagt er, will er ihn ins Meer werfen und statt Kaninchen Wale töten. Dann werden ihn die Meeresjäger gebührend respektieren.

Abends läuft der König durch den Patio, und wir hören ihn den Namen der einzigen Frau rufen, die er je geliebt hat: »Vuiaze!« Godido holt den Vater herein. Er nimmt ihn in den Arm und gibt ihm eine Flasche Süßwein. Der König bewahrt die Korken auf. Er hat schon hunderte, er sammelt sie, um daraus ein Boot zu bauen. Mit diesem Boot will er eines Tages nach Mosambik zurückkehren, sagt er.

Ich muss gestehen, Imani, Ngungunyane tut mir leid. Der arme Mann ist schon genug gestraft. Und zwar auf die einzig mögliche Art: Er ist sein eigener Henker. Jetzt braucht er nicht einmal zu trinken. Der Horizont wässert seine Augen, die Einsamkeit überschwemmt seine Seele.

Mir hingegen macht es nichts aus, vom Meer umringt zu sein. Tatsächlich befinde ich mich nicht zum ersten Mal auf einer Insel. Als ich zwanzig Jahre alt war, haben mich die Portugiesen zur Strafe auf die Ilha de Moçambique geschickt. Später haben sie mich begnadigt und ließen mich nach Lourenço Marques zurückkehren. Das war ein Fehler. Wenn sie einen hassen müssen, dann mich. Ich war es, ich ganz allein, der Lourenço Marques angegriffen hat. Beinah hätte ich gesiegt, beinah hätte ich die Portugiesen ins Wasser der Bucht getrieben.

Kurios, was es an zufälligen und verpassten Begegnungen auf der Welt gibt. Der Soldat, der diesen Brief schreibt, hat gestern noch eine Gruppe weiße Soldaten mitgebracht. Sie haben sich rings um mich gesetzt und ganz aufmerksam gefragt, wie es in meinem Land ist. Sie wollen weg von der Insel, sie ertragen die Armut nicht, in der sie hier leben. Viele in ihrem Alter sind nach Brasilien gegangen. Aber sie glauben, Afrika könnte ein besseres Ziel sein, nachdem es da nun keinen Krieg mehr gibt. Sie wollten wissen, wie man bei uns lebt. Ich habe ihnen geantwortet: »Wenn Sie es mir erlauben, führe ich Sie nach Mosambik, und wenn Sie nicht unterwegs die Rasse wechseln, werden Sie alle reich werden.« Da haben sie gelacht, wir haben alle gelacht. Gemeinsam lachen ist wie eine Umarmung.

So sieht es aus, meine Liebe. Ngungunyane flicht Körbe. Ich schmiede kleine Freuden. Glücklich sein ist die beste Art, mich an Ngungunyane zu rächen. Der König von Gaza hat mich an die Portugiesen ausgeliefert? Nun gut, jetzt bin ich das: ein Portugiese, ein Portugiese mit dunkler Haut. Ein glücklicher Portugiese, und wenn er auf den blickt, der ihn verraten hat, sieht er einen unglücklichen Trinker. Am Wochenende bringen sie mich zu den Freudenhäusern. Ich schlafe mit den Frauen, vergesse meine Ehefrauen, die weit weg sind. Godido und ich haben unseren Spaß bei diesen abendlichen Vergnügungen. Mulungo ist zu alt, der kommt nicht mit. Ngungunyane kommt manchmal mit, wenn er nüchtern ist. Aber er bleibt nur auf ein Glas. Dann überkommt ihn seine Angst vor den Frauen. Er kehrt in dem Bewusstsein zurück, dass er nicht nur seinen Thron verloren hat, sondern auch seine Männlichkeit. Unser Ngungunyane hasst das Meer, die Frauen und die Schwalben aus demselben Grund. Er fürchtet sich vor allem, was er nicht beherrschen kann.

Ich will diesen Brief nicht beenden, ohne über das zu sprechen, was, wie ich weiß, dich martert. Die drei Gefangenen, die auf der Reise erschossen wurden. Jetzt sage ich dir, quäl dich nicht, Imani. Du trägst keine Schuld. Ich war es, der auf dem Schiff Machavas Pläne verraten hat. Ich habe verhindert, dass mein großer Rivale ermordet wurde. Ich habe das aus Angst davor getan, welche Reaktionen der Tod des Löwen von Gaza auslösen könnte. Die Portugiesen hätten sich an mir gerächt. Sie hätten auch mich erschossen und ins Meer geworfen.

Ich verabschiede mich und bitte meinen Freund, mir die Feder zu leihen, mit der er diesen Brief geschrieben hat. Denn ich möchte jetzt eigenhändig schreiben: *Ita vunana musuko, nkata Imane!* Wir sehen uns morgen, liebe Imani.

Ilha Terceira, 1. Juli 1896
Nwamatibjana Zixaxa

Die allerletzte Sprache

Die Portugiesen haben mich meiner Heimaterde entrissen. Nun habe ich keinen Ort, an dem ich beerdigt werden kann. Alle, die für mich beten, werden auf das Meer blicken müssen.
Ngungunyane

Ich kleide mich an und sollte doch sterben. Ziehe Schuhe an, und der Boden versinkt unter mir. Sie stoßen mich durch die Gänge der Festung, das Kleiderbündel schleift über den Boden. Die Soldaten schreien, wir sollen uns beeilen. Sie beschimpfen uns, vor allem die Königinnen, die ja nichts verstehen. Seit Dabondi mich verwünscht hat, habe ich kein Wort Portugiesisch mehr gesprochen. Leider hat der böse Blick nicht verhindert, dass ich diese Sprache verstehe, die zwar den anderen gehört, doch auch Teil von mir ist.

Sie wollen uns auf eine weit entfernte Insel bringen. In ein Exil im Exil. Die Königinnen sind resigniert, sie haben zu keinem Ort eine Bindung. Bei mir ist es anders. Ich habe mein Kind in dieser Stadt. Ich bitte den Kommandanten, mich von dem Kleinen verabschieden zu können. Niemand hört mich. Ich war schon Dolmetscherin eines Königs. Ich war Spionin im Dienst der portugiesischen Krone. Jetzt bin ich nur eine von elf Negerinnen. Vor Kurzem erst habe ich ein Kind geboren, aber ich werde meinen kleinen Tsanga nie wiedersehen. Nie wieder werde ich den Vater meines Kindes sehen, meinen Germano, die Liebe meines Lebens. Vollkommen aufgelöst steige ich in die Kutsche. Dabondi ordnet mein Haar, knöpft mein Kleid zu. Mir versagen die

Finger, mein ganzer Körper war nur dazu da, das Kind zu liebkosen, das man mir weggenommen hat.

Wir fahren schweigend zum Hafen. Vor vier Monaten sind wir in einer kalten Stadt voller Menschen angekommen. Jetzt verlassen wir ein warmes, menschenleeres Lissabon. Auf halber Strecke verliere ich fast den Verstand. »Dona Laura! Geben Sie mir mein Kind zurück, Dona Laura!«, schreie ich. Die Königinnen weinen, nehmen mich in den Arm, drücken meinen Kopf an ihren ausladenden Busen. Die Pferdehufe zerschlagen die Stille, wie Steine treffen sie auf das Pflaster.

Das Schiff, auf dem wir abfahren sollen, kommt in Sicht. Es heißt *São Tomé,* so wie der Ort, an den wir verbannt werden. Die Königinnen treten barfuß auf den Anleger. Sie haben die Augen geschlossen, zwei von ihnen bedecken sich das Gesicht mit ihrem Umlegetuch. Vor vier Monaten hat man uns in ein dunkles Verlies gesperrt, vor zwei Wochen haben sie uns von den Männern getrennt. Sie fürchten, unsere Traurigkeit könnte in Wut umschlagen. Wut schlägt Wurzeln. Deshalb fahren sie mit uns über das Meer.

Ich habe noch ein letztes bisschen Kraft. Und ich protestiere, obwohl wenig zuversichtlich: Wenn sie uns auf einem Schiff wegbringen, warum lassen sie uns nicht auf den Azoren an Land, wo sich unsere Männer schon befinden? Doch ich vergesse, dass ich jetzt nur in meiner Muttersprache sprechen kann. Die Soldaten lachen über meinen energischen, doch unverständlichen Protest. Aber ich weiß, warum wir nicht an denselben Ort kommen wie die Männer. António Sérgio de Sousa hatte mir schon vorher erklärt, die Leute auf den Azoren seien sehr fromm. Mit christlicher Barmherzigkeit nähmen sie notleidende Afrikaner auf. Aber für die sündige Polygamie sei bei ihnen kein Platz. In Zixaxas Briefen findet sich keine Bestätigung für derartige Sittenstrenge. Er spricht sogar von Freudenhäusern, zu denen die Gefangenen am Wochenende gebracht werden. Die Moral kennt im Hinblick auf Frauen Verbote und Duldungen. Huren, ja. Geliebte, vielleicht. Zweit- oder Drittfrauen auf keinen Fall.

Wir kommen also nicht auf die Azoren. Aber sie schicken uns auch nicht zurück nach Mosambik. Und der Grund dafür ist verständlich. Wenn die Königinnen zurückkämen, könnte dies Groll gegenüber Portugal schüren. Man spricht schon von einer Frau – der Königin Zambili –, die vor den Toren von Lourenço Marques einen Aufstand anführt.

Nach zwölf Tagen Seekrankheit laufen wir im Hafen von São Tomé ein. Die schwangere Dabondi leidet am meisten. Ihr Bauch ist schon ein wenig runder, ihre Brüste sind von einem Tuch bedeckt, bis zur Geburt wird es immer dasselbe sein. Letztlich wird die Königin mehr Glück haben als ich. Auf der Insel São Tomé gibt es keine Großmutter, die ihr das Kind wegnehmen wird. Wir werden zehn Tanten sein, die ein Kind gemeinsam großziehen, denn als ihr Kind gehört es uns allen.

Ich wusste nicht, dass es so viele verschiedene Afrikas gibt. Es bedurfte einer kleinen Insel, um zu zeigen, wie groß Afrika ist. In São Tomé begegnen sich Menschen, Sprachen und Religionen vom ganzen Kontinent. Und so kommt es, dass wir still und schüchtern sind, wenn wir einem anderen Schwarzen begegnen. Wir haben zwar die gleiche Hautfarbe, gehören aber nicht zum selben Volk. Deshalb zögern wir, bevor wir zu überschwänglichen Begrüßungen ansetzen. Und dennoch gibt es bei jeder Begegnung eine angedeutete Bewegung, ein verhaltenes Lächeln, ein verborgenes Schweigen. Mit der fast vollzogenen Umarmung zögern wir unsere Verbrüderung hinaus.

In der ersten Woche werden wir in den Nebengebäuden einer Plantage untergebracht. Wir schlafen in einem Kaffeelagerraum. Dort beschäftigen wir uns wie schon zuvor – mit absolut nichts. Hier aber gibt es weder Gitter noch Soldaten. Ein einziger Wachposten – in Zivil und unbewaffnet – kontrolliert den Eingang zur Lagerhalle. Wenn es regnet – und es regnet ständig –, fordern wir den Wachmann auf, sich bei uns unterzustellen.

Ich weiß nicht, was ich ohne die Königinnen täte. Mit ihrer Anwesenheit erweist sich noch eine Prophezeiung von Dabondi als richtig: Die Wurzeln meiner Seele geben mir jetzt mein ganzes Wesen zurück. Nicht nur, dass ich zur Sprache meines Dorfes zurückkehre. Diese Frauen bringen mir meine Heimat und mein Volk zurück. Und sie führen mich zu mir selbst zurück.

Die Tage des trauten Zusammenlebens sind jedoch nur von kurzer Dauer. In der zweiten Woche werden wir getrennt. Die Matriarchin Muzamussi wird zu einer Werft im Süden der Insel gebracht. Sie ist die Korpulenteste, sie muss für den Bau Steine schleppen. Acht andere Königinnen werden für Arbeit im Krankenhaus eingeteilt, sie sollen dort putzen. Sie werden in Nebengebäuden des Krankenhauses untergebracht. Dabondi und ich bleiben als Einzige im Kaffeelager. Die Begründung ist nicht gerade ermutigend. Sie finden uns am attraktivsten, wir sollen in einem Bordell für die Soldaten arbeiten. Die Portugiesen merken nicht, dass Dabondi schwanger ist. Und sie sagt lieber nichts. Sie fürchtet, dass sie den Tieren zum Fraß vorgeworfen wird, wenn man sie für untauglich hält. Damit tritt schließlich Bianca Vanzinis Vorhersage ein: Ich bin ein Freudenmädchen und verkaufe mich nachts wie ein Stück Fleisch.

Jeden Abend gehen Dabondi und ich einen von Palmen gesäumten sandigen Weg entlang. Der Weg führt uns zu der Bar, wo die Soldaten uns erwarten. Spätnachts kehren wir erschöpft und betrunken zu der Lagerhalle der Plantage zurück. Beim Lärm der Pferdewagen und der Träger, die Kaffeesäcke stapeln, schlafen wir ein. Es sind junge Schwarze, sie arbeiten mit nacktem Oberkörper. Sie tragen die Säcke so wie wir Frauen – auf dem Kopf. Ihre Körper verströmen einen süßen Geruch, genau wie die Kaffeebohnen. Dieser Duft betäubt die Sinne. Die Last selbst verhindert, dass die Träger ihre Erschöpfung spüren – ein merkwürdiges Leiden, das süchtig macht wie Alkohol.

Eines Morgens weckt mich Dabondi. Blut läuft ihr über

das Gesicht, ein Mann hat sie geschlagen, weil sie sich ihm verweigert hat. »Komm mit«, sagt sie. »Wir gehen zum Verwalter.« Dabondi weiß Dinge, die ich nicht weiß: Der portugiesische Verwalter heißt Almada Negreiros, seine Frau ist Mulattin, sie stammt von hier und ist schwer krank. Widerstrebend stehe ich auf. »Und was wollen wir da?« Ohne zu antworten, drängt sie mich aus der Tür. Keuchend und hetzend erklärt Dabondi unterwegs, sie wolle um Anstellung bei den Negreiros bitten. »Ich versorge die Kinder«, sagt sie.

Wir steigen Anhöhen hinauf, kommen an Bächen und Wasserfällen vorbei und gehen durch ausgedehnte Plantagen. Die Kaffeesträucher blühen, weiße Spitzen streifen uns am Arm. »Ich mag diese Landschaft nicht«, brummelt Dabondi. »Der Buschwald ist mir viel zu aufgeräumt.« Den ganzen Weg über betastet sie ihren Bauch. Ein dünner Blutfaden rinnt ihr die Beine hinunter. »Wenn der Kerl meinem Kind etwas getan hat, bring ich ihn um!«

Das Haus des Verwalters Negreiros ruht auf Pfeilern, umgeben von Grotten, durch die Wasser rinnt, das dem Himmel entspringt. »Du lernst jetzt Dona Elvira kennen, die Frau von dem Weißen, ich bin sicher, so große Augen hast du noch nie gesehen«, sagt Dabondi. »Sie ist hochschwanger, kurz vor der Niederkunft, wenn es noch ein paar Tage dauert, springen ihr die Augen raus.« Dann bittet sie mich zu dolmetschen.

Zuerst wehre ich ab: »Ihr habt mir mein Portugiesisch genommen, und jetzt, selbst wenn ich es wollte, kann ich es nicht mehr.«

Dabondi antwortet lakonisch: »Du kannst sprechen!«

Nach langem Warten erwischen wir den Verwalter und seine Frau, sie wollen zum Krankenhaus. Dabondi stellt sich vor. Sie spricht über ihre Herkunft, über den Hof von Gaza. Der Verwalter mustert uns misstrauisch. »Königinnen?«, fragt er sarkastisch. Und drängt seine Frau, die einen kleinen Jungen an der Hand hält: »Komm, Elvira. Dafür haben wir keine Zeit.«

Entschieden stellt Dabondi sich zwischen das Ehepaar und fordert den Portugiesen heraus: »Ich kenne Sie, Senhor. Soll ich sagen, wo wir uns begegnet sind?« Ohne dass ich es übersetzt habe, scheint der Verwalter verstanden zu haben. Wortlos lehnt er sich an eine Wand. Dabondi geht näher an Dona Elvira heran, hält sich die Hände an den Bauch und sagt: »Bitte, Senhora. Sehen Sie mich an, ich bin auch schwanger. Wie kann man mich zwingen, mit den Soldaten zu schlafen?«

Dona Elvira blickt die Schwarze an, die es wagt, sich ihr in den Weg zu stellen. Sie scheint nicht verärgert zu sein. Im Gegenteil, sie wirkt fasziniert. Sie fasst die Reifen an, mit denen Dabondis Arm bedeckt ist.

»Bist du aus Angola?«, fragt sie. »Deine Züge kommen mir vertraut vor, du stammst aus Benguela …«

Dabondi versteht nichts, bejaht aber. Der Verwalter ist nervös. Er hat es eilig, umso mehr, da er von diesen beiden fremden Frauen bedrängt wird.

»Bitte, Senhora, sprechen Sie mit Ihrem Mann!«, sagt Dabondi. Auf einmal bittet sie nicht mehr. Sie ist barfüßig, spricht aber vom Thron ihrer Würde herab. »Sie haben schwarzes Blut, Sie müssen mir helfen.« Die Familie steht da, wie gebannt von den Worten, die ich eifrig übersetze. »Meiner Freundin«, Dabondi weist auf mich, »haben sie das Kind weggenommen. Und mein Kind …«, sie bricht ab, schluckt trocken, dann spricht sie weiter, »mein Kind ist misshandelt worden.«

»Und wo ist das Kind?«, fragt die Frau des Verwalters.

»Hier, in mir.«

Der Verwalter zieht seine Frau am Arm. »Lass mich«, reagiert sie energisch. Etwas rücksichtsvoller drängt er: »Komm, Elvira. Die beiden sollen später wiederkommen.«

Ein Später gab es nicht mehr. Am nächsten Tag verlor Dabondi ihr Kind im Krankenhaus. In einem anderen Zimmer desselben Krankenhauses starb die Frau des Verwalters Negreiros bei der Geburt. Sowie Dabondi davon erfuhr, verließ sie ihr Zimmer und übertrat mit resoluten Schritten die Linie, die in dem Krankenhaus die Rassen voneinander trennte. Eine Krankenschwester folgte ihr die ganze Zeit und warnte sie vor den Konsequenzen ihres Ungehorsams. Im Zimmer der verstorbenen Elvira drängte sie sich zwischen den verblüfften Besuchern zum Kinderbett hindurch und nahm das Neugeborene auf den Arm. Sie wiegte es und zeigte es seinem Bruder. Der Junge starrte sie mit seinen hervorquellenden Augen an, die er von Elvira geerbt hatte. Dabondi sprach auf Xizulu zu ihm: »Dein Bruder ist geboren, als mein Kind gestorben ist. Zwei Schatten haben sich berührt. Du wirst in meinen Armen deiner Mutter begegnen …« Es hatte keinen Sinn, das zu übersetzen. Inzwischen haben sich die anderen Königinnen im Krankenhaus versammelt. Sie bringen Dabondi nach Hause.

»Du musst es Ngungunyane schreiben«, befiehlt Muzamussi auf dem Weg. Wenn ein Kind im Mutterleib stirbt, sagt man, »es sei umgekehrt«. Damit lastet auf der Mutter eine Schuld. Wir sollen Ngungunyane sagen, dass dies ein anderer Fall ist. Dass dieses Kind umgebracht worden ist. Der Vater muss unbedingt informiert werden, auch wenn man weiß, dass es dauert, bis die Nachricht die Azoren erreicht.

»Godido, der muss informiert werden«, sagt Dabondi. Und fügt hinzu: »Nur er muss es erfahren, sonst niemand.«

Ich knie neben der Matte, auf der Dabondi liegt. Die Träger setzen die Säcke aus Rücksicht draußen vor der Halle ab. Dabondis Blick heftet sich an die Decke, und ich bete auf Xizulu, der einzigen Sprache, die unsere Götter verstehen. Ich spreche ein improvisiertes Gebet, und Dabondi hört mir zu, ohne mich zu unterbrechen: »Königin, Ihr habt in mir die Sprache ausgelöscht, die ich in der Schule gelernt habe, Ihr habt mir eine meiner ältesten Wurzeln entrissen. Aber die Kunst des Lesens und Schreibens auf Portugiesisch habt Ihr mir gelassen. Jetzt bitte ich Euch: Nehmt mir auch diese

Fähigkeiten. Ich will kein Papier mehr, keine Tinte, keine Feder. Schreiben bereitet mir Schmerz, und ich will meine Seele reinigen. Vielleicht wisst Ihr es nicht, doch wenn die Wörter geschrieben sind, halten sie die Zeit fest. Wenn ich mein Kind nicht wiedersehen kann, will ich keine Zeit mehr, keine Erinnerungen. Deshalb flehe ich Euch an: Zerreißt alle Blätter, bevor sie beschrieben sind, und macht jeden Tropfen Tinte zu Wasser. Ich will ganz leer sein. Und wenn in mir keine Sprache mehr ist, bitte ich Euch, dass Ihr auch die Sprache der Träume in mir auslöscht. Denn mir genügt die Nacht der Tiere – eine Zeit nur zum Geborenwerden und Sterben.«

Ich schweige wieder. Mit geschlossenen Augen hebt Dabondi einen Arm und sucht nach meinem Gesicht. Ihre Finger tasten über meine Augen, wandern langsam über meine Wangen und legen sich wie zwei gekreuzte Klingen über meinen Mund. Sie ist erschöpft und will mir nicht länger zuhören. Aber ich sage noch etwas: »Wir werden nie zurückgehen, Dabondi.«

»Es ist auch besser so, Mädchen, es ist besser, hier zu sterben. Wir haben unsere Kinder verloren, wir hinterlassen keine Saat in dieser Welt. Wir sind niemand. Wir haben keinen Ort, an den wir zurückkehren können, Imani.«

Ein neuer Name für Zixaxa

Wer leidet mehr? Wer auf ewig wartet oder wer nie auf einen anderen gewartet hat?
Dabondi

Liebe Imani,

ich beginne diesen Brief mit dem Ende. Und unterschreibe gleich mit meinem neuesten Namen: Roberto Frederico Zixaxa. Wie du siehst, bin ich getauft worden. Bei meinem Alter und meiner Rasse bedeutet dies: Man hat meine Seele gewaschen. Und zwar, das kann ich sagen, mit vornehmem Wasser. Wie man mir erklärt hat, ist Frederico der Name von vornehmen Leuten. Damit wollten die Weißen zeigen, dass sie uns als Könige der Länder achten, aus denen wir kommen. Die Taufe fand in der größten Kirche der Stadt statt. Sie hatten wichtige Persönlichkeiten mitgebracht, die Indunas von Terceira und den anderen Inseln. Alle waren zufrieden, weil sie glaubten, sie hätten uns verändert. Aber ich glaube, im Grunde wissen sie: Namen sind eine Tätowierung der Seele. Kein Tod kann sie löschen.

Dir kann ich es anvertrauen: Ich benutze diesen neuen Namen wie Schuhe. Sie passen an unsere Füße, sind aber nicht Teil unseres Körpers. Bei der Geburt wählen unsere Ahnen den Namen für uns aus. Die Herren der Welt entscheiden, welchen Namen wir nicht behalten.

Das alles mag auf Ngungunyane zutreffen. In meinem Fall bewahre ich meine Vergangenheit in dem Namen, den ich noch habe. Die Kinder und Enkel, die ich auf dieser Insel haben werde, werden den afrikanischen Namen Zixaxa nicht verleugnen. Ich freue mich über meine kleine Ewigkeit.

Nicht nur mir haben sie einen neuen Namen gegeben. Wir vier wurden alle in derselben Zeremonie getauft. Ngungunyane heißt jetzt Reinaldo Frederico Gungunhana. Für den Eintrag haben sie sich ein Alter für ihn ausgedacht. Da steht jetzt, dass er sechzig Jahre alt ist. Der arme Kerl ist noch nicht einmal fünfzig. Irgendwann werden sie trotz seines heftigen Protests verkünden, dass er tot ist.

In der letzten Woche hat der Nkossi von Portugal, König D. Carlos, die Azoren besucht. Um zu verhindern, dass der illustre Besucher Ngungunyane begegnen muss, haben sie uns auf einen Ausflug aufs Land geschickt. Angeblich hat D. Carlos noch darauf bestanden, uns Guten Tag zu sagen. Das haben sie ihm ausgeredet. Ngungunyane taugte nicht einmal zur Erinnerung an das, was er früher war.

Deshalb haben sie uns weit weggebracht, zur sogenannten Lagoa do Preto, dem »See des Negers«. Der ist aus den Tränen eines Sklaven entstanden. Der Afrikaner hatte sich in eine feine Dame verliebt. Ihr Mann entdeckte die Affäre und befahl, den Sklaven zu töten. Der Unglückliche konnte fliehen, wurde aber von Hunden und Soldaten verfolgt. Er flüchtete in einen Sumpf. Und dort weinte er. Er weinte so viel, dass rings um ihn ein See entstand. Und das Wasser hielt die Hunde auf. Von den Soldaten eingekesselt, ertränkte der Sklave sich in dem See.

Am Rand des Sumpfs sitzend, hörte der König von Gaza diese Sage und war gerührt. Aber dann äußerte er, es könne kein Mann aus seinem Volk gewesen sein, der so sehr wegen einer Frau geweint hatte. »In unserem Volk sind es die Frauen, die aus Liebe weinen«, erklärte er laut.

»Und was war mit Vuiaze?«, fragte ich.

Das war gemein, ich gebe es zu. Ich hätte diese traurige Erinnerung nicht aufleben lassen sollen. Denn nachdem der König den Namen seiner Geliebten gehört hatte, wankte er barfuß wie ein Gespenst umher. Der Sumpf ist umgeben von großen Felsblöcken, die man »schwarze Geheimnisse« nennt. Die Soldaten bewachten Ngungunyane, bis er über einen Knochenhaufen stolperte. Es waren nicht die Überreste von einem Tier. Es war das halb vergrabene Skelett eines Menschen. Ngungunyane scharrte in der Erde und förderte einen langen Knochen zutage. Und er sah, dass ein Name darauf stand. Und sofort verfluchte er den Tag, an dem er lesen gelernt hatte. Denn er sah, dass sein eigener Name darauf stand: Reinaldo Frederico Gungunhana. Er kratzte mit den Fingernägeln darüber, wollte die Buchstaben entfernen. Er kratzte, bis ihm Blut um das Handgelenk lief. Seine Finger waren jedoch unversehrt. Trotzdem sah er das Blut in dicken Tropfen fallen. Da merkte er, dass es der Knochen war, der blutete. Erschrocken warf er den Knochen in den Sand und ließ ihn dort weiterbluten. Ngungunyane wurde immer schwächer, während er zusah, wie der Boden sich rot verfärbte. Dann ließ er das Skelett, auf dem sein eigener Name geschrieben stand, auf die Knochen fallen.

Nach diesem Erlebnis war Ngungunyane verwirrt. Er kehrte schweigend zur Festung zurück. Irgendwann packte er mich am Arm und sagte: »Sie kommen mich holen, Zixaxa. Meine Enkel werden mich holen.«

Mag sein, dass es stimmt, mag sein, dass sie ihn holen kommen. Mich haben sie schon geholt. Und sie sind nicht von weit her gekommen. Es war jemand von hier. Ich habe eine Freundin. Es stimmt, eine weiße, vollkommen weiße Verlobte. Sie heißt Maria Augusta und ist die Tochter von João de Sousa, einem Azorer aus Ribeirinha. Ihre Mutter, meine künftige Schwiegermutter, heißt Francisca Vila d'Amigo und ist in Spanien geboren. Die Welt ist klein und groß, Imani. Sieh mich an, ein Afrikaner auf einer portugiesischen Insel, der eine Azorerin spanischer Abstammung heiraten will.

Ich kann keinen Brautpreis zahlen. Auf dieser Insel ist es wie bei den Zulu – ein Rind ist mehr wert als ein Fremder wie ich. Was könnte ich ihnen anbieten? Zu meinem Trost habe ich Einladungen besorgen können zu einer

Zirkusvorführung zu Ehren der Gefangenen aus Afrika. Mit anderen Worten, zu unseren Ehren. Die Familie der Braut war davon beeindruckt, wie wichtig ich bin. Noch mehr beeindruckt waren sie, als sie erfuhren, dass ich zum Waldhüter ernannt worden bin. Ich habe eine Anstellung, ich verdiene mein Geld, verschaffe mir Respekt. Weißt du, was ich hüten soll? Ich hüte einen ganzen Berg, einen Berg namens Brasil. Vom Bewachten bin ich zum Bewacher geworden. Das alles geschieht hier, und das alles sieht sich Ngungunyane an in seinem Alter, in das man ihn befördert hat. Ich gestehe, meine Liebe: So langsam sehne ich mich nach dem Hass, den ich einmal auf Ngungunyane gehabt habe.

Eines Nachts wachte der König von Gaza auf und schrie: »Nein, nicht mitnehmen, lasst ihn hier!« Wie immer kam ihm sein Sohn Godido zu Hilfe. Nur er darf auf die Wahnvorstellungen reagieren. Ngungunyane weiß immer seltener, ob er träumt oder volltrunken ist. Dieses Mal sagte er, er hätte gerade Isibayai gesehen, den großen heiligen Stier der Zulu. Der Stier hätte zwei Ozeane überquert, um zu ihm zu kommen. Er tauchte aus dem Wasser auf, lief über den Strand, stieg die steinige Düne hinauf, sprang über die Fallen, die das Gemäuer der Festung schützen. Als er vor unserer Zelle stand, knickte er die langen Beine ein und ließ sich nieder, damit man ihn festbinden konnte. Doch konnte er sich nicht hinlegen, weil überraschend eine Gruppe von Weißen auftauchte und schreiend mit Tüchern und Tauen wedelte. Sie wollten den Stier zu ihrem Fest mitnehmen.

Irgendwann erkläre ich dir, was für ein Fest das ist. Ich habe noch nie ein Volk gesehen, das so traurig und zugleich so feierfreudig ist.

Zum wiederholten Mal musste man Ngungunyane aus dem Traum heraushelfen, zum wiederholten Mal führte Godido seinen Vater durch die Gassen rings um die Festung. Die Portugiesen haben dem König erlaubt, sich mit diesen Spaziergängen abzulenken. Mulungo und ich schlendern hinter ihm her durch die von Steinhaufen gesäumten

Wege. Zu Ngungunyanes Entzücken ist die Insel voller Rinder. Wo er auch hinkommt, er trifft auf Rinder, würdigt ihre Statur und ihre kräftigen Hörner. All diese Rinder gehören ihm, behauptet er. In dieser Nacht beschloss der König, er müsse den Weißen Xizulu beibringen. Nur seine Sprache sei reich genug, die Welt der Rinder zu beschreiben. Vieh ist das Gold der VaNguni. Sie besitzen keine Burgen, wie wir sie in Lissabon gesehen haben. Aber sie haben eine Nation aus Rindern, Pferchen und Hirten. Und die Götter werden mit dem Blut der Tiere gerufen.

Auf dem Rückweg zur Festung, inzwischen war es Tag geworden, spürten wir, wie die Erde bebte. Die Azorer bestehen zur Hälfte aus Lava, zur Hälfte aus Meer. Deshalb fürchten sie auch die Erdbeben nicht. Vielleicht kennen sie die wahre Ursache dafür nicht. Die Erde bebt, wenn der Nwamulambo, der Drache, der in den Bergen lebt, seine Grotte verlässt, um im Meer zu laichen. Dieses Mal war der Drachen verärgert, also gab es ein kräftiges, anhaltendes Erdbeben. Felsbrocken polterten über die Straße wie verrückt gewordene Tiere. Die Rinder liefen aus den Höfen und rannten querfeldein. Die Soldaten kamen uns suchen – wir waren alle in verschiedene Richtungen gelaufen – und brachten uns zu der Festung zurück.

Am Eingang begegnen wir dem Kommandanten der Festung, General Almeida Pinheiro. Wir nennen ihn Xipôngo xa Mahetche wegen seines langen Bartes, der ihm bis auf die Brust reicht, wie bei einem alten Ziegenbock. Der Portugiese glaubt, wir seien in Panik, und lädt uns in sein Büro ein. Er serviert uns einen Tee und zeigt uns in einer Zeitung ein Foto vom Besuch von D. Carlos und Dona Amélia. Ngungunyane sieht sich das Foto besonders aufmerksam an. Dann sagt er: »Sie ist hübsch, die Königin, aber sie schmückt sich wie ein Mann. Die Federn auf dem Kopf sind Männerschmuck. Die portugiesische Königin macht es uns VaNguni-Kriegern nach. Sie, Senhor General, Sie sollten diese Federn tragen!«

Der General reagiert zunächst verhalten. Schließlich geht es um die portugiesische Königin. Doch gleich darauf lacht er amüsiert. Er streicht seinen langen Bart und fordert seine Kameraden auf, ihn sich mit Straußenfedern geschmückt vorzustellen.

Noch einmal beugt sich der König von Gaza über die Fotografie. Sein dicker Finger hinterlässt fettige Spuren auf dem Bild, während er erklärt: »Lassen Sie mich eines sagen, Senhor General, Ihre Königin ist zu dünn. Meine Frauen sind beleibt. Sie sind nicht so wie andere Frauen, die Fleisch nur an Festtagen essen. Sagen Sie dem König, dass es sich nicht gut macht, eine so dünne und so mit Federn geschmückte Frau vorzuzeigen.« Wieder lachen alle. Plötzlich wird Ngungunyane ernst, fast feierlich, und fleht: »Bitte, Senhor General, bitte schicken Sie mich nicht zurück!«

Almeida Pinheiro sieht ihn überrascht an und weiß nicht, was er sagen soll. »Wohin zurück, nach Mosambik?«, fragt er verwirrt.

»Ihr habt mich nicht umgebracht, meine Brüder aber würden es tun«, sagt Ngungunyane. Und dann geht er. Traurig blickt der General dem schwarzen König nach, als dieser in der Dunkelheit verschwindet.

Und damit komme ich zum Schluss. Ich muss gestehen, meine Liebe, geschrieben hat diesen Brief mein Schwiegervater João de Sousa. Nur die ersten beiden Zeilen sind von mir. Der Rest ist von ihm verfasst und geschrieben. Mein Schwiegervater will wissen, wer du bist, oder vielmehr, wie du aussiehst. Ich habe dich als die schönste aller Frauen beschrieben. Nach Maria Augusta, versteht sich. Meine azorische Verlobte ist unvergleichlich. Ich habe meinem Schwiegervater erklärt, dass du genau wie wir auf einer Insel lebst. Worauf er mit seiner geheimnisvollen Miene geantwortet hat: »Jeder Mensch lebt auf einer Insel.«

Als ich darum bat, ihm diesen Brief diktieren zu dürfen, sagte mein Schwiegervater, das könne ich gern, aber es müsse an einem Ort sein, den er aussuchen werde. »Das Mädchen ist Afrikanerin, richtig?«, fragte er. Und dann ging er mit mir an den Strand, die Praia da Vitória, schnupperte zwischen den Felsen, entschied sich für einen riesigen Stein und sagte: »Hier.« Wir setzten uns nebeneinander und schrieben diesen langen Brief, an den weißen Felsen gelehnt, der einen Kontrast bildet zu der dunklen Felswand, die den Strand einfasst.

»Dieser Stein hat eine Geschichte«, sagte er. Sein Großvater, ein alter Seemann auf großer Fahrt, hatte ihn auf die Insel Terceira gebracht. Auf einer Fahrt längs der afrikanischen Küste beschloss der Kapitän, an einem Strand anzulegen. Er wollte sich einen Gedenkstein ansehen, den die portugiesischen Entdecker dort vor Jahrhunderten aufgestellt hatten. Sie fragten die Einheimischen nach dem Cabo da Cruz. Den Namen hatten sie noch nie gehört. Also fragten sie nach der Steinsäule, in die ein Kreuz und fünf Wappen eingeritzt seien. So eine Steinsäule hatte niemand gesehen. Die Seeleute erklärten den Einheimischen, worum es sich handelte. Da zeigten die Schwarzen ihnen ein riesiges Loch. Die Steinsäule war versunken, als hätte der Strand Hunger nach Stein. Die Matrosen gruben die Säule aus und stellten sie wieder auf dem Strand auf. Am nächsten Tag war die Säule erneut im afrikanischen Boden versunken. Da sagten die Schwarzen zu den Portugiesen: »Nehmt den Stein mit. Er gehört euch. Unser Erdboden hält sein Gewicht nicht aus.«

Das wäre es, meine Liebe. Der Stein hat unsere Geschichte gehört, wir die seine. Der Großvater meines Schwiegervaters, du, ich und die Zeit, wir haben uns zusammengetan. Imani, bitte lies diesen Brief nicht meinen Frauen vor. Sie sollen nicht wissen, dass ich geheiratet habe. In unserem Briefwechsel erzählen sie mir Neuigkeiten. Die meisten haben sie sich ausgedacht. Mir macht das nichts aus. Sind Briefe nicht dazu da?

Der Schatten der Worte

An einem heißen Tag erblickte ein junger Jäger eine
Wolke, die über seinem Haus schwebte.
Der junge Mann versorgte seinen alten Großvater.
Der unerwartete Schatten war so wunderbar,
dass der Großvater wieder jung wurde.
Aus Furcht, der Wind könnte die Herrlichkeit
hinwegfegen, wollte der junge Mann der Wolke ein Seil
um den Hals werfen und sie festbinden.
Gesagt, getan. Wie ein Haustier wurde
die Wolke an einem Pfosten angebunden.
Als der junge Mann am nächsten Morgen aus dem
Haus kam, stolperte er über den Himmel und fiel
auf das Firmament.
Dasselbe Seil, mit dem er die Wolke angebunden hatte,
hielt ihn jetzt in der Unendlichkeit fest.
Und der Großvater ruhte nun in endlosem Schatten.
Erzählung aus Nkokolani

Es klopft an der Tür. Ich öffne sie einen Spalt und sehe eine weiße Hand.

»Germano?«, frage ich aufgeregt. Überraschend tatkräftig reiße ich die Tür auf.

Ich bin fünfundneunzig Jahre alt, meine Kräfte reichen nicht mehr, mich zu erinnern, wer ich bin. Seit Langem ist mein Körper ein Pflug, der mit den Füßen Furchen zieht. Doch plötzlich regt sich in mir eine merkwürdige Kraft. Ich schirme die Augen ab, um die Silhouette zu erkennen, die sich im Gegenlicht abzeichnet. Es ist wohl nicht mein Mann, der im Türrahmen wartet.

»Tsanga? Mein Sohn!« Ich umarme ihn. Es ist mein Sohn. Ich bin fast blind, ich umarme die Dunkelheit und lasse mir von meinen Fingern, die das Gesicht des Besuchers abtasten, das Augenlicht zurückgeben. Die Gestalt zuckt in meiner Umarmung überrascht zusammen.

»Mein Sohn!« Die Brust versagt mir in einem Seufzer. Ich habe vergessen, wie man weint. Mein Sohn muss auch so manches vergessen haben. Denn er erwidert meine Umarmung nicht.

»Dona Imani?«, spricht er mich an.

Das meine ich zu hören. Ich bin zurück in Nkokolani, meinem Heimatdorf. Vor dreiundsechzig Jahren bin von São Tomé heimgekehrt. Im Laufe der Zeit geschah mit den Stimmen, was mit den Stunden geschieht: Sie werden alle gleich.

Niemand klopft mehr an meine Tür. Die wenigen, die es doch tun, wollen nicht zu mir. Sie kommen wegen meiner Großnichten, die so tun, als sorgten sie für mich. Dieser Besuch ist anders. Er riecht nach Meer, seine Stimme und sein Akzent sind anders. Und er fragt nach mir. Er kann nicht mein Sohn sein. Der wäre älter und mehr von der Zeit gebeugt.

»Jetzt weiß ich, du bist mein Enkel. Sag Großmutter zu mir. Verstehst du Txitxope?«

»Nein, Dona …«

»Ich spreche nämlich seit Langem kein Portugiesisch mehr. Jetzt spreche ich nur Txitxope.«

»Aber … aber Sie sprechen Portugiesisch, Senhora.«

»Ich verstehe dich schlecht. Du musst lauter sprechen.«

»Ich sage, dass Sie Portugiesisch sprechen. Und zwar sehr gutes Portugiesisch.«

Ich strecke die Hand aus und will ihm über das Haar streichen. Mein Enkel weicht mir aus. Die Haut, die Augen, die Lippen, alles kann die Rasse eines Menschen verfälschen. Nur das Haar lügt nicht. Und mich drängt, die Wahrheit über diesen Körper zu erfahren.

»Verstehst du alles, was ich sage?«

Der junge Mann nickt: »Ja, alles!« Ich bitte ihn herein. Er zögert, schüttelt die Füße überhöflich. Wie habe ich mich nach diesem wohlerzogenen Wiegen des Körpers gesehnt! Der junge Mann trägt einen Rucksack und geht gebeugt, nicht wegen des Gewichts, sondern aus Rücksicht. Er will näher an meinem Gesicht sprechen.

In der Ferne sind Detonationen zu hören. »Sind das Schüsse?«, frage ich.

»Nein, das sind Raketen«, antwortet er. »Man bereitet die Feiern zur Proklamation der Unabhängigkeit vor. Wir bekommen eine Fahne, Dona Imani! Unsere eigene Fahne!«

»Du ähnelst Germano. Du hast das gleiche Lachen. Wie heißt du?«

Er formt die Hände zu einem Trichter, damit seine Worte lauter klingen. Dann lässt er davon ab und holt aus seiner Tasche einen Stift und ein Heft. So war es, erinnere ich mich. So habe ich mich beim letzten Mal mit Kapitän António Sérgio de Sousa verständigt. Er schreibt kurze Sätze, seine Finger bringen die Zeit zum Beben – seine Schrift ist wie meine! Doch wieder geschieht das Unvermeidliche – die Buchstaben sind sichtbar, bis jemand sie aufschreibt. Dann verwischen sie. Ich lächle und tue so, als hätte ich den Namen entziffert, ich möchte nicht, dass er aufgibt.

Langsam gehe ich den Flur entlang. Ich weiß nicht mehr, ob ich krank bin. Mein ganzer Körper ist durch das Alter eine Krankheit geworden.

»Ich bin Schriftsteller«, erklärt der Besuch.

Mag sein, dass der junge Mann brüllt, aber ich höre ihn, als spräche er im leisesten Ton. Die Weißen aus der Stadt sprechen so, nicht wie wir, die wir immer schreien. Für gut erzogene Portugiesen gilt lautes Sprechen als unhöflich. Für uns ist das leise Sprechen mancher Portugiesen der Beweis dafür, dass sie etwas verbergen.

Wir gelangen in einen Innenhof voller Mörser, Töpfe, Teller und Hühner. Mein Enkel muss überrascht sein. Er ist aus der Stadt gekommen, womöglich gar aus Portugal. Er hatte nicht damit gerechnet, dass es in einem so entlegenen Dorf ein mit Zement gebautes Haus gibt. »Das ist das Haus der Nsambe«, sage ich, »was von deiner Familie noch übrig ist.«

Von draußen ahnt man nicht, dass unser Haus einen so geräumigen Innenhof hat. Im Schatten eines großen Mangobaums sitzen mehrere Frauen. Das sind meine Nichten. Ich nenne sie meine »Schattennichten«. Denn sie sitzen dort reglos, als nähmen sie schon ihre letzte Ruhestätte auf dem lebendigen Boden vorweg.

Ich höre sie rufen: »Ubuyile, mulungo!« Sie teilen mir mit, ein Weißer sei gekommen. Als wäre ich vollkommen blind. »Meine Lieben«, sage ich, »noch bin ich nicht tot. Ich sehe schlecht, aber ich kann noch hören.«

Sie lachen amüsiert. »Wartet«, sage ich mit erhobenem Arm. »Ich will euch etwas erklären: Selbst wenn sie nichts sagen, hört man die Weißen schon von Weitem.« Und ich weiß, wovon ich spreche. Ich habe Jahrzehnte unter ihnen, in ihrem Land gelebt. Ich spreche, denke und lebe wie sie. Ich bin schwarz, richtig. Aber ich gehe in meiner Rasse ein und aus, wann ich es will.

»Der hier kommt, ist kein Weißer. Er ist mein Enkel. Versteht ihr?«

Mein Enkel – wie gern würde ich ihn mit seinem Namen ansprechen! – begrüßt die Nichten. Die Frauen erwidern den Gruß im Sitzen und stellen sich nacheinander vor. Sie sind meine entfernte Familie, in ihren Adern fließt das Blut von meinem Vater und Bibliana. Sie sind vom Rio Save gekommen, dort sind sie geboren, doch nie mehr dorthin zurückgekehrt. Nun haben sie einzig die Aufgabe zu warten. Darauf zu warten, dass ich sterbe und sie das Haus der Familie verkaufen können. Sie warten wie die Schakale, sie hören die Mörder nicht kommen. Ihr Warten ist eher ein Hinterhalt. Während sie warteten, haben die Frauen Kinder bekommen. Die Söhne sind in die Stadt geflohen. Die Töchter sind geblieben und ebenfalls zu Schatten geworden. Die schönste und attraktivste steht auf und begrüßt den Besuch.

»Ich heiße Mozi.« Sie lässt die Wörter wie einen Glockenrock schwingen. Dann bittet sie mich um Erlaubnis: »Ich will bei der Unterhaltung helfen, Großmutter Imani.«

»Ich brauche keine Hilfe«, erwidere ich entschieden. »Ich gehe hinein, hier gibt es schon mehr Münder als Ohren.«

Mozi geht voran, sie führt uns durch einen dunklen Gang, in dem es nach Gischt riecht. Ich weiß, was dem Schriftsteller durch den Kopf geht. Er muss sich wundern. Woher kommt dieser Geruch, in solcher Entfernung vom Meer? Er kann nur von Mozis Haar kommen. Das Rauschen von Muscheln rinnt wie ein Wasserfall über ihre Schultern. Sie selbst ist wie eine Welle, die sich aus dem Meer gelöst hat. Ihre Hüften ködern den Blick des Fremden. Er senkt den Kopf, um sich zu retten.

Schließlich erreichen wir mein Schlafzimmer, den einzigen Ort, an dem das Alter mich vergisst. Es fällt mir schwer, das zu akzeptieren, doch dass meine Nichte bei mir ist, erweist sich als Vorsehung. Aus unerklärlichem Grund ist Mozi die Einzige, die ich mühelos verstehe. Von ihr ausgesprochen, bekommen die Wörter einen ungewöhnlich vollen Klang. Sie selbst ist mir übrigens sehr ähnlich. Alle sagen: Mozi bin ich, nur in einem anderen Alter. Der Vergleich schmeichelt mir, macht mich aber gleichzeitig wütend. Wir werden alt, und was wir am wenigsten haben wollen, sind Spiegel.

»Ein hübscher Name, Mozi«, sagt mein Enkel. »Ich nehme an, es ist eine Koseform von Mosambik.«

Mozi lächelt. Sie zeigt ihr Lächeln wie eine Palme in der Oase – sie will gesehen werden und gleichzeitig den blenden, der sein Auge auf sie richtet. Sie wandelt durch mein Zimmer und lässt den Rock schwingen. Das ganze Theater wird mir zu viel. Säuerlich wende ich mich an meinen Enkel: »Willst du hier bleiben?«

»Hier bleiben?«, fragt er zurück.

»Wenn du nicht hergekommen bist, um mit uns zu leben, kannst du gehen.«

Meine Großnichte tuschelt mit dem Schriftsteller. Dann sagt sie zu mir: »Der Mann möchte, dass meine Großmutter ihre Geschichte erzählt.« Und flüstert mir ins Ohr: Er glaubt, ich sei die Frau des Herrschers Ngungunyane gewesen. Ich sei die letzte Überlebende seiner mehr als dreihundert Frauen.

»Ich soll meine Geschichte erzählen?«, frage ich.

»Darf ich es aufnehmen, Dona Imani?«

Aufgeregt hantiert mein Enkel mit Kabeln und Tasten. Und beginnt mit der Aufnahme, lange bevor ich sprechen möchte. Das Band dreht sich schläfrig. Mir werden schon die Lider schwer, da rüttelt mich Mozi: »Erzähl, Großmutter, bitte erzähl, ich möchte es auch hören!«

Dies habe ich erlebt, mein Enkel: Mit fünfzehn Jahren bekam ich ein Kind. Nach wenigen Tagen hat man mir meinen Sohn weggenommen und mich auf die Insel São Tomé mitten im Atlantik gebracht. Dort bin ich fünfzehn Jahre geblieben. Nachdem 1910 in Portugal die Republik ausgerufen worden war, ließ man mich und die Königinnen, die bei mir waren, holen. Es hieß, sie würden uns nach Mosambik zurückbringen. Zehn Frauen waren auf die Insel gekommen, sieben kehrten zurück. Die Königin Dabondi, meine geliebte Dabondi, war eine von denen, die auf der Insel beerdigt wurden. Wer sein Leben auf einer Insel verliert, kann nicht aus dem Tod zurückkehren. Sein Geist irrt im Nebel umher, denn er weiß nicht, ob er zum Land oder zum Meer gehört.

Das Schiff, das uns abholte, lief Lissabon an. Fünfzehn Jahre hatte ich von diesem Ziel geträumt. Anders gesagt, es war das einzige Ziel meiner Träume. Ich rechnete aus: fünftausendvierhundert Nächte, fünftausendvierhundert Träume. Immer derselbe – ich befreie meinen Sohn, meinen Tsanga, und nehme ihn mit nach Mosambik, er schmiegt sich in meine Arme, als wollte er ganz in meinen Körper zurückkehren.

Während der wenigen Stunden Aufenthalt im Hafen erlaubte man mir, meine Schwiegermutter Laura de Melo zu besuchen. Ein Sargento der Marine begleitete mich. Ich wollte meinen Sohn, meinen Tsanga, befreien und ihn nach Mosambik mitnehmen. Das Herz schlug mir bis zum Hals, als ein Junge mir die Tür der Familie Melo öffnete. Ich beherrschte mich, verkrampfte meine Hände so sehr, dass ich mir selbst wehtat. Germanos Mutter Dona Laura war bettlägerig, und mein Sohn führte mich in ihr Schlafzimmer. Ich ging schweigend hinterher und betrachtete im Gegenlicht den, der einmal in meinem Leib gewesen war.

Mit geschlossenen Augen im Bett liegend, erklärte Germanos Mutter herausfordernd: »Zeig dieser Frau, wer deine einzige und richtige Mutter ist.«

Mein Sohn ging wortlos zum Bett seiner Großmutter. Ich senkte den Blick, die Tränen standen mir in den Augen. Ich sterbe, dachte ich. Mir bleibt nichts anderes, als zu gehen. Doch wie sollte ich gehen, wenn ich nicht mehr am Leben war? Dona Laura räusperte sich und bedeutete mir, näher zu kommen. Immer noch liegend, hob sie eine Hand und streichelte mir die Schulter. Dann murmelte sie: »Du warst fünfzehn Jahre weg. Denk an diesen Jungen, meine Gute. Denk an ihn und antworte: Gibt es außer mir noch eine andere Mutter in diesem Raum?«

Sie schlug die Augen auf und sah mich lange an. Sie wusste, dass wir uns nie wiedersehen würden. »Es gibt in dieser Geschichte keine Schuld«, sagte sie. »Das Leben hat entschieden.« Ich schüttelte den Kopf, um zu zeigen, dass ich ihr nicht zuhören wollte. Dennoch gestattete ich ihr, die Hand auf meiner Schulter zu lassen.

»Und welchen Namen haben Sie ihm gegeben, Dona Laura?«

»Den Namen, den du ihm schon gegeben hattest«, antwortete sie. »Er ist unser Tsanga.«

»Und was ist mit Germano?«, wollte ich fragen. Aber die Stimme versagte mir. Doch es war, als hätte Dona Laura meine Frage gehört. Denn sie murmelte: »Mein Germano kommt in der nächsten Woche, er ist sehr krank. Sogar zum Schreiben ist er zu schwach«, sagte sie. »Aber trotzdem hat er weiter regelmäßig jeden Monat das Geld für seinen Sohn geschickt ... für euren Sohn.«

Auf dem Rückweg zum Schiff weinte nicht nur ich. Unauffällig tauschte der Sargento ein Taschentuch mit mir. Wir gingen die Estrada das Laranjeiras entlang, und irgendwann blieb der Matrose stehen und sagte: »Hier ist es, hier hat er sich umgebracht!« Und bevor ich nachfragen konnte, erklärte er: »Mouzinho de Albuquerque, hier ist er gestorben.« Er strich mit den Fingern über die Pflastersteine, als könnte er das Blut fühlen. »Sie haben ihn fertiggemacht«, sagte der Sargento. »Sie haben verbreitet, Mouzinho habe sich bei den Feldzügen in Afrika unmenschlich verhalten. Angeschwärzt hat ihn mein Vorgesetzter, Kapitän Andrea, der ist auch da gewesen ...«

Beim Abschied im Hafen gab mir der Sargento überraschend die Hand. Vielleicht empfand er zum ersten Mal etwas Neues: Respekt gegenüber der Trauer einer schwarzen Frau. Da er nicht trösten konnte, versuchte er mich abzulenken.

»Und Gungunhana, weißt du, was aus dem geworden ist?«, fragte er. »Gungunhana, der Negerkönig ...«

Nach den vielen Jahren hatte ich es längst aufgegeben, Ngungunyanes Namen zu verbessern. Dieses Mal korrigierte ich mit Rücksicht auf den Fragenden die Aussprache des Sargento. »Sie sind alle tot«, sagte ich trocken. »Der König von Gaza ist tot, sein Sohn ist tot, sein Onkel ist tot. Überlebt hat der einzige Glückliche: Zixaxa. Als letzte Nachricht von ihm habe ich gehört, dass er ein Kind bekommt. Einen Mulatten, wie mein Tsanga.«

Das Geräusch des Aufnahmegeräts macht mich schläfrig. Ich will aufstehen, um die wohlige Trägheit zu vertreiben. Aber mein Körper gehorcht mir nicht. Mit geschlossenen

Augen streichele ich die Sofaarmlehne, wie zur Erwiderung einer Liebkosung.

»Wie lange wohnen Sie schon in diesem Haus?«

»Ich wohne nicht. Ich bin das Haus.«

Ich bin das Haus, wiederhole ich, und die Möbel sind meine Schwestern. Ich habe Angehörige aus Holz, die mir immer Gesellschaft geleistet haben. »Du musst eines lernen, mein Enkel. Schenk deine Zuneigung den Möbeln, noch mehr als den Menschen. Das Bett und die Stühle bleiben uns bis ans Ende unserer Tage treu. Bete für die Seele der Dinge, mein Enkel.«

»Können wir weitermachen, Dona Imani?«, fragt mein Enkel.

Ich schüttele energisch den Kopf. Ich bin müde. Ich sehe, dass er einen Fotoapparat aus dem Rucksack holt. Ich halte mir die Arme vor das Gesicht. Und protestiere, wehre mich entschlossen. Ich protestiere anhaltend, aber mein Enkel hört zu, ohne mich zu unterbrechen. Schließlich sagt er fasziniert: »Wunderschön, was Sie da eben gesagt haben! Wollen Sie es mal hören? Ich habe nämlich alles aufgenommen.«

Es ist mir peinlich, als ich meine eigene Stimme auf höchster Lautstärke höre: »Meine Stimme darfst du aufnehmen, aber nicht mein Gesicht. Sieh mich genau an, mein Enkel. Diese Person, die du vor dir siehst, besteht nicht aus einem einzigen Körper. Es sind viele Körper zusammen, jeder aus einer anderen Zeit, jeder von einem anderen Ort. Das Herz ist aus diesem Dorf, die Arme aus Mutimati, die Beine haben schon vergessen, woher sie stammen. Fotografier mich nicht, mein Enkel. Mein Körper besteht aus Bruchstücken. Am lebendigsten in mir sind jene, die schon gestorben sind – die Mütter, die mich immer noch entstehen lassen. Die erste, Chikazi Makwakwa, und die anderen, Bibliana, Bianca, Dabondi. Fotografier mich nicht, mein Enkel. Denn ich bin nicht alles. Mein Körper ist jetzt die ganze Welt.«

Die Wiedergabe endet, das Band dreht sich leer. »Und was ist mit Gungunhana?«, fragt mein Enkel.

»Das weiß ich nicht«, antworte ich. »Ich kenne nur meine eigene Geschichte.«

Das Geräusch der Spulen wird immer lauter. Ich frage meinen Enkel, ob er Germano gekannt hat. »Wen?«, fragt er. »Deinen Großvater Germano.« Er schüttelt lächelnd den Kopf. »Und Bianca, hast du von ihr gehört?«, frage ich weiter, warte aber keine Antwort ab. Plötzlich packt mich unsäglicher Zorn – ich trete wütend gegen den Tisch. Das Aufnahmegerät und der Fotoapparat fallen herunter. Mein Enkel weicht halb ängstlich, halb erschrocken einen Schritt zurück.

»Komm nicht noch einmal mit diesen Apparaten her! Nie wieder!«, schreie ich. Ich will aufstehen, aber nicht einmal die Wut hilft mir. Ich bleibe tief im alten Ledersofa versunken sitzen. Ich bin in meinem eigenen Körper eingesperrt.

Mozi betrachtet mich auf dem Sofa, schüttelt ungeduldig den Kopf und bittet den Besuch, uns allein zu lassen. Er möge im Innenhof warten. Der Schriftsteller packt seine Apparate ein und verlässt den Raum noch gebeugter, als er hereingekommen ist. Sowie die Tür geschlossen ist, stürzt sich Mozi auf mich. Sie tobt. Ich hätte nichts verstanden, es sei eine einzigartige Gelegenheit gewesen. Und ich hätte schlicht und einfach alles verdorben.

»Tu so, als ob, Großmutter. Ist das so schwer? Gib zu, du seist die Frau von Ngungunyane gewesen …«

Sie will mich unbedingt überreden. Wenn ich dieses kleine Theater mitspielte, hätten wir, die Nsambes, riesige Vorteile. Wir würden zu der Familie der Helden zählen, würden ein Vermögen verdienen, würden in die Hauptstadt fahren, womöglich würde man sogar mit uns auf die Azoren fahren.

»Hör zu, Großmutter«, sagt Mozi, nun mit honigsüßer Stimme, »ich sage dir, was du dem Schriftsteller erzählen sollst …«

»Er ist kein Schriftsteller, er ist mein Enkel.«

»Enkel, Urenkel, Ururenkel ... Allen diesen Leuten musst du sagen, dass du die Frau des Königs warst. Und dann erzählst du ihnen eine Geschichte ...«

»Ich werde nicht mit fünfundneunzig Jahren anfangen zu lügen.«

»Wenn du nicht lügen willst, nenn den jungen Mann auch nicht mehr deinen Enkel.« Sie geht zur Tür und wirft mir noch eine letzte Drohung entgegen: »Vergiss nicht, Großmutter, wir sind es, die für dich sorgen!« Dann knallt sie wütend die Tür zu.

Einen Augenblick bin ich allein. Noch nie war ich so allein. Und noch nie habe ich mich dabei so wohlgefühlt.

Ich öffne den Hinterausgang und schleiche hinaus. Zum ersten Mal seit vielen Jahren verlasse ich das Haus. Ich gehe denselben sandigen Weg entlang, den unsere Mutter ging, um Brennholz zu sammeln. Ich gehe ziellos, so wie ein Kind, das seine ersten Schritte tut. Ich will nur weg von meinem Haus, von der Person, die ich bin. An der Ecke stolpere ich fast über Kinder, die auf der Erde sitzen und spielen. Arme Kinder, schmutzig und halb zerlumpt. Ich erinnere mich an meine Kindheit und denke: Selbst im grausamsten Krieg, selbst in Ruinen und Asche haben Kinder immer noch gespielt.

Plötzlich bringt mich ein rasender Schatten zu Fall. Ich bin so mager, dass ich unaufhörlich falle und falle. Ich sehe einen Militärlastwagen voller Guerilleros wie ein Blechmonster vorbeifahren. Die beängstigenden Zeiten meiner Kindheit passieren Revue. Der Unterschied ist, dass es jetzt mehr Erdboden gibt, einen Erdboden, der nach meinem Namen ruft.

Gestützt von dem jungen Schriftsteller, der mich davor bewahrt hat, überfahren zu werden, gehe ich nach Hause. »Komm, Großmutter«, spornt er mich an. Er nennt mich »Großmutter«, der junge Mann. Er nennt mich »Großmutter«, und die Straßen sind wieder meine. Auf dem Hof gehen wir am alten Termitenhügel vorbei. Der Hof ist zementiert, doch den heiligen Ort hat man nicht angefasst. Aus Angst, nicht aus Respekt. Der Termitenhügel stützt den dicht belaubten Mahagonibaum. Heute werden an ihm keine weißen Tücher mehr festgebunden. Niemand spricht mehr zu den Ahnen. Nur noch ich, und ich bin schon fast gestorben.

Ich bitte den Schriftsteller, etwas zu warten. Mit einem Koffer in den Armen komme ich zurück. »Schwer?«, fragt er und beeilt sich, mir zu helfen. In meinem Alter ist alles schwer, angefangen bei meinen Armen. Ich kippe den Kofferinhalt aus. Blätter und Hefte bedecken den Boden. »Du kannst sie behalten«, sage ich. »Hier ist alles, was ich geschrieben habe, die Briefe, die ich aufbewahrt habe, mein ganzes Leben. Nimm die Hefte mit und veröffentliche sie, wenn du meinst, dass es sich lohnt. Setz deinen Namen als Verfasser drunter, das macht mir nichts aus. Vorausgesetzt, du sagst, dass du mein Enkel bist, der Enkel von Imani Nsambe.«

Der Schriftsteller geht zwei Schritte, setzt sich und beginnt zu lesen. Während er liest, schmiege ich mich an ihn, als fände ich an seinem Körper meinen letzten Schatten:

»Jeden Morgen gingen über der Ebene von Inharrime sieben Sonnen auf. Damals war das Firmament wesentlich größer, alle Gestirne hatten darin Platz, die lebenden und die schon gestorbenen. So nackt, wie sie geschlafen hatte, ging unsere Mutter mit einem Korbsieb in der Hand aus dem Haus. Sie wollte für den Tag die schönste Sonne aussuchen. Die anderen sechs Sonnen sammelte sie in dem Sieb, nahm sie mit ins Dorf und begrub sie beim Termitenhügel hinter unserem Haus. Das war unser Friedhof für himmlische Geschöpfe. Eines Tages würden wir, falls wir sie brauchten, Sterne ausgraben können.«

Anhang

Dieses Buch ist ein literarisches Werk. Allerdings basieren die Romanfiguren und Geschichten zum großen Teil auf realen Personen und historischen Fakten. Die im Anhang enthaltenen Abbildungen zeigen für den Roman wesentliche Personen und Ortsansichten.

Nwamatibjana Zixaxa, aufgenommen auf den Azoren

Ngungunyane bei der Abreise aus Mosambik

Kapitän
Álvaro Andrea

Die Korvette *Capello* im Mündungsmeer des Limpopo

Das Schiff *Neves Ferreira*

Ngungunyane, sitzend, mit den sieben Königinnen

Kapitän
Jaime Leote

Mouzinho de Albuquerque, in der Mitte, der größte der Offiziere. Links daneben mit Brille Ayres de Ornelas

Auf den beiden Stühlen am Tisch sitzen Mouzinho de Albuquerque und seine Frau Maria José; an Mouzinhos Stuhl lehnt Ayres de Ornelas

Die Rua dos Mercadores im Zentrum von Lourenço Marques Ende des 19. Jahrhunderts

Caldas Xavier

Das Schiff *África* legt in Lissabon ab

Szene aus dem Hafen von Kapstadt, Ende des 19. Jahrhunderts

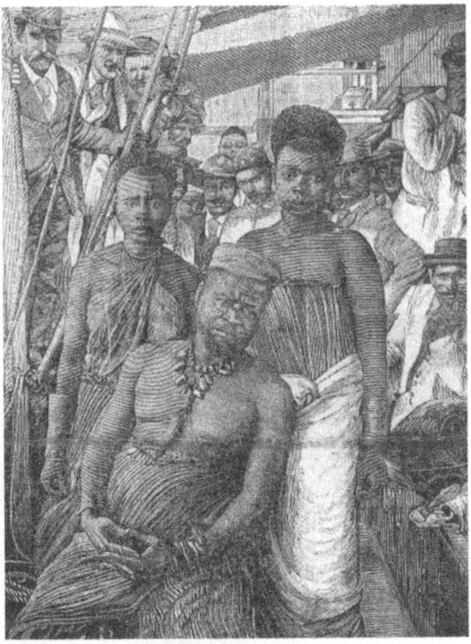

Ngungunyane
mit zwei seiner
Frauen, Dabondi
steht links von ihm

Sklaven zeigen abgehackte Hände anderer Sklaven in Belgisch-Kongo

Die Gefangenen des Hofes von Gaza treffen in Lissabon ein

Die Festung Monsanto in Lissabon, erster Verbannungsort

Das Haus in der Festung São João Baptista auf der Ilha Terceira, gegenüber der Stadt Angra do Heroismo, in dem die vier Gefangenen einquartiert wurden

Die Gefangenen im Exil auf den Azoren

Unter dem Frangipanibaum

In einem Altersheim in der Provinz Mosambiks versucht Inspektor Izidine Naíta, einen Todesfall aufzuklären. Dabei taucht er immer tiefer in die fantastische Welt der Bewohner ein. Mia Coutos sprachgewaltiger und poetischer Roman über Afrikas Mythen und deren Bedrohung in einer modernen Welt nimmt den Leser in faszinierende Bilderwelten mit.

Das schlafwandelnde Land

In einem ausgebrannten Autobus richten sich der alte Tuahir und der junge Muidinga ein. Die beiden erzählen einander ihre Erlebnisse, und Muidinga liest dem Alten aus dem Tagebuch vor, das sie im Gepäck eines Toten fanden. Zwischen Tuahir, Muidinga und dem Schreiber entfaltet sich ein Geschichtenzyklus voller Wunder und Überraschungen.

Das Geständnis der Löwin

Arcanjo, der letzte Sohn einer berühmten Dynastie von Großwildjägern Mosambiks, macht sich auf in ein Dorf, das von menschenfressenden Löwen heimgesucht wird. Nach und nach entdeckt er die dunklen Geheimnisse der Dorfgemeinschaft: Die Frauen sind Opfer brutaler Traditionen. Eines Nachts wird das Dorf erneut von Löwen angegriffen.

Imani

Das Mädchen Imani muss einen portugiesischen Offizier unterstützen, der den Vormarsch des großen Herrschers Ngungunyane in Mosambik gegen die Kolonialherren aufhalten soll. Ihr Dorf wird vom Krieg der Männer heimgesucht, zu einer Zeit, in der das Wort einer Frau nicht zählt. Doch die Frauen nutzen eigene Mächte, um die Pfade der Männer zu lenken.

Segu

Blüte und Untergang der mächtigen Stadt Segu am Niger sind eng verknüpft mit dem Schicksal Dusika Traorés, Oberhaupt einer wohlhabenden Familie und ein Vertrauter des Königs. Es sind Zeiten des Umbruchs: Der Islam dringt in Afrika immer weiter vor, christliche Missionare und europäische Kolonisatoren kommen ins Land, der Sklavenhandel blüht. Dusikas Familie aber verliert immer mehr an Einfluss, bis sie schließlich auseinanderbricht. Maryse Condé hat die faszinierende Geschichte einer versunkenen Welt geschrieben. Sie erzählt von Kriegern und religiösen Eiferern, von Händlern und Bauern, von Eroberern und Sklaven und immer wieder auch vom Schicksal der Frauen.

Wie Spreu im Wind

Im Jahr 1861 nimmt die muslimische Armee von El-Hadj Omar die Stadt Segu ein. Die Bewohner müssen nun dem »einzigen wahren Gott« huldigen, die animistischen Traditionen werden unterdrückt. Zur gleichen Zeit dringt von Westen die Kolonialmacht Frankreich mit einem Söldnerheer immer weiter ins Innere Afrikas vor, die Christianisierung beginnt. Wie schon ihre Väter werden die Traorés Opfer der Machtkämpfe ihrer Zeit, geraten sie und ihre Frauen in verschiedene religiöse und politische Lager. Mit der alten Ordnung zerbricht auch die Familie.
In ihrem historischen Roman erzählt Maryse Condé von Segu, der einst mächtigen Stadt der Bambara am Niger, und vom Schicksal der Familie Traoré. Noch einmal beschwört sie jene prächtige, geheimnisvolle Welt herauf, die in Afrika untergegangen ist.

»Unvergessen ist die preisgekrönte Geschichte der westafrikanischen Familie Traoré, deren in alle Welt zerstobenen Mitglieder uns zwei dicke Bände lang in Atem hielten (*Segu* und *Wie Spreu im Wind*).« *Die Zeit*

Mehr über Autorin und Werk auf *www.unionsverlag.com*

SEFI ATTA *Sag allen, es wird gut!*

Es ist Freundschaft auf den ersten Blick. Doch die Familien von Enitan und Sheri könnten ungleicher nicht sein. Auf der Suche nach einem selbstbestimmten Leben scheren die beiden jungen Frauen, jede auf ihre Weise, aus den vorgezeichneten Bahnen aus. Bestand hat dabei nur eines: ihr unerschütterliches Vertrauen ineinander.

AHMADOU KOUROUMA *Die Nächte des großen Jägers*

Koyaga, Präsident einer fiktiven Republik in Westafrika, hatte eigentlich ideale Voraussetzungen, erster Mann des Staates zu werden und dies unter Einsatz aller Mittel – Mord, Raub, Korruption, Vergewaltigung – zu bleiben. Doch dann kommt die Demokratisierung und Wahlen stehen an. Der politische Roman Afrikas voll umwerfender Komik.

HERMAN CHARLES BOSMAN *Mafeking Road*

In seinen originellen Erzählungen führt uns Herman Charles Bosman in die tiefste südafrikanische Provinz und macht sie zur Weltbühne. So intensiv sind all diese Geschichten, dass der Leser am Ende glaubt, die Gegend und ihre Menschen zu kennen wie seine Nachbarschaft.

ZAKES MDA *Der Walrufer*

Der Walrufer ist überzeugt, dass das Glattwalweibchen seine Liebe erwidert, wenn sie zu den Tönen aus seinem Horn im Wasser tanzt. Während er den Wal umwirbt, wird er selbst von Saluni umworben. Saluni stellt sein Leben auf den Kopf und ist nicht gewillt, das Dreiecksverhältnis zwischen Mann, Frau und Wal zu akzeptieren.